Meister für Schutz und Sicherheit
Gesetzessammlung
Handlungsspezifische Qualifikationen

Jörg Zitzmann (Hrsg.)

Meister für Schutz und Sicherheit
Gesetzessammlung

Handlungsspezifische Qualifikationen

von

Jörg Zitzmann (Hrsg.)
Rechtsanwalt, Berufspädagoge, Meister für Schutz und Sicherheit

8. Auflage 2022
Stand: 1. Februar 2022

Verlagshaus Zitzmann, Nürnberg

Im Verlagshaus Zitzmann sind erschienen / werden erscheinen:
(Stand 02/2022)

Ausbildereignungsprüfung gem. AEVO:
Ausbildereignungsprüfung Lehrbuch
Ausbildereignungsprüfung Übungsbuch
Gesetzessammlung Ausbildereignungsprüfung gem. AEVO

Industriemeister Grundlegende Qualifikationen:
Gesetzessammlung Industriemeister GQ
Industriemeister Band 1 Rechtsbewusstes Handeln Lehrbuch
Industriemeister Band 2 Betriebswirtschaftliches Handeln Lehrbuch
Industriemeister Band 3 Methoden der Planung Lehrbuch
Industriemeister Band 4 Zusammenarbeit im Betrieb Lehrbuch
Industriemeister Band 5 Naturwissenschaftliche und technische Gesetzmäßigkeiten Lehrbuch
Industriemeister Rechtsbewusstes Handeln – Prüfungsvorbereitung
Industriemeister Betriebswirtschaftliches Handeln – Prüfungsvorbereitung
Industriemeister Kosten- und Leistungsrechnung – Prüfungsvorbereitung
Industriemeister Methoden der Planung – Prüfungsvorbereitung
Industriemeister Zusammenarbeit im Betrieb – Prüfungsvorbereitung
Industriemeister Naturwissenschaftliche und technische Gesetzmäßigkeiten – Prüfungsvorbereitung

Logistikmeister Handlungsspezifische Qualifikationen:
Logistikmeister I. Logistikprozesse Band 1a: Logistikkonzepte, Prozesssteuerung und -optimierung
Logistikmeister I. Logistikprozesse Band 1b: Leistungserstellung
Logistikmeister II. Betriebliche Organisation und Kostenwesen Band 2
Logistikmeister III. Personal und Führung Band 3

Meister für Schutz und Sicherheit Handlungsspezifische Qualifikationen:
Gesetzessammlung Meister für Schutz und Sicherheit HQ
Schutz- und Sicherheitstechnik Band 1
Organisation Band 2
Führung und Personal Band 3
Sonderband: Sicherheitskonzepte

Geprüfte Schutz und Sicherheitskraft:
Gesetzessammlung, Lehrbuch und Prüfungsvorbereitung

Sonstiges:
Arbeitsrecht in der privaten Sicherheit
Detektiv im Einzelhandel
Toto – der nächste Einsatz kommt bestimmt!
Protect you & me – Wie Du sicher durchs Leben gehst und Dich und Deine Freunde schützt

Weitere Titel finden Sie unter www.verlagshaus-zitzmann.de
Weitere Bücher zum Thema Sicherheit sind in Vorbereitung.

Aktuelle Informationen erhalten Sie unter:
Internet: www.verlagshaus-zitzmann.de
Facebook: www.facebook.com/verlagshauszitzmann
Twitter: twitter.com/vh_zitzmann

Jörg Zitzmann, Jahrgang 1967, ist Rechtsanwalt, Berufspädagoge, Meister für Schutz und Sicherheit, Geschäftsführer der nach DIN EN ISO 9001:2015 und AZAV zertifizierten Akademie Mission: Weiterbildung. GmbH in Nürnberg, Dozent bei den Industrie- und Handelskammern Frankfurt am Main und Nürnberg und u. a. Mitglied des Prüfungsausschusses „Meister für Schutz und Sicherheit" bei der IHK Nürnberg.

Bibliographische Informationen der Deutschen Nationalbibliothek:
Die Deutsche Nationalbibliothek verzeichnet diese Publikation in der Deutschen Nationalbibliographie. Detaillierte bibliographische Daten sind im Internet unter http://dnb.d-nb.de abrufbar.

ISBN 978-3-96155-190-3

Haftungsausschluss:

Die Auswahl der Inhalte erfolgte mit großer Sorgfalt. Trotzdem kann nicht ausgeschlossen werden, dass in Prüfungen Inhalte Thema sein können, die nicht in diesem Buch aufgeführt sind.
Der Verlag schließt für etwaige daraus resultierende Schäden (Nichtbestehen einer Prüfung o. ä.) hiermit ausdrücklich jede Haftung aus, es sei denn, dass der Schaden aufgrund von Vorsatz oder grober Fahrlässigkeit eingetreten ist.

Sollten Sie Punkte vermissen oder sonstige Anregungen an uns haben, würden wir uns freuen, wenn Sie uns dies mitteilen.

Aufgrund der besseren Lesbarkeit wird in den Texten der Einfachheit halber nur die männliche Form verwendet. Die weibliche und diverse Form ist selbstverständlich immer mit eingeschlossen.

Jörg Zitzmann, Äußere Sulzbacher Str. 37, 90491 Nürnberg
www.verlagshaus-zitzmann.de
info@verlagshaus-zitzmann.de
Tel: +49 911 99099460

Layout: Ingrid Lehmann
Umschlagmotiv: © slonme – stock.adobe.com
Druck und Bindung: D.O.S. Document Office Solutions GmbH, Tutzing
Gedruckt in Deutschland

Inhaltsverzeichnis

1. Vorwort

Im Jahr 2003 wurde die Prüfung "Meister für Schutz und Sicherheit" mit Rechtsverordnung eingeführt, die damit den "Werkschutzmeister" ablöste. Die Erstprüfung fand im Herbst 2005 statt. Mit dieser Neuordnung verbunden war eine umfangreiche Änderung des Rahmenstoffplanes. 2021 erfolgte eine weitere Rahmenplanänderung des Teils „Handlungsspezifische Qualifikationen", die allerdings eher ein „Reförmchen" war, da die Struktur des Rahmenplans nicht geändert und somit nur hier und da ein Unterpunkt verändert werden durfte.

Auf Basis dieser Änderungen bietet das vorliegende Buch eine Zusammenstellung aller relevanten im Teil "Handlungsspezifische Qualifikationen" des Rahmenstoffplans genannten Gesetze und Verordnungen. Dabei wurde in den meisten Fällen auf einen Gesamtabdruck verzichtet, zum einen der Übersichtlichkeit wegen, zum anderen da Teile verschiedener rechtlicher Regelungen nicht prüfungsrelevant sind. Einzig auf den Abdruck der rechtlichen Regelungen, die schon in den „Grundlegenden Qualifikationen" von Bedeutung sind, wurde verzichtet, um Wiederholungen zu vermeiden. Diese rechtlichen Regelungen wie BGB, KSchG, BetrVG etc. finden sich im Buch

Gesetzessammlung für Industriemeister
Grundlegende Qualifikationen,

das ebenfalls in diesem Verlag erscheint.

Die Gesetzesauszüge wurden auf Aktualität überprüft. U. a. wurden alle Änderungen im Gewerberecht aufgenommen. Ebenfalls wurden weitere Gesetzessauszüge in die Gesetzessammlung eingefügt, die im neuen Rahmenplan genannt sind, wie z. B. das Gesetz zum Schutz von Geschäftsgeheimnissen oder das Gesetz gegen Wettbewerbsbeschränkungen.

Da sich diese Gesetzessammlung auf den bloßen Abdruck von Gesetzen und Verordnungen beschränkt und keinerlei Kommentierungen enthält, ist sie als Hilfsmittel in der Prüfung zugelassen.

Wir wünschen allen Nutzern dieser Gesetzessammlung viel Erfolg!

Im Februar 2022

Der Herausgeber

2. Abkürzungsverzeichnis

AEntG	Arbeitnehmer-Entsendegesetz
AtG	Atomgesetz
BefBedV	BeförderungsbedingungenVO
BewachRV	Bewacherregister-Verordnung
BewachV	Bewachungsverordnung
BGebG	Bundesgebührengesetz
BSI-KrisisV	BSI-Kritisverordnung
BtmG	Betäubungsmittelgesetz
BVerfSchG	Bundesverfassungsschutzgesetz
BZRG	Bundeszentralregistergesetz
f	folgend
ff	fortfolgend
G	Gesetz
GeschGehG	Gesetz zum Schutz von Geschäftsgeheimnissen
GGVSEB	Gefahrgutverordnung – Straße, Eisenbahn, Binnenschifffahrt
GewO	Gewerbeordnung
GÜG	Grundstoffüberwachungsgesetz
GVG	Gerichtsverfassungsgesetz
GWB	Gesetz gegen Wettbewerbsbeschränkungen
LuftSiG	Luftsicherheitsgesetz
MiLoG	Mindestlohngesetz
OWiG	Ordnungswidrigkeitengesetz
SchSiMeistPrV	Verordnung über die Prüfung zum anerkannten Abschluss Geprüfte(r) Meister(in) für Schutz und Sicherheit
StGB	Strafgesetzbuch
StörfallV	Störfallverordnung
StPO	Strafprozessordnung
StrlSchV	Strahlenschutzverordnung
StVG	Straßenverkehrsgesetz
StVO	Straßenverkehrsordnung
SüfV	Sicherheitsüberprüfungsfeststellungsverordnung
SÜG	Sicherheitsüberprüfungsgesetz
UWG	Gesetz gegen den unlauteren Wettbewerb
UZwGBw	Unmittelbarer-Zwang Gesetz
VersammlG	Versammlungsgesetz
V / VO	Verordnung
VwGO	Verwaltungsgerichtsordnung
VwVfG	Verwaltungsverfahrensgesetz
WaffG	Waffengesetz
WaffRG	Waffenregistergesetz
ZPO	Zivilprozessordnung

3. Gesetzestexte

3.1 Arbeitnehmer-Entsendegesetz (AEntG) (Auszug)

§ 1 Zielsetzung Ziele des Gesetzes sind die Schaffung und Durchsetzung angemessener Mindestarbeitsbedingungen für grenzüberschreitend entsandte und für regelmäßig im Inland beschäftigte Arbeitnehmer und Arbeitnehmerinnen sowie die Gewährleistung fairer und funktionierender Wettbewerbsbedingungen durch die Erstreckung der Rechtsnormen von Branchentarifverträgen. Dadurch sollen zugleich sozialversicherungspflichtige Beschäftigung erhalten und die Ordnungs- und Befriedungsfunktion der Tarifautonomie gewahrt werden.

§ 2 Allgemeine Arbeitsbedingungen (1) Die in Rechts- oder Verwaltungsvorschriften enthaltenen Regelungen über folgende Arbeitsbedingungen sind auch auf Arbeitsverhältnisse zwischen einem im Ausland ansässigen Arbeitgeber und seinen im Inland beschäftigten Arbeitnehmern und Arbeitnehmerinnen zwingend anzuwenden:

1. die Entlohnung einschließlich der Überstundensätze ohne die Regelungen über die betriebliche Altersversorgung,
2. der bezahlte Mindestjahresurlaub,
3. die Höchstarbeitszeiten und Mindestruhezeiten,
4. die Bedingungen für die Überlassung von Arbeitskräften, insbesondere durch Leiharbeitsunternehmen,
5. die Sicherheit, der Gesundheitsschutz und die Hygiene am Arbeitsplatz, einschließlich der Anforderungen an die Unterkünfte von Arbeitnehmern und Arbeitnehmerinnen, wenn sie vom Arbeitgeber für Arbeitnehmer und Arbeitnehmerinnen, die von ihrem regelmäßigen Arbeitsplatz entfernt eingesetzt werden, unmittelbar oder mittelbar, entgeltlich oder unentgeltlich zur Verfügung gestellt werden,
6. die Schutzmaßnahmen im Zusammenhang mit den Arbeits- und Beschäftigungsbedingungen von Schwangeren und Wöchnerinnen, Kindern und Jugendlichen,
7. die Gleichbehandlung der Geschlechter sowie andere Nichtdiskriminierungsbestimmungen und
8. die Zulagen oder die Kostenerstattung zur Deckung der Reise-, Unterbringungs- und Verpflegungskosten für Arbeitnehmer und Arbeitnehmerinnen, die aus beruflichen Gruünden von ihrem Wohnort entfernt sind.

(2) Ein Arbeitgeber mit Sitz im Ausland beschäftigt einen Arbeitnehmer oder eine Arbeitnehmerin auch dann im Inland, wenn er ihn oder sie einem Entleiher mit Sitz im Ausland oder im Inland überlässt und der Entleiher den Arbeitnehmer oder die Arbeitnehmerin im Inland beschäftigt.

(3) Absatz 1 Nummer 8 gilt für Arbeitgeber mit Sitz im Ausland, wenn der Arbeitnehmer oder die Arbeitnehmerin

1. zu oder von seinem oder ihrem regelmäßigen Arbeitsort im Inland reisen muss oder
2. von dem Arbeitgeber von seinem oder ihrem regelmäßigen Arbeitsort im Inland vorübergehend zu einem anderen Arbeitsort geschickt wird.

§ 2a Gegenstand der Entlohnung
Entlohnung im Sinne von § 2 Absatz 1 Nummer 1 sind alle Bestandteile der Vergütung, die der Arbeitnehmer oder die Arbeitnehmerin vom Arbeitgeber in Geld oder als Sachleistung für die geleistete Arbeit erhält. Zur Entlohnung zählen insbesondere die Grundvergütung, einschließlich Entgeltbestandteilen, die an die Art der Tätigkeit, Qualifikation und Berufserfahrung der Arbeitnehmer und Arbeitnehmerinnen und die Region anknüpfen, sowie Zulagen, Zuschläge und Gratifikationen, einschließlich Überstundensätzen. Die Entlohnung umfasst auch Regelungen zur Fälligkeit der Entlohnung einschließlich Ausnahmen und deren Voraussetzungen.

§ 2b Anrechenbarkeit von Entsendezulagen
(1) Erhält der Arbeitnehmer oder die Arbeitnehmerin vom Arbeitgeber mit Sitz im Ausland eine Zulage für die Zeit der Arbeitsleistung im Inland (Entsendezulage), kann diese auf die Entlohnung nach § 2 Absatz 1 Nummer 1 angerechnet werden. Dies gilt nicht, soweit die Entsendezulage zur Erstattung von Kosten gezahlt wird, die infolge der Entsendung tatsächlich entstanden sind (Entsendekosten). Als Entsendekosten gelten insbesondere Reise-, Unterbringungs- und Verpflegungskosten.
(2) Legen die für das Arbeitsverhältnis geltenden Arbeitsbedingungen nicht fest, welche Bestandteile einer Entsendezulage als Erstattung von Entsendekosten gezahlt werden oder welche Bestandteile einer Entsendezulage Teil der Entlohnung sind, wird unwiderleglich vermutet, dass die gesamte Entsendezulage als Erstattung von Entsendekosten gezahlt wird.

§ 3 Tarifvertragliche Arbeitsbedingungen Die Rechtsnormen eines bundesweiten Tarifvertrages finden unter den Voraussetzungen der §§ 4 bis 6 auch auf Arbeitsverhältnisse zwischen einem Arbeitgeber mit Sitz im Ausland und seinen im räumlichen Geltungsbereich dieses Tarifvertrages beschäftigten Arbeitnehmern und Arbeitnehmerinnen zwingend Anwendung, wenn
1. der Tarifvertrag für allgemeinverbindlich erklärt ist oder
2. eine Rechtsverordnung nach § 7 oder § 7a vorliegt.

§ 2 Absatz 2 gilt entsprechend. Eines bundesweiten Tarifvertrages bedarf es nicht, soweit Arbeitsbedingungen im Sinne des § 5 Nummer 2, 3 oder 4 Gegenstand tarifvertraglicher Regelungen sind, die zusammengefasst räumlich den gesamten Geltungsbereich dieses Gesetzes abdecken.

§ 4 Branchen (1) § 3 Satz 1 Nummer 2 gilt für Tarifverträge
1. – 3. ...
4. für Sicherheitsdienstleistungen,
5. – 9. ...

(2) § 3 Satz 1 Nummer 2 gilt darüber hinaus für Tarifverträge aller anderen als der in Absatz 1 genannten Branchen, wenn die Erstreckung der Rechtsnormen des Tarifvertrages im öffentlichen Interesse geboten erscheint, um die in § 1 genannten Gesetzesziele zu erreichen und dabei insbesondere einem Verdrängungswettbewerb über die Lohnkosten entgegen zu wirken.

§ 5 Arbeitsbedingungen Gegenstand eines Tarifvertrages nach § 3 können sein

1. Mindestentgeltsätze, die nach Art der Tätigkeit, Qualifikation der Arbeitnehmer und Arbeitnehmerinnen und Regionen differieren können, einschließlich der Überstundensätze, wobei die Differenzierung nach Art der Tätigkeit und Qualifikation insgesamt bis zu drei Stufen umfassen kann,

1a. die über Nummer 1 hinausgehenden Entlohnungsbestandteile nach § 2 Absatz 1 Nummer 1,

2. die Dauer des Erholungsurlaubs, das Urlaubsentgelt oder ein zusätzliches Urlaubsgeld,
3. die Einziehung von Beiträgen und die Gewährung von Leistungen im Zusammenhang mit Urlaubsansprüchen nach Nummer 2 durch eine gemeinsame Einrichtung der Tarifvertragsparteien, wenn sichergestellt ist, dass der ausländische Arbeitgeber nicht gleichzeitig zu Beiträgen zu der gemeinsamen Einrichtung der Tarifvertragsparteien und zu einer vergleichbaren Einrichtung im Staat seines Sitzes herangezogen wird und das Verfahren der gemeinsamen Einrichtung der Tarifvertragsparteien eine Anrechnung derjenigen Leistungen vorsieht, die der ausländische Arbeitgeber zur Erfüllung des gesetzlichen, tarifvertraglichen oder einzelvertraglichen Urlaubsanspruchs seines Arbeitnehmers oder seiner Arbeitnehmerin bereits erbracht hat,
4. die Anforderungen an die Unterkünfte von Arbeitnehmern und Arbeitnehmerinnen, wenn sie vom Arbeitgeber für Arbeitnehmer und Arbeitnehmerinnen, die von ihrem regelmäßigen Arbeitsplatz entfernt eingesetzt werden, unmittelbar oder mittelbar, entgeltlich oder unentgeltlich zur Verfügung gestellt werden, und
5. Arbeitsbedingungen im Sinne des § 2 Nr. 3 bis 7.

Die Arbeitsbedingungen nach Satz 1 Nummer 1 bis 3 umfassen auch Regelungen zur Fälligkeit entsprechender Ansprüche einschließlich hierzu vereinbarter Ausnahmen und deren Voraussetzungen.

§ 6 Besondere Regelungen (1) – (3) ...
(4) Im Falle eines Tarifvertrages nach § 4 Absatz 1 Nr. 4 findet dieser Abschnitt Anwendung, wenn der Betrieb oder die selbstständige Betriebsabteilung überwiegend Dienstleistungen des Bewachungs- und Sicherheitsgewerbes oder Kontroll- und Ordnungsdienste erbringt, die dem Schutz von Rechtsgütern aller Art, insbesondere von Leben, Gesundheit oder Eigentum dienen.
(6) – (10) ...

§ 7 Rechtsverordnung für die Fälle des § 4 Absatz 1 (1) Auf gemeinsamen Antrag der Parteien eines Tarifvertrages im Sinne von § 4 Absatz 1 sowie §§ 5 und 6 kann das Bundesministerium für Arbeit und Soziales durch Rechtsverordnung ohne Zustimmung des Bundesrates bestimmen, dass die Rechtsnormen dieses Tarifvertrages auf alle unter seinen Geltungsbereich fallenden und nicht an ihn gebundenen Arbeitgeber sowie Arbeitnehmer und Arbeitnehmerinnen Anwendung finden, wenn dies im öffentlichen Interesse geboten erscheint, um die in § 1 genannten Gesetzesziele zu erreichen. Satz 1 gilt nicht für tarifvertragliche Arbeitsbedingungen nach § 5 Satz 1 Nummer 1a.
(2) – (5) ...

§ 8 Pflichten des Arbeitgebers zur Gewährung von Arbeitsbedingungen
(1) Arbeitgeber mit Sitz im In- oder Ausland, die unter den Geltungsbereich eines für allgemeinverbindlich erklärten Tarifvertrages nach § 3 Satz 1 Nummer 1 oder einer Rechtsverordnung nach § 7 oder § 7a fallen, sind verpflichtet, ihren Arbeitnehmern und Arbeitnehmerinnen mindestens die in dem Tarifvertrag für den Beschäftigungsort vorgeschriebenen Arbeitsbedingungen zu gewähren sowie einer gemeinsamen Einrichtung der Tarifvertragsparteien die ihr nach § 5 Nr. 3 zustehenden Beiträge zu leisten. Satz 1 gilt unabhängig davon, ob die entsprechende Verpflichtung kraft Tarifbindung nach § 3 des Tarifvertragsgesetzes oder kraft Allgemeinverbindlicherklärung nach § 5 des Tarifvertragsgesetzes oder aufgrund einer Rechtsverordnung nach § 7 oder § 7a besteht.
(2) – (3) ...

§ 14 Haftung des Auftraggebers Ein Unternehmer, der einen anderen Unternehmer mit der Erbringung von Werk- oder Dienstleistungen beauftragt, haftet für die Verpflichtungen dieses Unternehmers, eines Nachunternehmers oder eines vondem Unternehmer oder einem Nachunternehmer beauftragten Verleihers zur Zahlung des Mindestentgeltsan Arbeitnehmer oder Arbeitnehmerinnen oder zur Zahlung von Beiträgen an eine gemeinsame Einrichtung der Tarifvertragsparteien nach § 8 wie ein Bürge, der auf die Einrede der Vorausklage verzichtet hat. Das Mindestentgelt im Sinne des Satzes 1 umfasst nur den Betrag, der nach Abzug der Steuern und der Beiträge zur Sozialversicherung und zur Arbeitsförderung oder entsprechender Aufwendungen zur sozialen Sicherung an Arbeitnehmer oder Arbeitnehmerinnen auszuzahlen ist (Nettoentgelt).

§ 15 Gerichtsstand Arbeitnehmer und Arbeitnehmerinnen, die von Arbeitgebern mit Sitz im Ausland im Geltungsbereich dieses Gesetzes beschäftigt sind oder waren, können eine auf den Zeitraum der Beschäftigung im Geltungsbereich dieses Gesetzes bezogene Klage auf Erfüllung der Verpflichtungen nach den §§ 2, 8, 13b oder 14 auch vor einem deutschen Gericht für Arbeitssachen erheben. ...

§ 15a Unterrichtungspflichten des Entleihers bei grenzüberschreitender Arbeitnehmerüberlassung (1) Bevor ein Entleiher mit Sitz im Ausland einen Leiharbeitnehmer oder eine Leiharbeitnehmerin im Inland beschäftigt, unterrichtet er den Verleiher hierüber in Textform nach § 126b des Bürgerlichen Gesetzbuchs.
(2) Bevor ein Entleiher mit Sitz im In- oder Ausland einen Leiharbeitnehmer oder eine Leiharbeitnehmerin eines im Ausland ansässigen Verleihers im Inland beschäftigt, unterrichtet der Entleiher den Verleiher in Textform nach § 126b des Bürgerlichen Gesetzbuchs über die wesentlichen Arbeitsbedingungen, die im Betrieb des Entleihers für einen vergleichbaren Arbeitnehmer oder eine vergleichbare Arbeitnehmerin des Entleihers gelten, einschließlich der Entlohnung. Die Unterrichtungspflicht gilt nicht, wenn die Voraussetzungen für ein Abweichen vom Gleichstellungsgrundsatz nach § 8 Absatz 2 und 4 Satz 2 des Arbeitnehmerüberlassungsgesetzes vorliegen. § 13 des Arbeitnehmerüberlassungsgesetzes bleibt unberührt.

§ 16 Zuständigkeit Für die Prüfung der Einhaltung der Pflichten eines Arbeitgebers nach § 8, soweit sie sich auf die Gewährung von Arbeitsbedingungen nach § 5 Satz 1 Nummer 1 bis 4 beziehen, sind die Behörden der Zollverwaltung zuständig.

§ 17 Befugnisse der Behörden der Zollverwaltung und anderer Behörden Die §§ 2 bis 6, 14, 15, 20, 22 und 23 des Schwarzarbeitsbekämpfungsgesetzes sind entsprechend anzuwenden mit der Maßgabe, dass

1. die dort genannten Behörden auch Einsicht in Arbeitsverträge, Niederschriften nach § 2 des Nachweisgesetzes und andere Geschäftsunterlagen nehmen können, die mittelbar oder unmittelbar Auskunft über die Einhaltung der Arbeitsbedingungen nach § 8 geben,
2. die nach § 5 Abs. 1 des Schwarzarbeitsbekämpfungsgesetzes zur Mitwirkung Verpflichteten diese Unterlagen vorzulegen haben, und
3. ...

...

§ 23 Bußgeldvorschriften (1) Ordnungswidrig handelt, wer vorsätzlich oder fahrlässig

1. entgegen § 8 Abs. 1 Satz 1 oder Abs. 3 eine Arbeitsbedingung, deren Einhaltung nach § 16 von den Behörden der Zollverwaltung geprüft wird, nicht oder nicht rechtzeitig gewährt oder einen Beitrag nicht oder nicht rechtzeitig leistet,

2. – 9. ...

(2) Ordnungswidrig handelt, wer Werk- oder Dienstleistungen in erheblichem Umfang ausführen lässt, indem er als Unternehmer einen anderen Unternehmer beauftragt, von dem er weiß oder fahrlässig nicht weiß, dass dieser bei der Erfüllung dieses Auftrags

1. entgegen § 8 Abs. 1 Satz 1 oder Abs. 3 eine Arbeitsbedingung, deren Einhaltung nach § 16 von den Behörden der Zollverwaltung geprüft wird, nicht oder nicht rechtzeitig gewährt oder einen Beitrag nicht oder nicht rechtzeitig leistet oder
2. einen Nachunternehmer einsetzt oder zulässt, dass ein Nachunternehmer tätig wird, der entgegen § 8 Abs. 1 Satz 1 oder Abs. 3 eine Arbeitsbedingung, deren Einhaltung nach § 16 von den Behörden der Zollverwaltung geprüft wird, nicht oder nicht rechtzeitig gewährt oder einen Beitrag nicht oder nicht rechtzeitig leistet.

(3) Die Ordnungswidrigkeit kann in den Fällen des Absatzes 1 Nr. 1 und des Absatzes 2 mit einer Geldbuße bis zu fünfhunderttausend Euro, in den übrigen Fällen mit einer Geldbuße bis zu dreißigtausend Euro geahndet werden.

(4) – (5) ...

3.2 Gesetz über die friedliche Verwendung der Kernenergie und den Schutz gegen ihre Gefahren (Atomgesetz – AtG) (Auszug)

§ 1 Zweckbestimmung des Gesetzes Zweck dieses Gesetzes ist,

1. die Nutzung der Kernenergie zur gewerblichen Erzeugung von Elektrizität geordnet zu beenden und bis zum Zeitpunkt der Beendigung den geordneten Betrieb sicherzustellen,
2. Leben, Gesundheit und Sachgüter vor den Gefahren der Kernenergie und der schädlichen Wirkung ionisierender Strahlen zu schützen und durch Kernenergie oder ionisierende Strahlen verursachte Schäden auszugleichen,
3. zu verhindern, dass durch Anwendung oder Freiwerden der Kernenergie oder ionisierender Strahlen die innere oder äußere Sicherheit der Bundesrepublik Deutschland gefährdet wird,
4. die Erfüllung internationaler Verpflichtungen der Bundesrepublik Deutschland auf dem Gebiet der Kernenergie und des Strahlenschutzes zu gewährleisten.

§ 7 Genehmigung von Anlagen (1) Wer eine ortsfeste Anlage zur Erzeugung oder zur Bearbeitung oder Verarbeitung oder zur Spaltung von Kernbrennstoffen oder zur Aufarbeitung bestrahlter Kernbrennstoffe errichtet, betreibt oder sonst innehat oder die Anlage oder ihren Betrieb wesentlich verändert, bedarf der Genehmigung. ...

(1a) – (1e) ...

(2) Die Genehmigung darf nur erteilt werden, wenn

1. keine Tatsachen vorliegen, aus denen sich Bedenken gegen die Zuverlässigkeit des Antragstellers und der für die Errichtung, Leitung und Beaufsichtigung des Betriebs der Anlage verantwortlichen Personen ergeben, und die für die Errichtung, Leitung und Beaufsichtigung des Betriebs der Anlage verantwortlichen Personen die hierfür erforderliche Fachkunde besitzen,
2. gewährleistet ist, daß die bei dem Betrieb der Anlage sonst tätigen Personen die notwendigen Kenntnisse über einen sicheren Betrieb der Anlage, die möglichen Gefahren und die anzuwendenden Schutzmaßnahmen besitzen,
3. die nach dem Stand von Wissenschaft und Technik erforderliche Vorsorge gegen Schäden durch die Errichtung und den Betrieb der Anlage getroffen ist,
4. die erforderliche Vorsorge für die Erfüllung gesetzlicher Schadensersatzverpflichtungen getroffen ist,
5. der erforderliche Schutz gegen Störmaßnahmen oder sonstige Einwirkungen Dritter gewährleistet ist,
6. überwiegende öffentliche Interessen, insbesondere im Hinblick auf die Umweltauswirkungen, der Wahl des Standorts der Anlage nicht entgegenstehen.

(3) – (6) ...

§ 12 Ermächtigungsvorschriften (Schutzmaßnahmen) Durch Rechtsverordnung kann zur Erreichung der in § 1 bezeichneten Zwecke bestimmt werden,

1. – 3. ...

4. daß und in welcher Weise und in welchem Umfang der Inhaber einer Anlage, in der mit radioaktiven Stoffen umgegangen wird oder umgegangen werden soll,

verpflichtet ist, der Aufsichtsbehörde mitzuteilen, ob und welche Abweichungen von den Angaben zum Genehmigungsantrag einschließlich der beigefügten Unterlagen oder von der Genehmigung eingetreten sind,

5. – 11. ...

...

§ 12b Überprüfung der Zuverlässigkeit von Personen zum Schutz gegen Entwendung oder Freisetzung radioaktiver Stoffe (1) Zum Schutz gegen unbefugte Handlungen, die zu einer Entwendung oder Freisetzung radioaktiver Stoffe führen können, führen die nach den §§ 23d und 24 sowie die nach den §§ 184, 185, 186, 189, 190 und 191 des Strahlenschutzgesetzes zuständigen Genehmigungs- und Aufsichtsbehörden eine Überprüfung der Zuverlässigkeit folgender Personen durch:

1. Antragsteller oder Genehmigungsinhaber und sonstige als Verantwortliche benannte Personen in Genehmigungs-, Planfeststellungs- und Aufsichtsverfahren, die sich auf Anlagen oder Tätigkeiten nach den §§ 4, 6, 7, 9, 9a Abs. 3 oder auf Anlagen zur Erzeugung ionisierender Strahlung nach § 5 Absatz 2 des Strahlenschutzgesetzes beziehen,
2. Personen, die bei der Errichtung oder dem Betrieb von Anlagen im Sinne des § 7, von Anlagen des Bundes nach § 9a Absatz 3 oder von Anlagen zur Erzeugung ionisierender Strahlung nach § 5 Absatz 2 des Strahlenschutzgesetzes tätig sind,
3. Personen, die beim Umgang mit radioaktiven Stoffen oder bei der Beförderung von radioaktiven Stoffen tätig sind, sowie
4. Sachverständige (§ 20).

Bedienstete der nach Satz 1 zuständigen Genehmigungs- und Aufsichtsbehörden und Bedienstete anderer Behörden mit gesetzlichem Zutrittsrecht zu den jeweiligen Anlagen oder Einrichtungen sind von der Überprüfung der Zuverlässigkeit ausgenommen.

(2) Die Überprüfung der Zuverlässigkeit erfolgt mit vorheriger schriftlicher Zustimmung der zu überprüfenden Person (Betroffener).

(3) Zur Überprüfung darf die zuständige Behörde

1. die Identität des Betroffenen prüfen,
2. bei den Polizeivollzugs- und Verfassungsschutzbehörden des Bundes und der Länder sowie, soweitim Einzelfall erforderlich, dem Militärischen Abschirmdienst, dem Bundesnachrichtendienst und dem Zollkriminalamt nach vorhandenen, für die Beurteilung der Zuverlässigkeit bedeutsamen Erkenntnissen anfragen,
3. bei dem Bundesbeauftragten für die Unterlagen des Staatssicherheitsdienstes der ehemaligen Deutschen Demokratischen Republik zur Feststellung einer hauptamtlichen oder inoffiziellen Tätigkeit des Betroffenen für den Staatssicherheitsdienst der ehemaligen Deutschen Demokratischen Republik anfragen, wenn der Betroffene vor dem 1. Januar 1970 geboren wurde und Anhaltspunkte für eine solche Tätigkeit vorliegen,
4. eine unbeschränkte Auskunft aus dem Bundeszentralregister oder ein Führungszeugnis für Behörden nach § 30 Abs. 5 des Bundeszentralregistergesetzes einholen,
5. soweit im Einzelfall bei einem ausländischen Betroffenen erforderlich, um eine Übermittlung von Daten aus dem Ausländerzentralregister ersuchen und ein Ersuchen an die zuständige Ausländerbehörde nach vorhandenen, für die Beurteilung der Zuverlässigkeit bedeutsamen Erkenntnissen stellen.

Maßnahmen nach Satz 1 sind unter Berücksichtigung der Art der Anlage oder Einrichtung, insbesondere der Art und Menge der darin vorhandenen radioaktiven Stoffe, der Art der Tätigkeit, des Umfangs der Zutrittsberechtigung und der Verantwortung des Betroffenen sowie bei der Beförderung radioaktiver Stoffe zusätzlich unter Berücksichtigung von Verpackung und Transportmittel verhältnismäßig abzustufen.

(4) Bei tatsächlichen Anhaltspunkten für Zweifel an der Zuverlässigkeit des Betroffenen ist die zuständige Behörde befugt, zusätzlich

1. die Strafverfolgungsbehörden und Strafgerichte einschließlich der für Steuerstrafverfahren zuständigen Finanzbehörden um die Erteilung von Auskunft und, sofern die Zweifel fortbestehen, um Akteneinsicht zu ersuchen,
2. bei den Behörden anzufragen, die für die Ausführung des Gesetzes über die Kontrolle von Kriegswaffen, des Gefahrgutbeförderungsgesetzes, des Waffengesetzes, des Beschussgesetzes, des Sprengstoffgesetzes oder einer auf Grund dieser Gesetze erlassenen Rechtsverordnung zuständig sind, und, sofern die Zweifel fortbestehen, in die über den Betroffenen bei der zuständigen Behörde geführten Akten einzusehen,
3. in Verfahren zur Genehmigung der Beförderung von radioaktiven Stoffen eine Auskunft aus dem Fahreignungsregister einzuholen.

(5) Die zuständige Behörde gibt dem Betroffenen Gelegenheit, sich zu äußern, wenn auf Grund der eingeholten Auskünfte Zweifel an seiner Zuverlässigkeit bestehen.

(6) Die zuständige Behörde darf die zur Überprüfung erhobenen personenbezogenen Daten nur verarbeiten und nutzen, soweit dies für die Zwecke der Überprüfung erforderlich ist.

(7) – (9) ...

§ 12c (weggefallen)

3.3 Verordnung über die Allgemeinen Beförderungsbedingungen für den Straßenbahn und Obusverkehr sowie den Linienverkehr mit Kraftfahrzeugen (BefBedV) (Auszug)

§ 1 Geltungsbereich (1) Die Allgemeinen Beförderungsbedingungen gelten für die Beförderung im Straßenbahn- und Obusverkehr sowie im Linienverkehr mit Kraftfahrzeugen. Die zuständige Genehmigungsbehörde kann in Berücksichtigung besonderer Verhältnisse Anträgen auf Abweichungen von den Bestimmungen dieser Verordnung zustimmen (Besondere Beförderungsbedingungen).
(2) (weggefallen)

§ 2 Anspruch auf Beförderung Anspruch auf Beförderung besteht, soweit nach den Vorschriften des Personenbeförderungsgesetzes und den auf Grund dieses Gesetzes erlassenen Rechtsvorschriften eine Beförderungspflicht gegeben ist. Sachen werden nur nach Maßgabe der §§ 11 und 12 befördert.

§ 3 Von der Beförderung ausgeschlossene Personen (1) Personen, die eine Gefahr für die Sicherheit oder Ordnung des Betriebs oder für die Fahrgäste darstellen, sind von der Beförderung ausgeschlossen. Soweit diese Voraussetzungen vorliegen, sind insbesondere ausgeschlossen

1. Personen, die unter dem Einfluss geistiger Getränke oder anderer berauschender Mittel stehen,
2. Personen mit ansteckenden Krankheiten,
3. Personen mit geladenen Schusswaffen, es sei denn, dass sie zum Führen von Schusswaffen berechtigt sind.

(2) Nicht schulpflichtige Kinder vor Vollendung des 6. Lebensjahrs können von der Beförderung ausgeschlossen werden, sofern sie nicht auf der ganzen Fahrstrecke von Personen begleitet werden, die mindestens das 6. Lebensjahr vollendet haben; die Vorschriften des Absatzes 1 bleiben unberührt.

§ 4 Verhalten der Fahrgäste (1) Fahrgäste haben sich bei Benutzung der Betriebsanlagen und Fahrzeuge so zu verhalten, wie es die Sicherheit und Ordnung des Betriebs, ihre eigene Sicherheit und die Rücksicht auf andere Personen gebieten. Anweisungen des Betriebspersonals ist zu folgen.
(2) Fahrgästen ist insbesondere untersagt,

1. sich mit dem Fahrzeugführer während der Fahrt zu unterhalten,
2. die Türen während der Fahrt eigenmächtig zu öffnen,
3. Gegenstände aus den Fahrzeugen zu werfen oder hinausragen zu lassen,
4. während der Fahrt auf- oder abzuspringen,
5. ein als besetzt bezeichnetes Fahrzeug zu betreten,
6. die Benutzbarkeit der Betriebseinrichtungen, der Durchgänge und der Ein- und Ausstiege durch sperrige Gegenstände zu beeinträchtigen,
7. auf unterirdischen Bahnsteiganlagen zu rauchen,
8. Tonwiedergabegeräte oder Tonrundfunkempfänger zu benutzen.

(3) Die Fahrgäste dürfen die Fahrzeuge nur an den Haltestellen betreten und verlassen; Ausnahmen bedürfen der Zustimmung des Betriebspersonals. Soweit besonders ge-

kennzeichnete Eingänge oder Ausgänge vorhanden sind, sind diese beim Betreten oder Verlassen der Fahrzeuge zu benutzen. Es ist zügig ein- und auszusteigen sowie in das Wageninnere aufzurücken. Wird die bevorstehende Abfahrt angekündigt oder schließt sich eine Tür, darf das Fahrzeug nicht mehr betreten oder verlassen werden. Jeder Fahrgast ist verpflichtet, sich im Fahrzeug stets einen festen Halt zu verschaffen.
(4) Die Beaufsichtigung von Kindern obliegt den Begleitern. Sie haben insbesondere dafür zu sorgen, dass Kinder nicht auf den Sitzplätzen knien oder stehen und nach Maßgabe der straßenverkehrsrechtlichen Vorschriften Sicherheitsgurte angelegt haben oder in einer Rückhalteeinrichtung für Kinder gesichert sind.
(5) Verletzt ein Fahrgast trotz Ermahnung die ihm obliegenden Pflichten nach den Absätzen 1 bis 4, so kann er von der Beförderung ausgeschlossen werden.
(6) Bei Verunreinigung von Fahrzeugen oder Betriebsanlagen werden vom Unternehmer festgesetzte Reinigungskosten erhoben; weitergehende Ansprüche bleiben unberührt.
(7) Beschwerden sind – außer in den Fällen des § 6 Abs. 7 und des § 7 Abs. 3 – nicht an das Fahr-, sondern an das Aufsichtspersonal zu richten. Soweit die Beschwerden nicht durch das Aufsichtspersonal erledigt werden können, sind sie unter Angabe von Datum, Uhrzeit, Wagen- und Linienbezeichnung sowie möglichst unter Beifügung des Fahrausweises an die Verwaltung des Unternehmers zu richten.
(8) Wer missbräuchlich die Notbremse oder andere Sicherungseinrichtungen betätigt, hat – unbeschadet einer Verfolgung im Straf- oder Bußgeldverfahren und weitergehender zivilrechtlicher Ansprüche – einen Betrag von 15 Euro zu zahlen. Dasselbe gilt, wenn gegen die Untersagung nach Abs. 2 Nr. 3 oder Nr. 7 verstoßen wird.

§ 5 Zuweisen von Wagen und Plätzen (1) Das Betriebspersonal kann Fahrgäste auf bestimmte Wagen verweisen, wenn dies aus betrieblichen Gründen oder zur Erfüllung der Beförderungspflicht notwendig ist.
(2) Das Betriebspersonal ist berechtigt, Fahrgästen Plätze zuzuweisen; Anspruch auf einen Sitzplatz besteht nicht. Sitzplätze sind für Schwerbehinderte, in der Gehfähigkeit Beeinträchtigte, ältere oder gebrechliche Personen, werdende Mütter und für Fahrgäste mit kleinen Kindern freizugeben.

§ 6 Beförderungsentgelte, Fahrausweise (1) Für die Beförderung sind die festgesetzten Beförderungsentgelte zu entrichten.
(2) Ist der Fahrgast beim Betreten des Fahrzeugs nicht mit einem für diese Fahrt gültigen Fahrausweis versehen, hat er unverzüglich und unaufgefordert den erforderlichen Fahrausweis zu lösen.
(3) Ist der Fahrgast beim Betreten des Fahrzeugs mit einem Fahrausweis versehen, der zu entwerten ist, hat er diesen dem Betriebspersonal unverzüglich und unaufgefordert zur Entwertung auszuhändigen; in Fahrzeugen mit Entwertern hat der Fahrgast den Fahrausweis entsprechend der Beförderungsstrecke unverzüglich zu entwerten und sich von der Entwertung zu überzeugen.
(4) Der Fahrgast hat den Fahrausweis bis zur Beendigung der Fahrt aufzubewahren und ihn dem Betriebspersonal auf Verlangen zur Prüfung vorzuzeigen oder auszuhändigen.
(5) Kommt der Fahrgast einer Pflicht nach den Absätzen 2 bis 4 trotz Aufforderung nicht nach, kann er von der Beförderung ausgeschlossen werden; die Pflicht zur Zahlung eines erhöhten Beförderungsentgelts nach § 9 bleibt unberührt.

(6) Wagen oder Wagenteile im schaffnerlosen Betrieb dürfen nur von Fahrgästen mit hierfür gültigen Fahrausweisen benutzt werden.
(7) Beanstandungen des Fahrausweises sind sofort vorzubringen. Spätere Beanstandungen werden nicht berücksichtigt.

§ 7 Zahlungsmittel (1) Das Fahrgeld soll abgezählt bereitgehalten werden. Das Fahrpersonal ist nicht verpflichtet, Geldbeträge über 5 Euro zu wechseln und Eincentstücke im Betrag von mehr als 10 Cent sowie erheblich beschädigte Geldscheine und Münzen anzunehmen.
(2) Soweit das Fahrpersonal Geldbeträge über 5 Euro nicht wechseln kann, ist dem Fahrgast eine Quittung über den zurückbehaltenen Betrag auszustellen. Es ist Sache des Fahrgasts, das Wechselgeld unter Vorlage der Quittung bei der Verwaltung des Unternehmers abzuholen. Ist der Fahrgast mit dieser Regelung nicht einverstanden, hat er die Fahrt abzubrechen.
(3) Beanstandungen des Wechselgelds oder der vom Fahrpersonal ausgestellten Quittung müssen sofort vorgebracht werden.
(4) Die besonderen Beförderungsbedingungen können vorsehen, dass das Verkehrsunternehmen nicht verpflichtet ist, an der Haltestelle oder im Fahrzeug einen Fahrausweiserwerb mit Bargeld zu ermöglichen, sofern auf andere Weise ein Fahrausweiserwerb angeboten wird.

§ 8 Ungültige Fahrausweise (1) Fahrausweise, die entgegen den Vorschriften der Beförderungsbedingungen oder des Beförderungstarifs benutzt werden, sind ungültig und werden eingezogen; dies gilt auch für Fahrausweise, die
1. nicht vorschriftsmäßig ausgefüllt sind und trotz Aufforderung nicht sofort ausgefüllt werden,
2. nicht mit aufgeklebter Wertmarke versehen sind,
3. zerrissen, zerschnitten oder sonst stark beschädigt, stark beschmutzt oder unleserlich sind, so dass sie nicht mehr geprüft werden können,
4. eigenmächtig geändert sind,
5. von Nichtberechtigten benutzt werden,
6. zu anderen als den zulässigen Fahrten benutzt werden,
7. wegen Zeitablaufs oder aus anderen Gründen verfallen sind,
8. ohne das erforderliche Lichtbild benutzt werden.
9. Fahrgeld wird nicht erstattet.

(2) Ein Fahrausweis, der nur in Verbindung mit einem Antrag oder einem im Beförderungstarif vorgesehenen Personenausweis zur Beförderung berechtigt, gilt als ungültig und kann eingezogen werden, wenn der Antrag oder Personenausweis auf Verlangen nicht vorgezeigt wird.

§ 9 Erhöhtes Beförderungsentgelt (1) Ein Fahrgast ist zur Zahlung eines erhöhten Beförderungsentgelts verpflichtet, wenn er
1. sich keinen gültigen Fahrausweis beschafft hat,
2. sich einen gültigen Fahrausweis beschafft hat, diesen jedoch bei einer Überprüfung nicht vorzeigen kann,

3. den Fahrausweis nicht oder nicht unverzüglich im Sinne des § 6 Abs. 3 entwertet hat oder entwerten ließ oder
4. den Fahrausweis auf Verlangen nicht zur Prüfung vorzeigt oder aushändigt.

Eine Verfolgung im Straf- oder Bußgeldverfahren bleibt unberührt. Die Vorschriften unter den Nummern 1 und 3 werden nicht angewendet, wenn das Beschaffen oder die Entwertung des Fahrausweises aus Gründen unterblieben ist, die der Fahrgast nicht zu vertreten hat.

(2) In den Fällen des Absatzes 1 kann der Unternehmer ein erhöhtes Beförderungsentgelt bis zu 60 Euro erheben. Er kann jedoch das Doppelte des Beförderungsentgelts für einfache Fahrt auf der vom Fahrgast zurückgelegten Strecke erheben, sofern sich hiernach ein höherer Betrag als nach Satz 1 ergibt; hierbei kann das erhöhte Beförderungsentgelt nach dem Ausgangspunkt der Linie berechnet werden, wenn der Fahrgast die zurückgelegte Strecke nicht nachweisen kann.

(3) Das erhöhte Beförderungsentgelt ermäßigt sich im Falle von Abs. 1 Nr. 2 auf 7 Euro, wenn der Fahrgast innerhalb einer Woche ab dem Feststellungstag bei der Verwaltung des Unternehmers nachweist, dass er im Zeitpunkt der Feststellung Inhaber einer gültigen persönlichen Zeitkarte war.

(4) Bei Verwendung von ungültigen Zeitkarten bleiben weitergehende Ansprüche des Unternehmers unberührt.

§ 10 Erstattung von Beförderungsentgelt (1) Wird ein Fahrausweis nicht zur Fahrt benutzt, so wird das Beförderungsentgelt auf Antrag gegen Vorlage des Fahrausweises erstattet. Beweispflichtig für die Nichtbenutzung des Fahrausweises ist der Fahrgast.

(2) - (5) ...

(6) Bei Ausschluss von der Beförderung besteht, ausgenommen § 3 Abs. 1 Satz 2 Nr. 2, kein Anspruch auf Erstattung des entrichteten Entgelts.

§ 11 Beförderung von Sachen (1) Ein Anspruch auf Beförderung von Sachen besteht nicht. Handgepäck und sonstige Sachen werden bei gleichzeitiger Mitfahrt des Fahrgasts und nur dann befördert, wenn dadurch die Sicherheit und Ordnung des Betriebs nicht gefährdet und andere Fahrgäste nicht belästigt werden können.

(2) Von der Beförderung sind gefährliche Stoffe und gefährliche Gegenstände ausgeschlossen, insbesondere

1. explosionsfähige, leicht entzündliche, radioaktive, übelriechende oder ätzende Stoffe,
2. unverpackte oder ungeschützte Sachen, durch die Fahrgäste verletzt werden können,
3. Gegenstände, die über die Wagenumgrenzung hinausragen.

(3) Die Pflicht zur Beförderung von Kleinkindern in Kinderwagen richtet sich nach den Vorschriften des § 2 Satz 1. Nach Möglichkeit soll das Betriebspersonal dafür sorgen, dass Fahrgäste mit Kind im Kinderwagen nicht zurückgewiesen werden. Die Entscheidung über die Mitnahme liegt beim Betriebspersonal.

(4) Der Fahrgast hat mitgeführte Sachen so unterzubringen und zu beaufsichtigen, dass die Sicherheit und Ordnung des Betriebs nicht gefährdet und andere Fahrgäste nicht belästigt werden können.

(5) Das Betriebspersonal entscheidet im Einzelfall, ob Sachen zur Beförderung zugelassen werden und an welcher Stelle sie unterzubringen sind.

§ 12 Beförderung von Tieren (1) Auf die Beförderung von Tieren ist § 11 Abs. 1, 4 und 5 anzuwenden.
(2) Hunde werden nur unter Aufsicht einer hierzu geeigneten Person befördert. Hunde, die Mitreisende gefährden können, müssen einen Maulkorb tragen.
(3) Blindenführhunde, die einen Blinden begleiten, sind zur Beförderung stets zugelassen.
(4) Sonstige Tiere dürfen nur in geeigneten Behältern mitgenommen werden.
(5) Tiere dürfen nicht auf Sitzplätzen untergebracht werden.

§ 13 Fundsachen Fundsachen sind gemäß § 978 BGB unverzüglich dem Betriebspersonal abzuliefern. Eine Fundsache wird an den Verlierer durch das Fundbüro des Unternehmers gegen Zahlung eines Entgelts für die Aufbewahrung zurückgegeben. Sofortige Rückgabe an den Verlierer durch das Betriebspersonal ist zulässig, wenn er sich einwandfrei als Verlierer ausweisen kann. Der Verlierer hat den Empfang der Sache schriftlich zu bestätigen.

§ 14 Haftung Der Unternehmer haftet für die Tötung oder Verletzung eines Fahrgasts und für Schäden an Sachen, die der Fahrgast an sich trägt oder mit sich führt, nach den allgemein geltenden Bestimmungen. Für Sachschäden haftet der Unternehmer gegenüber jeder beförderten Person nur bis zum Höchstbetrag von 1.000 Euro; die Begrenzung der Haftung gilt nicht, wenn die Sachschäden auf Vorsatz oder grobe Fahrlässigkeit zurückzuführen sind.

§ 15 (weggefallen)

§ 16 Ausschluss von Ersatzansprüchen Abweichungen von Fahrplänen durch Verkehrsbehinderungen, Betriebsstörungen oder -unterbrechungen sowie Platzmangel begründen keine Ersatzansprüche; insoweit wird auch keine Gewähr für das Einhalten von Anschlüssen übernommen.

§ 17 Gerichtsstand Der Gerichtsstand für alle Streitigkeiten, die sich aus dem Beförderungsvertrag ergeben, ist der Sitz des Unternehmers.

3.4 Verordnung über das Bewacherregister (Bewacherregisterverordnung – BewachRV)

§ 1 Datensatz Die Registerbehörde speichert die Daten nach § 11b Absatz 2 und 3 der Gewerbeordnung im Bewacherregister. Der dem Datenmodell zugrundeliegende Datensatz kann beim Bundesamt für Wirtschaft und Ausfuhrkontrolle elektronisch bezogen werden.

§ 2 Übermittlung und Verarbeitung von Daten (1) Die Datenübermittlung der für den Vollzug des § 34a der Gewerbeordnung zuständigen Behörden an die Registerbehörde nach § 4 und die Datenübermittlung durch die Gewerbetreibenden an die Registerbehörde nach § 5 erfolgt über das Portal der Registerbehörde im Internet.
(2) Die Datenübermittlung zwischen den Fachverfahren der für den Vollzug des § 34a der Gewerbeordnung zuständigen Behörden und dem Bewacherregister erfolgt über das Verbindungsnetz des Bundes.
(3) Die Übermittlung und Verarbeitung von Daten hat nach dem jeweils aktuellen Standard des Bundesamtes für Sicherheit in der Informationstechnik oder vergleichbaren Standards zu erfolgen. Die Verschlüsselung erfolgt nach dem jeweiligen Stand der Technik.

§ 3 Portalanwendung (1) Die Registerbehörde errichtet und betreibt eine Portalanwendung als zentralen Zugangsbereich mit Nutzerselbstverwaltung. Die Übermittlung von Daten an das Bewacherregister und der Abruf von Daten aus dem Bewacherregister erfolgen über die Portalanwendung, soweit nicht eine elektronische Schnittstelle nach § 7 verwendet wird.
(2) Die nach § 9 Absatz 1 abrufberechtigten Behörden und Gewerbetreibenden erhalten einen Zugang zur Portalanwendung, indem sie sich für die Nutzung registrieren. Für die Registrierung müssen Name, Straße, Postleitzahl, Ort, E-Mail und Telefonnummer angegeben werden.

§ 4 Verfahren der Datenübermittlung an die Registerbehörde durch die für den Vollzug des § 34a der Gewerbeordnung zuständigen Behörden (1) Besteht zu einem Gewerbetreibenden oder einem Gewerbebetrieb noch kein Datensatz im Bewacherregister, legt die für den Vollzug des § 34a der Gewerbeordnung zuständige Behörde einen neuen Datensatz an und übermittelt diesen an die Registerbehörde. Die Registerbehörde vergibt für jeden Gewerbetreibenden oder Gewerbebetrieb, der in das Register eingetragen wurde, eine Identifikationsnummer, die dem jeweiligen Datensatz zugeordnet wird. Die Identifikationsnummer darf nur zu dem Zweck der Zuordnung von Daten zu Datensätzen im Bewacherregister verarbeitet werden. Die für den Vollzug des § 34a der Gewerbeordnung zuständige Behörde übermittelt die Daten nach § 11b Absatz 2 Nummer 1, 2, 4, 5, 7, 8, 9, 10 und 11 der Gewerbeordnung an das Bewacherregister. Die Zuordnung der nach Satz 4 übermittelten Daten zu einem Datensatz erfolgt mit Hilfe der Identifikationsnummer.
(2) Besteht im Bewacherregister zu einem Gewerbetreibenden oder einem Gewerbebetrieb bereits ein Datensatz, werden diesem die übermittelten Daten mit Hilfe der Identifikationsnummer zugeordnet.

(3) Die für den Vollzug des § 34a der Gewerbeordnung zuständige Behörde meldet die nach § 11b Absatz 6 der Gewerbeordnung der Registerbehörde mitzuteilenden Datenänderungen über ihren Zugang zur Portalanwendung an das Bewacherregister.

§ 5 Verfahren der Datenübermittlung an die Registerbehörde durch die Gewerbetreibenden (1) Besteht zu einer Wachperson oder einer mit der Leitung des Betriebs oder einer Zweigniederlassung beauftragten Person noch kein Datensatz im Bewacherregister, übermittelt der Gewerbetreibende die nach § 11b Absatz 2 Nummer 1, 3 und 6 und Absatz 5 der Gewerbeordnung erforderlichen Daten über seinen Zugang zur Portalanwendung an die Registerbehörde. Die Registerbehörde vergibt für jede eingetragene Person eine Identifikationsnummer, die dem jeweiligen Datensatz zugeordnet wird. Die Identifikationsnummer darf nur zu dem Zweck der Zuordnung von Daten zu Datensätzen im Bewacherregister verarbeitet werden.
(2) Besteht im Bewacherregister zu einer Person bereits ein Datensatz, werden diesem die vom Gewerbetreibenden übermittelten Daten mit Hilfe der Identifikationsnummer zugeordnet.

§ 6 Meldungen durch die Registerbehörde (1) Die Registerbehörde informiert die für den Vollzug des § 34a der Gewerbeordnung zuständige Behörde über den Eingang von Datenübermittlungen durch den Gewerbetreibenden.
(2) Soweit Datenänderungen zu einer Änderung der örtlichen Zuständigkeit der für den Vollzug des § 34a der Gewerbeordnung zuständigen Behörde führen, teilt die Registerbehörde diese Datenänderungen den von der Änderung der Zuständigkeit betroffenen Behörden mit.

§ 7 Verwendung von Schnittstellen (1) Die Registerbehörde stellt Schnittstellen des Bewacherregisters nach Maßgabe der Absätze 2 bis 4 bereit. Die Pflege und Weiterentwicklung der Schnittstellen obliegt der Registerbehörde.
(2) Die Schnittstelle zum Bundesamt für Verfassungsschutz erfolgt über einen Datenaustausch des Bewacherregisters mit dem nachrichtendienstlichen Informationssystem, welches durch das Bundesamt für Verfassungsschutz betrieben wird. Bei der Übermittlung und Verarbeitung der Daten ist die jeweilige Geheimhaltungsstufe einzuhalten. Dabei sind die technischen Anforderungen des Bundesamtes für Sicherheit in der Informationstechnik zu beachten.
(3) Die Schnittstelle zum Deutschen Industrie- und Handelskammertag e. V. erfolgt über einen Datenaustausch des Bewacherregisters mit der Datenbank für Unterrichtungen und Sachkundeprüfungen im Bewachungsgewerbe, welche durch den Deutschen Industrie- und Handelskammertag e. V. betrieben wird.
(4) Die Registerbehörde bietet eine Schnittstelle an, über die der Datenaustausch des Bewacherregisters mit Fachverfahren der für den Vollzug des § 34a der Gewerbeordnung zuständigen Behörden erfolgen kann.

§ 8 Verantwortung für die Datenübermittlung und die Datenrichtigkeit (1) Die für den Vollzug des § 34a der Gewerbeordnung zuständigen Behörden sind gegenüber der Registerbehörde für die Zulässigkeit der Übermittlung sowie für die Richtigkeit, Vollständigkeit und Aktualität der von ihnen übermittelten Daten verantwortlich. Die

Registerbehörde stellt durch geeignete elektronische Datenverarbeitungsprogramme sicher, dass die zu speichernden Daten zuvor auf ihre Schlüssigkeit hin geprüft werden und dass durch die Speicherung dieser Daten bereits gespeicherte Daten nicht irrtümlich gelöscht oder unrichtig werden.
(2) Soweit den für den Vollzug des § 34a der Gewerbeordnung zuständigen Behörden konkrete Anhaltspunkte für die Unrichtigkeit oder Unvollständigkeit der von ihnen übermittelten Daten vorliegen, prüfen sie diese auf Richtigkeit und Vollständigkeit. Wenn die von ihnen übermittelten Daten unrichtig oder unvollständig sind, übermitteln sie unverzüglich berichtigte und vervollständigte Daten. Die Registerbehörde schreibt die übermittelten Daten entsprechend fort.
(3) Stellt die Registerbehörde fest, dass zu einer Person im Datenbestand mehrere Datensätze vorhanden sind, darf sie diese mit Einvernehmen der für den Vollzug des § 34a der Gewerbeordnung zuständigen Behörden, die die Daten an die Registerbehörde übermittelt haben, zu einem Datensatz zusammenführen.

§ 9 Automatisiertes Abrufverfahren (1) Der Abruf aus dem Bewacherregister erfolgt im automatisierten Abrufverfahren. Die Zulassung zum Datenabruf im automatisierten Verfahren ist bei der Registerbehörde zu beantragen. Die Registerbehörde erteilt die Zulassung zum Datenabruf, wenn der Antrag gestellt wird durch
1. eine für den Vollzug des § 34a der Gewerbeordnung zuständige Behörde,
2. eine im Rahmen der Amtshilfe für den Vollzug des § 34a der Gewerbeordnung zuständige Behörde, insbesondere eine Polizei-, Ordnungs- oder Zollbehörde,
3. eine Behörde, die die Aufsicht über eine für den Vollzug des § 34a der Gewerbeordnung zuständige Behörde hat,
4. eine Behörde, die Widerspruchsbehörde für den Vollzug des § 34a der Gewerbeordnung betreffende Widerspruchsverfahren ist,
5. eine Behörde, die für die Verfolgung von Ordnungswidrigkeiten nach § 144 Absatz 1 Nummer 1 Buchstabe f oder Absatz 2 Nummer 1b der Gewerbeordnung in Verbindung mit § 22 der Bewachungsverordnung zuständig ist, oder
6. einen Gewerbetreibenden nach § 34a Absatz 1 der Gewerbeordnung.

(2) Der Datenabruf durch Behörden nach Absatz 1 Satz 3 Nummer 1 bis 5 und durch Gewerbetreibende nach Absatz 1 Satz 3 Nummer 6 ist auf den Umfang nach § 10 zu beschränken. Die Zulassung zum Datenabruf im automatisierten Verfahren kann auch nachträglich inhaltlich beschränkt werden.
(3) Die Registerbehörde führt zum Zwecke der datenschutzrechtlichen Kontrolle ein Verzeichnis mit dem Zweck der Datenverarbeitung und den zum Abruf im automatisierten Verfahren zugelassenen Behörden und Gewerbetreibenden.
(4) Die Registerbehörde trifft die erforderlichen Vorkehrungen, damit keine Daten übermittelt werden, wenn die Identität der abfragenden Stelle nicht zweifelsfrei festgestellt werden kann.

§ 10 Umfang des Datenabrufs (1) Nach § 9 Absatz 1 Satz 3 Nummer 1 und 2 zugelassene Behörden dürfen nur Daten aus dem Register abrufen im Rahmen der
1. Vor-Ort-Kontrolle von Bewachungstätigkeiten,
2. Prüfung von Bewachungsgewerbetreibenden,

3. Prüfung von mit der Leitung des Betriebs oder einer Zweigniederlassung beauftragten Personen,
4. Prüfung von Wachpersonal,
5. Pflege der Daten des Bewacherregisters oder
6. Wahrnehmung der Nachberichtspflicht gemäß § 34a Absatz 1b der Gewerbeordnung.

(2) Nach § 9 Absatz 1 Satz 3 Nummer 3 zugelassene Behörden dürfen nur im Rahmen ihrer Zuständigkeit für die Aufsicht über die für den Vollzug des § 34a der Gewerbeordnung zuständige Behörden Daten aus dem Register abrufen.

(3) Nach § 9 Absatz 1 Satz 3 Nummer 4 zugelassene Behörden dürfen nur im Rahmen ihrer Zuständigkeit für die Bearbeitung eines Widerspruchsverfahrens Daten aus dem Bewacherregister abrufen.

(4) Nach § 9 Absatz 1 Satz 3 Nummer 5 zugelassene Behörden dürfen nur im Rahmen ihrer Zuständigkeit für die Verfolgung von Ordnungswidrigkeiten Daten aus dem Bewacherregister abrufen.

(5) Nach § 9 Absatz 1 Satz 3 Nummer 6 zugelassene Gewerbetreibende dürfen nur Daten abrufen zur Wahrnehmung von Meldepflichten nach § 11b Absatz 5 und 6 Satz 3 der Gewerbeordnung in Verbindung mit § 16 der Bewachungsverordnung und zur Wahrnehmung von Einsichtsrechten. Der Abruf nach Satz 1 ist auf die eigenen Daten der Gewerbetreibenden und die von ihnen gemeldeten Daten ihrer gesetzlichen Vertreter, ihrer Wachpersonen und mit der Leitung des Betriebs oder einer Zweigniederlassung beauftragter Personen zu begrenzen.

§ 11 Abrufvoraussetzungen Enthält das Abrufersuchen der nach § 9 Absatz 1 Satz 3 zugelassenen Behörden oder Gewerbetreibenden nicht die nach § 11b Absatz 2 der Gewerbeordnung im Register gespeicherte Identifikationsnummer, muss das Abrufersuchen mindestens folgende Daten enthalten:

1. den Familiennamen, mindestens einen Vornamen, die Ausweisart und die Ausweisnummer,
2. den Familiennamen, mindestens einen Vornamen und den Wohnort oder den Tag oder den Ort der Geburt,
3. den eingetragenen Namen der juristischen Person und den Ort und die Postleitzahl des Sitzes oder einer Niederlassung oder
4. den Namen des Gewerbebetriebs und den Ort und die Postleitzahl einer Niederlassung.

§ 12 Datenübermittlung für statistische Zwecke (1) Die Registerbehörde kann den für den Vollzug des § 34a der Gewerbeordnung zuständigen Behörden, den für das Bewachungsrecht zuständigen obersten und oberen Bundes- und Landesbehörden, dem Bundeskriminalamt sowie den Landeskriminalämtern für statistische Zwecke anonymisierte Daten zur Sammlung, Aufbereitung, Darstellung und Analyse bereitstellen.

(2) Die Daten nach Absatz 1 dürfen den genannten Behörden nur für ihren jeweiligen Zuständigkeitsbereich übermittelt werden. Ergänzend hierzu können für Vergleichszwecke auf Antrag die korrespondierenden Gesamtzahlen im Bundesgebiet übermittelt werden.

§ 13 Schutz personenbezogener Daten (1) Die Registerbehörde ist ab dem Zeitpunkt der Datenübermittlung durch die für den Vollzug des § 34a der Gewerbeordnung zuständigen Behörden an das Bewacherregister oder bei Datenmeldungen durch die

Gewerbetreibenden an das Bewacherregister Verantwortliche für die Erfüllung der Rechte betroffener Personen nach der Verordnung (EU) 2016/679 des Europäischen Parlaments und des Rates vom 27. April 2016 zum Schutz natürlicher Personen bei der Verarbeitung personenbezogener Daten, zum freien Datenverkehr und zur Aufhebung der Richtlinie 95/46/EG (ABl. L 119 vom 4.5.2016, S. 1) in Verbindung mit dem Bundesdatenschutzgesetz verantwortlich.
(2) Die Registerbehörde trifft die erforderlichen technischen und organisatorischen Maßnahmen, um sicherzustellen, dass die Verarbeitung der personenbezogenen Daten unter Anwendung der Verordnung (EU) 2016/679 erfolgt. Dabei ist insbesondere die besondere Schutzbedürftigkeit der im Register gespeicherten Daten zu berücksichtigen. Hinsichtlich der Verarbeitung der Ausweiskopien nach § 11b Absatz 5 der Gewerbeordnung hat die Registerbehörde Vorkehrungen gemäß Artikel 9 der Verordnung (EU) 2016/679 und des § 22 Absatz 2 des Bundesdatenschutzgesetzes zu treffen.
(3) Die Registerbehörde hat bei der Zulassung von Behörden und Gewerbetreibenden nach § 9 Absatz 1 die Grundsätze der Aufgabentrennung und der Erforderlichkeit zu beachten; insbesondere ist der Zugang zu personenbezogenen Daten nur so weit gestattet, wie es für die Aufgabenerfüllung erforderlich ist.

§ 14 Protokollierungspflicht (1) Die Registerbehörde als speichernde Stelle erstellt bei Abrufen nach den §§ 4 bis 12 Protokolle, aus denen Folgendes hervorgeht:
1. der Zweck der Datenübermittlung oder des Abrufs,
2. das Datum und die Uhrzeit der Datenübermittlung oder des Abrufs,
3. die Identität der Person oder der angemeldeten Stelle, die die Daten übermittelt oder abgefragt hat.

Abweichend von Satz 1 sind Abrufe von Verfassungsschutzbehörden des Bundes und der Länder ausschließlich von diesen entsprechend § 6 Absatz 3 Satz 2 bis 5 des Bundesverfassungsschutzgesetzes zu protokollieren.
(2) Die protokollierten Daten dürfen nur für Zwecke der Auskunftserteilung an die betroffene Person und zum Zwecke der Datenschutzkontrolle verwendet werden. Sie sind gegen zweckfremde Verwendung und gegen sonstigen Missbrauch zu schützen.
(3) Die Protokollierung nach Absatz 1 ist nach dem jeweiligen Stand der Technik zu gewährleisten. Die Protokolldaten sind für mindestens 12 Monate zu speichern und nach spätestens 18 Monaten zu löschen. Dies gilt nicht, soweit sie für ein bereits eingeleitetes Kontrollverfahren benötigt werden.

3.5 Verordnung über das Bewachungsgewerbe – Bewachungsverordnung (BewachV)

§ 1 Örtliche Zuständigkeit (1) § 34a der Gewerbeordnung wird für Gewerbetreibende sowie mit der Leitung des Betriebs oder einer Zweigniederlassung beauftragte Personen im Sinne des § 34a Absatz 1a Satz 3 der Gewerbeordnung durch die zuständige Behörde vollzogen, in deren Bezirk das Unternehmen oder im Falle von Niederlassungen die Hauptniederlassung betrieben wird oder werden soll.
(2) § 34a der Gewerbeordnung wird für Wachpersonen durch diejenige Behörde vollzogen, die am Hauptwohnsitz der natürlichen Person zuständig ist. Ist die Wachperson nach Satz 1 zugleich Gewerbetreibender oder eine mit der Leitung des Betriebs oder einer Zweigniederlassung beauftragte Person im Sinne des § 34a Absatz 1a Satz 3 der Gewerbeordnung, richtet sich die Zuständigkeit nach Absatz 1. Hat die Person nach Satz 1 keinen Hauptwohnsitz in der Bundesrepublik Deutschland, ist die Behörde am Betriebssitz desjenigen Gewerbetreibenden zuständig, welcher die natürliche Person als erster anmeldet.
(3) Die örtliche Zuständigkeit für die Untersagung der Beschäftigung einer Person nach § 34a Absatz 4 der Gewerbeordnung richtet sich nach Absatz 1.

§ 2 Unterrichtung in Strafsachen In Strafsachen gegen Gewerbetreibende im Sinne des § 34a Absatz 1 Satz 1 der Gewerbeordnung, gegen mit der Leitung des Betriebs oder einer Zweigniederlassung beauftragte Personen im Sinne des § 34a Absatz 1a Satz 3 der Gewerbeordnung und gegen Wachpersonen im Sinne des § 34a Absatz 1a Satz 1 der Gewerbeordnung übermitteln Staatsanwaltschaften und Gerichte folgende Informationen an die für den Vollzug des § 34a Gewerbeordnung zuständige Behörde, wenn der Tatvorwurf geeignet ist, Zweifel an der Zuverlässigkeit hervorzurufen:

1. Erlass und Vollzug eines Haft- oder Unterbringungsbefehls,
2. Anklageschrift oder an ihre Stelle tretende Antragsschrift,
3. der Antrag auf Erlass eines Strafbefehls,
4. die das Verfahren abschließende Entscheidung mit Begründung.

Die Übermittlung von Informationen nach Satz 1 soll in einem elektronischen Verfahren erfolgen.

§ 3 Angaben bei der Antragstellung (1) Mit einem Antrag auf Erteilung einer Erlaubnis nach § 34a Absatz 1 der Gewerbeordnung hat die den Antrag stellende Person der zuständigen Behörde folgende Angaben zu übermitteln:

1. Angaben zu natürlichen Personen; auch zu den mit der Leitung des Betriebs oder einer Zweigniederlassung zu beauftragenden Personen; bei Antragstellung für eine juristische Person Angaben zur Person jedes gesetzlichen Vertreters, bei Personengesellschaften Angaben zu jedem zur Geschäftsführung berufenen Gesellschafter:
   a) persönliche Daten:
      aa) Familienname, Geburtsname, frühere Namen, Vornamen,
      bb) Geschlecht,
      cc) Geburtsdatum, Geburtsort, Geburtsland, Staat,
      dd) Staatsangehörigkeiten,

ee) Meldeanschrift bestehend aus Straße, Hausnummer, Postleitzahl, Ort, wenn vorhanden Zusatz, Land, Staat,

ff) Telefonnummer, E-Mail-Adresse,

b) wenn vorhanden, Identifikationsnummer, die für die antragsstellende Person im Bewacherregister eingetragen ist (Bewacherregisteridentifikationsnummer),

c) Art des Ausweisdokuments mit ausstellender Behörde, ausstellendem Staat, Datum der Ausstellung, Ausweisnummer, Ablaufdatum, maschinenlesbarem Namen sowie Inhalt der maschinenlesbaren Zone,

d) Wohnorte in den letzten fünf Jahren unter Angabe des Zeitraums sowie Straße, Hausnummer, Postleitzahl, Ort, wenn vorhanden Zusatz, Land, Staat,

e) Betriebsanschrift bestehend aus Straße, Hausnummer, Postleitzahl, Ort, wenn vorhanden Zusatz, Land, Staat, sowie Anschriften von Zweigniederlassungen und unselbstständigen Zweigstellen bestehend aus Straße, Hausnummer, Postleitzahl, Ort, wenn vorhanden Zusatz, Land, Staat,

2. Angaben zu juristischen Personen:

a) Name des Unternehmens

b) nach Maßgabe der Nummer 1 die persönlichen Daten der zur Vertretung berufenen Person oder Personen,

c) Rechtsform,

d) Eintrag im Handels-, Genossenschafts- oder Vereinsregister, Registergericht sowie Nummer der Eintragung,

e) Anschrift der Hauptniederlassung und sonstiger Betriebsstätten unter Angabe der Straße, Hausnummer, Postleitzahl, Ort, wenn vorhanden Zusatz, Land, Staat,

f) Telefonnummer, E-Mail-Adresse.

(2) Mit dem Antrag auf Erteilung einer Erlaubnis hat die den Antrag stellende Person zudem folgende Unterlagen beizubringen:

1. Bei Antragstellung für eine juristische Person den aktuellen Auszug aus dem Handels-, Genossenschafts- oder Vereinsregister,
2. Bescheinigungen in Steuersachen des Finanzamtes und des Gemeindesteueramtes, bei juristischen Personen aller gesetzlicher Vertreter,
3. Kopie des Personalausweises, des Reisepasses mit Meldebescheinigung, des Pass- oder Ausweisersatzes oder eines sonstigen amtlichen Ausweis- oder Identifizierungsdokuments, bei juristischen Personen aller gesetzlichen Vertreter,
4. Nachweis über die erfolgreich abgelegte Sachkundeprüfung nach § 34a Absatz 1 Satz 3 Nummer 3 der Gewerbeordnung oder anerkennungsfähige andere Nachweise für die den Antrag stellende Person sowie die mit der Leitung des Betriebs oder einer Zweigniederlassung zu beauftragenden Personen; bei juristischen Personen für die gesetzlichen Vertreter, soweit sie selbst mit der Durchführung von Bewachungsaufgaben direkt befasst sind oder keine Person mit der Leitung des Betriebs oder einer Zweigniederlassung beauftragt haben, die einen Sachkundenachweis oder entsprechenden anderen Nachweis besitzt; auf Anforderung durch die zuständige Behörde sind die Nachweise im Original oder als beglaubigte Kopie beizubringen,
5. Nachweis der Haftpflichtversicherung nach § 15,
6. Auskunft aus dem Schuldnerverzeichnis.

(3) Änderungen der Angaben nach Absatz 1, die nach Antragstellung eintreten, hat die den Antrag stellende Person der zuständigen Behörde unverzüglich mitzuteilen.

§ 4 Zweck Zweck der Unterrichtung nach § 34a Absatz 1a Satz 1 Nummer 2 der Gewerbeordnung ist es, Wachpersonen so zu befähigen, dass sie mit den für eine eigenverantwortliche Wahrnehmung von Bewachungsaufgaben erforderlichen Rechten und Pflichten sowie den damit verbundenen Befugnissen und deren praktischer Anwendung vertraut sind.

§ 5 Zuständige Stelle Die Unterrichtung kann bei jeder Industrie- und Handelskammer erfolgen, die diese anbietet.

§ 6 Verfahren (1) Die Unterrichtung erfolgt mündlich. Die zu unterrichtende Person muss über die zur Ausübung der Tätigkeit und zum Verständnis des Unterrichtungsverfahrens unverzichtbaren deutschen Sprachkenntnisse, mindestens auf dem Kompetenzniveau B1 des Gemeinsamen Europäischen Referenzrahmens verfügen. Die Unterrichtung hat mindestens 40 Unterrichtsstunden zu dauern. Eine Unterrichtsstunde beträgt 45 Minuten. Mehrere Personen können gleichzeitig unterrichtet werden, wobei die Zahl der Unterrichtsteilnehmer 20 nicht übersteigen soll.
(2) Die Industrie- und Handelskammer stellt eine Bescheinigung nach Anlage 1 aus, wenn die unterrichtete Person am Unterricht ohne Fehlzeiten teilgenommen hat und sich die Industrie- und Handelskammer durch geeignete Maßnahmen, insbesondere durch einen aktiven Dialog der unterrichtenden Person mit den Unterrichtsteilnehmern sowie durch mündliche und schriftliche Verständnisfragen nach jedem Sachgebiet, davon überzeugt hat, dass die Person mit den für eine eigenverantwortliche Wahrnehmung von Bewachungsaufgaben erforderlichen Rechten und Pflichten sowie den damit verbundenen Befugnissen und deren praktischer Anwendung nach Maßgabe des § 7 vertraut ist.

§ 7 Inhalt der Unterrichtung Die Unterrichtung umfasst nach näherer Bestimmung der Anlage 2 für alle Arten des Bewachungsgewerbes die fachspezifischen Rechte, Pflichten und Befugnisse folgender Sachgebiete:

1. Recht der öffentlichen Sicherheit und Ordnung einschließlich Gewerberecht,
2. Datenschutzrecht,
3. Bürgerliches Gesetzbuch,
4. Straf- und Strafverfahrensrecht, Umgang mit Waffen,
5. Unfallverhütungsvorschrift Wach- und Sicherungsdienste,
6. Umgang mit Menschen, insbesondere Verhalten in Gefahrensituationen, Deeskalationstechniken in Konfliktsituationen sowie interkulturelle Kompetenz unter besonderer Beachtung von Diversität und gesellschaftlicher Vielfalt und
7. Grundzüge der Sicherheitstechnik.

§ 8 Anerkennung anderer Nachweise Bei Vorliegen folgender Nachweise ist der Nachweis einer Unterrichtung nicht erforderlich:

1. Nachweis einer mit Erfolg abgelegten Abschlussprüfung
   a) als geprüfte Werkschutzfachkraft,
   b) als geprüfte Schutz- und Sicherheitskraft,

c) als Servicekraft für Schutz und Sicherheit,

d) als Fachkraft für Schutz und Sicherheit,

e) als geprüfter Meister für Schutz und Sicherheit oder als geprüfte Meisterin für Schutz und Sicherheit,

f) als geprüfter Werkschutzmeister oder als geprüfte Werkschutzmeisterin,

2. Prüfungszeugnis über den erfolgreichen Abschluss im Rahmen einer Laufbahnprüfung mindestens für den mittleren Dienst im Bereich der Ausbildung für den Polizeivollzugsdienst eines Landes oder des Bundes, für den Justizvollzugsdienst, für den waffentragenden Bereich des Zolldienstes und für den Feldjägerdienst der Bundeswehr,
3. Prüfungszeugnis über einen erfolgreichen Abschluss eines rechtswissenschaftlichen Studiums an einer Hochschule oder Akademie, die einen Abschluss verleiht, der einem Hochschulabschluss gleichgestellt ist, wenn zusätzlich ein Nachweis über eine Unterrichtung durch eine Industrie- und Handelskammer über die Sachgebiete nach § 7 Nummer 5 bis 7 vorliegt,
4. Bescheinigung über eine erfolgreich abgelegte Sachkundeprüfung nach § 11 Absatz 7.

§ 9 Zweck und Gegenstand der Sachkundeprüfung (1) Zweck der Sachkundeprüfung nach § 34a Absatz 1 Satz 3 Nummer 3 und Absatz 1a Satz 2 der Gewerbeordnung ist es, den Nachweis zu erbringen, dass die dort genannten Personen, die für die eigenverantwortliche Wahrnehmung der Bewachungsaufgaben erforderlichen Kenntnisse über die dafür notwendigen rechtlichen Vorschriften und fachbezogenen Pflichten und Befugnisse sowie deren praktische Anwendung erworben haben.

(2) Gegenstand der Sachkundeprüfung sind die in § 7 in Verbindung mit Anlage 2 aufgeführten Sachgebiete; die Prüfung soll sich auf jedes der dort aufgeführten Gebiete erstrecken.

§ 10 Zuständige Stelle und Prüfungsausschuss (1) Die Sachkundeprüfung kann bei jeder Industrie- und Handelskammer abgelegt werden, die diese anbietet.

(2) Für die Abnahme der Prüfung errichtet die Industrie- und Handelskammer mindestens einen Prüfungsausschuss. Sie beruft die Mitglieder des Ausschusses sowie den Vorsitzenden und seinen Stellvertreter. Die Mitglieder müssen für die Prüfungsgebiete sachkundig und für die Mitwirkung im Prüfungswesen geeignet sein.

§ 11 Prüfung, Verfahren (1) Die Sachkundeprüfung ist in einen mündlichen und einen schriftlichen Teil zu gliedern.

(2) Im mündlichen Prüfungsteil können gleichzeitig bis zu fünf Prüflinge geprüft werden; er soll für jeden Prüfling etwa 15 Minuten dauern. Im mündlichen Prüfungsteil ist ein Schwerpunkt auf die in § 7 Nummer 1 und 6 genannten Gebiete zu legen.

(3) Der schriftliche Teil der Prüfung kann mit Hilfe unterschiedlicher Medien durchgeführt werden.

(4) Die Leistung des Prüflings ist von dem Prüfungsausschuss mit bestanden oder nicht bestanden zu bewerten. Die Prüfung ist bestanden, wenn die Leistungen des Prüflings im schriftlichen Teil und im mündlichen Teil der Prüfung jeweils mindestens mit ausreichend bewertet wurden.

(5) Die Prüfung ist nicht öffentlich. Es können jedoch außer den Mitgliedern des Prüfungsausschusses und den zu prüfenden Personen folgende Personen anwesend sein:
1. beauftragte Vertreter der Aufsichtsbehörden,
2. Mitglieder eines anderen Prüfungsausschusses,
3. Vertreter der Industrie- und Handelskammern,
4. Personen, die beauftragt sind, die Qualität der Prüfungen zu kontrollieren, oder
5. Personen, die dafür vorgesehen sind, in einen Prüfungsausschuss berufen zu werden.

Diese Personen dürfen nicht in die laufende Prüfung eingreifen oder in die Beratung über das Prüfungsergebnis einbezogen werden.
(6) Die Prüfung darf wiederholt werden.
(7) Die Industrie- und Handelskammer stellt eine Bescheinigung nach Anlage 3 aus, wenn die geprüfte Person die Prüfung erfolgreich abgelegt hat.
(8) Die Einzelheiten des Prüfungsverfahrens regeln die Industrie- und Handelskammern nach Maßgabe des § 32 der Gewerbeordnung durch Satzung.

§ 12 Anerkennung anderer Nachweise Inhaber der in § 8 Nummer 1 bis 3 genannten Nachweise bedürfen nicht der Prüfung nach § 9.

§ 13 Gebrauch der Dienstleistungsfreiheit (1) Wenn unter Berücksichtigung der konkret beabsichtigten Tätigkeit bei unzureichender Qualifikation eine schwere Gefahr für die Gesundheit oder Sicherheit der Dienstleistungsempfänger bestünde, hat die für den Vollzug des § 34a der Gewerbeordnung zuständige Behörde vor dem erstmaligen Erbringen einer nur vorübergehenden und gelegentlichen Bewachungsdienstleistung im Inland zu überprüfen, ob ein wesentlicher Unterschied zwischen der Qualifikation der nach § 13a der Gewerbeordnung Anzeige erstattenden Person und den geforderten Kenntnissen besteht.
(2) Im Fall des § 13a Absatz 3 der Gewerbeordnung unterrichtet die für den Vollzug des § 34a der Gewerbeordnung zuständige Behörde die Anzeige erstattende Person über ihr Wahlrecht nach § 13c Absatz 3 der Gewerbeordnung.

§ 14 Umfang der Versicherung (1) Die Versicherung nach § 34a Absatz 1 Satz 3 Nummer 4 der Gewerbeordnung muss bei einem im Inland zum Geschäftsbetrieb zugelassenen Versicherungsunternehmen abgeschlossen werden.
(2) Die Mindestversicherungssumme beträgt je Schadensereignis
1. für Personenschäden 1 000 000 Euro,
2. für Sachschäden 250 000 Euro,
3. für das Abhandenkommen bewachter Sachen 15 000 Euro,
4. für reine Vermögensschäden 12 500 Euro.

Die Leistungen des Versicherungsunternehmens für alle innerhalb eines Versicherungsjahres verursachten Schäden können auf den doppelten Betrag der Mindestversicherungssumme begrenzt werden. Die in Satz 1 Nummer 3 und 4 genannten Risiken sind von der Versicherungspflicht ausgenommen, soweit der Gewerbetreibende nur für Auftraggeber tätig wird, die sich mit dieser Einschränkung der Versicherungspflicht nachweislich einverstanden erklärt haben.
(3) Der Versicherungsvertrag muss Deckung für die sich aus der gewerblichen Tätigkeit nach § 34a Absatz 1 Satz 1 der Gewerbeordnung ergebenden Haftpflichtgefahren für

Personen-, Sach- und Vermögensschäden gewähren. Der Versicherungsvertrag muss sich auch auf solche Schäden erstrecken, für die der Versicherungspflichtige nach § 278 oder § 831 des Bürgerlichen Gesetzbuchs einzustehen hat, soweit Erfüllungsgehilfen oder Verrichtungsgehilfen nicht selbst zum Abschluss einer solchen Berufshaftpflichtversicherung verpflichtet sind. Ist der Gewerbetreibende in einer oder mehreren Personenhandelsgesellschaften als geschäftsführender Gesellschafter tätig, so muss für die jeweilige Personenhandelsgesellschaft jeweils ein Versicherungsvertrag abgeschlossen werden; der Versicherungsvertrag kann auch die Tätigkeit des Gewerbetreibenden nach Satz 1 abdecken.

§ 15 Versicherungsbestätigung, Anzeigepflicht des Versicherungsunternehmens

(1) Die vom Versicherungsunternehmen erteilte Versicherungsbestätigung nach § 113 Absatz 2 des Versicherungsvertragsgesetzes darf zum Zeitpunkt der Antragstellung bei der für die Erlaubniserteilung nach § 34a der Gewerbeordnung zuständigen Behörde nicht älter als drei Monate sein.

(2) Das Versicherungsunternehmen ist verpflichtet, der für die Erlaubniserteilung zuständigen Behörde unverzüglich Folgendes anzuzeigen:

1. die Beendigung des Versicherungsvertrags, insbesondere infolge einer wirksamen Kündigung,
2. das Ausscheiden eines Versicherungsnehmers aus einem Gruppenversicherungsvertrag sowie
3. jede Änderung des Versicherungsvertrags, die den vorgeschriebenen Versicherungsschutz im Verhältnis zu Dritten beeinträchtigen kann.

(3) Zuständige Stelle im Sinne des § 117 Absatz 2 des Versicherungsvertragsgesetzes ist die für die Erlaubniserteilung nach § 34a der Gewerbeordnung zuständige Behörde.

§ 16 Beschäftigte, An- und Abmeldung von Wach- und Leitungspersonal (1) Der Gewerbetreibende darf mit Bewachungsaufgaben sowie mit der Leitung eines Betriebs oder einer Zweigniederlassung nur eine Person beschäftigen, wenn er das Verfahren nach den Absätzen 2 und 3 eingehalten hat, die Mitteilung nach Absatz 2 Satz 3 oder die Bestätigung nach Absatz 3 Satz 2 erhalten hat und die zu beschäftigende Person

1. zuverlässig ist,
2. das 18. Lebensjahr vollendet hat oder einen in § 8 bezeichneten Abschluss besitzt und
3. die für ihre Tätigkeit notwendige Befähigung besitzt.

(2) Der Gewerbetreibende hat eine Person,

1. die er als Wachperson beschäftigen will, vor der Beschäftigung mit Bewachungsaufgaben oder
2. die er mit der Leitung des Betriebs oder einer Zweigniederlassung beauftragen will, vor der Beauftragung mit der Leitung des Betriebs oder einer Zweigniederlassung

über das Bewacherregister anzumelden. Der Gewerbetreibende hat mit der Anmeldung neben den durch das Hochladen der Ausweiskopie nach § 11b Absatz 2 Nummer 1 Buchstabe h und Nummer 3 Buchstabe g in Verbindung mit Absatz 5 der Gewerbeordnung gemeldeten Angaben folgende Angaben zur zu meldenden Person zu übermitteln:

1. Familienname, Geburtsname, frühere Namen, Vornamen,
2. Geschlecht,

3. Geburtsdatum, Geburtsort, Geburtsland, Staat,
4. Staatsangehörigkeiten,
5. Meldeanschrift bestehend aus Straße, Hausnummer, Postleitzahl, Ort, wenn vorhanden Zusatz, Land, Staat,
6. Wohnorte in den letzten fünf Jahren unter Angabe des Zeitraums sowie Straße, Hausnummer, Postleitzahl, Ort, wenn vorhanden Zusatz, Land, Staat,
7. bei einer Wachperson die Angabe der beabsichtigten Tätigkeit der Wachperson nach § 34a Absatz 1a Satz 2 und Satz 5 der Gewerbeordnung,
8. Daten zu Sachkunde- und Unterrichtungsnachweisen oder anderen anerkennungsfähigen Nachweisen bestehend aus Art der Qualifikation, Unterrichtungszeitraum oder Datum der Sachkundeprüfung, Ausstellungsdatum des Qualifikationsnachweises, wenn vorhanden Identifikationsnummer der Industrie- und Handelskammer, sowie eine Kopie des Nachweisdokuments oder Bescheinigungen des Gewerbetreibenden nach § 23.

Die nach § 1 zuständige Behörde teilt dem Gewerbetreibenden das Ergebnis der Überprüfung der Qualifikation und der Zuverlässigkeit unter Angabe des Datums der letzten Zuverlässigkeitsüberprüfung und der Registeridentifikationsnummer der gemeldeten Person aus dem Bewacherregister sowie die zulässigen Einsatzmöglichkeiten mit. Der Gewerbetreibende hat die gemeldete Person über die Mitteilung nach Satz 3 zu unterrichten.

(3) Hat die anzumeldende Wachperson oder mit der Leitung des Betriebs oder einer Zweigniederlassung beauftragte Person eine gültige Bewacherregisteridentifikationsnummer, sind bei der Anmeldung durch den Gewerbetreibenden folgende Angaben über das Register zu übermitteln:

1. Bewacherregisteridentifikationsnummer der anzumeldenden Person,
2. Familienname, Vornamen,
3. Geburtsdatum, Geburtsort, Staat,
4. Meldeanschrift bestehend aus Straße, Hausnummer, Postleitzahl, Ort, wenn vorhanden Zusatz, Land, Staat,
5. Nummer des Ausweisdokuments, bei Abweichungen gegenüber dem bisherigen Ausweisdokument ist eine Ausweiskopie gemäß § 11b Absatz 2 Nummer 1 Buchstabe h und Nummer 3 Buchstabe g in Verbindung mit Absatz 5 der Gewerbeordnung über das Bewacherregister hochzuladen,
6. bei einer Wachperson die Angabe der beabsichtigten Tätigkeit der Wachperson gemäß § 34a Absatz 1a Satz 2 und Satz 5 der Gewerbeordnung,
7. bei Vorliegen einer neuen Qualifikation oder, wenn die beabsichtigte Tätigkeit der Wachperson eine höhere Qualifikation erforderlich macht, Daten zu Sachkunde- und Unterrichtungsnachweisen oder anderen anerkennungsfähigen Nachweisen bestehend aus Art der Qualifikation, Unterrichtungszeitraum oder Datum der Sachkundeprüfung, Ausstellungsdatum des Qualifikationsnachweises, wenn vorhanden Identifikationsnummer der Industrie- und Handelskammer, sowie eine Kopie des Nachweisdokuments oder Bescheinigungen des Gewerbetreibenden nach § 23.

Der Gewerbetreibende erhält vom Bewacherregister eine elektronische Bestätigung der Anmeldung sowie der zulässigen Einsatzmöglichkeiten, wenn die Angaben den im Bewacherregister hinterlegten Angaben entsprechen.

(4) Absatz 2 gilt entsprechend für die Regelüberprüfung der Zuverlässigkeit nach § 34a Absatz 1 Satz 10, auch in Verbindung mit Absatz 1a Satz 7 der Gewerbeordnung.
(5) Die Absätze 1 und 3 gelten entsprechend für Gewerbetreibende, die Wachpersonen oder mit der Leitung des Betriebs oder einer Zweigniederlassung beauftragte Personen entleihen und mit der Durchführung von Bewachungsaufgaben oder mit der Leitung des Betriebs oder einer Zweigniederlassung nach § 34a der Gewerbeordnung im Wege der Arbeitnehmerüberlassung beauftragen.
(6) Die Abmeldung von Wachpersonen und mit der Leitung des Betriebs oder einer Zweigniederlassung beauftragte Personen richtet sich nach § 11b Absatz 6 Satz 5 der Gewerbeordnung.

§ 17 Dienstanweisung (1) Der Gewerbetreibende hat den Wachdienst durch eine Dienstanweisung nach Maßgabe der Sätze 2 und 3 zu regeln. Die Dienstanweisung muss den Hinweis enthalten, dass die Wachperson nicht die Eigenschaft und die Befugnisse eines Polizeivollzugsbeamten, oder eines sonstigen Bediensteten einer Behörde besitzt. Die Dienstanweisung muss ferner bestimmen, dass die Wachperson während des Dienstes nur mit Zustimmung des Gewerbetreibenden eine Schusswaffe, Hieb- und Stoßwaffen sowie Reizstoffsprühgeräte führen darf und jeden Gebrauch dieser Waffen unverzüglich der zuständigen Polizeidienststelle und dem Gewerbetreibenden anzuzeigen hat.
(2) Der Gewerbetreibende hat der Wachperson vor der ersten Aufnahme der Bewachungstätigkeit einen Abdruck der Dienstanweisung gegen Empfangsbescheinigung auszuhändigen.
(3) Der Gewerbetreibende hat die in seinem Gewerbebetrieb beschäftigten Personen vor der ersten Aufnahme der Bewachungstätigkeit schriftlich zu verpflichten, auch nach ihrem Ausscheiden Geschäfts- und Betriebsgeheimnisse Dritter, die ihnen in Ausübung des Dienstes bekannt geworden sind, nicht unbefugt zu offenbaren.

§ 18 Ausweis, Kennzeichen der Wachperson (1) Der Gewerbetreibende hat der Wachperson spätestens vor der ersten Aufnahme der Bewachungstätigkeit einen Ausweis nach Maßgabe der Sätze 2 und 3 auszustellen. Der Ausweis muss enthalten:

1. Familienname und Vornamen der Wachperson,
2. Namen und Anschrift des Gewerbetreibenden,
3. Bezeichnung und Anschrift des Gewerbebetriebs, sofern diese abweichen von Namen oder Anschrift des Gewerbetreibenden nach Nummer 2,
4. Unterschriften der Wachperson sowie des Gewerbetreibenden, seines Vertreters oder seines Bevollmächtigten,
5. Bewacherregisteridentifikationsnummern der Wachperson und des Bewachungsunternehmens.

Der Ausweis muss so beschaffen sein, dass er sich von amtlichen Ausweisen deutlich unterscheidet.
(2) Jede Wachperson ist verpflichtet, den Ausweis in Verbindung mit dem im Bewacherregister angegebenen Ausweis- oder Identifizierungsdokument während des Wachdienstes mitzuführen und auf Verlangen den Beauftragten der Vollzugsbehörden, insbesondere Ordnungsämter, Polizei- oder Zollbehörden, vorzuzeigen.
(3) Jede Wachperson, die Tätigkeiten nach § 34a Absatz 1a Satz 2 Nummer 1 und 3 bis 5 der Gewerbeordnung ausübt, hat während dieser Tätigkeiten sichtbar ein Schild mit ihrem

Namen oder einer Kennnummer sowie der Bezeichnung des Gewerbebetriebs zu tragen. In den Fällen des § 34a Absatz 1a Satz 2 Nummer 4 und 5 der Gewerbeordnung gilt das auch für jede Wachperson in nicht leitender Funktion. Der Gewerbetreibende hat der Wachperson zu diesem Zweck spätestens vor der ersten Aufnahme der Bewachungstätigkeit ein entsprechendes Schild auszustellen.
(4) Die Absätze 1 bis 3 gelten entsprechend für Gewerbetreibende, die selbst als Wachperson tätig werden.

§ 19 Dienstkleidung (1) Bestimmt der Gewerbetreibende für seine Wachpersonen eine Dienstkleidung, so hat er dafür zu sorgen, dass sie sich von Uniformen der Angehörigen von Streitkräften oder behördlichen Vollzugsorganen deutlich unterscheiden und dass keine Abzeichen verwendet werden, die Amtsabzeichen zum Verwechseln ähnlich sind.
(2) Jede Wachperson, die befriedetes Besitztum in Ausübung ihres Dienstes betreten soll, muss eine Dienstkleidung tragen. Satz 1 gilt entsprechend für Gewerbetreibende, die selbst als Wachperson tätig werden.

§ 20 Behandlung der Waffen und Anzeigepflicht nach Waffengebrauch (1) Der Gewerbetreibende ist für die sichere Aufbewahrung der Waffen und der Munition verantwortlich. Er hat die ordnungsgemäße Rückgabe der Waffen und der Munition nach Beendigung des Wachdienstes sicherzustellen.
(2) Hat der Gewerbetreibende oder eine Wachperson im Wachdienst von Waffen Gebrauch gemacht, so hat der Gewerbetreibende dies unverzüglich der für den Vollzug des § 34a der Gewerbeordnung zuständigen Behörde und, soweit noch keine Anzeige nach § 17 Absatz 1 Satz 3 erfolgt ist, der zuständigen Polizeidienststelle anzuzeigen.

§ 21 Buchführung und Aufbewahrung (1) Der Gewerbetreibende hat nach Maßgabe des Satzes 2 und der Absätze 2 bis 4 die Pflicht, Aufzeichnungen zu machen sowie die dort genannten Belege an der Hauptniederlassung seines Gewerbebetriebs übersichtlich zu sammeln. Die Aufzeichnungen sind unverzüglich und in deutscher Sprache anzufertigen.
(2) Der Gewerbetreibende hat für jeden Bewachungsvertrag Namen und Anschrift des Auftraggebers, Inhalt und Art des Auftrages sowie Tag des Vertragsabschlusses aufzuzeichnen. Darüber hinaus hat er Aufzeichnungen anzufertigen über:
1. die in § 16 Absatz 2 Satz 2 und Absatz 3 genannten Angaben über die Wachpersonen sowie den Tag der Einstellung und den Tag der Beendigung des Beschäftigungsverhältnisses von Wachpersonen,
2. die Belehrung der Wachpersonen über die Pflicht zur Mitführung und zum Vorzeigen des Ausweises gemäß § 18 Absatz 2,
3. die Belehrung der Wachpersonen über die Pflicht, ein Namensschild oder eine Kennnummer zu tragen gemäß § 18 Absatz 3,
4. die Überlassung von Schusswaffen und Munition nach § 28 Absatz 3 Satz 2 des Waffengesetzes und über die Rückgabe nach § 20 Absatz 1 Satz 2.

(3) Der Gewerbetreibende hat folgende Belege zu sammeln:
1. den Versicherungsvertrag nach § 14 Absatz 1,
2. Nachweise über die Zuverlässigkeit und Befähigung von Personen nach § 16 Absatz 1 Satz 1,

3. die Dienstanweisung nach § 17 Absatz 1 Satz 1 und die Empfangsbescheinigung nach § 17 Absatz 2,
4. die Verpflichtungserklärung nach § 17 Absatz 3,
5. den Vordruck eines Ausweises nach § 18 Absatz 1 Satz 1 und 2,
6. die Benennung nach § 28 Absatz 3 Satz 1 des Waffengesetzes und die behördliche Zustimmung nach § 28 Absatz 3 Satz 2 des Waffengesetzes,
7. eine Anzeige über einen Waffengebrauch nach § 20 Absatz 2.

(4) Die Aufzeichnungen und Belege sind bis zum Schluss des dritten auf den Zeitpunkt ihrer Entstehung folgenden Kalenderjahres in den Geschäftsräumen aufzubewahren. Die Aufbewahrungsfrist endet hiervon abweichend

1. in den Fällen des Absatzes 2 Satz 1 und des Absatzes 3 Nummer 1 und aller sich hierauf beziehenden Schriftstücke drei Jahre nach dem Schluss des Kalenderjahres, in dem die Verträge endeten,
2. in den Fällen des Absatzes 2 Satz 2 Nummer 1 und des Absatzes 3 Nummer 2 bis 5 drei Jahre nach dem Schluss des Kalenderjahres, in dem das Beschäftigungsverhältnis endete.

(5) Die Verpflichtung, Aufzeichnungen über Bewachungsverträge zu machen, besteht nicht, soweit Landfahrzeuge bewacht werden.

(6) Eine nach anderen Vorschriften bestehende Pflicht zur Buchführung und zur Aufbewahrung von Büchern, Aufzeichnungen, Unterlagen und Belegen bleibt unberührt.

§ 22 Ordnungswidrigkeiten (1) Ordnungswidrig im Sinne des § 144 Absatz 2 Nummer 1b der Gewerbeordnung handelt, wer vorsätzlich oder fahrlässig

1. entgegen § 16 Absatz 1, auch in Verbindung mit Absatz 5, eine Person beschäftigt,
2. entgegen § 17 Absatz 1 Satz 1 den Wachdienst nicht, nicht richtig oder nicht vollständig regelt,
3. entgegen § 17 Absatz 3 eine dort genannte Person nicht, nicht richtig, nicht in der vorgeschriebenen Weise oder nicht rechtzeitig verpflichtet,
4. entgegen § 18 Absatz 1 Satz 1, auch in Verbindung mit Absatz 4, einen Ausweis nicht, nicht richtig oder nicht rechtzeitig ausstellt,
5. entgegen § 18 Absatz 2, auch in Verbindung mit Absatz 4, einen Ausweis nicht mitführt oder nicht oder nicht rechtzeitig vorzeigt,
6. entgegen § 18 Absatz 3 Satz 1, auch in Verbindung mit Satz 2 oder Absatz 4, ein Schild nicht oder nicht in der vorgeschriebenen Weise trägt,
7. entgegen § 18 Absatz 3 Satz 3 ein Schild nicht, nicht richtig oder nicht rechtzeitig ausstellt,
8. entgegen § 20 Absatz 1 Satz 2 die Rückgabe der Waffen oder der Munition nicht sicherstellt,
9. entgegen § 20 Absatz 2 eine Anzeige nicht, nicht richtig, nicht vollständig oder nicht rechtzeitig erstattet,
10. entgegen § 21 Absatz 1 eine Aufzeichnung nicht, nicht richtig, nicht vollständig, nicht in der vorgeschriebenen Weise oder nicht rechtzeitig macht oder
11. entgegen § 21 Absatz 4 eine Aufzeichnung oder einen Beleg nicht oder nicht für die vorgeschriebene Dauer aufbewahrt.

(2) Ordnungswidrig im Sinne des § 145 Absatz 2 Nummer 8 der Gewerbeordnung handelt, wer vorsätzlich oder fahrlässig eine in Absatz 1 bezeichnete Handlung in Ausübung eines Reisegewerbes begeht.
(3) Ordnungswidrig im Sinne des § 146 Absatz 2 Nummer 11 der Gewerbeordnung handelt, wer vorsätzlich oder fahrlässig eine in Absatz 1 bezeichnete Handlung in Ausübung eines Messe-, Ausstellungs- oder Marktgewerbes begeht.

§ 23 Übergangsvorschrift (1) Personen im Sinne des § 34a Absatz 1a Satz 1 der Gewerbeordnung, die am 31. März 1996 in einem Bewachungsunternehmen beschäftigt waren, sind von der Pflicht zur Unterrichtung nach § 4 befreit. Der Gewerbetreibende bescheinigt diesen Personen, dass sie die Voraussetzungen des Satzes 1 erfüllen.
(2) Personen im Sinne des § 34a Absatz 1a Satz 2 der Gewerbeordnung, die am 1. Januar 2003 seit mindestens drei Jahren befugt und ohne Unterbrechung im Bewachungsgewerbe Tätigkeiten nach § 34a Absatz 1a der Gewerbeordnung durchgeführt haben, bedürfen nicht der Sachkundeprüfung nach § 9. Der Gewerbetreibende bescheinigt diesen Personen, dass sie die Voraussetzungen des Satzes 1 erfüllen.
(3) Gewerbetreibende, die eine Erlaubnis nach § 34a Absatz 1 Satz 1 der Gewerbeordnung besitzen, die vor dem 1. Dezember 2016 erteilt wurde, sind verpflichtet, die Haftpflichtversicherung nach § 6 Absatz 1 der Bewachungsverordnung in der bis zum 31. Mai 2019 geltenden Fassung während der Wirksamkeit der Erlaubnis aufrechtzuerhalten.
(4) Ordnungswidrig im Sinne des § 144 Absatz 2 Nummer 1b der Gewerbeordnung handelt, wer vorsätzlich oder fahrlässig entgegen Absatz 3 eine Haftpflichtversicherung nicht aufrechterhält.
(5) Der Zeitpunkt, bis zu dem die Regelüberprüfung der Zuverlässigkeit nach § 34a Absatz 1 Satz 10, auch in Verbindung mit § 34a Absatz 1a Satz 7, der Gewerbeordnung durchgeführt werden muss, ist anhand des Datums der letzten Zuverlässigkeitsüberprüfung zu berechnen. Liegt dieses Datum am 1. Juni 2019 mehr als fünf Jahre zurück, muss die nächste Überprüfung der Zuverlässigkeit bis nach der Vollendung des Vielfachen von fünf Jahren durchgeführt werden.

§ 24 (Inkrafttreten, Außerkrafttreten) Diese Verordnung tritt am 1. Juni 2019 in Kraft. Gleichzeitig tritt die Bewachungsverordnung in der Fassung der Bekanntmachung vom 10. Juli 2003 (BGBl. I S. 1378), die zuletzt durch Artikel 1 der Verordnung vom 1. Dezember 2016 (BGBl. I S. 2692) geändert worden ist, außer Kraft.

3.6 Allgemeine Verwaltungsvorschrift zum Vollzug des § 34a der Gewerbeordnung und der Bewachungsverordnung (BewachVwV) (Auszug)

1. Anwendungsbereich des § 34a GewO

1.1 Bewachung i. S. d. § 34a GewO ist die auf den Schutz des Lebens oder Eigentums fremder Personen vor Eingriffen Dritter gerichtete Tätigkeit. Lässt ein Gewerbetreibender seinen Betrieb durch eigenes Personal bewachen, liegt keine Bewachung i. S. d. § 34a GewO vor. Dies ist z. B. der Fall bei der Tätigkeit von angestellten Kaufhausdetektiven, angestellten Türstehern einer gastgewerblichen Diskothek oder der Durchführung von Einlasskontrollen durch Angestellte eines Veranstaltungsunternehmens. Eine Bewachung gemäß § 34a GewO ist auch nicht gegeben bei einer bloßen Warntätigkeit vor Gefahren.

1.2 Ob es sich um eine Bewachung handelt, ist anhand der Kriterien des Einzelfalles, insbesondere anhand des Begriffsmerkmals des Schutzes vor Eingriffen Dritter zu beurteilen. Es kommt auch auf den Sinn und den Zweck des abgeschlossenen Vertrages an.

1.3 Der Begriff der Bewachung erfordert eine aktive Obhutstätigkeit (zum Beispiel Beaufsichtigung von gewisser Dauer oder wiederkehrende Kontrollen). Die Obhut muss in menschlicher Tätigkeit bestehen. Dadurch wird nicht ausgeschlossen, dass technische Hilfseinrichtungen benutzt werden. Die Überprüfung technischer Anlagen, z. B. nach dem Gerätesi- cherheitsgesetz gehört dagegen nicht zur Bewachung i. S. d. § 34a GewO, auch wenn damit letztlich Menschen geschützt werden sollen.

1.4 § 34a GewO und die BewachV finden nur Anwendung auf Gewerbetreibende, die die Bewachung als Hauptleistung – oder bei Ausübung mehrerer Gewerbe als eigenständige Leistung – erbringen und auf die bei ihnen beschäftigten Personen, die tatsächlich Bewachungstätigkeiten ausüben, wobei es nicht darauf ankommt, ob diese Bewachungstätigkeiten ausschließlich, überwiegend oder nur gelegentlich erbracht werden.
Wird von einem Gewerbetreibenden im Rahmen seines Geschäftsbetriebes eine Bewachungstätigkeit als Nebenleistung erbracht, z. B. Bewachung von Kraftfahrzeugen im Rahmen eines Hotelbetriebes, liegt kein Bewachungsgewerbe i. S. d. § 34a GewO vor.

1.5 Unter Berücksichtigung der vorgenannten Grundsätze ist daher eine Bewachungstätigkeit zum Beispiel gegeben

- bei Geld- und Werttransporten,
- bei der Tätigkeit selbstständiger Kaufhausdetektive.

Keine Bewachungstätigkeit i. S. d. § 34a GewO liegt z. B. vor

- bei ausschließlicher Entgegennahme und Weiterleitung von Alarmmeldungen durch Notrufzentralen,
- bei Signalposten, sofern nicht im Zusammenhang damit weitere Aufgaben wahrgenommen werden, die als Bewachungstätigkeit einzustufen sind,

- bei Babysittern, bei der Kinderbetreuung in Kaufhäusern,
- bei Ordnerdiensten wie z. B. Parkplatzeinweisern und
- bei reinen Beobachtungs- und Ermittlungstätigkeiten z. B. durch Detekteien.

4. Ausübung des Bewachungsgewerbes

4.1 Wachdienst (§§ 17 ff. BewachV)

4.1.1 Dienstanweisung (§ 17 BewachV). Nach § 17 BewachV ist der Wachdienst durch eine Dienstanweisung zu regeln. Die Dienstanweisung muss den Besonderheiten der von dem Gewerbetreibenden ausgeübten Bewachung Rechnung tragen und weiter die in § 17 BewachV vorgeschriebenen Bestimmungen enthalten. Die Zustimmung des Gewerbetreibenden nach § 17 Abs. 1 Satz 3 BewachV ersetzt nicht die nach den waffenrechtlichen Vorschriften erforderlichen Erlaubnisse. Nach der Unfallverhütungsvorschrift Wach- und Sicherungsdienste der Verwaltungs-Berufsgenossenschaft (DGUV Vorschrift 23) ist in der Dienstanweisung das Verhalten des Wach- und Sicherungspersonals einschließlich des Weitermeldens von Mängeln und besonderen Gefahren zu regeln.
Der Wachperson ist ein Abdruck der Dienstanweisung gegen Empfangsbescheinigung auszuhändigen (§ 17 Abs. 2 BewachV).

4.1.2 Ausweis, Namensschild (§ 18 BewachV). Der Gewerbetreibende hat der Wachperson einen Ausweis gemäß § 18 Abs. 1 BewachV auszustellen. Außerdem ist die Wachperson nach § 18 Abs. 2 BewachV verpflichtet, einen in der Bundesrepublik Deutschland oder einem EU- /EWR-Staat ausgestellten Personalausweis, Reisepass, Passersatz, Ausweisersatz oder ein sonstiges amtliches Ausweis- oder Identifizierungsdokument mit sich zu führen und auf Verlangen den Beauftragten der Vollzugsbehörden (Gewerbebehörden, Ordnungsbehör- den, Polizei, Zoll) vorzuzeigen. Der Ausweis dient der Kontrolle und Überwachung der Wachperson vor Ort durch die Vollzugsbehörden sowie dem Abgleich mit dem Bewacherregister.
Zusätzlich zu dem Ausweis haben Wachpersonen nach § 18 Abs. 3 BewachV bei Kontrollgängen im öffentlichen Verkehrsraum, Bewachungen im Einlassbereich von gastgewerblichen Diskotheken, Bewachungen – auch in nicht leitender Funktion – von Flüchtlingsunterkünften sowie Bewachungen – auch in nicht leitender Funktion – von zugangsgeschützten Großveranstaltungen (§ 34a Abs. 1a Satz 2 Nr. 1 und 3 bis 5 GewO) sichtbar ein Schild mit dem Namen des Gewerbetreibenden bzw. seiner Firma sowie mit ihrem eigenen Namen oder einer vom Gewerbetreibenden zugeordneten Kennnummer zu tragen. Im Unterschied zu dem Ausweis nach § 18 Abs. 1 BewachV dient das Schild nach § 18 Abs. 3 BewachV der Identifizierung der Wachperson als eine solche für Bürgerinnen und Bürger.

4.1.3 Dienstkleidung (§ 19 BewachV). Der Dienstkleidungszwang nach § 19 Abs. 2 BewachV soll verhindern, dass eine Wachperson, die in Ausübung ihres Dienstes ein befriedetes Besitztum betritt, von Dritten für einen Eindringling gehalten wird. Die Gefahr einer derartigen Verwechslung besteht bei der Personenüberwachung nicht; hier ist das Betreten von Grundstücken nicht Inhalt, sondern zufällige Folge des Bewachungsauftrags. Deshalb ist § 19 BewachV auf die Personenbewachung nicht anwendbar. Dasselbe gilt für Transportbewacher, zum Beispiel bei der Bewachung von Geldtransporten. Die § 19 Abs. 2 BewachV zugrunde liegende Erwägung trifft weiter den Fall nicht, dass die Wachperson während des Wachdienstes auf ein und demselben befriedeten Grundstück verweilt, zum Beispiel in einem Kaufhaus zur Verhinderung von Warendiebstählen. Ihre Tätigkeit unterscheidet sich dann in der hier in Frage stehenden Hinsicht nicht von der eines Angestellten des Inhabers des Hausrechts, und es besteht keine Notwendigkeit für den Dienstkleidungszwang. Der Wachdienst beginnt für diese Person auch erst, wenn sie das Besitztum betreten hat; das Betreten ist also hier nicht Inhalt der Bewachungstätigkeit.

3.7 Gesetz über Gebühren und Auslagen des Bundes (Bundesgebührengesetz – BGebG) (Auszug)

§ 3 Begriffsbestimmungen (1) Individuell zurechenbare öffentliche Leistungen sind
1. in Ausübung hoheitlicher Befugnisse erbrachte Handlungen,
2. die Ermöglichung der Inanspruchnahme von vom Bund oder von bundesunmittelbaren Körperschaften, Anstalten und Stiftungen unterhaltenen Einrichtungen und Anlagen, soweit die Ermöglichung der Inanspruchnahme öffentlich-rechtlich geregelt ist,
3. Überwachungsmaßnahmen, Prüfungen und Untersuchungen sowie
4. sonstige Handlungen, die im Rahmen einer öffentlich-rechtlichen Verwaltungstätigkeit erbracht werden,

soweit ihnen Außenwirkung zukommt.

(2) Individuell zurechenbar ist eine Leistung,
1. die beantragt oder sonst willentlich in Anspruch genommen wird,
2. die zugunsten des von der Leistung Betroffenen erbracht wird,
3. die durch den von der Leistung Betroffenen veranlasst wurde oder
4. bei der ein Anknüpfungspunkt im Pflichtenkreis des von der Leistung Betroffenen rechtlich begründet ist; für Stichprobenkontrollen gilt dies nur, soweit diese nach anderen Gesetzen des Bundes oder Rechtsakten der Europäischen Union besonders angeordnet sind und von dem Gegenstand der Kontrolle eine erhebliche Gefahr ausgeht.

(3) Kosten im Sinne dieses Gesetzes sind solche, die nach betriebswirtschaftlichen Grundsätzen als Einzel- und Gemeinkosten ansatzfähig sind, insbesondere Personal- und Sachkosten sowie kalkulatorische Kosten. Zu den Gemeinkosten zählen auch die Kosten der Rechts- und Fachaufsicht.

(4) Gebühren sind öffentlich-rechtliche Geldleistungen, die der Gebührengläubiger vom Gebührenschuldner für individuell zurechenbare öffentliche Leistungen erhebt.

(5) Auslagen sind nicht von der Gebühr umfasste Kosten, die die Behörde für individuell zurechenbare öffentliche Leistungen im Einzelfall nach § 12 Absatz 1 oder 2 erhebt.

(6) Behörde im Sinne dieses Gesetzes ist jede Stelle, die Aufgaben der öffentlichen Verwaltung wahrnimmt.

§ 9 Grundlagen der Gebührenbemessung (1) Die Gebühr soll die mit der individuell zurechenbaren öffentlichen Leistung verbundenen Kosten aller an der Leistung Beteiligten decken, soweit die Kosten nicht als Auslagen nach § 12 Absatz 1 oder 2 abzurechnen sind. In die Gebühr sind die mit der Leistung regelmäßig verbundenen Auslagen einzubeziehen. Zur Ermittlung der Gebühr nach Satz 1 sind die Kosten im Sinne des § 3 Absatz 3 zu Grunde zu legen.

(2) Kommt der individuell zurechenbaren öffentlichen Leistung ein in Geld berechenbarer wirtschaftlicher Wert oder ein in Geld berechenbarer wirtschaftlicher Nutzen für den von der Leistung Betroffenen zu, kann dieser Wert oder Nutzen zusätzlich zu den Kosten angemessen berücksichtigt werden.

(3) Die nach Absatz 1 oder 2 bestimmte Gebührenhöhe darf zu der individuell zurechenbaren öffentlichen Leistung nicht außer Verhältnis stehen und insbesondere kein wesentliches Hindernis für die Inanspruchnahme der Leistung durch den Gebührenschuldner darstellen.

(4) Aus Gründen des öffentlichen Interesses oder der Billigkeit kann eine niedrigere Gebühr als die in den Absätzen 1 bis 3 vorgesehene Gebühr oder eine Gebührenbefreiung bestimmt werden.
(5) Die Behörde kann Gebührenbefreiungen oder -ermäßigungen gewähren, wenn die Festsetzung der nach den Absätzen 1 bis 4 bestimmten Gebühr im Einzelfall unbillig wäre.
(6) Unterliegt die individuell zurechenbare öffentliche Leistung der Umsatzsteuer, kann diese der Gebühr hinzugerechnet werden.

§ 14 Fälligkeit Die Gebühr wird zehn Tage nach der Bekanntgabe der Gebührenfestsetzung an den Gebührenschuldner fällig, sofern die Behörde keinen anderen Zeitpunkt festlegt.

3.8 Verordnung zur Bestimmung Kritischer Infrastrukturen nach dem BSI-Gesetz (BSI-Kritisverordnung - BSI-KritisV) (Auszug)

§ 1 Begriffsbestimmungen (1) Im Sinne dieser Verordnung ist oder sind

1. Anlagen
   a. Betriebsstätten und sonstige ortsfeste Einrichtungen,
   b. Maschinen, Geräte und sonstige ortsveränderliche Einrichtungen oder
   c. Software und IT-Dienste,

   die für die Erbringung einer kritischen Dienstleistung notwendig sind,
2. Betreiber
   eine natürliche oder juristische Person, die unter Berücksichtigung der rechtlichen, wirtschaftlichen und tatsächlichen Umstände bestimmenden Einfluss auf die Beschaffenheit und den Betrieb einer Anlage oder Teilen davon ausübt,
3. kritische Dienstleistung
   eine Dienstleistung zur Versorgung der Allgemeinheit in den Sektoren nach den §§ 2 bis 8, deren Ausfall oder Beeinträchtigung zu erheblichen Versorgungsengpässen oder zu Gefährdungen der öffentlichen Sicherheit führen würde,
4. Versorgungsgrad
   ein Wert, mittels dessen der Beitrag einer Anlage oder Teilen davon im jeweiligen Sektor zur Versorgung der Allgemeinheit mit einer kritischen Dienstleistung bestimmt wird,
5. Schwellenwert
   ein Wert, bei dessen Erreichen oder dessen Überschreitung der Versorgungsgrad einer Anlage oder Teilen davon als bedeutend im Sinne von § 10 Absatz 1 Satz 1 des BSI-Gesetzes anzusehen ist.

(2) Einer Anlage sind alle vorgesehenen Anlagenteile und Verfahrensschritte zuzurechnen, die zum Betrieb notwendig sind, sowie Nebeneinrichtungen, die mit den Anlagenteilen und Verfahrensschritten in einem betriebstechnischen Zusammenhang stehen und die für die Erbringung einer kritischen Dienstleistung notwendig sind. Mehrere Anlagen derselben Kategorie, die durch einen betriebstechnischen Zusammenhang verbunden sind, gelten als gemeinsame Anlage, wenn sie gemeinsam zur Erbringung derselben kritischen Dienstleistung notwendig sind. Betreiben zwei oder mehr Personen gemeinsam eine Anlage, so ist jeder für die Erfüllung der Pflichten als Betreiber verantwortlich.

§ 2 Sektor Energie (1) Wegen ihrer besonderen Bedeutung für das Funktionieren des Gemeinwesens sind im Sektor Energie kritische Dienstleistungen im Sinne des § 10 Absatz 1 Satz 1 des BSI-Gesetzes:

1. die Versorgung der Allgemeinheit mit Elektrizität (Stromversorgung);
2. die Versorgung der Allgemeinheit mit Gas (Gasversorgung);
3. die Versorgung der Allgemeinheit mit Kraftstoff und Heizöl (Kraftstoff- und Heizölversorgung);
4. die Versorgung der Allgemeinheit mit Fernwärme (Fernwärmeversorgung).

(2) Die Stromversorgung wird in den Bereichen Stromerzeugung, Stromhandel, Stromübertragung und Stromverteilung erbracht.

(3) Die Gasversorgung wird in den Bereichen Gasförderung, Gashandel, Gastransport und Gasverteilung erbracht.

(4) Die Kraftstoff- und Heizölversorgung wird in den Bereichen Erdölförderung, Produktenherstellung, Mineralölhandel, Öltransport und -lagerung sowie Kraftstoff- und Heizölverteilung erbracht.
(5) Die Fernwärmeversorgung wird in den Bereichen Erzeugung von Fernwärme, Steuerung und Überwachung von Fernwärme sowie Verteilung von Fernwärme erbracht.
(6) Im Sektor Energie sind Kritische Infrastrukturen solche Anlagen oder Teile davon, die
1. den in Anhang 1 Teil 3 Spalte B genannten Kategorien zuzuordnen sind und
2. den Schwellenwert nach Anhang 1 Teil 3 Spalte D erreichen oder überschreiten.

§ 3 Sektor Wasser (1) Wegen ihrer besonderen Bedeutung für das Funktionieren des Gemeinwesens sind im Sektor Wasser kritische Dienstleistungen im Sinne des § 10 Absatz 1 Satz 1 des BSI-Gesetzes:
1. die Versorgung der Allgemeinheit mit Trinkwasser (Trinkwasserversorgung);
2. die Beseitigung von Abwasser der Allgemeinheit (Abwasserbeseitigung).

(2) Die Trinkwasserversorgung wird in den Bereichen Gewinnung, Aufbereitung, Verteilung sowie Steuerung und Überwachung von Trinkwasser erbracht.
(3) Die Abwasserbeseitigung wird in den Bereichen Siedlungsentwässerung, Abwasserbehandlung und Gewässereinleitung sowie Steuerung und Überwachung erbracht.
(4) Im Sektor Wasser sind Kritische Infrastrukturen solche Anlagen oder Teile davon, die
1. den in Anhang 2 Teil 3 Spalte B genannten Kategorien zuzuordnen sind und
2. den Schwellenwert nach Anhang 2 Teil 3 Spalte D erreichen oder überschreiten.

§ 4 Sektor Ernährung (1) Wegen ihrer besonderen Bedeutung für das Funktionieren des Gemeinwesens ist im Sektor Ernährung die Versorgung der Allgemeinheit mit Lebensmitteln (Lebensmittelversorgung) kritische Dienstleistung im Sinne des § 10 Absatz 1 Satz 1 des BSI-Gesetzes.
(2) Die Lebensmittelversorgung wird in den Bereichen Lebensmittelherstellung und -behandlung sowie Lebensmittelhandel erbracht.
(3) Im Sektor Ernährung sind Kritische Infrastrukturen solche Anlagen oder Teile davon, die
1. den in Anhang 3 Teil 3 Spalte B genannten Kategorien zuzuordnen sind und
2. den Schwellenwert nach Anhang 3 Teil 3 Spalte D erreichen oder überschreiten.

§ 5 Sektor Informationstechnik und Telekommunikation (1) Wegen ihrer besonderen Bedeutung für das Funktionieren des Gemeinwesens sind im Sektor Informationstechnik und Telekommunikation kritische Dienstleistungen im Sinne des § 10 Absatz 1 Satz 1 des BSI-Gesetzes:
1. die Sprach- und Datenübertragung;
2. die Datenspeicherung und -verarbeitung.

(2) Die Sprach- und Datenübertragung wird in den Bereichen Zugang, Übertragung, Vermittlung und Steuerung erbracht.
(3) Die Datenspeicherung und -verarbeitung wird in den Bereichen Housing, IT-Hosting und Vertrauensdienste erbracht.
(4) Im Sektor Informationstechnik und Telekommunikation sind Kritische Infrastrukturen solche Anlagen oder Teile davon, die
1. den in Anhang 4 Teil 3 Spalte B genannten Kategorien zuzuordnen sind und
2. den Schwellenwert nach Anhang 4 Teil 3 Spalte D erreichen oder überschreiten.

§ 6 Sektor Gesundheit (1) Wegen ihrer besonderen Bedeutung für das Funktionieren des Gemeinwesens sind im Sektor Gesundheit kritische Dienstleistungen im Sinne des § 10 Absatz 1 Satz 1 des BSI-Gesetzes:

1. die stationäre medizinische Versorgung;
2. die Versorgung mit unmittelbar lebenserhaltenden Medizinprodukten, die Verbrauchsgüter sind;
3. die Versorgung mit verschreibungspflichtigen Arzneimitteln und Blut- und Plasmakonzentraten zur Anwendung im oder am menschlichen Körper;
4. die Laboratoriumsdiagnostik.

(2) Die Versorgung mit unmittelbar lebenserhaltenden Medizinprodukten, die Verbrauchsgüter sind, wird in den Bereichen Herstellung und Abgabe erbracht.

(3) Die Versorgung mit verschreibungspflichtigen Arzneimitteln und Blut- und Plasmakonzentraten zur Anwendung im oder am menschlichen Körper wird in den Bereichen Herstellung, Vertrieb und Abgabe erbracht.

(4) Im Sektor Gesundheit sind Kritische Infrastrukturen solche Anlagen oder Teile davon, die

1. den in Anhang 5 Teil 3 Spalte B genannten Kategorien zuzuordnen sind und
2. den Schwellenwert nach Anhang 5 Teil 3 Spalte D erreichen oder überschreiten.

§ 7 Sektor Finanz- und Versicherungswesen (1) Wegen ihrer besonderen Bedeutung für das Funktionieren des Gemeinwesens sind im Sektor Finanz- und Versicherungswesen kritische Dienstleistungen im Sinne des § 10 Absatz 1 Satz 1 des BSI-Gesetzes:

1. die Bargeldversorgung;
2. der kartengestützte Zahlungsverkehr;
3. der konventionelle Zahlungsverkehr;
4. der Handel mit Wertpapieren und Derivaten sowie die Verrechnung und die Abwicklung von Wertpapier- und Derivatgeschäften;
5. Versicherungsdienstleistungen und Leistungen der Sozialversicherung sowie der Grundsicherung für Arbeitsuchende.

(2) Die Bargeldversorgung wird in den Bereichen Autorisierung einer Abhebung, Einbringen in den Zahlungsverkehr, Belastung Kundenkonto und Bargeldlogistik erbracht.

(3) Der kartengestützte Zahlungsverkehr wird bei kartengebundenen Zahlungsvorgängen im Sinne der Verordnung (EU) 2015/751 des Europäischen Parlaments und des Rates vom 29. April 2015 über Interbankenentgelte für kartengebundene Zahlungsvorgänge (ABl. L 123 vom 19.5.2015, S. 1) in den Bereichen Autorisierung, Einbringen in den Zahlungsverkehr sowie Belastung auf dem Konto des Zahlers und Gutschrift auf dem Konto des Zahlungsempfängers erbracht.

(4) Der konventionelle Zahlungsverkehr wird bei Zahlungsvorgängen mittels Überweisung und Lastschrift im Sinne der Verordnung (EU) Nr. 260/2012 des Europäischen Parlaments und des Rates vom 14. März 2012 zur Festlegung der technischen Vorschriften und der Geschäftsanforderungen für Überweisungen und Lastschriften in Euro (ABl. L 94 vom 30.3.2012, S. 22) in den Bereichen Annahme einer Überweisung oder Lastschrift, Einbringen in den Zahlungsverkehr sowie Belastung und Gutschrift auf Kundenkonten erbracht.

(5) Der Handel mit Wertpapieren und Derivaten sowie die Verrechnung und die Abwicklung von Wertpapier- und Derivatgeschäften wird in den Bereichen Einbringen von Aufträgen in den Handel, Ausführung des Handels und Bestandsführung für den Kunden sowie

Verrechnung von Wertpapier- und Derivatgeschäften, Verbuchung Wertpapiere und Verbuchung Geld erbracht.

(6) Versicherungsdienstleistungen werden im Bereich Inanspruchnahme von Versicherungsleistungen erbracht. Leistungen der Sozialversicherung werden im Bereich Inanspruchnahme von Sozialversicherungsleistungen erbracht. Leistungen der Grundsicherung für Arbeitsuchende werden im Bereich der Inanspruchnahme von Leistungen, die der Sicherung des Lebensunterhalts dienen, mithilfe von IT-Systemen der Bundesagentur für Arbeit erbracht.

(7) Im Sektor Finanz- und Versicherungswesen sind Kritische Infrastrukturen solche Anlagen oder Teile davon, die

1. den in Anhang 6 Teil 3 Spalte B genannten Kategorien zuzuordnen sind und
2. den Schwellenwert nach Anhang 6 Teil 3 Spalte D erreichen oder überschreiten.

(8) Abweichend von § 1 Nummer 2 hat im Sektor Finanz- und Versicherungswesen bestimmenden Einfluss auf eine Anlage, die den in Anhang 6 Teil 3 Spalte A Nummer 1 bis 4 genannten Anlagenkategorien zuzuordnen ist, wer die tatsächliche Sachherrschaft ausübt. Die rechtlichen und wirtschaftlichen Umstände bleiben insoweit unberücksichtigt.

§ 8 Sektor Transport und Verkehr (1) Wegen ihrer besonderen Bedeutung für das Funktionieren des Gemeinwesens ist im Sektor Transport und Verkehr die Versorgung der Allgemeinheit mit Leistungen zum Transport von Personen und Gütern (Personen- und Güterverkehr) kritische Dienstleistung im Sinne des § 10 Absatz 1 Satz 1 des BSI-Gesetzes.

(2) Der Personen- und Güterverkehr wird in den Bereichen Luftverkehr, Eisenbahnverkehr, See- und Binnenschifffahrt, Straßenverkehr, öffentlicher Personennahverkehr (ÖPNV) und Logistik sowie verkehrsträgerübergreifend erbracht.

(3) Im Sektor Transport und Verkehr sind Kritische Infrastrukturen solche Anlagen oder Teile davon, die

1. den in Anhang 7 Teil 3 Spalte B genannten Kategorien zuzuordnen sind und
2. den Schwellenwert nach Anhang 7 Teil 3 Spalte D erreichen oder überschreiten.

3.9 Gesetz über den Verkehr mit Betäubungsmitteln (Betäubungsmittelgesetz – BtMG) (Auszug)

§ 1 Betäubungsmittel (1) Betäubungsmittel im Sinne dieses Gesetzes sind die in den Anlagen I bis III aufgeführten Stoffe und Zubereitungen.

(2) Die Bundesregierung wird ermächtigt, nach Anhörung von Sachverständigen durch Rechtsverordnung mit Zustimmung des Bundesrates die Anlagen I bis III zu ändern oder zu ergänzen, wenn dies

1. nach wissenschaftlicher Erkenntnis wegen der Wirkungsweise eines Stoffes, vor allem im Hinblick auf das Hervorrufen einer Abhängigkeit,
2. wegen der Möglichkeit, aus einem Stoff oder unter Verwendung eines Stoffes Betäubungsmittel herstellen zu können, oder
3. zur Sicherheit oder zur Kontrolle des Verkehrs mit Betäubungsmitteln oder anderen Stoffen oder Zubereitungen wegen des Ausmaßes der missbräuchlichen Verwendung und wegen der unmittelbaren oder mittelbaren Gefährdung der Gesundheit erforderlich ist. In der Rechtsverordnung nach Satz 1 können einzelne Stoffe oder Zubereitungen ganz oder teilweise von der Anwendung dieses Gesetzes oder einer auf Grund dieses Gesetzes erlassenen Rechtsverordnung ausgenommen werden, soweit die Sicherheit und die Kontrolle des Betäubungsmittelverkehrs gewährleistet bleiben.

(3) – (4) ...

§ 2 Sonstige Begriffe (1) Im Sinne dieses Gesetzes ist

1. Stoff:

   a) chemische Elemente und chemische Verbindungen sowie deren natürlich vorkommende Gemische und Lösungen,

   b) Pflanzen, Algen, Pilze und Flechten sowie deren Teile und Bestandteile in bearbeitetem oder unbearbeitetem Zustand,

   c) Tierkörper, auch lebender Tiere, sowie Körperteile, -bestandteile und Stoffwechselprodukte von Mensch und Tier in bearbeitetem oder unbearbeitetem Zustand,

   d) Mikroorganismen einschließlich Viren sowie deren Bestandteile oder Stoffwechselprodukte;

2. – 4. ...

(2) Der Einfuhr oder Ausfuhr eines Betäubungsmittels steht jedes sonstige Verbringen in den oder aus dem Geltungsbereich dieses Gesetzes gleich.

§ 3 Erlaubnis zum Verkehr mit Betäubungsmitteln (1) Einer Erlaubnis des Bundesinstitutes für Arzneimittel und Medizinprodukte bedarf, wer

1. Betäubungsmittel anbauen, herstellen, mit ihnen Handel treiben, sie, ohne mit ihnen Handel zu treiben, einführen, ausführen, abgeben, veräußern, sonst in den Verkehr bringen, erwerben oder
2. ausgenommene Zubereitungen (§ 2 Abs. 1 Nr. 3) herstellen will.

(2) Eine Erlaubnis für die in Anlage I bezeichneten Betäubungsmittel kann das Bundesinstitut für Arzneimittel und Medizinprodukte nur ausnahmsweise zu wissenschaftlichen oder anderen im öffentlichen Interesse liegenden Zwecken erteilen.

§ 29 Straftaten (1) Mit Freiheitsstrafe bis zu fünf Jahren oder mit Geldstrafe wird bestraft, wer

1. Betäubungsmittel unerlaubt anbaut, herstellt, mit ihnen Handel treibt, sie, ohne Handel zu treiben, einführt, ausführt, veräußert, abgibt, sonst in den Verkehr bringt, erwirbt oder sich in sonstiger Weise verschafft,
2. eine ausgenommene Zubereitung (§ 2 Abs. 1 Nr. 3) ohne Erlaubnis nach § 3 Abs. 1 Nr. 2 herstellt,
3. Betäubungsmittel besitzt, ohne zugleich im Besitz einer schriftlichen Erlaubnis für den Erwerb zu sein,
4. (weggefallen)
5. entgegen § 11 Abs. 1 Satz 2 Betäubungsmittel durchführt,
6. entgegen § 13 Abs. 1 Betäubungsmittel
   a) verschreibt,
   b) verabreicht oder zum unmittelbaren Verbrauch überlässt,

6a. entgegen § 13 Absatz 1a Satz 1 und 2 ein dort genanntes Betäubungsmittel überlässt,

7. entgegen § 13 Abs. 2
   a) Betäubungsmittel in einer Apotheke oder tierärztlichen Hausapotheke,
   b) Diamorphin als pharmazeutischer Unternehmer
   abgibt,
8. entgegen § 14 Abs. 5 für Betäubungsmittel wirbt,
9. unrichtige oder unvollständige Angaben macht, um für sich oder einen anderen oder für ein Tier die Verschreibung eines Betäubungsmittels zu erlangen,
10. einem anderen eine Gelegenheit zum unbefugten Erwerb oder zur unbefugten Abgabe von Betäubungsmitteln verschafft oder gewährt, eine solche Gelegenheit öffentlich oder eigennützig mitteilt oder einen anderen zum unbefugten Verbrauch von Betäubungsmitteln verleitet,
11. ohne Erlaubnis nach § 10a einem anderen eine Gelegenheit zum unbefugten Verbrauch von Betäubungsmitteln verschafft oder gewährt, oder wer eine außerhalb einer Einrichtung nach § 10a bestehende Gelegenheit zu einem solchen Verbrauch eigennützig oder öffentlich mitteilt,
12. öffentlich, in einer Versammlung oder durch Verbreiten eines Inhalts (§ 11 Absatz 3 des Strafgesetzbuches) dazu auffordert, Betäubungsmittel zu verbrauchen, die nicht zulässigerweise verschrieben worden sind,
13. Geldmittel oder andere Vermögensgegenstände einem anderen für eine rechtswidrige Tat nach Nummern 1, 5, 6, 7, 10, 11 oder 12 bereitstellt,
14. einer Rechtsverordnung nach § 11 Abs. 2 Satz 2 Nr. 1 oder § 13 Abs. 3 Satz 2 Nr. 1, 2a oder 5 zuwiderhandelt, soweit sie für einen bestimmten Tatbestand auf diese Strafvorschrift verweist.

Die Abgabe von sterilen Einmalspritzen an Betäubungsmittelabhängige und die öffentliche Information darüber sind kein Verschaffen und kein öffentliches Mitteilen einer Gelegenheit zum Verbrauch nach Satz 1 Nr. 11.

(2) In den Fällen des Absatzes 1 Satz 1 Nr. 1, 2, 5 oder 6 Buchstabe b ist der Versuch strafbar.

(3) In besonders schweren Fällen ist die Strafe Freiheitsstrafe nicht unter einem Jahr. Ein besonders schwerer Fall liegt in der Regel vor, wenn der Täter

1. in den Fällen des Absatzes 1 Satz 1 Nr. 1, 5, 6, 10, 11 oder 13 gewerbsmäßig handelt,

2. durch eine der in Abs. 1 Satz 1 Nr. 1, 6 oder 7 bezeichneten Handlungen die Gesundheit mehrerer Menschen gefährdet.

(4) Handelt der Täter in den Fällen des Absatzes 1 Satz 1 Nr. 1, 2, 5, 6 Buchstabe b, Nr. 10 oder 11 fahrlässig, so ist die Strafe Freiheitsstrafe bis zu einem Jahr oder Geldstrafe.

(5) Das Gericht kann von einer Bestrafung nach den Absätzen 1, 2 und 4 absehen, wenn der Täter die Betäubungsmittel lediglich zum Eigenverbrauch in geringer Menge anbaut, herstellt, einführt, ausführt, durchführt, erwirbt, sich in sonstiger Weise verschafft oder besitzt.

(6) Die Vorschriften des Absatzes 1 Satz 1 Nr. 1 sind, soweit sie das Handeltreiben, Abgeben oder Veräußern betreffen, auch anzuwenden, wenn sich die Handlung auf Stoffe oder Zubereitungen bezieht, die nicht Betäubungsmittel sind, aber als solche ausgegeben werden.

§ 29a Straftaten (1) Mit Freiheitsstrafe nicht unter einem Jahr wird bestraft, wer

1. als Person über 21 Jahre Betäubungsmittel unerlaubt an eine Person unter 18 Jahren abgibt oder sie ihr entgegen § 13 Abs. 1 verabreicht oder zum unmittelbaren Verbrauch überlässt oder
2. mit Betäubungsmitteln in nicht geringer Menge unerlaubt Handel treibt, sie in nicht geringer Menge herstellt oder abgibt oder sie besitzt, ohne sie auf Grund einer Erlaubnis nach § 3 Abs. 1 erlangt zu haben.

(2) In minder schweren Fällen ist die Strafe Freiheitsstrafe von drei Monaten bis zu fünf Jahren.

§ 30 Straftaten (1) Mit Freiheitsstrafe nicht unter zwei Jahren wird bestraft, wer

1. Betäubungsmittel unerlaubt anbaut, herstellt oder mit ihnen Handel treibt (§ 29 Abs. 1 Satz 1 Nr. 1) und dabei als Mitglied einer Bande handelt, die sich zur fortgesetzten Begehung solcher Taten verbunden hat,
2. im Falle des § 29a Abs. 1 Nr. 1 gewerbsmäßig handelt,
3. Betäubungsmittel abgibt, einem anderen verabreicht oder zum unmittelbaren Verbrauch überlässt und dadurch leichtfertig dessen Tod verursacht oder
4. Betäubungsmittel in nicht geringer Menge ohne Erlaubnis nach § 3 Abs. 1 Nr. 1 einführt.

(2) In minder schweren Fällen ist die Strafe Freiheitsstrafe von drei Monaten bis zu fünf Jahren.

§ 30a Straftaten (1) Mit Freiheitsstrafe nicht unter fünf Jahren wird bestraft, wer Betäubungsmittel in nicht geringer Menge unerlaubt anbaut, herstellt, mit ihnen Handel treibt, sie ein- oder ausführt (§ 29 Abs. 1 Satz 1 Nr. 1) und dabei als Mitglied einer Bande handelt, die sich zur fortgesetzten Begehung solcher Taten verbunden hat.

(2) Ebenso wird bestraft, wer

1. als Person über 21 Jahre eine Person unter 18 Jahren bestimmt, mit Betäubungsmitteln unerlaubt Handel zu treiben, sie, ohne Handel zu treiben, einzuführen, auszuführen, zu veräußern, abzugeben oder sonst in den Verkehr zu bringen oder eine dieser Handlungen zu fördern, oder
2. mit Betäubungsmitteln in nicht geringer Menge unerlaubt Handel treibt oder sie, ohne Handel zu treiben, einführt, ausführt oder sich verschafft und dabei eine Schusswaffe

oder sonstige Gegenstände mit sich führt, die ihrer Art nach zur Verletzung von Personen geeignet und bestimmt sind.

(3) In minder schweren Fällen ist die Strafe Freiheitsstrafe von sechs Monaten bis zu zehn Jahren.

§ 30b Straftaten § 129 des Strafgesetzbuches gilt auch dann, wenn eine Vereinigung, deren Zwecke oder deren Tätigkeit auf den unbefugten Vertrieb von Betäubungsmitteln im Sinne des § 6 Nr. 5 des Strafgesetzbuches gerichtet sind, nicht oder nicht nur im Inland besteht.

§ 30c (aufgehoben)

§ 31 Strafmilderung oder Absehen von Strafe Das Gericht kann die Strafe nach § 49 Abs. 1 des Strafgesetzbuches mildern oder, wenn der Täter keine Freiheitsstrafe von mehr als drei Jahren verwirkt hat, von Strafe absehen, wenn der Täter

1. durch freiwilliges Offenbaren seines Wissens wesentlich dazu beigetragen hat, daß eine Straftat nach den §§ 29 bis 30a, die mit seiner Tat im Zusammenhang steht, aufgedeckt werden konnte, oder
2. freiwillig sein Wissen so rechtzeitig einer Dienststelle offenbart, daß eine Straftat nach § 29 Abs. 3, § 29a Abs. 1, § 30 Abs. 1, § 30a Abs. 1 die mit seiner Tat im Zusammenhang steht und von deren Planung er weiß, noch verhindert werden kann.

War der Täter an der Tat beteiligt, muss sich sein Beitrag zur Aufklärung nach Satz 1 Nummer 1 über den eigenen Tatbeitrag hinaus erstrecken. § 46b Abs. 2 und 3 des Strafgesetzbuches gilt entsprechend.

§ 31a Absehen von der Verfolgung (1) Hat das Verfahren ein Vergehen nach § 29 Abs. 1, 2 oder 4 zum Gegenstand, so kann die Staatsanwaltschaft von der Verfolgung absehen, wenn die Schuld des Täters als gering anzusehen wäre, kein öffentliches Interesse an der Strafverfolgung besteht und der Täter die Betäubungsmittel lediglich zum Eigenverbrauch in geringer Menge anbaut, herstellt, einführt, ausführt, durchführt, erwirbt, sich in sonstiger Weise verschafft oder besitzt. Von der Verfolgung soll abgesehen werden, wenn der Täter in einem Drogenkonsumraum Betäubungsmittel lediglich zum Eigenverbrauch, der nach § 10a geduldet werden kann, in geringer Menge besitzt, ohne zugleich im Besitz einer schriftlichen Erlaubnis für den Erwerb zu sein.

(2) Ist die Klage bereits erhoben, so kann das Gericht in jeder Lage des Verfahrens unter den Voraussetzungen des Absatzes 1 mit Zustimmung der Staatsanwaltschaft und des Angeschuldigten das Verfahren einstellen.

3.10 Gesetz über die Zusammenarbeit des Bundes und der Länder in Angelegenheiten des Verfassungsschutzes und über das Bundesamt für Verfassungsschutz (Bundesverfassungsschutzgesetz – BVerfSchG) (Auszug)

§ 1 Zusammenarbeitspflicht (1) Der Verfassungsschutz dient dem Schutz der freiheitlichen demokratischen Grundordnung, des Bestandes und der Sicherheit des Bundes und der Länder.
(2) Der Bund und die Länder sind verpflichtet, in Angelegenheiten des Verfassungsschutzes zusammenzuarbeiten.
(3) Die Zusammenarbeit besteht auch in gegenseitiger Unterstützung und Hilfeleistung.

§ 2 Verfassungsschutzbehörden (1) Für die Zusammenarbeit des Bundes mit den Ländern unterhält der Bund ein Bundesamt für Verfassungsschutz als Bundesoberbehörde. Es untersteht dem Bundesministerium des Innern, für Bau und Heimat. Das Bundesamt für Verfassungsschutz darf einer polizeilichen Dienststelle nicht angegliedert werden.
(2) Für die Zusammenarbeit der Länder mit dem Bund und der Länder untereinander unterhält jedes Land eine Behörde zur Bearbeitung von Angelegenheiten des Verfassungsschutzes. Mehrere Länder können eine gemeinsame Behörde unterhalten.

§ 3 Aufgaben der Verfassungsschutzbehörden (1) Aufgabe der Verfassungsschutzbehörden des Bundes und der Länder ist die Sammlung und Auswertung von Informationen, insbesondere von sach- und personenbezogenen Auskünften, Nachrichten und Unterlagen, über
1. Bestrebungen, die gegen die freiheitliche demokratische Grundordnung, den Bestand oder die Sicherheit des Bundes oder eines Landes gerichtet sind oder eine ungesetzliche Beeinträchtigung der Amtsführung der Verfassungsorgane des Bundes oder eines Landes oder ihrer Mitglieder zum Ziele haben,
2. sicherheitsgefährdende oder geheimdienstliche Tätigkeiten im Geltungsbereich dieses Gesetzes für eine fremde Macht,
3. Bestrebungen im Geltungsbereich dieses Gesetzes, die durch Anwendung von Gewalt oder darauf gerichtete Vorbereitungshandlungen auswärtige Belange der Bundesrepublik Deutschland gefährden,
4. Bestrebungen im Geltungsbereich dieses Gesetzes, die gegen den Gedanken der Völkerverständigung (Artikel 9 Abs. 2 des Grundgesetzes), insbesondere gegen das friedliche Zusammenleben der Völker (Artikel 26 Abs. 1 des Grundgesetzes) gerichtet sind.
(2) Die Verfassungsschutzbehörden des Bundes und der Länder wirken mit
1. bei der Sicherheitsüberprüfung von Personen, denen im öffentlichen Interesse geheimhaltungsbedürftige Tatsachen, Gegenstände oder Erkenntnisse anvertraut werden, die Zugang dazu erhalten sollen oder ihn sich verschaffen können,
2. bei der Sicherheitsüberprüfung von Personen, die an sicherheitsempfindlichen Stellen von lebens- oder verteidigungswichtigen Einrichtungen beschäftigt sind oder werden sollen,

3. bei technischen Sicherheitsmaßnahmen zum Schutz von im öffentlichen Interesse geheimhaltungsbedürftigen Tatsachen, Gegenständen oder Erkenntnissen gegen die Kenntnisnahme durch Unbefugte,
4. bei der Überprüfung von Personen in sonstigen gesetzlich bestimmten Fällen,
5. bei der Geheimschutzbetreuung von nichtöffentlichen Stellen durch den Bund oder durch ein Land.

Die Befugnisse des Bundesamtes für Verfassungsschutz bei der Mitwirkung nach Satz 1 Nr. 1, 2 und 4 sind im Sicherheitsüberprüfungsgesetz vom 20. April 1994 (BGBl. I S. 867) geregelt. Bei der Mitwirkung nach Satz 1 Nummer 5 ist das Bundesamt für Verfassungsschutz zur sicherheitsmäßigen Bewertung der Angaben der nichtöffentlichen Stelle unter Berücksichtigung der Erkenntnisse der Verfassungsschutzbehörden des Bundes und der Länder befugt. Sofern es im Einzelfall erforderlich erscheint, können bei der Mitwirkung nach Satz 1 Nummer 5 zusätzlich die Nachrichtendienste des Bundes sowie ausländische öffentliche Stellen um Übermittlung und Bewertung vorhandener Erkenntnisse und um Bewertung übermittelter Erkenntnisse ersucht werden.

(3) Die Verfassungsschutzbehörden sind an die allgemeinen Rechtsvorschriften gebunden (Artikel 20 des Grundgesetzes).

§ 8 Befugnisse des Bundesamtes für Verfassungsschutz (1) Das Bundesamt für Verfassungsschutz darf die zur Erfüllung seiner Aufgaben erforderlichen Informationen einschließlich personenbezogener Daten verarbeiten, soweit nicht die anzuwendenden Bestimmungen des Bundesdatenschutzgesetzes oder besondere Regelungen in diesem Gesetz entgegenstehen; die Verarbeitung ist auch zulässig, wenn der Betroffene eingewilligt hat. Ein Ersuchen des Bundesamtes für Verfassungsschutz um Übermittlung personenbezogener Daten darf nur diejenigen personenbezogenen Daten enthalten, die für die Erteilung der Auskunft unerlässlich sind. Schutzwürdige Interessen des Betroffenen dürfen nur in unvermeidbarem Umfang beeinträchtigt werden.

(2) Das Bundesamt für Verfassungsschutz darf Methoden, Gegenstände und Instrumente zur heimlichen Informationsbeschaffung, wie den Einsatz von Vertrauensleuten und Gewährspersonen, Observationen, Bild- und Tonaufzeichnungen, Tarnpapiere und Tarnkennzeichen anwenden. In Individualrechte darf nur nach Maßgabe besonderer Befugnisse eingegriffen werden. Im Übrigen darf die Anwendung eines Mittels gemäß Satz 1 keinen Nachteil herbeiführen, der erkennbar außer Verhältnis zur Bedeutung des aufzuklärenden Sachverhalts steht. Die Mittel nach Satz 1 sind in einer Dienstvorschrift zu benennen, die auch die Zuständigkeit für die Anordnung solcher Informationsbeschaffungen und das Nähere zu Satz 3 regelt. Die Dienstvorschrift bedarf der Zustimmung des Bundesministeriums des Innern, für Bau und Heimat, das das Parlamentarische Kontrollgremium unterrichtet.

(3) Polizeiliche Befugnisse oder Weisungsbefugnisse stehen dem Bundesamt für Verfassungsschutz nicht zu; es darf die Polizei auch nicht im Wege der Amtshilfe um Maßnahmen ersuchen, zu denen es selbst nicht befugt ist.

(4) Werden personenbezogene Daten beim Betroffenen mit seiner Kenntnis erhoben, so ist der Erhebungszweck anzugeben. Der Betroffene ist auf die Freiwilligkeit seiner Angaben hinzuweisen.

(5) Von mehreren geeigneten Maßnahmen hat das Bundesamt für Verfassungsschutz diejenige zu wählen, die den Betroffenen voraussichtlich am wenigsten beeinträchtigt. Eine

Maßnahme darf keinen Nachteil herbeiführen, der erkennbar außer Verhältnis zu dem beabsichtigten Erfolg steht.

§ 15 Auskunft an den Betroffenen (1) Das Bundesamt für Verfassungsschutz erteilt dem Betroffenen über zu seiner Person gespeicherte Daten auf Antrag unentgeltlich Auskunft, soweit er hierzu auf einen konkreten Sachverhalt hinweist und ein besonderes Interesse an einer Auskunft darlegt. Zu personenbezogenen Daten in Akten erstreckt sich die Auskunft auf alle Daten, die über eine Speicherung gemäß § 10 Absatz 1 auffindbar sind.
(2) Die Auskunftserteilung unterbleibt, soweit eine Gefährdung der Aufgabenerfüllung durch die Auskunftserteilung zu besorgen ist,
durch die Auskunftserteilung Quellen gefährdet sein können oder die Ausforschung des Erkenntnisstandes oder der Arbeitsweise des Bundesamtes für Verfassungsschutz zu befürchten ist, die Auskunft die öffentliche Sicherheit gefährden oder sonst dem Wohl des Bundes oder eines Landes Nachteile bereiten würde oder die Daten oder die Tatsache der Speicherung nach einer Rechtsvorschrift oder ihrem Wesen nach, insbesondere wegen der überwiegenden berechtigten Interessen eines Dritten, geheimgehalten werden müssen.
Die Entscheidung trifft der Behördenleiter oder ein von ihm besonders beauftragter Mitarbeiter.
(3) Die Auskunftsverpflichtung erstreckt sich nicht auf die Herkunft der Daten und die Empfänger von Übermittlungen.
(4) Die Ablehnung der Auskunftserteilung bedarf keiner Begründung, soweit dadurch der Zweck der Auskunftsverweigerung gefährdet würde. Die Gründe der Auskunftsverweigerung sind aktenkundig zu machen. Wird die Auskunftserteilung abgelehnt, ist der Betroffene auf die Rechtsgrundlage für das Fehlen der Begründung und darauf hinzuweisen, daß er sich an den Bundesbeauftragten für den Datenschutz wenden kann. ...

3.11 Gesetz über das Zentralregister und das Erziehungsregister (Bundeszentralregistergesetz – BZRG) (Auszug)

§ 1 Bundeszentralregister (1) Für den Geltungsbereich dieses Gesetzes führt das Bundesamt für Justiz ein Zentralregister und ein Erziehungsregister (Bundeszentralregister).
(2) Die näheren Bestimmungen trifft das Bundesministerium der Justiz und für Verbraucherschutz. Soweit die Bestimmungen die Erfassung und Aufbereitung der Daten sowie die Auskunftserteilung betreffen, werden sie von der Bundesregierung mit Zustimmung des Bundesrates erlassen.

§ 3 Inhalt des Registers In das Register werden eingetragen
1. strafgerichtliche Verurteilungen (§§ 4 bis 7),
2. (weggefallen)
3. Entscheidungen von Verwaltungsbehörden und Gerichten (§ 10),
4. gerichtliche Entscheidungen und Verfügungen von Strafverfolgungsbehörden wegen Schuldunfähigkeit (§ 11),
5. gerichtliche Feststellungen nach § 17 Abs. 2, § 18,
6. nachträgliche Entscheidungen und Tatsachen, die sich auf eine der in den Nummern 1 bis 4 genannten Eintragungen beziehen (§§ 12 bis 16, § 17 Abs. 1).

§ 4 Verurteilungen In das Register sind die rechtskräftigen Entscheidungen einzutragen, durch die ein deutsches Gericht im Geltungsbereich dieses Gesetzes wegen einer rechtswidrigen Tat
1. auf Strafe erkannt,
2. eine Maßregel der Besserung und Sicherung angeordnet,
3. jemanden nach § 59 des Strafgesetzbuchs mit Strafvorbehalt verwarnt oder
4. nach § 27 des Jugendgerichtsgesetzes die Schuld eines Jugendlichen oder Heranwachsenden festgestellt hat.

§ 5 Inhalt der Eintragung (1) Einzutragen sind
1. die Personendaten der betroffenen Person; dazu gehören der Geburtsname, ein hiervon abweichender Familienname, die Vornamen, das Geschlecht, das Geburtsdatum, der Geburtsort, die Staatsangehörigkeit und die Anschrift sowie abweichende Personendaten,
2. die entscheidende Stelle samt Geschäftsnummer,
3. der Tag der (letzten) Tat,
4. der Tag des ersten Urteils; bei Strafbefehlen gilt als Tag des ersten Urteils der Tag der Unterzeichnung durch den Richter; ist gegen den Strafbefehl Einspruch eingelegt worden, so ist der Tag der auf den Einspruch ergehenden Entscheidung Tag des ersten Urteils, außer wenn der Einspruch verworfen wurde,
5. der Tag der Rechtskraft,
6. die rechtliche Bezeichnung der Tat, deren der Verurteilte schuldig gesprochen worden ist, unter Angabe der angewendeten Strafvorschriften,
7. die verhängten Strafen, die nach § 59 des Strafgesetzbuchs vorbehaltene Strafe sowie alle kraft Gesetzes eintretenden oder in der Entscheidung neben einer Strafe oder

neben Freisprechung oder selbständig angeordneten oder vorbehaltenen Maßnahmen (§ 11 Abs. 1 Nr. 8 des Strafgesetzbuchs) und Nebenfolgen.

(2) ... einer Maßregel der Besserung und Sicherung verbunden ist.

(3) Ist auf Geldstrafe erkannt, so sind die Zahl der Tagessätze und die Höhe eines Tagessatzes einzutragen. Ist auf Vermögensstrafe erkannt, so sind deren Höhe und die Dauer der Ersatzfreiheitsstrafe einzutragen.

§ 7 Aussetzung zur Bewährung (1) Wird die Vollstreckung einer Strafe oder eine Maßregel der Besserung und Sicherung zur Bewährung ausgesetzt oder wird die Entscheidung über die Aussetzung einer Jugendstrafe zur Bewährung im Urteil einem nachträglichen Beschluss vorbehalten, so ist dies in das Register einzutragen. Dabei ist das Ende der Bewährungszeit, der Führungsaufsicht oder einer vom Gericht für die Entscheidung über die Aussetzung einer Jugendstrafe zur Bewährung gesetzten Frist zu vermerken.

(2) – (3) ...

§ 15 Eintragung der Vollstreckung und des Freiheitsentzugs Ist eine Freiheitsstrafe, ein Strafarrest, eine Jugendstrafe oder eine Maßregel der Besserung und Sicherung zu vollstrecken, sind in das Register das Datum einzutragen,

1. an dem die Vollstreckung der Freiheitsstrafe, des Strafarrests, der Jugendstrafe oder der Maßregel der Besserung und Sicherung endet oder in sonstiger Weise erledigt ist,
2. an dem nach einer Aussetzung zur Bewährung der Freiheitsentzug tatsächlich endet,
3. an dem eine Freiheitsstrafe und eine freiheitsentziehende Maßregel der Besserung und Sicherung, die auf Grund einer Entscheidung zu vollstrecken sind, jeweils beginnt oder endet und
4. an dem bei Anordnung einer Sperre für die Erteilung einer Fahrerlaubnis (§ 69a des Strafgesetzbuchs) deren Ablauf der Sperre eintritt.

§ 18 Straftaten im Zusammenhang mit der Ausübung eines Gewerbes Ist eine Verurteilung im Falle des § 32 Abs. 4 in ein Führungszeugnis aufzunehmen, so ist dies in das Register einzutragen.

§ 24 Entfernung von Eintragungen (1) Eintragungen über Personen, deren Tod der Registerbehörde amtlich mitgeteilt worden ist, werden drei Jahre nach dem Eingang der Mitteilung aus dem Register entfernt. Während dieser Zeit darf nur den Gerichten und Staatsanwaltschaften Auskunft erteilt werden.

(2) Eintragungen, die eine über 90 Jahre alte Person betreffen, werden ebenfalls aus dem Register entfernt.

(3) Eintragungen nach § 11 werden bei Verfahren wegen eines Vergehens nach zehn Jahren, bei Verfahren wegen eines Verbrechens nach 20 Jahren aus dem Register entfernt. Bei Straftaten nach den §§ 174 bis 180 oder § 182 des Strafgesetzbuches beträgt die Frist 20 Jahre. Die Frist beginnt mit dem Tag der Entscheidung oder Verfügung.

(4) Sind im Register mehrere Eintragungen nach § 11 vorhanden, so ist die Entfernung einer Eintragung erst zulässig, wenn für alle Eintragungen die Voraussetzungen der Entfernung vorliegen.

(5) Eine zu entfernende Eintragung nach § 11 wird ein Jahr nach Eintritt der Entfernungsreife aus dem Register gelöscht. Während dieser Frist darf über die Eintragung nur der betroffenen Person Auskunft erteilt werden.

§ 30 Antrag (1) Jeder Person, die das 14. Lebensjahr vollendet hat, wird auf Antrag ein Zeugnis über den sie betreffenden Inhalt des Registers erteilt (Führungszeugnis). Hat sie eine gesetzliche Vertretung, ist auch diese antragsberechtigt. Ist die Person geschäftsunfähig, ist nur ihre gesetzliche Vertretung antragsberechtigt.
(2) Wohnt die antragstellende Person innerhalb des Geltungsbereichs dieses Gesetzes, ist der Antrag persönlich oder mit amtlich oder öffentlich beglaubigter Unterschrift schriftlich bei der Meldebehörde zu stellen. Bei der Antragstellung sind die Identität und im Fall der gesetzlichen Vertretung die Vertretungsmacht nachzuweisen. Die antragstellende Person und ihre gesetzliche Vertretung können sich bei der Antragstellung nicht durch Bevollmächtigte vertreten lassen. Die Meldebehörde nimmt die Gebühr für das Führungszeugnis entgegen, behält davon zwei Fünftel ein und führt den Restbetrag an die Bundeskasse ab.
(3) Wohnt die antragstellende Person außerhalb des Geltungsbereichs dieses Gesetzes, so kann sie den Antrag unmittelbar bei der Registerbehörde stellen. Absatz 2 Satz 2 und 3 gilt entsprechend.
(4) Die Übersendung des Führungszeugnisses ist nur an die antragstellende Person zulässig.
(5) Wird das Führungszeugnis zur Vorlage bei einer Behörde beantragt, so ist es der Behörde unmittelbar zu übersenden. Die Behörde hat der antragstellenden Person auf Verlangen Einsicht in das Führungszeugnis zu gewähren. Die antragstellende Person kann verlangen, daß das Führungszeugnis, wenn es Eintragungen enthält, zunächst an ein von ihr benanntes Amtsgericht zur Einsichtnahme durch sie übersandt wird. Die Meldebehörde hat die antragstellende Person in den Fällen, in denen der Antrag bei ihr gestellt wird, auf diese Möglichkeit hinzuweisen. Das Amtsgericht darf die Einsicht nur der antragstellenden Person persönlich gewähren. Nach Einsichtnahme ist das Führungszeugnis an die Behörde weiterzuleiten oder, falls die antragstellende Person dem widerspricht, vom Amtsgericht zu vernichten.
(6) ...

§ 30a Antrag auf ein erweitertes Führungszeugnis (1) Einer Person wird auf Antrag ein erweitertes Führungszeugnis erteilt,

1. wenn die Erteilung in gesetzlichen Bestimmungen unter Bezugnahme auf diese Vorschrift vorgesehen ist oder
2. wenn dieses Führungszeugnis benötigt wird für
   a) eine berufliche oder ehrenamtliche Beaufsichtigung, Betreuung, Erziehung oder Ausbildung Minderjähriger oder
   b) eine Tätigkeit, die in einer Buchstabe a vergleichbaren Weise geeignet ist, Kontakt zu Minderjährigen aufzunehmen.

(2) Wer einen Antrag auf Erteilung eines erweiterten Führungszeugnisses stellt, hat eine schriftliche Aufforderung vorzulegen, in der die Person, die das erweiterte Führungszeugnis von der antragstellenden Person verlangt, bestätigt, dass die Voraussetzungen nach Absatz 1 vorliegen. Im Übrigen gilt § 30 entsprechend.

§ 30b Europäisches Führungszeugnis (1) In das Führungszeugnis nach § 30 oder § 30a Absatz 1 von Personen, die die Staatsangehörigkeit eines anderen Mitgliedstaates der Europäischen Union besitzen, wird die Mitteilung über Eintragungen im Strafregister ihres Herkunftsmitgliedstaates vollständig und in der übermittelten Sprache aufgenommen (Europäisches Führungszeugnis), sofern der Herkunftsmitgliedstaat eine Übermittlung nach seinem Recht vorsieht. § 30 gilt entsprechend.
(2) Die Registerbehörde ersucht den Herkunftsmitgliedstaat um Mitteilung der Eintragungen. Das Führungszeugnis soll spätestens 20 Werktage nach der Übermittlung des Ersuchens der Registerbehörde an den Herkunftsmitgliedstaat erteilt werden. Hat der Herkunftsmitgliedstaat keine Auskunft aus seinem Strafregister erteilt, ist hierauf im Führungszeugnis hinzuweisen.

§ 31 Erteilung des Führungszeugnisses und des erweiterten Führungszeugnisses an Behörden (1) Behörden erhalten über eine bestimmte Person ein Führungszeugnis, soweit sie es zur Erledigung ihrer hoheitlichen Aufgaben benötigen und eine Aufforderung an die betroffene Person, ein Führungszeugnis vorzulegen, nicht sachgemäß ist oder erfolglos bleibt. Die Behörde hat der betroffenen Person auf Verlangen Einsicht in das Führungszeugnis zu gewähren.
(2) Behörden erhalten zum Zweck des Schutzes Minderjähriger ein erweitertes Führungszeugnis unter den Voraussetzungen des Absatzes 1. Absatz 1 Satz 2 gilt entsprechend.

§ 32 Inhalt des Führungszeugnisses (1) In das Führungszeugnis werden die in den §§ 4 bis 16 bezeichneten Eintragungen aufgenommen. Soweit in Absatz 2 Nr. 3 bis 9 hiervon Ausnahmen zugelassen werden, gelten diese nicht bei Verurteilungen wegen einer Straftat nach den §§ 174 bis 180 oder 182 des Strafgesetzbuches.
(2) Nicht aufgenommen werden

1. – 4. ...
5. Verurteilungen, durch die auf
   a) Geldstrafe von nicht mehr als neunzig Tagessätzen,
   b) Freiheitsstrafe oder Strafarrest von nicht mehr als drei Monaten
   erkannt worden ist, wenn im Register keine weitere Strafe eingetragen ist,
6. Verurteilungen, durch die auf Freiheitsstrafe von nicht mehr als zwei Jahren erkannt worden ist, wenn die Vollstreckung der Strafe oder eines Strafrestes
   a) nach § 35 oder § 36 des Betäubungsmittelgesetzes zurückgestellt oder zur Bewährung ausgesetzt oder
   b) nach § 56 oder § 57 des Strafgesetzbuchs zur Bewährung ausgesetzt worden ist und sich aus dem Register ergibt, daß der Verurteilte die Tat oder bei Gesamtstrafen alle oder den ihrer Bedeutung nach überwiegenden Teil der Taten auf Grund einer Betäubungsmittelabhängigkeit begangen hat,
   diese Entscheidungen nicht widerrufen worden sind und im Register keine weitere Strafe eingetragen ist,

7. – 12. ...

(3) In ein Führungszeugnis für Behörden (§ 30 Abs. 5, § 31) sind entgegen Absatz 2 auch aufzunehmen

1. Verurteilungen, durch die eine freiheitsentziehende Maßregel der Besserung und Sicherung angeordnet worden ist,
2. Eintragungen nach § 10, wenn die Entscheidung oder der Verzicht nicht länger als zehn Jahre zurückliegt,
3. Eintragungen nach § 11, wenn die Entscheidung oder Verfügung nicht länger als fünf Jahre zurückliegt,
4. abweichende Personendaten gemäß § 5 Abs. 1 Nr. 1, sofern unter diesen Daten Eintragungen erfolgt sind, die in ein Führungszeugnis für Behörden aufzunehmen sind.

(4) In ein Führungszeugnis für Behörden (§ 30 Abs. 5, § 31) sind ferner die in Absatz 2 Nr. 5 bis 9 bezeichneten Verurteilungen wegen Straftaten aufzunehmen, die

1. bei oder in Zusammenhang mit der Ausübung eines Gewerbes oder dem Betrieb einer sonstigen wirtschaftlichen Unternehmung oder
2. bei der Tätigkeit in einem Gewerbe oder einer sonstigen wirtschaftlichen Unternehmung
   a) von einem Vertreter oder Beauftragten im Sinne des § 14 des Strafgesetzbuchs oder
   b) von einer Person, die in einer Rechtsvorschrift ausdrücklich als verantwortlich bezeichnet ist,

begangen worden sind, wenn das Führungszeugnis für die in § 149 Abs. 2 Satz 1 Nr. 1 der Gewerbeordnung bezeichneten Entscheidungen bestimmt ist.

(5) Soweit in Absatz 2 Nummer 3 bis 9 Ausnahmen für die Aufnahme von Eintragungen zugelassen werden, gelten diese nicht bei einer Verurteilung wegen einer Straftat nach den §§ 171, 180a, 181a, 183 bis 184g, 184i bis 184k, 201a Absatz 3, den §§ 225, 232 bis 233a, 234, 235 oder § 236 des Strafgesetzbuchs, wenn ein erweitertes Führungszeugnis nach § 30a oder § 31 Absatz 2 erteilt wird.

§ 41 Umfang der Auskunft (1) Eintragungen, die in ein Führungszeugnis nicht aufgenommen werden, sowie Suchvermerke dürfen, unbeschadet der §§ 42 und 57, nur zur Kenntnis gegeben werden

1. den Gerichten, Gerichtsvorständen, Staatsanwaltschaften, dem nationalen Mitglied nach Maßgabe des § 5 Absatz 1 Nummer 2 des Eurojust-Gesetzes, den Aufsichtsstellen nach § 68a des Strafgesetzbuchs sowie der Bewährungshilfe für Zwecke der Rechtspflege sowie den Justizvollzugsbehörden für Zwecke des Strafvollzugs einschließlich der Überprüfung aller im Strafvollzug tätigen Personen,
2. den obersten Bundes- und Landesbehörden,
3. den Verfassungsschutzbehörden des Bundes und der Länder, dem Bundesnachrichtendienst und dem Militärischen Abschirmdienst für die diesen Behörden übertragenen Sicherheitsaufgaben,
4. den Finanzbehörden für die Verfolgung von Straftaten, die zu ihrer Zuständigkeit gehören,
5. den Kriminaldienst verrichtenden Dienststellen der Polizei für Zwecke der Verhütung und Verfolgung von Straftaten,
6. den Einbürgerungsbehörden für Einbürgerungsverfahren,
7. den Ausländerbehörden und dem Bundesamt für Migration und Flüchtlinge, wenn sich die Auskunft auf einen Ausländer bezieht,
8. den Gnadenbehörden für Gnadensachen,

9. den für waffenrechtliche oder sprengstoffrechtliche Erlaubnisse, für die Erteilung von Jagdscheinen, für Erlaubnisse zum Halten eines gefährlichen Hundes oder für Erlaubnisse für das Bewachungsgewerbe und die Überprüfung des Bewachungspersonals zuständigen Behörden,
10. dem Bundesinstitut für Arzneimittel und Medizinprodukte im Rahmen des Erlaubnisverfahrens nach dem Betäubungsmittelgesetz,
11. den Rechtsanwaltskammern oder der Patentanwaltskammer für Entscheidungen in Zulassungs-, Aufnahme- und Aufsichtsverfahren nach der Bundesrechtsanwaltsordnung, der Patentanwaltsordnung, dem Gesetz über die Tätigkeit europäischer Rechtsanwälte in Deutschland oder dem Gesetz über die Tätigkeit europäischer Patentanwälte in Deutschland,
12. dem Bundesamt für die Sicherheit der nuklearen Entsorgung, dem Eisenbahn-Bundesamt und den zuständigen Landesbehörden im Rahmen der atom- und strahlenschutzrechtlichen Zuverlässigkeitsüberprüfung nach dem Atomgesetz und dem Strahlenschutzgesetz,
13. den Luftsicherheitsbehörden für Zwecke der Zuverlässigkeitsüberprüfung nach § 7 des Luftsicherheitsgesetzes,
14. der Zentralstelle für Finanztransaktionsuntersuchungen zur Erfüllung ihrer Aufgaben nach dem Geldwäschegesetz.

(2) Eintragungen nach § 17 und Verurteilungen zu Jugendstrafe, bei denen der Strafmakel als beseitigt erklärt ist, dürfen nicht nach Absatz 1 mitgeteilt werden; über sie wird nur noch den Strafgerichten und Staatsanwaltschaften für ein Strafverfahren gegen die betroffene Person Auskunft erteilt. Dies gilt nicht für Verurteilungen wegen einer Straftat nach den §§ 171, 174 bis 180a, 181a, 182 bis 184g, 184i bis 184k, 201a Absatz 3, den §§ 225, 232 bis 233a, 234, 235 oder § 236 des Strafgesetzbuchs.

(3) Die Auskunft nach den Absätzen 1 und 2 wird nur auf ausdrückliches Ersuchen erteilt. Die in Absatz 1 genannten Stellen haben den Zweck anzugeben, für den die Auskunft benötigt wird; sie darf nur für diesen Zweck verwertet werden.

§ 42 Auskunft an die betroffene Person Das Auskunftsrecht nach Artikel 15 Absatz 1 der Verordnung (EU) 2016/679 wird dadurch gewährleistet, dass der betroffenen Person mitgeteilt wird, welche Eintragungen über sie im Register enthalten sind. Für die Antragsberechtigung und das Verfahren gilt § 30 Absatz 1 entsprechend. Erfolgt die Mitteilung nicht durch Einsichtnahme bei der Registerbehörde, so ist sie, wenn die antragstellende Person im Geltungsbereich dieses Gesetzes wohnt, an ein von ihr benanntes Amtsgericht zu senden, bei dem sie die Mitteilung persönlich einsehen kann. Befindet sich die betroffene Person in amtlichem Gewahrsam einer Justizbehörde, so tritt die Anstaltsleitung an die Stelle des Amtsgerichts. Wohnt die antragstellende Person außerhalb des Geltungsbereichs dieses Gesetzes, so ist die Mitteilung an eine von ihr benannte amtliche Vertretung der Bundesrepublik Deutschland zu senden, bei der sie die Mitteilung persönlich einsehen kann. Nach Einsichtnahme ist die Mitteilung vom Amtsgericht, der Anstaltsleitung oder der amtlichen Vertretung der Bundesrepublik Deutschland zu vernichten. Zum Schutz der betroffenen Personen ist die Aushändigung der Mitteilung oder einer Kopie unzulässig.

§ 44 Vertrauliche Behandlung der Auskünfte Auskünfte aus dem Register an Behörden (§ 30 Abs. 5, §§ 31, 41, 43) dürfen nur den mit der Entgegennahme oder Bearbeitung betrauten Bediensteten zur Kenntnis gebracht werden.

§ 44a Versagung der Auskunft (1) Die Registerbehörde sperrt den Datensatz einer im Register eingetragenen Person für die Auskunftserteilung, wenn eine Zeugenschutzstelle mitteilt, dass dies zum Schutz der Person als Zeuge oder Zeugin erforderlich ist.
(2) Die Registerbehörde soll die Erteilung einer Auskunft aus dem Register über die gesperrten Personendaten versagen, soweit entgegenstehende öffentliche Interessen oder schutzwürdige Interessen Dritter nicht überwiegen. Sie gibt der Zeugenschutzstelle zuvor Gelegenheit zur Stellungnahme; die Beurteilung der Zeugenschutzstelle, dass die Versagung der Auskunft für Zwecke des Zeugenschutzes erforderlich ist, ist für die Registerbehörde bindend. Die Versagung der Auskunft bedarf keiner Begründung.
(3) Die Registerbehörde legt über eine Person, über die keine Eintragung vorhanden ist, einen besonders gekennzeichneten Personendatensatz an, wenn die Zeugenschutzstelle darlegt, dass dies zum Schutze dieser Person als Zeuge oder Zeugin vor Ausforschung durch missbräuchliche Auskunftsersuchen erforderlich ist. Über diesen Datensatz werden Auskünfte nicht erteilt. Die Registerbehörde unterrichtet die Zeugenschutzstelle über jeden Antrag auf Erteilung einer Auskunft, der zu dieser Person oder zu sonst von der Zeugenschutzstelle bestimmten Daten eingeht.
(4) Die §§ 161, 161a der Strafprozessordnung bleiben unberührt.

§ 45 Tilgung nach Fristablauf (1) Eintragungen über Verurteilungen (§ 4) werden nach Ablauf einer bestimmten Frist getilgt.
(2) Eine zu tilgende Eintragung wird ein Jahr nach Eintritt der Tilgungsreife aus dem Register entfernt. Während dieser Zeit darf über die Eintragung nur der betroffenen Person Auskunft erteilt werden.
(3) Absatz 1 gilt nicht
1. bei Verurteilungen zu lebenslanger Freiheitsstrafe,
2. bei Anordnung der Unterbringung in der Sicherungsverwahrung oder in einem psychiatrischen Krankenhaus.

§ 46 Länge der Tilgungsfrist (1) Die Tilgungsfrist beträgt
1. fünf Jahre
   bei Verurteilungen
   a) zu Geldstrafe von nicht mehr als neunzig Tagessätzen, wenn keine Freiheitsstrafe, kein Strafarrest und keine Jugendstrafe im Register eingetragen ist,
   b) zu Freiheitsstrafe oder Strafarrest von nicht mehr als drei Monaten, wenn im Register keine weitere Strafe eingetragen ist,
   c) – f) ...
   g) durch welche eine Maßnahme (§ 11 Abs. 1 Nr. 8 des Strafgesetzbuchs) mit Ausnahme der Sperre für die Erteilung einer Fahrerlaubnis für immer und des Berufsverbots für immer, eine Nebenstrafe oder eine Nebenfolge allein oder in Verbindung miteinander oder in Verbindung mit Erziehungsmaßregeln oder Zuchtmitteln angeordnet worden ist,
2. zehn Jahre bei Verurteilungen zu

a) Geldstrafe und Freiheitsstrafe oder Strafarrest von nicht mehr als drei Monaten, wenn die Voraussetzungen der Nummer 1 Buchstabe a und b nicht vorliegen,
b) Freiheitsstrafe oder Strafarrest von mehr als drei Monaten, aber nicht mehr als einem Jahr, wenn die Vollstreckung der Strafe oder eines Strafrestes gerichtlich oder im Gnadenweg zur Bewährung ausgesetzt worden und im Register nicht außerdem Freiheitsstrafe, Strafarrest oder Jugendstrafe eingetragen ist,
c) Jugendstrafe von mehr als einem Jahr, außer in den Fällen der Nummer 1 Buchstabe d bis f,
d) Jugendstrafe bei Verurteilungen wegen einer Straftat nach den §§ 171, 180a, 181a, 183 bis 184g, 184i bis 184k, 201a Absatz 3, den §§ 225, 232 bis 233a, 234, 235 oder § 236 des Strafgesetzbuchs von mehr als einem Jahr in Fällen der Nummer 1 Buchstabe d bis f,
3. zwanzig Jahre bei Verurteilungen wegen einer Straftat nach den §§ 174 bis 180 oder 182 des Strafgesetzbuches zu einer Freiheitsstrafe oder Jugendstrafe von mehr als einem Jahr,
4. fünfzehn Jahre
in allen übrigen Fällen.

(2) Die Aussetzung der Strafe oder eines Strafrestes zur Bewährung oder die Beseitigung des Strafmakels bleiben bei der Berechnung der Frist unberücksichtigt, wenn diese Entscheidungen widerrufen worden sind.
(3) In den Fällen des Absatzes 1 Nr. 1 Buchstabe e, Nr. 2 Buchstabe c und d sowie Nummer 3 und 4 verlängert sich die Frist um die Dauer der Freiheitsstrafe, des Strafarrestes oder der Jugendstrafe.

§ 53 Offenbarungspflicht bei Verurteilungen (1) Verurteilte dürfen sich als unbestraft bezeichnen und brauchen den der Verurteilung zugrunde liegenden Sachverhalt nicht zu offenbaren, wenn die Verurteilung
1. nicht in das Führungszeugnis oder nur in ein Führungszeugnis nach § 32 Abs. 3, 4 aufzunehmen oder
2. zu tilgen ist.

(2) Soweit Gerichte oder Behörden ein Recht auf unbeschränkte Auskunft haben, können Verurteilte ihnen gegenüber keine Rechte aus Absatz 1 Nr. 1 herleiten, falls sie hierüber belehrt werden.

§ 54 Eintragungen in das Register (1) Strafrechtliche Verurteilungen, die nicht durch deutsche Gerichte im Geltungsbereich dieses Gesetzes ergangen sind, werden in das Register eingetragen, wenn
1. die verurteilte Person die deutsche Staatsangehörigkeit besitzt oder im Geltungsbereich dieses Gesetzes geboren oder wohnhaft ist,
2. wegen des der Verurteilung zugrunde liegenden oder sinngemäß umgestellten Sachverhalts auch nach dem im Geltungsbereich dieses Gesetzes geltenden Recht, ungeachtet etwaiger Verfahrenshindernisse, eine Strafe oder eine Maßregel der Besserung und Sicherung hätte verhängt werden können,
3. die Entscheidung rechtskräftig ist.

(2) Erfüllt eine Verurteilung die Voraussetzungen des Absatzes 1 Nr. 2 nur hinsichtlich eines Teils der abgeurteilten Tat oder Taten, so wird die ganze Verurteilung eingetragen.

(3) Ist eine Verurteilung einzutragen oder ist sie bereits eingetragen, wird auch Folgendes eingetragen:

1. als Folgemaßnahmen spätere Entscheidungen oder sonstige Tatsachen, die sich auf die Verurteilung beziehen,
2. bei der Übermittlung einer Strafnachricht mitgeteilte Bedingungen, die die Verwendung des Mitgeteilten beschränken,
3. soweit es sich um eine Verurteilung aus einem Mitgliedstaat der Europäischen Union handelt, Mitteilungen zu
   a) der Tilgung,
   b) dem Ort der Tatbegehung und
   c) den Rechtsverlusten, die sich aus der Verurteilung ergeben,
4. eine deutsche Entscheidung, durch die die ausländische Freiheitsstrafe oder Maßregel der Besserung und Sicherung für vollstreckbar erklärt wurde.

Wird eine eingetragene Verurteilung durch die Eintragung einer Folgemaßnahme ergänzt, ist § 55 Absatz 2 nicht anzuwenden.

3.12 DGUV Vorschrift 23

§ 1 Geltungsbereich Diese Unfallverhütungsvorschrift gilt für Wach- und Sicherungstätigkeiten zum Schutze von Personen und Sachwerten.

§ 2 Allgemeines Soweit nichts anderes bestimmt ist, richten sich die Bestimmungen der Abschnitte II und III an Unternehmer und Versicherte.

§ 3 Eignung Der Unternehmer hat dafür zu sorgen, dass Wach- und Sicherungstätigkeiten nur von Versicherten ausgeführt werden, die die erforderlichen Befähigungen besitzen. Die Versicherten dürfen für diese Tätigkeiten nicht offensichtlich ungeeignet sein. Über die Befähigungen sind Aufzeichnungen zu führen.

§ 4 Dienstanweisungen (1) Der Unternehmer hat das Verhalten des Wach- und Sicherungspersonals einschließlich des Weitermeldens von Mängeln und besonderen Gefahren durch Dienstanweisungen zu regeln.
(2) Der Unternehmer hat dafür zu sorgen, dass das Wach- und Sicherungspersonal anhand der Dienstanweisungen vor Aufnahme der Tätigkeit und darüber hinaus regelmäßig unterwiesen wird. Außerdem ist das sicherheitsgerechte Verhalten bei besonderen Gefahren soweit wie möglich zu üben.
(3) Die Versicherten haben die der Arbeitssicherheit dienenden Maßnahmen zu unterstützen und die Dienstanweisungen zu befolgen. Sie dürfen keine Weisungen des Auftraggebers befolgen, die dem Sicherungsauftrag entgegenstehen.

§ 5 Verbot berauschender Mittel Der Genuss von alkoholischen Getränken und die Einnahme anderer berauschender Mittel sind während der Dienstzeit verboten. Dies gilt auch für einen angemessenen Zeitraum vor dem Einsatz. Bei Dienstantritt muss Nüchternheit gegeben sein.

§ 6 Übernahme von Wach- und Sicherungsaufgaben (1) Der Unternehmer darf Wach- und Sicherungsaufgaben nur übernehmen, wenn vermeidbare Gefahrstellen im jeweiligen Objektbereich beseitigt oder ausreichend abgesichert werden.
(2) Sicherungsumfang und -ablauf einschließlich vorgesehener Nebentätigkeiten müssen schriftlich festgelegt werden.

§ 7 Sicherungstätigkeiten mit besonderen Gefahren Der Unternehmer hat sicherzustellen, dass das Wach- und Sicherungspersonal überwacht wird, wenn sich bei Sicherungstätigkeiten besondere Gefahren ergeben können.

§ 8 Überprüfung von zu sichernden Objekten (1) Der Unternehmer hat unabhängig von den Pflichten des Auftraggebers sicherzustellen, dass die zu sichernden Objekte auf Gefahren geprüft werden. Über diese Prüfungen sind Aufzeichnungen zu führen. Die Prüfungen haben regelmäßig, bei besonderem Anlass unverzüglich zu erfolgen.
(2) Der Unternehmer hat vom Auftraggeber zu verlangen, dass vermeidbare Gefahren beseitigt oder Gefahrstellen abgesichert werden. Bis zum Abschluss dieser Sicherungs-

maßnahmen hat der Unternehmer Regelungen zu treffen, die die Sicherheit des Wach- und Sicherungspersonals auf andere Weise gewährleisten.
(3) Die Versicherten haben festgestellte Gefahren und die dagegen getroffenen Maßnahmen dem Unternehmer zu melden.

§ 9 Objekteinweisung (1) Der Unternehmer hat dafür zu sorgen, dass das Wach- und Sicherungspersonal in das jeweilige zu sichernde Objekt und in die spezifischen Gefahren eingewiesen wird.
(2) Die Einweisungen sind zu den Zeiten vorzunehmen, zu denen die Tätigkeit des Wach- und Sicherungspersonals ausgeübt wird.
(3) Der Unternehmer hat dafür zu sorgen, dass für alle Objekte und Objektbereiche, in denen Hunde eingesetzt sind, das Wach- und Sicherungspersonal über das Verhalten bei der Begegnung mit diesen Hunden unterwiesen wird.

§ 10 Ausrüstung des Wach- und Sicherungspersonals (1) Der Unternehmer hat dafür zu sorgen, dass sich die für das Wach- und Sicherungspersonal erforderlichen Einrichtungen, Ausrüstungen und Hilfsmittel in ordnungsgemäßem Zustand befinden und dass das Wach- u. Sicherungspersonal in deren Handhabungen unterwiesen ist.
(2) Anlegbare Ausrüstungen und Hilfsmittel müssen so beschaffen und angelegt sein, dass die Bewegungsfreiheit, insbesondere die der Hände, nicht mehr als nach den Umständen unvermeidbar beeinträchtigt wird.
(3) Der Unternehmer hat dafür zu sorgen, dass der jeweiligen Wach- und Sicherungsaufgabe entsprechendes Schuhwerk von den Versicherten getragen wird.
(4) Der Unternehmer hat dafür zu sorgen, dass bei Dunkelheit eingesetztes Wach- und Sicherungspersonal mit leistungsfähigen Handleuchten ausgerüstet ist.
(5) Die Versicherten haben die zur Verfügung gestellten Ausrüstungen und Hilfsmittel bestimmungsgemäß zu benutzen.

§ 11 Brillenträger Versicherte, die bei Wach- und Sicherungsaufgaben zur Korrektur ihres Sehvermögens eine Brille tragen müssen, haben diese gegen Verlieren zu sichern oder eine Ersatzbrille mitzuführen.

§ 12 Hunde (1) Als Diensthunde dürfen nur geprüfte Hunde mit Hundeführern eingesetzt werden. Hunde, die für die Aufgabe nicht geeignet sind, die zur Bösartigkeit neigen oder deren Leistungsstand nicht mehr gegeben ist und die dadurch Personen gefährden können, dürfen nicht eingesetzt werden.
(2) Abweichend von Absatz 1 dürfen auch ungeprüfte Hunde zu Wahrnehmungs- und Meldeaufgaben eingesetzt werden, wenn hierbei der Führer seinen Hund unter Kontrolle hat.
(3) Eine Überforderung der Hunde durch Ausbildung und Einsatz ist zu vermeiden.

§ 13 Hundezwinger (1) Werden Hunde in Zwingern oder Zwingeranlagen gehalten, hat der Unternehmer dafür zu sorgen, dass die Zwinger so beschaffen und ausgestattet sind, dass eine Einzelhaltung aller Hunde ermöglicht wird.
(2) Der Unternehmer hat dafür zu sorgen, dass an den Zwingern auf das Zutrittsverbot durch das Verbotszeichen „Zutritt für Unbefugte verboten" hingewiesen ist.

(3) Belegte Zwinger dürfen nur von Hundeführern oder vom Unternehmer beauftragten Personen, die mit dem jeweiligen Hund vertraut sind, betreten werden.
(4) Belegte Zwinger müssen abgeschlossen sein, sofern ein Entweichen des Hundes oder der Zutritt Unbefugter nicht auf andere Weise verhindert ist.
(5) Die Säuberung und Instandhaltung von Zwingern darf nur dann durchgeführt werden, wenn diese nicht durch Hunde belegt sind.

§ 14 Hundehaltung in Objekten (1) Der Unternehmer hat dafür zu sorgen, dass im Bereich von Objekten, in denen Hunde gehalten werden, Zwinger nach § 13 vorhanden sind.
(2) Abweichend von Absatz 1 ist außerhalb der Verkehrs- und Streifenwege auch eine vorübergehende Anbindehaltung zulässig, wenn hierfür geeignete Einrichtungen vorhanden sind und sich die Hunde jeweils nur für die Dauer einer Schicht im Bereich des Objektes befinden. Der Unternehmer hat dafür zu sorgen, dass auf das Zutrittsverbot durch das Verbotszeichen „Zutritt für Unbefugte verboten" an den Einrichtungen hingewiesen ist.

§ 15 Hundeführer (1) Als Hundeführer dürfen nur Versicherte eingesetzt werden, die entsprechend unterwiesen worden sind und dem Unternehmer ihre Befähigung nachgewiesen haben.
(2) Der Unternehmer hat dafür zu sorgen, dass ihm die Befähigung zum Hundeführer regelmäßig nachgewiesen wird. Bei nicht mehr ausreichender Befähigung ist die Befugnis zum Führen von Hunden zu entziehen.

§ 16 Hundeführung (1) Die Übernahme und Abgabe des Hundes einschließlich des An- und Ableinens müssen im Zwinger bei geschlossener Tür vorgenommen werden. Bei zulässiger Anbindehaltung kann die Übernahme und Abgabe auch an den entsprechenden Einrichtungen erfolgen. Eine Übergabe von Person zu Person ist nicht erlaubt.
(2) Vor jeder Kontaktaufnahme mit einem Hund haben sich die vom Unternehmer hierzu beauftragten Versicherten in geeigneter Weise davon zu überzeugen, dass der Hund folgsam und nicht aggressiv ist. Andernfalls ist der Direktkontakt zu unterlassen und der Hund nicht einzusetzen.
(3) Werden Hunde mit verschiedenen Hundeführern eingesetzt, so ist eine einheitliche Kommandosprache festzulegen und anzuwenden.
(4) Die Befestigung der Führleine am Körper des Hundeführers sowie am Fahrrad oder Moped ist untersagt.
(5) Eine Hundeführung ohne Führleine darf nur in Objektbereichen erfolgen, in denen eine Begegnung mit Dritten nicht zu erwarten ist.
(6) Bei einer Begegnung mit Dritten ist der angeleinte Hund fest an der kurzen Leine so zu führen, dass er Dritte nicht erreichen kann.

§ 17 Transport von Hunden Der Unternehmer hat dafür zu sorgen, dass Kraftfahrzeuge für den Transport von Hunden mit einer Abtrennung zwischen Transportraum und Fahrgastbereich ausgerüstet sind. Werden mehrere Hunde gleichzeitig in einem Fahrzeug transportiert, muss zusätzlich eine Trennung der Hunde voneinander möglich sein und dann erfolgen, wenn das Verhalten der Hunde ihren Transport zusammen in einem Transportraum nicht zulässt.

§ 18 Ausrüstung mit Schusswaffen (1) Der Unternehmer hat unter Beachtung der waffenrechtlichen Bestimmungen sicherzustellen, dass eine Ausrüstung des Wach- und Sicherungspersonals mit Schusswaffen nur dann erfolgt, wenn er dies ausdrücklich anordnet. Es dürfen nur Versicherte mit Schusswaffen ausgerüstet werden, die nach dem Waffenrecht zuverlässig, geeignet und sachkundig sowie an den Waffen ausgebildet sind.
(2) Der Unternehmer hat sicherzustellen, dass Versicherte, die Träger von Schusswaffen nach Absatz 1 sind, regelmäßig an Schießübungen teilnehmen und ihre Schießfertigkeit sowie Sachkunde nach dem Waffenrecht ihm oder einem Sachkundigen nachweisen.
(3) Schießübungen nach Absatz 2 müssen unter der Aufsicht eines nach Waffenrecht Verantwortlichen auf Schießstandanlagen durchgeführt werden, die den behördlich festgelegten sicherheitstechnischen Anforderungen entsprechen.
(4) Der Unternehmer hat sicherzustellen, dass über die Schießübungen, die Schießfertigkeit und den Sachkundestand Aufzeichnungen geführt werden.
(5) Der Unternehmer hat sicherzustellen, dass der Entzug von Schusswaffen nach Absatz 1 unverzüglich erfolgt, wenn die Voraussetzungen der Absätze 1 und 2 bei den Versicherten nicht mehr gegeben sind.

§ 19 Schusswaffen (1) Es dürfen nur Schusswaffen bereitgehalten und geführt werden, die amtlich geprüft sind und ein in der Bundesrepublik Deutschland anerkanntes Beschusszeichen tragen.
(2) Der Unternehmer hat dafür zu sorgen, dass Schusswaffen bei Verdacht auf Mängel, mindestens jedoch einmal jährlich durch Sachkundige hinsichtlich ihrer Handhabungssicherheit geprüft werden.
(3) Der Unternehmer hat dafür zu sorgen, dass die Instandsetzung von Schusswaffen nur durch Inhaber einer Erlaubnis nach § 7 oder § 41 Waffengesetz erfolgt.
(4) Das Bereithalten und Führen von Schreck- oder Gas-Schusswaffen ist bei der Durchführung von Wach- und Sicherungsaufgaben unzulässig.

§ 20 Führen von Schusswaffen und Mitführen von Munition (1) Schusswaffen müssen in geeigneten Trageeinrichtungen geführt werden. Das Abgleiten oder Herausfallen der Waffe muss durch eine Sicherung verhindert sein.
(2) Munition darf nicht lose mitgeführt werden.
(3) Außer bei drohender Gefahr darf sich keine Patrone vor dem Lauf befinden. Dies gilt nicht, wenn durch konstruktive Maßnahmen sichergestellt ist, dass sich bei entspanntem Hahn kein Schuss lösen kann.
(4) Geführte Schusswaffen mit einer äußeren Sicherungseinrichtung sind, ausgenommen bei ihrem Einsatz, zu sichern.
(5) Von den Bestimmungen der Abs. 3 und 4 darf für Bereiche abgewichen werden, in denen entsprechende behördliche oder militärische Sonderregelungen bestehen.

§ 21 Übergabe von Schusswaffen, Kugelfangeinrichtungen (1) Schusswaffen dürfen nur in entladenem Zustand übergeben werden.
(2) Der Übernehmende hat sich sofort vom Ladezustand der Waffe zu überzeugen und diese auf augenfällige Mängel zu kontrollieren.
(3) Bei Feststellung von Mängeln darf die Waffe nicht geführt werden. Vor einer Wiederverwendung ist sie einer sachkundigen Instandsetzung zuzuleiten.

(4) Beim Laden und Entladen von Schusswaffen müssen diese an sicherem Ort auf eine geeignete Kugelfangeinrichtung gerichtet sein. Jegliches Hantieren mit der Waffe hat hierbei so zu erfolgen, dass keine Versicherten durch einen sich lösenden Schuss verletzt werden können.

§ 22 Aufbewahrung von Schusswaffen und Munition (1) Der Unternehmer hat dafür zu sorgen, dass für die Aufbewahrung von Schusswaffen und Munition zumindest Stahlblechschränke mit Sicherheitsschloss oder entsprechend sichere Einrichtungen vorhanden sind, die eine getrennte Unterbringung von Waffen und Munition ermöglichen und Schutz gegen Abhandenkommen oder unbefugten Zugriff gewährleisten.
(2) Die Aufbewahrung von Schusswaffen und Munition muss in verschlossenen Einrichtungen nach Abs. 1 erfolgen. Schusswaffen dürfen nur im entladenen Zustand aufbewahrt werden.

§ 23 Alarmempfangszentralen Der Unternehmer hat dafür zu sorgen, dass Alarmempfangszentralen, die aufgrund ihrer Aufgabenstellung als überfallgefährdet anzusehen und mit Wach- und Sicherungspersonal besetzt sind, ausreichend gesichert sind.

§ 24 Eignung Der Unternehmer darf für Geldtransporte nur Personen einsetzen, die mindestens 18 Jahre alt, persönlich zuverlässig und geeignet sowie für diese Aufgabe besonders ausgebildet und eingewiesen sind.

§ 25 Geldtransporte durch Boten (1) Der Unternehmer hat dafür zu sorgen, dass Geldtransporte durch Boten in öffentlich zugänglichen Bereichen von mindestens zwei Personen durchgeführt werden, von denen eine Person die Sicherung übernimmt. Dies gilt auch für entsprechende Wegstrecken zwischen Transportfahrzeugen und Übergabe- oder Übernahmestellen.
(2) Von Abs. 1 darf nur abgewichen werden, wenn das Geld unauffällig in der bürgerlichen Kleidung getragen wird, der Transport nicht als Geldtransport erkennbar ist, der Anreiz zu Überfällen durch technische Ausrüstungen, die für Außenstehende deutlich erkennbar sind, nachhaltig verringert wird oder ausschließlich Hartgeld transportiert wird und dies auch für Außenstehende durch Transportverlauf und Transportabwicklung erkennbar ist.
(3) Zum Tragen bestimmte Geldtransportbehältnisse müssen ausreichend handhabbar sein. Sie dürfen mit Boten nicht fest verbunden sein.

§ 26 Geldtransporte mit Fahrzeugen (1) Der Unternehmer hat dafür zu sorgen, dass Geldtransporte nur mit hierfür besonders gesicherten Fahrzeugen – Geldtransportfahrzeugen – durchgeführt werden.
(2) Abweichend von Absatz 1 dürfen Transporte, bei denen ausschließlich Hartgeld transportiert wird, oder Transporte, die für Außenstehende nicht durch äußere Hinweise auf dem Fahrzeug, die Bauart des Fahrzeuges, die Ausrüstung der Personen, Transportverlauf oder Transportabwicklung als Geldtransporte zu erkennen sind, auch in sonstigen Fahrzeugen durchgeführt werden.
(3) Belegtransporte, die für Außenstehende mit Geldtransporten verwechselbar sind oder bei denen regelmäßig Geld mitgeführt wird, müssen wie erkennbare Geldtransporte in Geldtransportfahrzeugen durchgeführt werden.

(4) Sind bei Fahrten zu Übernahme- oder Übergabestellen Umstände erkennbar, die auf eine erhöhte Gefährdung schließen lassen, ist vor jedem Verlassen des Fahrzeugs die weitere Vorgehensweise mit anderen Stellen abzustimmen.
(5) Geldtransportfahrzeuge müssen während des Be- und Entladens in öffentlich zugänglichen Bereichen ständig besetzt bleiben. Hierbei müssen die Türen des mit mindestens einer Person besetzten Fahrzeugteils verriegelt sein.
(6) Überfälle sind unverzüglich über Funk zu melden. Akustisch-optisch wirkende Fahrzeug-Alarmanlagen sind jedoch nur den jeweiligen Umständen entsprechend zu betätigen, sofern hierdurch keine zusätzliche Gefährdung zu erwarten ist.

§ 27 Werteräume (1) Der Unternehmer hat dafür zu sorgen, dass zum Schutze der Versicherten Werteräume für die Bearbeitung von Banknoten gegen Überfälle gesichert sind.
(2) Der Unternehmer hat sicherzustellen, dass Türen von Geldschränken und Tresoranlagen beim Öffnen keine Quetsch- und Scherstellen mit Bauwerksteilen oder Einrichtungsgegenständen bilden können.

§ 28 Ordnungswidrigkeiten Ordnungswidrig im Sinne des § 209 Abs. 1 Nr. 1 Siebtes Buch Sozialgesetzbuch (SGB VII) handelt, wer vorsätzlich oder fahrlässig den Bestimmungen des § 2 in Verbindung mit § 3, § 4 Abs. 1, 2 Satz 1, Absatz 3 Satz 2, § 5 Satz 1 oder 3, § 6 Abs. 2, §§ 7, 8 Abs. 1 Satz 1 oder 2, Absatz 2 Satz 2, Absatz 3, §§ 9, 10 Abs. 1, 3, 4 oder 5, § 12 Abs. 1 Satz 1, § 13, § 14 Abs. 1, 2 Satz 2, § 15 Abs. 1, § 16 Abs. 1 Satz 1 oder 3, Absatz 3, 4 oder 6, § 17, §§ 18, 19, 20 Abs. 1 Satz 2, Absatz 2, 3 Satz 1, Absatz 4, § 21 Abs. 1 bis 3, Absatz 4 Satz 2, §§ 22, 24, 25 Abs. 1, 3 Satz 2, § 26 Abs. 1, 3 oder 5 oder § 27 zuwiderhandelt.

3.13 Gesetz zum Schutz von Geschäftsgeheimnissen (GeschGehG) (Auszug)

§ 1 Anwendungsbereich (1) Dieses Gesetz dient dem Schutz von Geschäftsgeheimnissen vor unerlaubter Erlangung, Nutzung und Offenlegung.

(2) Öffentlich-rechtliche Vorschriften zur Geheimhaltung, Erlangung, Nutzung oder Offenlegung von Geschäftsgeheimnissen gehen vor.

(3) Es bleiben unberührt:

1. der berufs- und strafrechtliche Schutz von Geschäftsgeheimnissen, deren unbefugte Offenbarung von § 203 des Strafgesetzbuches erfasst wird,
2. die Ausübung des Rechts der freien Meinungsäußerung und der Informationsfreiheit nach der Charta der Grundrechte der Europäischen Union (ABl. C 202 vom 7.6.2016, S. 389), einschließlich der Achtung der Freiheit und der Pluralität der Medien,
3. die Autonomie der Sozialpartner und ihr Recht, Kollektivverträge nach den bestehenden europäischen und nationalen Vorschriften abzuschließen,
4. die Rechte und Pflichten aus dem Arbeitsverhältnis und die Rechte der Arbeitnehmervertretungen.

§ 2 Begriffsbestimmungen Im Sinne dieses Gesetzes ist

1. Geschäftsgeheimnis
   eine Information
   a. die weder insgesamt noch in der genauen Anordnung und Zusammensetzung ihrer Bestandteile den Personen in den Kreisen, die üblicherweise mit dieser Art von Informationen umgehen, allgemein bekannt oder ohne Weiteres zugänglich ist und daher von wirtschaftlichem Wert ist und
   b. die Gegenstand von den Umständen nach angemessenen Geheimhaltungsmaßnahmen durch ihren rechtmäßigen Inhaber ist und
   c. bei der ein berechtigtes Interesse an der Geheimhaltung besteht;
2. Inhaber eines Geschäftsgeheimnisses
   jede natürliche oder juristische Person, die die rechtmäßige Kontrolle über ein Geschäftsgeheimnis hat;
3. Rechtsverletzer
   jede natürliche oder juristische Person, die entgegen § 4 ein Geschäftsgeheimnis rechtswidrig erlangt, nutzt oder offenlegt; Rechtsverletzer ist nicht, wer sich auf eine Ausnahme nach § 5 berufen kann;
4. rechtsverletzendes Produkt
   ein Produkt, dessen Konzeption, Merkmale, Funktionsweise, Herstellungsprozess oder Marketing in erheblichem Umfang auf einem rechtswidrig erlangten, genutzten oder offengelegten Geschäftsgeheimnis beruht.

§ 3 Erlaubte Handlungen (1) Ein Geschäftsgeheimnis darf insbesondere erlangt werden durch

1. eine eigenständige Entdeckung oder Schöpfung;

2. ein Beobachten, Untersuchen, Rückbauen oder Testen eines Produkts oder Gegenstands, das oder der
   a. öffentlich verfügbar gemacht wurde oder
   b. sich im rechtmäßigen Besitz des Beobachtenden, Untersuchenden, Rückbauenden oder Testenden befindet und dieser keiner Pflicht zur Beschränkung der Erlangung des Geschäftsgeheimnisses unterliegt;
3. ein Ausüben von Informations- und Anhörungsrechten der Arbeitnehmer oder Mitwirkungs- und Mitbestimmungsrechte der Arbeitnehmervertretung.

(2) Ein Geschäftsgeheimnis darf erlangt, genutzt oder offengelegt werden, wenn dies durch Gesetz, aufgrund eines Gesetzes oder durch Rechtsgeschäft gestattet ist.

§ 4 Handlungsverbote (1) Ein Geschäftsgeheimnis darf nicht erlangt werden durch
1. unbefugten Zugang zu, unbefugte Aneignung oder unbefugtes Kopieren von Dokumenten, Gegenständen, Materialien, Stoffen oder elektronischen Dateien, die der rechtmäßigen Kontrolle des Inhabers des Geschäftsgeheimnisses unterliegen und die das Geschäftsgeheimnis enthalten oder aus denen sich das Geschäftsgeheimnis ableiten lässt, oder
2. jedes sonstige Verhalten, das unter den jeweiligen Umständen nicht dem Grundsatz von Treu und Glauben unter Berücksichtigung der anständigen Marktgepflogenheit entspricht.

(2) Ein Geschäftsgeheimnis darf nicht nutzen oder offenlegen, wer
1. das Geschäftsgeheimnis durch eine eigene Handlung nach Absatz 1
   a. Nummer 1 oder
   b. Nummer 2

   erlangt hat,
2. gegen eine Verpflichtung zur Beschränkung der Nutzung des Geschäftsgeheimnisses verstößt oder
3. gegen eine Verpflichtung verstößt, das Geschäftsgeheimnis nicht offenzulegen.

(3) Ein Geschäftsgeheimnis darf nicht erlangen, nutzen oder offenlegen, wer das Geschäftsgeheimnis über eine andere Person erlangt hat und zum Zeitpunkt der Erlangung, Nutzung oder Offenlegung weiß oder wissen müsste, dass diese das Geschäftsgeheimnis entgegen Absatz 2 genutzt oder offengelegt hat. Das gilt insbesondere, wenn die Nutzung in der Herstellung, dem Anbieten, dem Inverkehrbringen oder der Einfuhr, der Ausfuhr oder der Lagerung für diese Zwecke von rechtsverletzenden Produkten besteht.

§ 5 Ausnahmen Die Erlangung, die Nutzung oder die Offenlegung eines Geschäftsgeheimnisses fällt nicht unter die Verbote des § 4, wenn dies zum Schutz eines berechtigten Interesses erfolgt, insbesondere
1. zur Ausübung des Rechts der freien Meinungsäußerung und der Informationsfreiheit, einschließlich der Achtung der Freiheit und der Pluralität der Medien;

2. zur Aufdeckung einer rechtswidrigen Handlung oder eines beruflichen oder sonstigen Fehlverhaltens, wenn die Erlangung, Nutzung oder Offenlegung geeignet ist, das allgemeine öffentliche Interesse zu schützen;
3. im Rahmen der Offenlegung durch Arbeitnehmer gegenüber der Arbeitnehmervertretung, wenn dies erforderlich ist, damit die Arbeitnehmervertretung ihre Aufgaben erfüllen kann.

§ 6 Beseitigung und Unterlassung Der Inhaber des Geschäftsgeheimnisses kann den Rechtsverletzer auf Beseitigung der Beeinträchtigung und bei Wiederholungsgefahr auch auf Unterlassung in Anspruch nehmen. Der Anspruch auf Unterlassung besteht auch dann, wenn eine Rechtsverletzung erstmalig droht.

§ 7 Vernichtung; Herausgabe; Rückruf; Entfernung und Rücknahme vom Markt Der Inhaber des Geschäftsgeheimnisses kann den Rechtsverletzer auch in Anspruch nehmen auf
1. Vernichtung oder Herausgabe der im Besitz oder Eigentum des Rechtsverletzers stehenden Dokumente, Gegenstände, Materialien, Stoffe oder elektronischen Dateien, die das Geschäftsgeheimnis enthalten oder verkörpern,
2. Rückruf des rechtsverletzenden Produkts,
3. dauerhafte Entfernung der rechtsverletzenden Produkte aus den Vertriebswegen,
4. Vernichtung der rechtsverletzenden Produkte oder
5. Rücknahme der rechtsverletzenden Produkte vom Markt, wenn der Schutz des Geschäftsgeheimnisses hierdurch nicht beeinträchtigt wird.

§ 8 Auskunft über rechtsverletzende Produkte; Schadensersatz bei Verletzung der Auskunftspflicht (1) Der Inhaber des Geschäftsgeheimnisses kann vom Rechtsverletzer Auskunft über Folgendes verlangen:
1. Name und Anschrift der Hersteller, Lieferanten und anderer Vorbesitzer der rechtsverletzenden Produkte sowie der gewerblichen Abnehmer und Verkaufsstellen, für die sie bestimmt waren,
2. die Menge der hergestellten, bestellten, ausgelieferten oder erhaltenen rechtsverletzenden Produkte sowie über die Kaufpreise,
3. diejenigen im Besitz oder Eigentum des Rechtsverletzers stehenden Dokumente, Gegenstände, Materialien, Stoffe oder elektronischen Dateien, die das Geschäftsgeheimnis enthalten oder verkörpern, und
4. die Person, von der sie das Geschäftsgeheimnis erlangt haben und der gegenüber sie es offenbart haben.

(2) Erteilt der Rechtsverletzer vorsätzlich oder grob fahrlässig die Auskunft nicht, verspätet, falsch oder unvollständig, ist er dem Inhaber des Geschäftsgeheimnisses zum Ersatz des daraus entstehenden Schadens verpflichtet.

§ 9 Anspruchsausschluss bei Unverhältnismäßigkeit Die Ansprüche nach den §§ 6 bis 8 Absatz 1 sind ausgeschlossen, wenn die Erfüllung im Einzelfall unverhältnismäßig wäre, unter Berücksichtigung insbesondere

1. des Wertes oder eines anderen spezifischen Merkmals des Geschäftsgeheimnisses,
2. der getroffenen Geheimhaltungsmaßnahmen,
3. des Verhaltens des Rechtsverletzers bei Erlangung, Nutzung oder Offenlegung des Geschäftsgeheimnisses,
4. der Folgen der rechtswidrigen Nutzung oder Offenlegung des Geschäftsgeheimnisses,
5. der berechtigten Interessen des Inhabers des Geschäftsgeheimnisses und des Rechtsverletzers sowie der Auswirkungen, die die Erfüllung der Ansprüche für beide haben könnte,
6. der berechtigten Interessen Dritter oder
7. des öffentlichen Interesses.

§ 10 Haftung des Rechtsverletzers (1) Ein Rechtsverletzer, der vorsätzlich oder fahrlässig handelt, ist dem Inhaber des Geschäftsgeheimnisses zum Ersatz des daraus entstehenden Schadens verpflichtet. § 619a des Bürgerlichen Gesetzbuchs bleibt unberührt.
(2) Bei der Bemessung des Schadensersatzes kann auch der Gewinn, den der Rechtsverletzer durch die Verletzung des Rechts erzielt hat, berücksichtigt werden. Der Schadensersatzanspruch kann auch auf der Grundlage des Betrages bestimmt werden, den der Rechtsverletzer als angemessene Vergütung hätte entrichten müssen, wenn er die Zustimmung zur Erlangung, Nutzung oder Offenlegung des Geschäftsgeheimnisses eingeholt hätte.
(3) Der Inhaber des Geschäftsgeheimnisses kann auch wegen des Schadens, der nicht Vermögensschaden ist, von dem Rechtsverletzer eine Entschädigung in Geld verlangen, soweit dies der Billigkeit entspricht.

§ 11 Abfindung in Geld (1) Ein Rechtsverletzer, der weder vorsätzlich noch fahrlässig gehandelt hat, kann zur Abwendung der Ansprüche nach den §§ 6 oder 7 den Inhaber des Geschäftsgeheimnisses in Geld abfinden, wenn dem Rechtsverletzer durch die Erfüllung der Ansprüche ein unverhältnismäßig großer Nachteil entstehen würde und wenn die Abfindung in Geld als angemessen erscheint.
(2) Die Höhe der Abfindung in Geld bemisst sich nach der Vergütung, die im Falle einer vertraglichen Einräumung des Nutzungsrechts angemessen wäre. Sie darf den Betrag nicht übersteigen, der einer Vergütung im Sinne von Satz 1 für die Länge des Zeitraums entspricht, in dem dem Inhaber des Geschäftsgeheimnisses ein Unterlassungsanspruch zusteht.

§ 12 Haftung des Inhabers eines Unternehmens Ist der Rechtsverletzer Beschäftigter oder Beauftragter eines Unternehmens, so hat der Inhaber des Geschäftsgeheimnisses die Ansprüche nach den §§ 6 bis 8 auch gegen den Inhaber des Unternehmens. Für den Anspruch nach § 8 Absatz 2 gilt dies nur, wenn der Inhaber des Unternehmens vorsätzlich oder grob fahrlässig die Auskunft nicht, verspätet, falsch oder unvollständig erteilt hat.

§ 13 Herausgabeanspruch nach Eintritt der Verjährung Hat der Rechtsverletzer ein Geschäftsgeheimnis vorsätzlich oder fahrlässig erlangt, offengelegt oder genutzt und durch diese Verletzung eines Geschäftsgeheimnisses auf Kosten des Inhabers des Geschäftsgeheimnisses etwas erlangt, so ist er auch nach Eintritt der Verjährung des Schadensersatzanspruchs nach § 10 zur Herausgabe nach den Vorschriften des Bürgerlichen Gesetzbuchs über die Herausgabe einer ungerechtfertigten Bereicherung verpflichtet. Dieser Anspruch verjährt sechs Jahre nach seiner Entstehung.

3.14 Verordnung über die innerstaatliche und grenzüberschreitende Beförderung gefährlicher Güter auf der Straße, mit Eisenbahnen und auf Binnengewässern (Gefahrgutverordnung Straße, Eisenbahn und Binnenschifffahrt – GGVSEB) (Auszug)

§ 1 Geltungsbereich (1) Diese Verordnung regelt die innerstaatliche und grenzüberschreitende Beförderung einschließlich der Beförderung von und nach Mitgliedstaaten der Europäischen Union (innergemeinschaftliche Beförderung) gefährlicher Güter

1. auf der Straße mit Fahrzeugen (Straßenverkehr),
2. auf der Schiene mit Eisenbahnen (Eisenbahnverkehr) und
3. auf allen schiffbaren Binnengewässern (Binnenschifffahrt)

in Deutschland, soweit nachfolgend nichts Abweichendes bestimmt ist. Sie regelt nicht die Beförderung gefährlicher Güter mit Seeschiffen auf Seeschifffahrtsstraßen und in angrenzenden Seehäfen.
(2) - (5) ...

§ 4 Allgemeine Sicherheitspflichten (1) Die an der Beförderung gefährlicher Güter Beteiligten haben die nach Art und Ausmaß der vorhersehbaren Gefahren erforderlichen Vorkehrungen zu treffen, um Schadensfälle zu verhindern und bei Eintritt eines Schadens dessen Umfang so gering wie möglich zu halten.
(2) Bilden die beförderten gefährlichen Güter eine besondere Gefahr für andere, insbesondere soweit gefährliches Gut bei Unfällen oder Unregelmäßigkeiten austritt oder austreten kann, und kann diese nicht rasch beseitigt werden, hat

1. der Fahrzeugführer im Straßenverkehr,
2. der jeweilige Betreiber der Eisenbahninfrastruktur im Eisenbahnverkehr oder
3. der Schiffsführer in der Binnenschifffahrt

die dem Ort des Gefahreneintritts nächstgelegenen zuständigen Behörden unverzüglich zu benachrichtigen oder benachrichtigen zu lassen und mit den notwendigen Informationen zu versehen oder versehen zu lassen. Im Eisenbahnverkehr hat der Beförderer unverzüglich den jeweiligen Betreiber der Eisenbahninfrastruktur zu benachrichtigen.
(3) Beim Feststellen eines Verstoßes, der die Sicherheit der Beförderung beeinträchtigen könnte, hat

1. der Fahrzeugführer im Straßenverkehr,
2. der Beförderer im Eisenbahnverkehr oder
3. der Schiffsführer in der Binnenschifffahrt

die Sendung möglichst rasch anzuhalten. Er darf die Beförderung erst fortsetzen, wenn die anzuwendenden Vorschriften erfüllt oder die Anweisungen oder Genehmigungen der zuständigen Behörden erteilt sind.

§ 28 Pflichten des Fahrzeugführers im Straßenverkehr Der Fahrzeugführer im Straßenverkehr hat

1. kein Versandstück zu befördern, dessen Verpackung erkennbar unvollständig oder beschädigt, insbesondere undicht ist, sodass gefährliches Gut austritt oder austreten kann;
2. die Beförderungsbe- oder -einschränkungen nach Abschnitt 8.6.4 ADR zu beachten;

3. ...
4. ...
5. wenn er den Tank, das Batterie-Fahrzeug oder den MEGC selbst befüllt, nach dem Befüllen die Dichtheit der Verschlusseinrichtungen nach Absatz 4.3.2.3.3 Satz 4 und 5 ADR zu prüfen;
6. die Großzettel (Placards) nach den Unterabschnitten 5.3.1.3 bis 5.3.1.6 anzubringen und an Fahrzeugen nach Absatz 5.3.1.1.6 ADR zu entfernen oder abzudecken;
7. an Beförderungseinheiten und Fahrzeugen die Kennzeichen nach Abschnitt 3.4.15, die orangefarbenen Tafeln nach Abschnitt 5.3.2 und das Kennzeichen nach den Abschnitten 5.3.3 und 5.3.6 anzubringen oder sichtbar zu machen, die Kennzeichen nach Abschnitt 3.4.15 und die Tafeln nach Absatz 5.3.2.1.8 zu entfernen oder zu verdecken und das Kennzeichen nach den Abschnitten 5.3.3 und 5.3.6 ADR zu entfernen;
8. die in den schriftlichen Weisungen nach Unterabschnitt 5.4.3.4 ADR vorgeschriebenen Maßnahmen zu treffen;
9. sich zu vergewissern, dass ein Warnkennzeichen nach den Absätzen 5.5.2.3.1 und 5.5.3.6.1 ADR am Fahrzeug, Container oder Tank angebracht ist;
10. während der Beförderung
    a) die Begleitpapiere nach den Unterabschnitten 8.1.2.1 und 8.1.2.2 Buchstabe a und c sowie bei innerstaatlichen Beförderungen in Aufsetztanks die Bescheinigung über die Prüfung des Aufsetztanks nach Absatz 6.8.2.4.5, sofern die Übergangsvorschrift nach Unterabschnitt 1.6.3.41 ADR in Anspruch genommen wird,
    b) die Bescheinigung über die Fahrzeugführerschulung nach Unterabschnitt 8.2.2.8 ADR,
    c) die Feuerlöschgeräte nach den Unterabschnitten 8.1.4.1, 8.1.4.2 und 8.1.4.4 Satz 1 ADR,
    d) die Ausrüstungsgegenstände nach Abschnitt 8.1.5 ADR und
    e) die Ausnahmezulassung nach § 5 Abs. 1 Satz 1 Nummer 1, Abs. 6 und 7
    mitzuführen und zuständigen Personen auf Verlangen zur Prüfung auszuhändigen;
11. die Vorschriften über die Überwachung der Fahrzeuge nach Kapitel 8.4 in Verbindung mit Kapitel 8.5 ADR sowie bei innerstaatlichen Beförderungen auch nach Anlage 2 Gliederungsnummer 3.3 zu beachten;
12. nach Abs. 4.2.1.9.6 Buchstabe b oder Abs. 4.3.2.3.5 ADR außen am Tank anhaftende gefährliche Reste des Füllgutes zu entfernen oder entfernen zu lassen, wenn er das Tankfahrzeug, den Aufsetztank, das Batterie-Fahrzeug, den Tankcontainer, den ortsbeweglichen Tank oder den MEGC selbst befüllt;
13. während der Teilnahme am Straßenverkehr mit kennzeichnungspflichtigen Beförderungseinheiten die Einnahme von alkoholischen Getränken zu unterlassen und die Fahrt mit diesen Gütern nicht anzutreten, wenn er unter der Wirkung solcher Getränke mit einer Wirkung bis 0,249 mg/l AAK oder 0,49 Promille BAK steht;
14. sicherzustellen, dass die Verbindungsleitungen und die Füll- und Entleerrohre nach Absatz 4.3.4.2.2 ADR während der Beförderung entleert sind;
15. wenn er den Tank selbst befüllt oder entleert, das Fahrzeug, den ortsbeweglichen Tank oder den Tankcontainer vor und während des Befüllens oder Entleerens mit den in Abschnitt 7.5.10 ADR genannten Stoffen zur Vermeidung elektrostatischer Aufladungen zu erden und
16. die Vorschriften nach Kapitel 8.3 ADR zu beachten.

§ 37 Ordnungswidrigkeiten (1) Ordnungswidrig im Sinne des § 10 Absatz 1 Nummer 1 Buchstabe b des Gefahrgutbeförderungsgesetzes handelt, wer vorsätzlich oder fahrlässig

1. entgegen § 4 Absatz 2 eine Behörde oder einen Betreiber der Eisenbahninfrastruktur nicht oder nicht rechtzeitig benachrichtigt oder nicht oder nicht rechtzeitig benachrichtigen lässt und nicht mit Informationen versieht oder versehen lässt,
2. entgegen § 4 Absatz 3 die Sendung nicht oder nicht rechtzeitig anhält oder die Beförderung fortsetzt,
3. entgegen § 17
   a) Absatz 1 Nummer 1 sich nicht oder nicht rechtzeitig vergewissert,
   b) Absatz 1 Nummer 2 nicht dafür sorgt, dass eine dort genannte Angabe schriftlich oder elektronisch mitgeteilt oder auf eine dort genannte Vorschrift schriftlich oder elektronisch hingewiesen wird,
   c) Absatz 1 Nummer 3 nicht dafür sorgt, dass auf ein gefährliches Gut hingewiesen wird,
   d) Absatz 2 nicht dafür sorgt, dass eine dort genannte Angabe schriftlich oder elektronisch mitgeteilt wird, oder
   e) Absatz 3 nicht dafür sorgt, dass eine dort genannte Information zur Verfügung gestellt wird,

4. – 19. ...

20. entgegen § 28
    a) Nummer 1 ein Versandstück befördert,
    b) Nummer 2 eine dort genannte Vorschrift über die Beförderungsbe- oder -einschränkungen nicht beachtet,
    c) Nummer 3 den Füllungsgrad, die Masse oder die Befülltemperatur nicht einhält,
    d) Nummer 4 eine dort genannte Vorschrift über den Betrieb von Tanks und die zusätzlichen Vorschriften nicht beachtet,
    e) Nummer 5 die Dichtheit nicht prüft,
    f) Nummer 6 einen Großzettel nicht anbringt, entfernt oder abdeckt,
    g) Nummer 7 ein dort genanntes Kennzeichen oder eine dort genannte Tafel nicht oder nicht richtig anbringt, nicht oder nicht richtig sichtbar macht, nicht, nicht richtig oder nicht vollständig entfernt oder nicht, nicht richtig oder nicht vollständig verdeckt,
    h) Nummer 8 eine Maßnahme nicht trifft,
    i) Nummer 9 sich nicht vergewissert, dass ein Warnkennzeichen angebracht ist,
    j) Nummer 10 ein Begleitpapier, eine Bescheinigung, ein Feuerlöschgerät, einen Ausrüstungsgegenstand oder die Ausnahmezulassung nicht mitführt oder nicht oder nicht rechtzeitig aushändigt,
    k) Nummer 11 eine dort genannte Vorschrift über die Überwachung nicht beachtet,
    l) Nummer 12 gefährliche Reste des Füllgutes nicht entfernt oder entfernen lässt,
    m) Nummer 13 die Einnahme alkoholischer Getränke nicht unterlässt oder die Fahrt unter der dort genannten Wirkung solcher Getränke antritt,
    n) Nummer 14 nicht sicherstellt, dass eine Verbindungsleitung oder ein Rohr entleert ist,
    o) Nummer 15 einen Tank nicht erdet oder
    p) Nummer 16 eine dort genannte Vorschrift nicht beachtet,

21. – 28. ...

(2) ...

3.15 Gewerbeordnung GewO (Auszug)

§ 1 Grundsatz der Gewerbefreiheit (1) Der Betrieb eines Gewerbes ist jedermann gestattet, soweit nicht durch dieses Gesetz Ausnahmen oder Beschränkungen vorgeschrieben oder zugelassen sind.
(2) Wer gegenwärtig zum Betrieb eines Gewerbes berechtigt ist, kann von demselben nicht deshalb ausgeschlossen werden, weil er den Erfordernissen dieses Gesetzes nicht genügt.

§ 6 Anwendungsbereich (1) Dieses Gesetz findet keine Anwendung auf die Fischerei, die Errichtung und Verlegung von Apotheken, die Erziehung von Kindern gegen Entgelt, das Unterrichtswesen, auf die Tätigkeit der Rechtsanwälte, Patentanwälte und Notare, der nach § 16 des Rechtsdienstleistungsgesetzes im Rechtsdienstleistungsregister eingetragenen Personen, der Wirtschaftsprüfer und Wirtschaftsprüfungsgesellschaften, der vereidigten Buchprüfer und Buchprüfungsgesellschaften, der Steuerberater und Steuerberatungsgesellschaften sowie der Steuerbevollmächtigten, auf den Gewerbebetrieb der Auswandererberater, das Seelotswesen und die Tätigkeit der Prostituierten. ...
(2) Die Bestimmungen des Abschnitts I des Titels VII finden auf alle Arbeitnehmer Anwendung.

§ 11 Erhebung, Verarbeitung und Nutzung personenbezogener Daten (1) Die zuständige öffentliche Stelle erhebt personenbezogene Daten des Gewerbetreibenden und solcher Personen, auf die es für die Entscheidung ankommt, soweit die Daten zur Beurteilung der Zuverlässigkeit und der übrigen Berufszulassungs- und -ausübungskriterien bei der Durchführung gewerberechtlicher Vorschriften und Verfahren erforderlich sind. Erforderlich können insbesondere auch Daten sein aus bereits abgeschlossenen oder sonst anhängigen

1. gewerberechtlichen Verfahren, Straf- oder Bußgeldverfahren,
2. Insolvenzverfahren,
3. steuer- und sozialversicherungsrechtlichen Verfahren oder
4. ausländer- und arbeitserlaubnisrechtlichen Verfahren.

Die Datenerhebung unterbleibt, soweit besondere gesetzliche Verarbeitungsregelungen entgegenstehen. Gewerberechtliche Anzeigepflichten bleiben unberührt.
(2) Die für Zwecke des Absatzes 1 erforderlichen Daten sind bei der betroffenen Person zu erheben. Ohne seine Mitwirkung dürfen sie nur erhoben werden, wenn

1. die Entscheidung eine Erhebung bei anderen Personen oder Stellen erforderlich macht oder
2. die Erhebung beim Betroffenen einen unverhältnismäßigen Aufwand erfordern würde

und keine Anhaltspunkte dafür bestehen, dass überwiegende schutzwürdige Interessen der betroffenen Person beeinträchtigt werden. In den Fällen des Satzes 2 sind nicht-öffentliche Stellen verpflichtet, die Daten zu übermitteln, es sei denn, dass besondere gesetzliche Regelungen der Übermittlung entgegenstehen; die Verpflichtung zur Wahrung gesetzlicher Geheimhaltungspflichten oder von Berufs- oder besonderen Amtsgeheimnissen, die nicht auf gesetzlicher Vorschrift beruhen, bleibt unberührt.
(3) Die Einholung von Auskünften nach § 150a, den §§ 31 und 41 des Bundeszentralregistergesetzes und § 915 der Zivilprozessordnung bleibt unberührt.

(4) Die nach den Absätzen 1 und 3 erhobenen Daten dürfen für Zwecke des Absatzes 1 verarbeitet werden.

(5) ...

(6) Für das Verändern, Einschränken der Verarbeitung oder Löschen der nach den Absätzen 1 und 3 erhobenen Daten sowie die Übermittlung der Daten nach Absatz 1 für andere als die in Absatz 5 genannten Zwecke gelten unbeschadet der Verordnung (EU) 2016/679 des Europäischen Parlaments und des Rates vom 27. April 2016 zum Schutz natürlicher Personen bei der Verarbeitung personenbezogener Daten, zum freien Datenverkehr und zur Aufhebung der Richtlinie 95/46/EG (Datenschutz-Grundverordnung) (ABl. L 119 vom 4.5.2016, S. 1; L 314 vom 22.11.2016, S. 72; L 127 vom 23.5.2018, S. 2) in der jeweils geltenden Fassung die Datenschutzgesetze der Länder.

§ 11b Bewacherregister

(1) Beim Bundesamt für Wirtschaft und Ausfuhrkontrolle (Registerbehörde) wird ein Bewacherregister eingerichtet und geführt, in dem zum Zweck der Unterstützung der für den Vollzug des § 34a zuständigen Behörden Daten zu Gewerbetreibenden nach § 34a Absatz 1 Satz 1, Wachpersonen nach § 34a Absatz 1a Satz 1 und mit der Leitung des Betriebes oder einer Zweigniederlassung beauftragten Personen elektronisch auswertbar zu erfassen sind.

(2) Die Registerbehörde darf folgende Daten verarbeiten:

1. Daten zur Identifizierung und Erreichbarkeit des Gewerbetreibenden nach § 34a Absatz 1 Satz 1, bei juristischen Personen der nach Gesetz, Satzung oder Gesellschaftsvertrag jeweils allein oder mit anderen zur Vertretung berufenen Personen, sowie der mit der Leitung des Betriebes oder einer Zweigniederlassung beauftragten Personen:
   a) Familienname, Geburtsname, Vornamen,
   b) Geschlecht,
   c) Geburtsdatum, Geburtsort, Staat,
   d) Staatsangehörigkeiten,
   e) Telefonnummer, E-Mail-Adresse,
   f) Meldeanschrift bestehend aus Straße, Hausnummer, Postleitzahl, Ort, Zusatz, Land, Staat und Regionalschlüssel,
   g) Wohnorte der letzten fünf Jahre bestehend aus Straße, Hausnummer, Postleitzahl, Land und Staat,
   h) Art des Ausweisdokuments mit ausstellender Behörde, ausstellendem Staat, Datum der Ausstellung, Ausweisnummer, Ablaufdatum, soweit vorhanden maschinenlesbarem Namen sowie Inhalt der maschinenlesbaren Zone,
   i) sofern der Gewerbetreibende eine juristische Person ist:
      aa) Rechtsform, Registerart, soweit vorhanden im Register eingetragener Name nebst Registernummer, Registergericht oder ausländische Registernummer und Registerbehörde,
      bb) Betriebliche Anschrift des Sitzes der juristischen Person, cc) Telefonnummer und E-Mail-Adresse der juristischen Person,
2. Daten zur Identifizierung und Erreichbarkeit des Gewerbebetriebes:
   a) Geschäftsbezeichnung,

b) Rechtsform, Registerart, soweit vorhanden im Register eingetragener Name nebst Registernummer, Registergericht oder ausländische Registernummer und Registerbehörde,
c) Betriebliche Anschrift von Hauptniederlassung und sonstigen Betriebsstätten,
d) Telefonnummer, E-Mail-Adresse,

3. Daten zur Identifizierung und Erreichbarkeit von Wachpersonen nach § 34a Absatz 1a Satz 1:
a) Familienname, Geburtsname, Vornamen,
b) Geschlecht,
c) Geburtsdatum, Geburtsort, Geburtsland,
d) Staatsangehörigkeiten,
e) Meldeanschrift bestehend aus Straße, Hausnummer, Postleitzahl, Ort, Zusatz, Land, Staat und Regionalschlüssel,
f) Wohnorte der letzten fünf Jahre bestehend aus Straße, Hausnummer, Postleitzahl, Land und Staat,
g) Art des Ausweisdokuments mit ausstellender Behörde, ausstellendem Staat, Datum der Ausstellung, Ausweisnummer, Ablaufdatum, soweit vorhanden maschinenlesbarem Namen sowie Inhalt der maschinenlesbaren Zone,
4. den Umfang und das Erlöschen der Erlaubnis nach § 34a Absatz 1 Satz 1 einschließlich des Datums der Erlaubniserteilung und des Erlöschens, der Angabe der Kontaktdaten der zuständigen Erlaubnisbehörde sowie den Stand des Erlaubnisverfahrens,
5. die Anzeige eines Gewerbetreibenden nach § 13a über die vorübergehende Erbringung von Bewachungstätigkeiten in Deutschland nebst den Daten nach den Nummern 1 bis 3, soweit diese Daten mit der Anzeige zu übermitteln sind,
6. die Angabe der Tätigkeit der Wachperson nach § 34a Absatz 1a Satz 2 und 5,
7. Untersagung der Beschäftigung nach § 34a Absatz 4,
8. Daten zur Überprüfung der Zuverlässigkeit nach § 34a Absatz 1 Satz 3 Nummer 1, auch in Verbindung mit § 34a Absatz 1a Satz 1 Nummer 1:
a) Datum, Art und Ergebnis der Überprüfung,
b) Stand des Überprüfungsprozesses der Zuverlässigkeit,
c) Datum der Bestands- oder Rechtskraft der Entscheidung,
9. die in Nummer 1 genannten Daten des Gewerbetreibenden, der eine Wachperson zur Überprüfung der Zuverlässigkeit anmeldet,
10. Daten zu Sachkunde- und Unterrichtungsnachweisen der Industrie- und Handelskammern:
a) Art der erworbenen Qualifikation,
b) bei Unterrichtungsnachweisen der Unterrichtungszeitraum, bei Sachkundenachweisen das Datum der Sachkundeprüfung,
c) Ausstellungsdatum des Qualifikationsnachweises, Angabe der Identifikationsnummer der ausstellenden Industrie- und Handelskammer, auf dem Qualifikationsnachweis angegebener Familienname, Vornamen, Geburtsdatum und Geburtsort,
d) soweit vorhanden ein Validierungscode der Industrie- und Handelskammer,
e) Datum und Inhalt der Rückmeldung aus der elektronischen Abfrage über die Schnittstelle zu der in § 32 des Umweltauditgesetzes bezeichneten gemeinsamen Stelle,

11. Daten zu Qualifikationsnachweisen von Gewerbetreibenden, bei juristischen Personen der nach Gesetz, Satzung oder Gesellschaftsvertrag jeweils allein oder mit anderen zur Vertretung berufenen Personen, der mit der Leitung des Betriebes oder einer Zweigniederlassung beauftragten Personen sowie Wachpersonen, die dem Sachkunde- oder Unterrichtungsnachweis gleichgestellt wurden:
    a) Art der erworbenen Qualifikation,
    b) Unterrichtungszeitraum,
    c) Ausstellungsdatum des Qualifikationsnachweises, Angabe der Kontaktdaten der ausstellenden Stelle, auf dem Qualifikationsnachweis angegebener Familienname, Vornamen, Geburtsdatum und Geburtsort,
    d) Bescheinigungen des Gewerbetreibenden nach § 17 der Bewachungsverordnung,
12. Daten aus der Schnittstelle des Bewacherregisters zum Bundesamt für Verfassungsschutz nach § 34a Absatz 1 Satz 5 Nummer 4:
    a) meldendes Landesamt für Verfassungsschutz,
    b) Datum der Meldung sowie
    c) Angabe, ob Erkenntnisse vorliegen,
13. Daten zur Identifikation und Erreichbarkeit der für den Vollzug des § 34a zuständigen Behörden:
    a) Name,
    b) Anschrift,
    c) Kurzbezeichnung,
    d) Land,
    e) Telefonnummer, E-Mail-Adresse,
    f) Regionalschlüssel.

(3) Die Registerbehörde darf Statusangaben zum Ablauf der Verfahren sowie die für den Vollzug des § 34a notwendigen Verknüpfungen aus den Daten nach Absatz 2 und die durch das Register vergebenen Identifikationsnummern für die Datenobjekte speichern. Die Identifikationsnummern enthalten keine personenbezogenen Angaben und werden den Datensätzen zugeordnet.

(4) Die Industrie- und Handelskammern stellen Daten nach Absatz 2 Nummer 10 in Bezug auf Qualifikationsnachweise, die nach dem 1. Januar 2009 ausgestellt wurden, über die in § 32 Absatz 2 Satz 1 des Umweltauditgesetzes bezeichnete gemeinsame Stelle elektronisch zum Abruf für die Registerbehörde bereit. Die Industrie- und Handelskammern dürfen Daten nach Absatz 2 Nummer 10 in Bezug auf Qualifikationsnachweise, die vor dem 1. Januar 2009 ausgestellt wurden, elektronisch zum Abruf bereitstellen. Bei Abfragen durch das Bewacherregister, die sich auf Qualifikationsnachweise vor dem 1. Januar 2009 beziehen, müssen die Daten nacherfasst werden. Dabei üben die zuständigen obersten Landesbehörden die Aufsicht über die Industrie- und Handelskammern aus.

(5) Zum Zweck der Anmeldung von Wachpersonen und der mit der Leitung des Betriebes oder einer Zweigniederlassung beauftragten Personen hat der Gewerbetreibende die Vorder- und Rückseite des Ausweisdokuments der anzumeldenden Person in gut lesbarer Fassung vollständig optisch digital erfasst im Onlineportal des Registers hochzuladen. Zu diesem Zweck darf der Gewerbetreibende eine Kopie des Ausweisdokuments anfertigen. Der Gewerbetreibende ist verpflichtet, die Kopie, auch in digitaler Form, unverzüglich nach dem Hochladen in das Register zu vernichten. Die in das Register hochgeladene optisch digital erfasste Kopie wird nach Prüfung durch die für den Vollzug des § 34a zuständigen

Behörden, spätestens nach Bestands- oder Rechtskraft der Entscheidung über die Zuverlässigkeit, von der Registerbehörde gelöscht.

(6) Die für den Vollzug des § 34a zuständigen Behörden sind verpflichtet, nach Maßgabe des Satzes 2 der Registerbehörde im Anschluss an ein in Absatz 7 bezeichnetes die Speicherung begründendes Ereignis unverzüglich die nach Absatz 2 zu speichernden oder zu einer Änderung oder Löschung einer Eintragung im Register führenden Daten zu übermitteln. Zu diesem Zweck hat der Gewerbetreibende der an seinem Betriebssitz für den Vollzug des § 34a zuständigen Behörde Änderungen der Daten nach Absatz 2 Nummer 1, 2, 10 und 11, ausgenommen die Daten zu den mit der Leitung des Betriebes oder einer Zweigniederlassung beauftragten Personen, unverzüglich, spätestens 14 Tage nach dem Erlangen der Kenntnis der Änderungen, mitzuteilen. Änderungen betreffend Daten zu Wachpersonen nach Absatz 2 Nummer 3, 6, 10 und 11 sowie zu den mit der Leitung des Betriebes oder einer Zweigniederlassung beauftragten Personen nach Absatz 2 Nummer 1, 10 und 11 hat der Gewerbetreibende unverzüglich, spätestens 14 Tage nach dem Erlangen der Kenntnis der Änderungen, über das Bewacherregister mitzuteilen. Zu diesem Zweck ist der Gewerbetreibende berechtigt, Änderungen betreffend Daten nach den Sätzen 2 und 3 zu erheben und

1. im Falle des Satzes 2 an die für den Vollzug des § 34a zuständige Behörde und
2. im Falle des Satzes 3 an die Registerbehörde

zum Zwecke der Speicherung zu übermitteln.

Der Gewerbetreibende hat Wachpersonen und mit der Leitung eines Betriebes oder einer Zweigniederlassung beauftragte Personen sechs Wochen nach Beendigung des Beschäftigungsverhältnisses über das Bewacherregister bei der für den Vollzug des § 34a zuständigen Behörde abzumelden.

(7) Im Bewacherregister sind die Daten aus den folgenden Anlässen zu speichern:

1. Beantragen oder Erteilen einer Erlaubnis nach § 34a Absatz 1 Satz 1,
2. Versagen oder Erlöschen einer Erlaubnis nach § 34a Absatz 1 Satz 1,
3. Untersagen der Beschäftigung nach § 34a Absatz 4,
4. Anmelden und Abmelden von Wachpersonen und mit der Leitung des Betriebes oder einer Zweigniederlassung beauftragter Personen,
5. Melden von Datenänderungen durch den Gewerbetreibenden gegenüber der für den Vollzug des § 34a zuständigen Behörde nach Absatz 6 Satz 2 oder dem Bewacherregister nach Absatz 6 Satz 3,
6. Überprüfen der Zuverlässigkeit im Rahmen der Regelüberprüfung nach spätestens fünf Jahren von Gewerbetreibenden und gesetzlichen Vertretern juristischer Personen nach § 34a Absatz 1 Satz 10 sowie Wachpersonen nach § 34a Absatz 1a Satz 7 und mit der Leitung des Betriebes oder einer Zweigniederlassung beauftragter Personen,
7. Überprüfen aufgrund eines Nachberichts durch die zuständigen Verfassungsschutzbehörden und Polizeibehörden nach § 34a Absatz 1b Satz 1.

(8) Die Registerbehörde löscht auf Veranlassung der für den Vollzug des § 34a zuständigen Behörden die im Bewacherregister gespeicherten Daten:

1. in den Fällen des Absatzes 7 Nummer 1 bei eingetragener Beantragung der Erlaubnis und begonnener Prüfung, sechs Monate nach Rücknahme des Antrags auf Erlaubnis,
2. in den Fällen des Absatzes 7 Nummer 2 betreffend eine versagte oder zurückgenommene oder widerrufene Erlaubnis durch Überschreibung der Daten bei

erneuter Beantragung und Erteilung der Erlaubnis, spätestens nach fünf Jahren; bei Erlöschen der Erlaubnis durch Verzicht oder Tod oder Untergang

3. der juristischen Person, sechs Monate nach Erlöschen der Erlaubnis; bei Verzicht während eines Rücknahmeverfahrens oder Widerrufsverfahrens wegen Unzuverlässigkeit, wenn der Verzicht durch eine spätere Entscheidung gegenstandslos wird,
4. in den Fällen des Absatzes 7 Nummer 3 durch Überschreiben der Daten bei einer zeitlich nachfolgenden Feststellung der Zuverlässigkeit,
5. in den Fällen des Absatzes 7 Nummer 4 bei Anmeldungen betreffend Wachpersonen oder mit der Leitung des Betriebes oder einer Zweigniederlassung beauftragten Personen die Wohnorte der letzten fünf Jahre nach der Entscheidung über die Zuverlässigkeit der Wachpersonen oder der mit der Leitung des Betriebes oder einer Zweigniederlassung beauftragten Personen,
6. in den Fällen des Absatzes 7 Nummer 4 bei Abmeldungen betreffend Wachpersonen und mit der Leitung des Betriebes oder einer Zweigniederlassung beauftragten Personen ein Jahr nach Abmeldung des letzten für die natürliche Person gemeldeten Beschäftigungsverhältnisses im Register,
7. in den Fällen des Absatzes 7 Nummer 5 bei Meldung von Änderungen betreffend Daten nach Absatz 2 Nummer 1, 2, 3, 6, 10 und 11 durch Überschreiben der bisherigen Einträge im Register,
8. in den Fällen des Absatzes 7 Nummer 6 bei Unzuverlässigkeit des Gewerbetreibenden, gesetzlicher Vertreter bei juristischen Personen, von mit der Leitung des Betriebes oder einer Zweigniederlassung beauftragten Personen sowie Wachpersonen, durch Überschreiben der Daten nach Absatz 2 Nummer 7 bei späterer Feststellung der Zuverlässigkeit im Rahmen eines neuen Erlaubnis- oder Anmeldeverfahrens, spätestens nach fünf Jahren, und
9. in den Fällen des Absatzes 7 Nummer 7 bei Unzuverlässigkeit des Gewerbetreibenden, der gesetzlichen Vertreter juristischer Personen, von mit der Leitung des Betriebes oder einer Zweigniederlassung beauftragten Personen sowie Wachpersonen, durch Überschreiben der Daten nach Absatz 2 Nummer 7 bei späterer Feststellung der Zuverlässigkeit im Rahmen eines neuen Erlaubnis- oder Anmeldeverfahrens, spätestens nach fünf Jahren.

(9) Das Bundesministerium für Wirtschaft und Energie im Einvernehmen mit dem Bundesministerium des Inneren, für Bau und Heimat und dem Bundesministerium der Justiz und für Verbraucherschutz wird ermächtigt, durch Rechtsverordnung mit Zustimmung des Bundesrates die Einzelheiten zu regeln:

1. zu den Datensätzen, die nach Absatz 2 gespeichert werden, sowie zur Datenverarbeitung,
2. zur Einrichtung und Führung des Registers,
3. zum Verfahren der Datenübermittlung an die Registerbehörde, insbesondere durch die für den Vollzug des § 34a zuständigen Behörden und durch die Gewerbetreibenden, sowie der Datenübermittlung durch die Registerbehörde, insbesondere an die für den Vollzug des § 34a zuständigen Behörden,
4. zur Verwendung elektronischer Schnittstellen des Registers, der Schnittstelle zum Verfassungsschutz, zum Deutschen Industrie- und Handelskammertag e. V. und zu Fachverfahren der für den Vollzug des § 34a zuständigen Behörden,

5. zum Verfahren des automatisierten Datenabrufs aus dem Register,
6. zum Datenschutz und der Datensicherheit nebst Protokollierungspflicht der Registerbehörde.

§ 14 Anzeigepflicht; Verordnungsermächtigung (1) Wer den selbständigen Betrieb eines stehenden Gewerbes, einer Zweigniederlassung oder einer unselbständigen Zweigstelle anfängt, muss dies der zuständigen Behörde gleichzeitig anzeigen. Das Gleiche gilt, wenn
1. der Betrieb verlegt wird,
2. der Gegenstand des Gewerbes gewechselt oder auf Waren oder Leistungen ausgedehnt wird, die bei Gewerbebetrieben der angemeldeten Art nicht geschäftsüblich sind, oder
3. der Betrieb aufgegeben wird.

Steht die Aufgabe des Betriebes eindeutig fest und ist die Abmeldung nicht innerhalb eines angemessenen Zeitraums erfolgt, kann die Behörde die Abmeldung von Amts wegen vornehmen.

(2) - (4) ...

(5) Die erhobenen Daten dürfen nur für die Überwachung der Gewerbeausübung sowie statistische Erhebungen verarbeitet werden. Der Name, die betriebliche Anschrift und die angezeigte Tätigkeit des Gewerbetreibenden dürfen allgemein zugänglich gemacht werden.

(6) Öffentlichen Stellen, soweit sie nicht als öffentlich-rechtliche Unternehmen am Wettbewerb teilnehmen, dürfen der Zweckbindung nach Abs. 5 Satz 1 unterliegende Daten übermittelt werden, soweit
1. eine regelmäßige Datenübermittlung nach Abs. 8 zulässig ist,
2. die Kenntnis der Daten zur Abwehr einer gegenwärtigen Gefahr für die öffentliche Sicherheit oder erheblicher Nachteile für das Gemeinwohl erforderlich ist oder
3. der Empfänger die Daten beim Gewerbetreibenden nur mit unverhältnismäßigem Aufwand erheben könnte oder von einer solchen Datenerhebung nach der Art der Aufgabe, für deren Erfüllung die Kenntnis der Daten erforderlich ist, abgesehen werden muss und kein Grund zu der Annahme besteht, dass das schutzwürdige Interesse des Gewerbetreibenden überwiegt. Für die Weitergabe von Daten innerhalb der Verwaltungseinheiten, denen die für die Entgegennahme der Anzeige und die Überwachung der Gewerbeausübung zuständigen Behörden angehören, gilt Satz 1 entsprechend.

(7) Öffentlichen Stellen, soweit sie als öffentlich-rechtliche Unternehmen am Wettbewerb teilnehmen, und nichtöffentlichen Stellen dürfen der Zweckbindung nach Abs. 5 Satz 1 unterliegende Daten übermittelt werden, wenn der Empfänger ein rechtliches Interesse an der Kenntnis der zu übermittelnden Daten glaubhaft macht und kein Grund zu der Annahme besteht, dass das schutzwürdige Interesse des Gewerbetreibenden überwiegt.

(8) Die zuständige Behörde übermittelt, sofern die empfangsberechtigte Stelle auf die regelmäßige Datenübermittlung nicht verzichtet hat, Daten aus der Gewerbeanzeige regelmäßig an
1. die Industrie- und Handelskammer zur Wahrnehmung der in den §§ 1, 3 und 5 des Gesetzes zur vorläufigen Regelung des Rechts der Industrie- und Handelskammern genannten sowie der nach § 1 Abs. 4 desselben Gesetzes übertragenen Aufgaben,

2. die Handwerkskammer zur Wahrnehmung der in § 91 der Handwerksordnung genannten, insbesondere der ihr durch die §§ 6, 19 und 28 der Handwerksordnung zugewiesenen und sonstiger durch Gesetz übertragener Aufgaben,

3. – 5. ...

6. die Deutsche Gesetzliche Unfallversicherung e. V. ausschließlich zur Weiterleitung an die zuständige Berufsgenossenschaft für die Erfüllung der ihr durch Gesetz übertragenen Aufgaben,

7. – 11. ...

(9) Darüber hinaus sind Übermittlungen der nach den Absätzen 1 bis 4 erhobenen Daten nur zulässig, soweit die Kenntnis der Daten zur Verfolgung von Straftaten erforderlich ist oder eine besondere Rechtsvorschrift dies vorsieht.

(10) – (14) ...

§ 29 Auskunft und Nachschau (1) Gewerbetreibende oder sonstige Personen,

1. die einer Erlaubnis nach den §§ 30, 31, 33a, 33c, 33d, 33i, 34, 34a, 34b, 34c, 34d, 34f, 34h oder 34i bedürfen oder nach § 34i Absatz 4 von der Erlaubnispflicht befreit sind,
2. die nach § 34b Abs. 5 oder § 36 öffentlich bestellt sind,
3. die ein überwachungsbedürftiges Gewerbe im Sinne des § 38 Abs. 1 betreiben,
4. gegen die ein Untersagungsverfahren nach § 35 oder § 59 eröffnet oder abgeschlossen wurde oder
5. soweit diese einer gewerblichen Tätigkeit nach § 42 Absatz 1 des Kulturgutschutzgesetzes nachgehen,

(Betroffene), haben den Beauftragten der zuständigen öffentlichen Stelle auf Verlangen die für die Überwachung des Geschäftsbetriebs erforderlichen mündlichen und schriftlichen Auskünfte unentgeltlich zu erteilen.

(2) Die Beauftragten sind befugt, zum Zwecke der Überwachung Grundstücke und Geschäftsräume des Betroffenen während der üblichen Geschäftszeit zu betreten, dort Prüfungen und Besichtigungen vorzunehmen, sich die geschäftlichen Unterlagen vorlegen zu lassen und in diese Einsicht zu nehmen. Zur Verhütung dringender Gefahren für die öffentliche Sicherheit oder Ordnung können die Grundstücke und Geschäftsräume tagsüber auch außerhalb der in Satz 1 genannten Zeit sowie tagsüber auch dann betreten werden, wenn sie zugleich Wohnzwecken des Betroffenen dienen; das Grundrecht der Unverletzlichkeit der Wohnung (Artikel 13 des Grundgesetzes) wird insoweit eingeschränkt.

(3) Der Betroffene kann die Auskunft auf solche Fragen verweigern, deren Beantwortung ihn selbst oder einen der in § 383 Abs. 1 Nr. 1 bis 3 der Zivilprozeßordnung bezeichneten Angehörigen der Gefahr strafgerichtlicher Verfolgung oder eines Verfahrens nach dem Gesetz über Ordnungswidrigkeiten aussetzen würde.

(4) Die Absätze 1 bis 3 finden auch Anwendung, wenn Tatsachen die Annahme rechtfertigen, daß ein erlaubnispflichtiges, überwachungsbedürftiges oder untersagtes Gewerbe ausgeübt wird.

§ 31 Bewachungsgewerbe auf Seeschiffen; Verordnungsermächtigung

(1) Wer gewerbsmäßig Leben oder Eigentum fremder Personen auf Seeschiffen seewärts der Begrenzung der deutschen ausschließlichen Wirtschaftszone zur Abwehr äußerer Gefahren bewachen will, bedarf hierfür der Zulassung.

(2) Die Zulassung wird durch das Bundesamt für Wirtschaft und Ausfuhrkontrolle im Benehmen mit der Bundespolizei erteilt. Sie ist zu befristen und kann mit Auflagen verbunden werden, soweit dies zum Schutz der Allgemeinheit oder der Auftraggeber erforderlich ist; unter denselben Voraussetzungen ist auch die nachträgliche Aufnahme, Änderung oder Ergänzung von Auflagen zulässig. Die Zulassung ist im Benehmen mit der Bundespolizei zu versagen, wenn der Antragsteller

1. nicht die Anforderungen an die betriebliche Organisation und Verfahrensabläufe, insbesondere die Maßnahmen zur Sicherstellung der fachlichen und persönlichen Geeignetheit und Zuverlässigkeit der eingesetzten Personen, erfüllt,
2. nicht die Anforderungen an die Geschäftsleitung sowie an die mit der Leitung des Betriebes oder einer Zweigniederlassung beauftragten Person hinsichtlich der fachlichen und persönlichen Geeignetheit und Zuverlässigkeit erfüllt oder
3. den Nachweis einer Betriebshaftpflichtversicherung nicht erbringt.

§ 34a Absatz 1 bis 4 ist nicht anzuwenden; § 34a Absatz 5 ist entsprechend anzuwenden.

(3) Für Amtshandlungen des Bundesamtes für Wirtschaft und Ausfuhrkontrolle im Zusammenhang mit der Zulassung von Bewachungsunternehmen auf Seeschiffen gemäß den Absätzen 1, 2 und 7 werden Gebühren und Auslagen erhoben. Durch Rechtsverordnung kann das Bundesministerium für Wirtschaft und Energie im Einvernehmen mit dem Bundesministerium des Innern, für Bau und Heimat ohne Zustimmung des Bundesrates die Gebührentatbestände und die Gebührenhöhe für die Amtshandlungen bestimmen und dabei feste Sätze, auch in Form von Zeitgebühren, oder Rahmensätze vorsehen. Die Gebührensätze sind so zu bemessen, dass der mit den Amtshandlungen verbundene gesamte Personal- und Sachaufwand gedeckt wird. Zu dem durch die Gebühren zu deckenden Personal- und Sachaufwand gehören auch die Kosten der Bundespolizei, die ihr durch die Beteiligung an dem Zulassungsverfahren nach Absatz 2 entstehen. Zusätzlich zu dem Verwaltungsaufwand kann der in Geld berechenbare wirtschaftliche Wert für den Gebührenschuldner angemessen berücksichtigt werden. Die Gebührenhöhe darf zu der Amtshandlung nicht außer Verhältnis stehen. Aus Gründen des öffentlichen Interesses oder der Billigkeit kann eine niedrigere Gebühr als die in den Sätzen 3 bis 5 vorgesehene Gebühr oder eine Gebührenbefreiung bestimmt werden. In der Verordnung können Auslagen auch abweichend von § 10 des Verwaltungskostengesetzes bestimmt werden.

(4) Das Bundesministerium für Wirtschaft und Energie kann im Einvernehmen mit dem Bundesministerium des Innern, für Bau und Heimat und dem Bundesministerium für Verkehr und digitale Infrastruktur durch Rechtsverordnung ohne Zustimmung des Bundesrates

1. die Anforderungen und das Verfahren für die Zulassung nach Absatz 1 sowie die Dauer der Zulassung festlegen,
2. die Anforderungen an das Bewachungsunternehmen festlegen hinsichtlich der betrieblichen Organisation und der Verfahrensabläufe, der technischen Ausrüstung und der Maßnahmen, die die Einhaltung der waffenrechtlichen Vorschriften des Flaggenstaates sowie der Hafen- und Küstenstaaten gewährleisten,
3. zum Schutz der Allgemeinheit und der Auftraggeber Vorschriften über den Umfang der Befugnisse und Verpflichtungen bei der Ausübung der Bewachungstätigkeit nach Absatz 1 erlassen, insbesondere über

a. die Pflichten des Bewachungsunternehmens bei der Auswahl und Einstellung, der Beschäftigung und Einweisung in die Tätigkeit der mit der Durchführung von Bewachungsaufgaben
nach Absatz 1 eingesetzten Personen; über die Anforderungen, denen diese Personen
genügen müssen, insbesondere in Bezug auf die Ausbildung, die beruflichen Kenntnisse und Fähigkeiten, die Berufserfahrung, Eignung und Zuverlässigkeit dieser Personen; sowie über die erforderlichen organisatorischen Maßnahmen, die die Einhaltung dieser Anforderungen durch das Bewachungsunternehmen sicherstellen,
b. die Pflicht des Bewachungsunternehmens, Bücher zu führen, die notwendigen Daten über einzelne Geschäftsvorgänge sowie die Auftraggeber aufzuzeichnen, die Bücher und Aufzeichnungen aufzubewahren und auf Anforderung an das Bundesamt für Wirtschaft und Ausfuhrkontrolle zu übersenden,
c. die Pflicht des Bewachungsunternehmens, Bewachungseinsätze beim Bundesamt für Wirtschaft und Ausfuhrkontrolle anzuzeigen, Protokolle über die Einsätze zu führen und Einsatzberichte zu erstellen und diese dem Bundesamt für Wirtschaft und Ausfuhrkontrolle sowie dem Auftraggeber zu übersenden sowie Meldungen über Vorkommnisse, insbesondere den Einsatz, Verlust oder Ersatz von Waffen, an das Bundesamt für Wirtschaft und Ausfuhrkontrolle, die Bundespolizei und den Auftraggeber zu erstatten,
d. die Pflicht des Bewachungsunternehmens, dem Bundesamt für Wirtschaft und Ausfuhrkontrolle einen Wechsel der mit der Leitung des Betriebes oder einer Zweigniederlassung beauftragten Personen anzuzeigen und hierbei Angaben über diese zu machen sowie Änderungen in der betrieblichen Organisation und den Verfahrensabläufen anzuzeigen, und
e. die Unterrichtung des Bundesamtes für Wirtschaft und Ausfuhrkontrolle durch Gerichte und Staatsanwaltschaften über rechtliche Maßnahmen gegen Bewachungsunternehmen und ihre Beschäftigten, die mit Bewachungsaufgaben nach Absatz 1 betraut sind,

4. den Umfang und die inhaltlichen Anforderungen an die nach Absatz 2 Satz 3 Nummer 3 erforderliche Betriebshaftpflichtversicherung, insbesondere die Höhe der Mindestversicherungssummen, die Bestimmung der zuständigen Stelle im Sinne des § 117 Absatz 2 Satz 1 des Versicherungsvertragsgesetzes vom 23. November 2007 (BGBl. I S. 2631), das zuletzt durch Artikel 2 Absatz 79 des Gesetzes vom 22. Dezember 2011 (BGBl. I S. 3044) geändert worden ist, über den Nachweis des Bestehens einer Haftpflichtversicherung, die Anzeigepflichten des Versicherungsunternehmens gegenüber dem Bundesamt für Wirtschaft und Ausfuhrkontrolle und den Versicherungsnehmern sowie die Anerkennung von Haftpflichtversicherungen, die bei Versicherern abgeschlossen wurden, die außerhalb des Geltungsbereichs dieses Gesetzes zum Geschäftsbetrieb befugt sind, festlegen und
5. die Anforderungen und Verfahren zur Anerkennung von Zulassungen aus anderen Staaten festlegen.

Das Bundesministerium für Wirtschaft und Energie kann die Ermächtigung nach Satz 1 ganz oder teilweise durch Rechtsverordnung unter Sicherstellung der Einvernehmensregelung auf das Bundesamt für Wirtschaft und Ausfuhrkontrolle übertragen; Rechtsverordnungen des Bundesamtes für Wirtschaft und Ausfuhrkontrolle bedürfen in Abweichung von der Einvernehmensregelung nach Satz 1 nur des Einvernehmens des Bundespolizeipräsidiums und des Bundesamtes für Seeschifffahrt und Hydrographie. Rechtsverordnungen nach den Sätzen 1 und 2 bedürfen der Zustimmung des Bundestages. Hat sich der Bundestag nach Ablauf von drei Sitzungswochen seit Eingang der Rechtsverordnung nicht mit ihr befasst, so gilt die Zustimmung als erteilt.

(5) Das Bundesamt für Wirtschaft und Ausfuhrkontrolle und die Bundespolizei dürfen einander auch ohne Ersuchen Informationen einschließlich personenbezogener Daten übermitteln, soweit dies zur Erfüllung der Aufgaben nach Absatz 2 erforderlich ist. Das Bundesamt für Wirtschaft und Ausfuhrkontrolle und die Bundespolizei dürfen die übermittelten Informationen nur im Rahmen der gesetzlichen Aufgabenerfüllung nach Absatz 1 verarbeiten. Das Bundesamt für Wirtschaft und Ausfuhrkontrolle unterrichtet das Bundesamt für Seeschifffahrt und Hydrographie oder die auf Grund einer Rechtsverordnung nach § 3 Absatz 2 oder § 9 Absatz 1 Nummer 7 des Seeaufgabengesetzes in der Fassung der Bekanntmachung vom 26. Juli 2002 (BGBl. I S. 2876), das zuletzt durch Artikel 2 des Gesetzes vom 22. Dezember 2011 (BGBl. I S. 3069) geändert worden ist, bestimmte Behörde unverzüglich über die Zulassung von Bewachungsunternehmen, über Änderungen, ihre Beendigung sowie über sonstige das Zulassungsverfahren betreffende Tatsachen, soweit dies für die Erfüllung der Aufgaben nach § 1 Nummer 13 des Seeaufgabengesetzes erforderlich ist.

(6) Das Bundesamt für Wirtschaft und Ausfuhrkontrolle veröffentlicht und aktualisiert auf seiner Webseite regelmäßig eine Liste der nach Absatz 1 zugelassenen Bewachungsunternehmen einschließlich ihrer Anschrift, Telefonnummer und E-Mail-Adresse oder Faxnummer; dazu ist zuvor das Einverständnis der betroffenen Unternehmen einzuholen.

(7) Das Bundesamt für Wirtschaft und Ausfuhrkontrolle ist im Zusammenhang mit der Durchführung von § 31 auch für die Durchführung von § 15 Absatz 2, der §§ 29, 46 Absatz 3 und von § 47 zuständig.

§ 34a Bewachungsgewerbe; Verordnungsermächtigung (1) Wer gewerbsmäßig Leben oder Eigentum fremder Personen bewachen will (Bewachungsgewerbe), bedarf der Erlaubnis der zuständigen Behörde. Die Erlaubnis kann mit Auflagen verbunden werden, soweit dies zumSchutz der Allgemeinheit oder der Auftraggeber erforderlich ist; unter den selben Voraussetzungen sind auch die nachträgliche Aufnahme, Änderung und Ergänzung von Auflagen zulässig. Die Erlaubnis ist zu versagen, wenn

1. Tatsachen die Annahme rechtfertigen, dass der Antragsteller oder eine der mit der Leitung des Betriebes oder einer Zweigniederlassung beauftragten Personen die für den Gewerbebetrieb erforderliche Zuverlässigkeit nicht besitzt,
2. der Antragsteller in ungeordneten Vermögensverhältnissen lebt,
3. der Antragsteller oder eine mit der Leitung des Betriebes oder einer Zweigniederlassung beauftragte Person nicht durch eine vor der Industrie- und Handelskammer erfolgreich abgelegte Prüfung nachweist, dass er die für die Ausübung des Bewachungsgewerbes notwendige Sachkunde über die rechtlichen und fachlichen Grundlagen besitzt; für juristische Personen gilt dies für die gesetzlichen Vertreter, soweit sie mit der Durchführung von Bewachungsaufgaben

direkt befasst sind oder keine mit der Leitung des Betriebes oder einer Zweigniederlassung beauftragte Person einen Sachkundenachweis hat, oder

4. der Antragsteller den Nachweis einer Haftpflichtversicherung nicht erbringt.

Die erforderliche Zuverlässigkeit liegt in der Regel nicht vor, wenn der Antragsteller oder eine der mit der Leitung des Betriebes oder einer Zweigniederlassung beauftragten Person

1. Mitglied in einem Verein, der nach dem Vereinsgesetz als Organisation unanfechtbar verboten wurde oder der einem unanfechtbaren Betätigungsverbot nach dem Vereinsgesetz unterliegt, war und seit der Beendigung der Mitgliedschaft zehn Jahre noch nicht verstrichen sind,
2. Mitglied in einer Partei, deren Verfassungswidrigkeit das Bundesverfassungsgericht nach § 46 des Bundesverfassungsgerichtsgesetzes in der Fassung der Bekanntmachung vom 11. August 1993 (BGBl. I S. 1473), das zuletzt durch Artikel 8 der Verordnung vom 31. August 2015 (BGBl. I S. 1474) geändert worden ist, festgestellt hat, war und seit der Beendigung der Mitgliedschaft zehn Jahre noch nicht verstrichen sind,
3. einzeln oder als Mitglied einer Vereinigung Bestrebungen und Tätigkeiten im Sinne des § 3 Absatz 1 des Bundesverfassungsschutzgesetzes vom 20. Dezember 1990 (BGBl. I S. 2954, 2970), das zuletzt durch Artikel 1 des Gesetzes vom 26. Juli 2016 (BGBl. I S. 1818) geändert worden ist, verfolgt oder unterstützt oder in den letzten fünf Jahren verfolgt oder unterstützt hat,
4. in den letzten fünf Jahren vor Stellung des Antrags wegen Versuchs oder Vollendung einer der nachstehend aufgeführten Straftaten zu einer Freiheitsstrafe, Jugendstrafe, Geldstrafe von mindestens 90 Tagessätzen oder mindestens zweimal zu einer geringeren Geldstrafe rechtskräftig verurteilt worden ist oder bei dem die Verhängung von Jugendstrafe ausgesetzt worden ist, wenn seit dem Eintritt der Rechtskraft der letzten Verurteilung fünf Jahre noch nicht verstrichen sind:
   a) Verbrechen im Sinne von § 12 Absatz 1 des Strafgesetzbuches,
   b) Straftat gegen die sexuelle Selbstbestimmung, des Menschenhandels oder der Förderung des Menschenhandels, der vorsätzlichen Körperverletzung, Freiheitsberaubung, des Diebstahls, der Unterschlagung, Erpressung, des Betrugs, der Untreue, Hehlerei, Urkundenfälschung, des Landfriedensbruchs oder Hausfriedensbruchs oder des Widerstands gegen oder des tätlichen Angriffs auf Vollstreckungsbeamte oder gegen oder auf Personen, die Vollstreckungsbeamten gleichstehen,
   c) Vergehen gegen das Betäubungsmittelgesetz, Arzneimittelgesetz, Waffengesetz, Sprengstoffgesetz, Aufenthaltsgesetz, Arbeitnehmerüberlassungsgesetz oder das Schwarzarbeitsbekämpfungsgesetz oder
   d) staatsschutzgefährdende oder gemeingefährliche Straftat.

Zur Überprüfung der Zuverlässigkeit hat die Behörde mindestens einzuholen:

1. eine Auskunft aus dem Gewerbezentralregister nach § 150 Absatz 1,
2. eine unbeschränkte Auskunft nach § 41 Absatz 1 Nummer 9 des Bundeszentralregistergesetzes,
3. eine Stellungnahme der für den Wohnort zuständigen Behörde der Landespolizei, einer zentralen Polizeidienststelle oder des jeweils zuständigen Landeskriminalamts, ob und welche tatsächlichen Anhaltspunkte bekannt sind, die Bedenken gegen die Zuverlässigkeit begründen können, soweit Zwecke der Strafverfolgung oder

Gefahrenabwehr einer Übermittlung der tatsächlichen Anhaltspunkte nicht entgegenstehen und
4. über die Schnittstelle des Bewacherregisters zum Bundesamt für Verfassungsschutz nach § 11b eine Stellungnahme der für den Sitz der zuständigen Behörde zuständigen Landesbehörde für Verfassungsschutz zu Erkenntnissen, die für die Beurteilung der Zuverlässigkeit von Bedeutung sein können.

Die zuständige Behörde darf die übermittelten Daten verarbeiten, soweit dies zur Erfüllung ihrer gesetzlichen Aufgaben der Überwachung der Gewerbetreibenden erforderlich ist. Übermittlungsregelungen nach anderen Gesetzen bleiben unberührt. § 1 des Sicherheitsüberprüfungsgesetzes vom 20. April 1994 (BGBl. I S. 867), das zuletzt durch Artikel 4 des Gesetzes vom 18. Juli 2017 (BGBl. I S. 2732) geändert worden ist, bleibt unberührt. Haben sich der Antragsteller oder eine der mit der Leitung des Betriebes oder einer Zweigniederlassung beauftragten Personen während der letzten drei Jahre vor der Überprüfung der Zuverlässigkeit nicht im Inland oder einem anderen Mitgliedstaat der Europäischen Union oder einem anderen Vertragsstaat des Abkommens über den Europäischen Wirtschaftsraum aufgehalten und kann ihre Zuverlässigkeit deshalb nicht oder nicht ausreichend nach Satz 5 festgestellt werden, so ist die Erlaubnis nach Absatz 1 zu versagen. Die zuständige Behörde hat den Gewerbetreibenden und die mit der Leitung des Betriebes oder einer Zweigniederlassung beauftragten Personen in regelmäßigen Abständen, spätestens jedoch nach Ablauf von fünf Jahren, auf ihre Zuverlässigkeit zu überprüfen.

(1a) Der Gewerbetreibende darf mit der Durchführung von Bewachungsaufgaben nur Personen (Wachpersonen) beschäftigen, die
1. die erforderliche Zuverlässigkeit besitzen und
2. durch eine Bescheinigung der Industrie- und Handelskammer nachweisen, dass sie über die für die Ausübung des Gewerbes notwendigen rechtlichen und fachlichen Grundlagen unterrichtet worden sind und mit ihnen vertraut sind.

Für die Durchführung folgender Tätigkeiten ist zusätzlich zu den Anforderungen des Satzes 1 Nummer 1 der Nachweis einer vor der Industrie- und Handelskammer erfolgreich abgelegten Sachkundeprüfung erforderlich:
1. Kontrollgänge im öffentlichen Verkehrsraum oder in Hausrechtsbereichen mit tatsächlich öffentlichem Verkehr,
2. Schutz vor Ladendieben,
3. Bewachungen im Einlassbereich von gastgewerblichen Diskotheken,
4. Bewachungen von Aufnahmeeinrichtungen nach § 44 des Asylgesetzes in der Fassung der Bekanntmachung vom 2. September 2008 (BGBl. I S. 1798), das zuletzt durch Artikel 6 des Gesetzes vom 31. Juli 2016 (BGBl. I S. 1939) geändert worden ist, von Gemeinschaftsunterkünften nach § 53 des Asylgesetzes oder anderen Immobilien und Einrichtungen, die der auch vorübergehenden amtlichen Unterbringung von Asylsuchenden oder Flüchtlingen dienen, in leitender Funktion,
5. Bewachungen von zugangsgeschützten Großveranstaltungen in leitender Funktion.

Zur Überprüfung der Zuverlässigkeit einer Wachperson und einer mit der Leitung des Betriebes oder einer Zweigniederlassung beauftragten Person hat die am Hauptwohnsitz der natürlichen Person für den Vollzug nach Landesrecht zuständige Behörde mindestens eine unbeschränkte Auskunft nach § 41 Absatz 1 Nummer 9 des Bundeszentralregistergesetzes sowie eine Stellungnahme der für den Wohnort zuständigen Behörde der Landespolizei, einer zentralen Polizeidienststelle oder dem jeweils zuständigen Landeskriminalamt einzuholen, ob und welche tatsächlichen Anhaltspunkte bekannt sind, die Bedenken gegen die Zuverlässigkeit begründen können, soweit Zwecke der Strafverfolgung oder Gefahrenabwehr einer Übermittlung der tatsächlichen Anhaltspunkte nicht entgegen stehen. Bei Wachpersonen und mit der Leitung des Betriebes oder einer Zweigniederlassung beauftragten Personen ohne einen Hauptwohnsitz in der Bundesrepublik Deutschland ist die Zuverlässigkeit durch die für den Vollzug zuständige Behörde am Betriebssitz des Gewerbetreibenden, welcher die natürliche Person als erster anmeldet, zu überprüfen. Absatz 1 Satz 5 Nummer 4 ist entsprechend anzuwenden bei Wachpersonen, die eine der folgenden Aufgaben wahrnehmen sollen:

1. Bewachungen nach Satz 2 Nummer 4 und 5, auch in nicht leitender Funktion, oder
2. Schutzaufgaben im befriedeten Besitztum bei Objekten, von denen im Fall eines kriminellen Eingriffs eine besondere Gefahr für die Allgemeinheit ausgehen kann.

Satz 5 gilt auch nach Aufnahme der Tätigkeit einer Wachperson. Absatz 1 Satz 4, 6 bis 10 ist entsprechend anzuwenden.

(1b) Werden der zuständigen Landesbehörde für Verfassungsschutz im Nachhinein Informationen bekannt, die für die Beurteilung der Zuverlässigkeit einer der in Absatz 1 und Absatz 1a Satz 5 Nummer 1 und 2 genannten Personen von Bedeutung sind, übermittelt sie diese der zuständigen Behörde nach den für die Informationsübermittlung geltenden Regelungen der Verfassungsschutzgesetze (Nachbericht). Zu diesem Zweck darf die Verfassungsschutzbehörde Name, Vornamen, Geburtsname, Geburtsdatum, Geschlecht, Geburtsort, Geburtsland, Wohnort und gegenwärtige Staatsangehörigkeit und Doppel- oder frühere Staatsangehörigkeiten der betroffenen Person sowie die Aktenfundstelle verarbeiten, einschließlich einer Verarbeitung mit ihrer Aktenfundstelle in den gemeinsamen Dateien nach § 6 Absatz 2 des Bundesverfassungsschutzgesetzes. Die im Rahmen der Überprüfung der Zuverlässigkeit verarbeiteten personenbezogenen Daten der in Absatz 1 und Absatz 1a Satz 5 Nummer 1 und 2 genannten Personen sind spätestens nach fünf Jahren von der Verfassungsschutzbehörde zu löschen. Sollte die Verfassungsschutzbehörde vorher von einer Versagung, Rücknahme, einem Erlöschen oder Widerruf der Erlaubnis durch die zuständige Behörde Kenntnis erlangen, hat sie die im Rahmen der Überprüfung der Zuverlässigkeit gespeicherten personenbezogenen Daten der in Absatz 1 genannten Personen spätestens sechs Monate nach Kenntniserlangung zu löschen. Die Sätze 1 bis 4 sind entsprechend anzuwenden für die nach Absatz 1 Satz 5 Nummer 3 und Absatz 1a Satz 3 beteiligten Polizeibehörden.

(2) Das Bundesministerium für Wirtschaft und Energie kann mit Zustimmung des Bundesrates durch Rechtsverordnung

1. die für die Entscheidung über eine Erlaubnis nach Absatz 1 Satz 1 erforderlichen vom Antragsteller bei der Antragsstellung anzugebenden Daten und beizufügenden Unterlagen bestimmen,
2. die Anforderungen und das Verfahren für den Unterrichtungsnachweis nach Absatz 1a Satz 1 sowie Ausnahmen von der Erforderlichkeit des Unterrichtungsnachweises festlegen,
3. die Anforderungen und das Verfahren für eine Sachkundeprüfung nach Absatz 1 Satz 3 Nummer 3 und Absatz 1a Satz 2 sowie Ausnahmen von der Erforderlichkeit der Sachkundeprüfung festlegen und

4. zum Schutze der Allgemeinheit und der Auftraggeber Vorschriften erlassen über den Umfang der Befugnisse und Verpflichtungen bei der Ausübung des Bewachungsgewerbes, insbesondere über
   a) den Geltungsbereich der Erlaubnis,
   b) die Pflichten des Gewerbetreibenden bei der Einstellung und Entlassung der im Bewachungsgewerbe beschäftigten Personen, über die Aufzeichnung von Daten dieser Personen durch den Gewerbetreibenden und ihre Übermittlung an die für den Vollzug des § 34a zuständigen Behörden, über die Anforderungen, denen diese Personen genügen müssen, sowie über die Durchführung des Wachdienstes,
   c) die Verpflichtung zum Abschluß einer Haftpflichtversicherung zur Buchführung einschließlich der Aufzeichnung von Daten über einzelne Geschäftsvorgänge sowie über die Auftraggeber,
   d) (weggefallen)
5. zum Schutz der Allgemeinheit und der Auftraggeber Vorschriften erlassen über die Unterrichtung der für den Vollzug des § 34a zuständigen Behörden durch Gerichte und Staatsanwaltschaften über rechtliche Maßnahmen gegen Gewerbetreibende und ihre Wachpersonen
6. die Anforderungen und Verfahren festlegen, die zur Durchführung der Richtlinie 2005/36/EG des Europäischen Parlaments und des Rates vom 7. September 2005 über die Anerkennung von Berufsqualifikationen (ABl. L 255 vom 30.9.2005, S. 22), die zuletzt durch die Richtlinie 2013/55/EU (ABl.L 354 vom 28.12.2013, S. 132) geändert worden ist, Anwendung finden sollen auf Inhaber von in einem Mitgliedstaat der Europäischen Union oder eines Vertragsstaates des Abkommens über den Europäischen Wirtschaftsraum erworbenen Berufsqualifikationen, die im Inland das Bewachungsgewerbe vorübergehend oder dauerhaft ausüben möchten,
7. Einzelheiten der regelmäßigen Überprüfung der Zuverlässigkeit nach Absatz 1 Satz 10, auch in Verbindung mit Absatz 1a Satz 7, festlegen,
8. Einzelheiten zur örtlichen Zuständigkeit für den Vollzug regeln, insbesondere die Zuständigkeit für die Überprüfung der Zuverlässigkeit und erforderlichen Qualifikation.

(3) Nach Einholung der unbeschränkten Auskünfte nach § 41 Absatz 1 Nummer 9 des Bundeszentralregistergesetzes zur Überprüfung der Zuverlässigkeit können die zuständigen Behörden das Ergebnis der Überprüfung einschließlich der für die Beurteilung der Zuverlässigkeit erforderlichen Daten an den Gewerbetreibenden übermitteln.

(4) Die Beschäftigung einer Person, die in einem Bewachungsunternehmen mit Bewachungsaufgaben beschäftigt ist, oder einer mit der Leitung des Betriebes oder einer Zweigniederlassung beauftragten Person kann dem Gewerbetreibenden untersagt werden, wenn Tatsachen die Annahme rechtfertigen, dass die Person die für ihre Tätigkeit erforderliche Zuverlässigkeit nicht besitzt.

(5) Der Gewerbetreibende und seine Beschäftigten dürfen bei der Durchführung von Bewachungsaufgaben gegenüber Dritten nur die Rechte, die Jedermann im Falle einer Notwehr, eines Notstandes oder einer Selbsthilfe zustehen, die ihnen vom jeweiligen Auftraggeber vertraglich übertragenen Selbsthilferechte sowie die ihnen gegebenenfalls in Fällen gesetzlicher Übertragung zustehenden Befugnisse eigenverantwortlich ausüben. In den Fällen der Inanspruchnahme dieser Rechte und Befugnisse ist der Grundsatz der Erforderlichkeit zu beachten.

(6) (weggefallen).

§ 38 Überwachungsbedürftige Gewerbe

(1) Bei den Gewerbezweigen

1. An- und Verkauf von
    a. hochwertigen Konsumgütern, insbesondere Unterhaltungselektronik, Computern, optischen Erzeugnissen, Fotoapparaten, Videokameras, Teppichen, Pelz- und Lederbekleidung,
    b. Kraftfahrzeugen und Fahrrädern,
    c. Edelmetallen und edelmetallhaltigen Legierungen sowie Waren aus Edelmetall oder edelmetallhaltigen Legierungen,
    d. d) Edelsteinen, Perlen und Schmuck,
    e. e) Altmetallen, soweit sie nicht unter Buchstabe c fallen,

durch auf den Handel mit Gebrauchtwaren spezialisierte Betriebe,

2. Auskunftserteilung über Vermögensverhältnisse und persönliche Angelegenheiten (Auskunfteien, Detekteien),
3. Vermittlung von Eheschließungen, Partnerschaften und Bekanntschaften,
4. Betrieb von Reisebüros und Vermittlung von Unterkünften,
5. Vertrieb und Einbau von Gebäudesicherungseinrichtungen einschließlich der Schlüsseldienste,
6. Herstellen und Vertreiben spezieller diebstahlsbezogener Öffnungswerkzeuge

hat die zuständige Behörde unverzüglich nach Erstattung der Gewerbeanmeldung oder der Gewerbeummeldung nach § 14 die Zuverlässigkeit des Gewerbetreibenden zu überprüfen. Zu diesem Zweck hat der Gewerbetreibende unverzüglich ein Führungszeugnis nach § 30 Abs. 5 Bundeszentralregistergesetz und eine Auskunft aus dem Gewerbezentralregister nach § 150 Abs. 5 zur Vorlage bei der Behörde zu beantragen. Kommt er dieser Verpflichtung nicht nach, hat die Behörde diese Auskünfte von Amts wegen einzuholen.

(2) Bei begründeter Besorgnis der Gefahr der Verletzung wichtiger Gemeinschaftsgüter kann ein Führungszeugnis oder eine Auskunft aus dem Gewerbezentralregister auch bei anderen als den in Absatz 1 genannten gewerblichen Tätigkeiten angefordert oder eingeholt werden.

(3) Die Landesregierungen können durch Rechtsverordnung für die in Absatz 1 genannten Gewerbezweige bestimmen, in welcher Weise die Gewerbetreibenden ihre Bücher zu führen und dabei Daten über einzelne Geschäftsvorgänge, Geschäftspartner, Kunden und betroffene Dritte aufzuzeichnen haben.

(4) Absatz 1 Satz 1 Nr. 2 gilt nicht für Kreditinstitute und Finanzdienstleistungsinstitute, für die eine Erlaubnis nach § 32 Abs. 1 des Kreditwesengesetzes erteilt wurde, für Wertpapierinstitute, für die eine Erlaubnis nach § 15 Absatz 1 des Wertpapierinstitutsgesetzes erteilt wurde, sowie für Zweigniederlassungen von Unternehmen mit Sitz in einem anderen Mitgliedstaat der Europäischen Union, die nach § 53b Abs. 1 Satz 1 oder Abs. 7 des Kreditwesengesetzes im Inland tätig sind, wenn die Erbringung von Handelsauskünften durch die Zulassung der zuständigen Behörden des Herkunftsmitgliedstaats abgedeckt ist.

§ 109 Zeugnis (1) Der Arbeitnehmer hat bei Beendigung eines Arbeitsverhältnisses Anspruch auf ein schriftliches Zeugnis. Das Zeugnis muss mindestens Angaben zu Art und

Dauer der Tätigkeit (einfaches Zeugnis) enthalten. Der Arbeitnehmer kann verlangen, dass sich die Angaben darüber hinaus auf Leistung und Verhalten im Arbeitsverhältnis (qualifiziertes Zeugnis) erstrecken.
(2) Das Zeugnis muss klar und verständlich formuliert sein. Es darf keine Merkmale oder Formulierungen enthalten, die den Zweck haben, eine andere als aus der äußeren Form oder aus dem Wortlaut ersichtliche Aussage über den Arbeitnehmer zu treffen.
(3) Die Erteilung des Zeugnisses in elektronischer Form ist ausgeschlossen.

§ 139b Gewerbeaufsichtsbehörde (1) Die Aufsicht über die Ausführung der Bestimmungen der auf Grund des § 120e oder des § 139h erlassenen Rechtsverordnungen ist ausschließlich oder neben den ordentlichen Polizeibehörden besonderen von den Landesregierungen zu ernennenden Beamten zu übertragen. Denselben stehen bei Ausübung dieser Aufsicht alle amtlichen Befugnisse der Ortspolizeibehörden, insbesondere das Recht zur jederzeitigen Besichtigung und Prüfung der Anlagen zu. Die amtlich zu ihrer Kenntnis gelangenden Geschäfts- und Betriebsverhältnisse der ihrer Besichtigung und Prüfung unterliegenden Anlagen dürfen sie nur zur Verfolgung von Gesetzwidrigkeiten und zur Erfüllung von gesetzlich geregelten Aufgaben zum Schutz der Umwelt den dafür zuständigen Behörden offenbaren. Soweit es sich bei Geschäfts- und Betriebsverhältnissen um Informationen über die Umwelt im Sinne des Umweltinformationsgesetzes handelt, richtet sich die Befugnis zu ihrer Offenbarung nach dem Umweltinformationsgesetz.
(2) – (3) ...
(4) Die auf Grund der Bestimmungen der auf Grund des § 120e oder des § 139h erlassenen Rechtsverordnung auszuführenden amtlichen Besichtigungen und Prüfungen müssen die Arbeitgeber zu jeder Zeit, namentlich auch in der Nacht, während des Betriebs gestatten.
(5) – (8) ...

§ 144 Verletzung von Vorschriften über erlaubnisbedürftige stehende Gewerbe (1) Ordnungswidrig handelt, wer vorsätzlich oder fahrlässig
1. ohne die erforderliche Erlaubnis
   a) (weggefallen),
   b) – e) ...
   f) nach § 34a Abs. 1 Satz 1 Leben oder Eigentum fremder Personen bewacht,
   g) – k) ...

oder

2. ...

(2) Ordnungswidrig handelt auch, wer vorsätzlich oder fahrlässig
1. einer auf Grund des § 33f Abs. 1 Nr. 1, 2 oder 4, § 33g Nr. 2, § 34 Abs. 2, § 34a Abs. 2, § 34b Abs. 8, § 34d Abs. 8 Satz 1 Nr. 1 oder 3, Satz 2 oder 3, § 34e Abs. 3 Satz 3 oder 4 oder § 38 Abs. 3 erlassenen Rechtsverordnung zuwiderhandelt, soweit sie für einen bestimmten Tatbestand auf diese Bußgeldvorschrift verweist,
2. ...
3. einer vollziehbaren Auflage nach § 33a Abs. 1 Satz 3, § 33c Abs. 1 Satz 3, § 33d Abs. 1 Satz 2, § 33e Abs. 3, § 33i Abs. 1 Satz 2, § 34 Abs. 1 Satz 2, § 34a Abs. 1 Satz 2, § 34b Abs. 3, § 34d Abs. 1 Satz 2, auch in Verbindung mit Abs. 3 Satz 2, § 34e Abs. 1 Satz 2 oder § 36 Abs. 1 Satz 3 oder einer vollziehbaren Anordnung nach § 33c Abs. 3 Satz 3 oder § 34a Abs. 4 zuwiderhandelt,

4. – 8. ...

(3) ...

(4) Die Ordnungswidrigkeit kann in den Fällen des Absatzes 1 Nummer 1 Buchstabe m und n und Nummer 2 mit einer Geldbuße bis zu fünfzigtausend Euro, in den Fällen des Absatzes 1 Nummer 1 Buchstabe a bis l und o, Nummer 3 und 4 und des Absatzes 2 Nummer 1, 1a und 5 bis 11 mit einer Geldbuße bis zu fünftausend Euro, in den Fällen des Absatzes 2 Nummer 1b und 2 bis 4a mit einer Geldbuße bis zu dreitausend Euro und in den Fällen des Absatzes 3 mit einer Geldbuße bis zu eintausend Euro geahndet werden.

(5) Verwaltungsbehörde im Sinne des § 36 Absatz 1 Nummer 1 des Gesetzes über Ordnungswidrigkeiten ist in den Fällen des Absatzes 1 Nummer 2 und 3 und des Absatzes 2 Nummer 1 das Bundesamt für Wirtschaft und Ausfuhrkontrolle.

§ 147 Verletzung von Arbeitsschutzvorschriften (1) Ordnungswidrig handelt, wer vorsätzlich oder fahrlässig

1. eine Besichtigung oder Prüfung nach § 139b Abs. 1 Satz 2, Abs. 4, 6 Satz 1 oder 2 nicht gestattet oder
2. entgegen § 139b Abs. 5 eine vorgeschriebene statistische Mitteilung nicht, nicht richtig, nicht vollständig oder nicht rechtzeitig macht.

(2) Die Ordnungswidrigkeit kann mit einer Geldbuße geahndet werden.

§ 148 Strafbare Verletzung gewerberechtlicher Vorschriften Mit Freiheitsstrafe bis zu einem Jahr oder mit Geldstrafe wird bestraft, wer

1. eine in § 144 Abs. 1, § 145 Abs. 1, 2 Nr. 2 oder 6 oder § 146 Abs. 1 bezeichnete Zuwiderhandlung beharrlich wiederholt oder
2. durch eine in § 144 Abs. 1 Nr. 1 Buchstabe b, Absatz 2 Nummer 1a oder Nummer 1b, § 145 Abs. 1, 2 Nr. 1 oder 2, oder § 146 Abs. 1 bezeichnete Zuwiderhandlung Leben oder Gesundheit eines anderen oder fremde Sachen von bedeutendem Wert gefährdet.

3.16 Gesetz zur Überwachung des Verkehrs mit Grundstoffen, die für die unerlaubte Herstellung von Betäubungsmitteln missbraucht werden können (Grundstoffüberwachungsgesetz – GÜG) (Auszug)

§ 1 Begriffsbestimmungen Im Sinne dieses Gesetzes ist

1. Grundstoff: ein erfasster Stoff im Sinne des Artikels 2 Buchstabe a in Verbindung mit Anhang I der Verordnung (EG) Nr. 273/2004 des Europäischen Parlaments und des Rates vom 11. Februar 2004 betreffend Drogenausgangsstoffe (ABl. EU Nr. L 47 S. 1) in ihrer jeweils geltenden Fassung und des Artikels 2 Buchstabe a in Verbindung mit dem Anhang der Verordnung (EG) Nr. 111/2005 des Rates vom 22. Dezember 2004 zur Festlegung von Vorschriften für die Überwachung des Handels mit Drogenausgangsstoffen zwischen der Gemeinschaft und Drittländern (ABl. EU 2005 Nr. L 22 S. 1, 2006 Nr. L 61 S. 23) in ihrer jeweils geltenden Fassung;
2. Gemeinschaft: die Europäischen Gemeinschaften;
3. Drittstaat: ein Staat außerhalb der Gemeinschaft;
4. Einfuhr: jede Verbringung von Grundstoffen in das Zollgebiet der Gemeinschaft im Sinne des Artikels 2 Buchstabe c der Verordnung (EG) Nr. 111/2005 oder in einen nicht zum Zollgebiet der Gemeinschaft gehörenden Teil des Hoheitsgebietes der Bundesrepublik Deutschland;
5. Ausfuhr: jede Verbringung von Grundstoffen aus dem Zollgebiet der Gemeinschaft im Sinne des Artikels 2 Buchstabe d der Verordnung (EG) Nr. 111/2005 oder aus einem nicht zum Zollgebiet der Gemeinschaft gehörenden Teil des Hoheitsgebietes der Bundesrepublik Deutschland;
6. Vermittlungsgeschäft: jede Tätigkeit zur Anbahnung des Ankaufs, des Verkaufs oder der Lieferung von Grundstoffen im Sinne des Artikels 2 Buchstabe e der Verordnung (EG) Nr. 111/2005;
7. Inverkehrbringen: jede Abgabe von Grundstoffen im Sinne des Artikels 2 Buchstabe c der Verordnung (EG) Nr. 273/2004;
8. Herstellen: das Gewinnen, Synthetisieren, Anfertigen, Zubereiten, Be- oder Verarbeiten und Umwandeln von Grundstoffen;
9. Wirtschaftsbeteiligter: eine in Artikel 2 Buchstabe d der Verordnung (EG) Nr. 273/2004 oder in Artikel 2 Buchstabe f der Verordnung (EG) Nr. 111/2005 bezeichnete natürliche oder juristische Person.

§ 3 Verbote Es ist verboten, einen Grundstoff, der zur unerlaubten Herstellung von Betäubungsmitteln verwendet werden soll, zu besitzen, herzustellen, mit ihm Handel zu treiben, ihn, ohne Handel zu treiben, einzuführen, auszuführen, durch den oder im Geltungsbereich dieses Gesetzes zu befördern, zu veräußern, abzugeben oder in sonstiger Weise einem anderen die Möglichkeit zu eröffnen, die tatsächliche Verfügung über ihn zu erlangen, zu erwerben oder sich in sonstiger Weise zu verschaffen.

§ 4 Allgemeine Vorkehrungen gegen Abzweigung (1) Wirtschaftsbeteiligte sind verpflichtet, im Rahmen der im Verkehr erforderlichen Sorgfalt Vorkehrungen zu treffen,

um eine Abzweigung von Grundstoffen zur unerlaubten Herstellung von Betäubungsmitteln zu verhindern.
(2) – (3) ...

§ 6 Gemeinsame Grundstoffüberwachungsstelle des Zollkriminalamtes und des Bundeskriminalamtes beim Bundeskriminalamt (1) Die Gemeinsame Grundstoffüberwachungsstelle des Zollkriminalamtes und des Bundeskriminalamtes ist beim Bundeskriminalamt eingerichtet. Sie nimmt Aufgaben des Zollkriminalamtes und des Bundeskriminalamtes im Bereich der Grundstoffüberwachung wahr. Die Aufgaben der Gemeinsamen Grundstoffüberwachungsstelle sowie die Verteilung der Aufgaben und Zuständigkeiten innerhalb dieser Stelle werden im Einzelnen von dem Bundesministerium des Innern, für Bau und Heimat und dem Bundesministerium der Finanzen einvernehmlich festgelegt.
(2) – (4) ...

§ 7 Mitwirkung der Bundespolizei Das Bundesministerium der Finanzen kann im Einvernehmen mit dem Bundesministerium des Innern, für Bau und Heimat die Beamten der Bundespolizei, die mit Aufgaben des Grenzschutzes nach § 2 des Bundespolizeigesetzes betraut sind, mit der Wahrnehmung von Aufgaben betrauen, die nach § 5 Abs. 2 den Zollbehörden obliegen. In diesem Fall gilt § 67 Abs. 2 des Bundespolizeigesetzes entsprechend.

§ 8 Befugnisse der Zollbehörden Bei Straftaten und Ordnungswidrigkeiten nach den §§ 19 und 20 kann die zuständige Verfolgungsbehörde Ermittlungen (§ 161 Abs. 1 Satz 1 der Strafprozessordnung, § 46 Abs. 1 des Gesetzes über Ordnungswidrigkeiten) auch durch die Hauptzollämter oder die Behörden des Zollfahndungsdienstes und deren Beamte vornehmen lassen. § 21 Absatz 2 bis 4 des Außenwirtschaftsgesetzes gilt entsprechend.

§ 19 Strafvorschriften (1) Mit Freiheitsstrafe bis zu fünf Jahren oder mit Geldstrafe wird bestraft, wer

1. entgegen § 3 einen Grundstoff besitzt, herstellt, mit ihm Handel treibt, ihn, ohne Handel zu treiben, einführt, ausführt, durch den oder im Geltungsbereich dieses Gesetzes befördert, veräußert, abgibt oder in sonstiger Weise einem anderen die Möglichkeit eröffnet, die tatsächliche Verfügung über ihn zu erlangen, erwirbt oder sich in sonstiger Weise verschafft,
2. entgegen Artikel 3 Abs. 2 der Verordnung (EG) Nr. 273/2004 einen in Kategorie 1 des Anhangs I dieser Verordnung bezeichneten Grundstoff ohne Erlaubnis besitzt oder in den Verkehr bringt,
3. entgegen Artikel 6 Abs. 1 der Verordnung (EG) Nr. 111/2005 einen in Kategorie 1 des Anhangs dieser Verordnung bezeichneten Grundstoff ohne Erlaubnis einführt, ausführt oder ein Vermittlungsgeschäft mit ihm betreibt,
4. entgegen Artikel 12 Abs. 1 der Verordnung (EG) Nr. 111/2005 einen in Kategorie 1, 2, 3 oder 4 des Anhangs dieser Verordnung bezeichneten Grundstoff ohne Ausfuhrgenehmigung ausführt oder

5. entgegen Artikel 20 der Verordnung (EG) Nr. 111/2005 einen in Kategorie 1 des Anhangs dieser Verordnung bezeichneten Grundstoff ohne Einfuhrgenehmigung einführt.

(2) Der Versuch ist strafbar.

(3) In besonders schweren Fällen des Absatzes 1 ist die Strafe Freiheitsstrafe nicht unter einem Jahr. Ein besonders schwerer Fall liegt in der Regel vor, wenn der Täter

1. gewerbsmäßig oder
2. als Mitglied einer Bande, die sich zur fortgesetzten Begehung solcher Taten verbunden hat, handelt.

(4) Handelt der Täter in den Fällen des Absatzes 1 fahrlässig, so ist die Strafe Freiheitsstrafe bis zu einem Jahr oder Geldstrafe.

3.17 Gerichtsverfassungsgesetz (GVG) (Auszug)

§ 1 Die richterliche Gewalt wird durch unabhängige, nur dem Gesetz unterworfene Gerichte ausgeübt.

§ 12 Die ordentliche Gerichtsbarkeit wird durch Amtsgerichte, Landgerichte, Oberlandesgerichte und durch den Bundesgerichtshof (den obersten Gerichtshof des Bundes für das Gebiet der ordentlichen Gerichtsbarkeit) ausgeübt.

§ 13 Vor die ordentlichen Gerichte gehören die bürgerlichen Rechtsstreitigkeiten, die Familiensachen und die Angelegenheiten der freiwilligen Gerichtsbarkeit (Zivilsachen) sowie die Strafsachen, für die nicht entweder die Zuständigkeit von Verwaltungsbehörden oder Verwaltungsgerichten begründet ist oder auf Grund von Vorschriften des Bundesrechts besondere Gerichte bestellt oder zugelassen sind.

§ 16 Ausnahmegerichte sind unstatthaft. Niemand darf seinem gesetzlichen Richter entzogen werden.

§ 22 (1) Den Amtsgerichten stehen Einzelrichter vor.
(2) – (6) ...

§ 23 Die Zuständigkeit der Amtsgerichte umfasst in bürgerlichen Rechtsstreitigkeiten, soweit sie nicht ohne Rücksicht auf den Wert des Streitgegenstandes den Landgerichten zugewiesen sind:

1. Streitigkeiten über Ansprüche, deren Gegenstand an Geld oder Geldeswert die Summe von fünftausend Euro nicht übersteigt;
2. ohne Rücksicht auf den Wert des Streitgegenstandes:
   a) Streitigkeiten über Ansprüche aus einem Mietverhältnis über Wohnraum oder über den Bestand eines solchen Mietverhältnisses; diese Zuständigkeit ist ausschließlich;
   b) – g) ...

§ 24 (1) In Strafsachen sind die Amtsgerichte zuständig, wenn nicht

1. die Zuständigkeit des Landgerichts nach § 74 Abs. 2 oder § 74a oder des Oberlandesgerichts nach den §§ 120 oder 120b begründet ist,
2. im Einzelfall eine höhere Strafe als vier Jahre Freiheitsstrafe oder die Unterbringung des Beschuldigten in einem psychiatrischen Krankenhaus, allein oder neben einer Strafe, oder in der Sicherungsverwahrung (§§ 66 bis 66b des Strafgesetzbuches) zu erwarten ist oder
3. die Staatsanwaltschaft wegen der besonderen Schutzbedürftigkeit von Verletzten der Straftat, die als Zeugen in Betracht kommen, des besonderen Umfangs oder der besonderen Bedeutung des Falles Anklage beim Landgericht erhebt.

Eine besondere Schutzbedürftigkeit nach Satz 1 Nummer 3 liegt insbesondere vor, wenn zu erwarten ist, dass die Vernehmung für den Verletzten mit einer besonderen Belastung verbunden sein wird, und deshalb mehrfache Vernehmungen vermieden werden sollten.

(2) Das Amtsgericht darf nicht auf eine höhere Strafe als vier Jahre Freiheitsstrafe und nicht auf die Unterbringung in einem psychiatrischen Krankenhaus, allein oder neben einer Strafe, oder in der Sicherungsverwahrung erkennen.

§ 25 Der Richter beim Amtsgericht entscheidet als Strafrichter bei Vergehen,
1. wenn sie im Wege der Privatklage verfolgt werden oder
2. wenn eine höhere Strafe als Freiheitsstrafe von zwei Jahren nicht zu erwarten ist.

§ 26 (1) Für Straftaten Erwachsener, durch die ein Kind oder ein Jugendlicher verletzt oder unmittelbar gefährdet wird, sowie für Verstöße Erwachsener gegen Vorschriften, die dem Jugendschutz oder der Jugenderziehung dienen, sind neben den für allgemeine Strafsachen zuständigen Gerichten auch die Jugendgerichte zuständig. Die §§ 24 und 25 gelten entsprechend.
(2) In Jugendschutzsachen soll die Staatsanwaltschaft Anklage bei den Jugendgerichten erheben, wenn damit die schutzwürdigen Interessen von Kindern oder Jugendlichen, die in dem Verfahren als Zeugen benötigt werden, besser gewahrt werden können. Im Übrigen soll die Staatsanwaltschaft Anklage bei den Jugendgerichten nur erheben, wenn aus sonstigen Gründen eine Verhandlung vor dem Jugendgericht zweckmäßig erscheint.
(3) Die Absätze 1 und 2 gelten entsprechend für die Beantragung gerichtlicher Untersuchungshandlungen im Ermittlungsverfahren.

§ 28 Für die Verhandlung und Entscheidung der zur Zuständigkeit der Amtsgerichte gehörenden Strafsachen werden, soweit nicht der Strafrichter entscheidet, bei den Amtsgerichten Schöffengerichte gebildet.

§ 29 (1) Das Schöffengericht besteht aus dem Richter beim Amtsgericht als Vorsitzenden und zwei Schöffen. Ein Richter auf Probe darf im ersten Jahr nach seiner Ernennung nicht Vorsitzender sein.
(2) ...

§ 30 (1) Insoweit das Gesetz nicht Ausnahmen bestimmt, üben die Schöffen während der Hauptverhandlung das Richteramt in vollem Umfang und mit gleichem Stimmrecht wie die Richter beim Amtsgericht aus und nehmen auch an den im Laufe einer Hauptverhandlung zu erlassenden Entscheidungen teil, die in keiner Beziehung zu der Urteilsfällung stehen und die auch ohne mündliche Verhandlung erlassen werden können.
(2) Die außerhalb der Hauptverhandlung erforderlichen Entscheidungen werden von dem Richter beim Amtsgericht erlassen.

§ 31 Das Amt eines Schöffen ist ein Ehrenamt. Es kann nur von Deutschen versehen werden.

§ 51 (1) Ein Schöffe ist seines Amtes zu entheben, wenn er seine Amtspflichten gröblich verletzt hat.
(2) – (3) ...

§ 59 (1) Die Landgerichte werden mit einem Präsidenten sowie mit Vorsitzenden Richtern und weiteren Richtern besetzt.
(2) Den Richtern kann gleichzeitig ein weiteres Richteramt bei einem Amtsgericht übertragen werden.
(3) Es können Richter auf Probe und Richter kraft Auftrags verwendet werden.

§ 60 (1) Bei jedem Landgericht werden, soweit nichts anders bestimmt ist, sowohl Zivil- als auch Strafkammern gebildet.
(2) Die Landesregierungen werden ermächtigt, durch Rechtsverordnung bei einem Landgericht mit mindestens 100 Richterstellen ausschließlich Zivil- oder Strafkammern zu bilden und diesem für die Bezirke mehrerer Landgerichte die Zivil- oder Strafsachen zuzuweisen. Die Landesregierungen können die Ermächtigung nach Satz 1 auf die Landesjustizverwaltungen übertragen.

§ 71 (1) Vor die Zivilkammern, einschließlich der Kammern für Handelssachen, gehören alle bürgerlichen Rechtsstreitigkeiten, die nicht den Amtsgerichten zugewiesen sind.
(2) – (4) ...

§ 72 (1) Die Zivilkammern, einschließlich der Kammern für Handelssachen, sind die Berufungs- und Beschwerdegerichte in den vor den Amtsgerichten verhandelten bürgerlichen Rechtsstreitigkeiten, soweit nicht die Zuständigkeit der Oberlandesgerichte begründet ist. Die Landgerichte sind ferner die Beschwerdegerichte in Freiheitsentziehungssachen und in den von den Betreuungsgerichten entschiedenen Sachen.
(2) ...

§ 74 (1) Die Strafkammern sind als erkennende Gerichte des ersten Rechtszuges zuständig für alle Verbrechen, die nicht zur Zuständigkeit des Amtsgerichts oder des Oberlandesgerichts gehören. Sie sind auch zuständig für alle Straftaten, bei denen eine höhere Strafe als vier Jahre Freiheitsstrafe oder die Unterbringung in einem psychiatrischen Krankenhaus, allein oder neben einer Strafe, oder in der Sicherungsverwahrung zu erwarten ist oder bei denen die Staatsanwaltschaft in den Fällen des § 24 Abs. 1 Nr. 3 Anklage beim Landgericht erhebt.
(2) Für die Verbrechen

1. des sexuellen Missbrauchs von Kindern mit Todesfolge (§ 176d des Strafgesetzbuches),
2. des sexuellen Übergriffs, der sexuellen Nötigung und Vergewaltigung mit Todesfolge (§ 178 des Strafgesetzbuches),
3. des Mordes (§ 211 des Strafgesetzbuches),
4. des Totschlags (§ 212 des Strafgesetzbuches),
5. (weggefallen)
6. der Aussetzung mit Todesfolge (§ 221 Abs. 3 des Strafgesetzbuches),
7. der Körperverletzung mit Todesfolge (§ 227 des Strafgesetzbuches),
8. der Entziehung Minderjähriger mit Todesfolge (§ 235 Abs. 5 des Strafgesetzbuches),

8a. der Nachstellung mit Todesfolge (§ 238 Abs. 3 des Strafgesetzbuches),

9. der Freiheitsberaubung mit Todesfolge (§ 239 Abs. 4 des Strafgesetzbuches),

10. des erpresserischen Menschenraubes mit Todesfolge (§ 239a Abs. 3 des Strafgesetzbuches),
11. der Geiselnahme mit Todesfolge (§ 239b Abs. 2 in Verbindung mit § 239a Abs. 3 des Strafgesetzbuches),
12. des Raubes mit Todesfolge (§ 251 des Strafgesetzbuches),
13. des räuberischen Diebstahls mit Todesfolge (§ 252 in Verbindung mit § 251 des Strafgesetzbuches),
14. der räuberischen Erpressung mit Todesfolge (§ 255 in Verbindung mit § 251 des Strafgesetzbuches),
15. der Brandstiftung mit Todesfolge (§ 306c des Strafgesetzbuches),
16. des Herbeiführens einer Explosion durch Kernenergie (§ 307 Abs. 1 bis 3 des Strafgesetzbuches),
17. des Herbeiführens einer Sprengstoffexplosion mit Todesfolge (§ 308 Abs. 3 des Strafgesetzbuches),
18. des Missbrauchs ionisierender Strahlen gegenüber einer unübersehbaren Zahl von Menschen (§ 309 Abs. 2 und 4 des Strafgesetzbuches),
19. der fehlerhaften Herstellung einer kerntechnischen Anlage mit Todesfolge (§ 312 Abs. 4 des Strafgesetzbuches),
20. des Herbeiführens einer Überschwemmung mit Todesfolge (§ 313 in Verbindung mit § 308 Abs. 3 des Strafgesetzbuches),
21. der gemeingefährlichen Vergiftung mit Todesfolge (§ 314 in Verbindung mit § 308 Abs. 3 des Strafgesetzbuches),
22. des räuberischen Angriffs auf Kraftfahrer mit Todesfolge (§ 316a Abs. 3 des Strafgesetzbuches),
23. des Angriffs auf den Luft- und Seeverkehr mit Todesfolge (§ 316c Abs. 3 des Strafgesetzbuches),
24. der Beschädigung wichtiger Anlagen mit Todesfolge (§ 318 Abs. 4 des Strafgesetzbuches),
25. einer vorsätzlichen Umweltstraftat mit Todesfolge (§ 330 Abs. 2 Nr. 2 des Strafgesetzbuches),
26. der schweren Gefährdung durch Freisetzen von Giften mit Todesfolge (§ 330a Abs. 2 des Strafgesetzbuches),
27. der Körperverletzung im Amt mit Todesfolge (§ 340 Abs. 3 in Verbindung mit § 227 des Strafgesetzbuches),
28. des Abgebens, Verabreichens oder Überlassens von Betäubungsmitteln zum unmittelbaren Verbrauch mit Todesfolge (§ 30 Abs. 1 Nummer 3 des Betäubungsmittelgesetzes),
29. des Einschleusens mit Todesfolge (§ 97 Abs. 1 des Aufenthaltsgesetzes)

ist eine Strafkammer als Schwurgericht zuständig. § 120 bleibt unberührt.

(3) Die Strafkammern sind außerdem zuständig für die Verhandlung und Entscheidung über das Rechtsmittel der Berufung gegen die Urteile des Strafrichters und des Schöffengerichts.

§ 75 Die Zivilkammern sind, soweit nicht nach den Vorschriften der Prozessgesetze an Stelle der Kammer der Einzelrichter zu entscheiden hat, mit drei Mitgliedern einschließlich des Vorsitzenden besetzt.

§ 76 (1) Die Strafkammern sind mit drei Richtern einschließlich des Vorsitzenden und zwei Schöffen (große Strafkammer), in Verfahren über Berufungen gegen ein Urteil des Strafrichters oder des Schöffengerichts mit dem Vorsitzenden und zwei Schöffen (kleine Strafkammer) besetzt. Bei Entscheidungen außerhalb der Hauptverhandlung wirken die Schöffen nicht mit.
(2) – (6) ...

§ 115 Die Oberlandesgerichte werden mit einem Präsidenten sowie mit Vorsitzenden Richtern und weiteren Richtern besetzt.

§ 116 (1) Bei den Oberlandesgerichten werden Zivil- und Strafsenate gebildet. Bei den nach § 120 zuständigen Oberlandesgerichten werden Ermittlungsrichter bestellt; zum Ermittlungsrichter kann auch jedes Mitglied eines anderen Oberlandesgerichts, das in dem in § 120 bezeichneten Gebiet seinen Sitz hat, bestellt werden.
(2) – (3) ...

§ 119 (1) Die Oberlandesgerichte sind in Zivilsachen zuständig für die Verhandlung und Entscheidung über die Rechtsmittel:
1. der Beschwerde gegen Entscheidungen der Amtsgerichte
   a) in den von den Familiengerichten entschiedenen Sachen;
   b) in den Angelegenheiten der freiwilligen Gerichtsbarkeit mit Ausnahme der Freiheitsentziehungssachen und der von den Betreuungsgerichten entschiedenen Sachen;
2. der Berufung und der Beschwerde gegen Entscheidungen der Landgerichte.

(2) § 23b Absatz 1, 2 und 3 Satz 3 und 4 gilt entsprechend.

(3) In Zivilsachen sind Oberlandesgerichte ferner zuständig für die Verhandlung und Entscheidung von Musterfeststellungsverfahren nach Buch 6 der Zivilprozessordnung im ersten Rechtszug. Ein Land, in dem mehrere Oberlandesgerichte errichtet sind, kann durch Rechtsverordnung der Landesregierung einem Oberlandesgericht die Entscheidung und Verhandlung für die Bezirke mehrerer Oberlandesgerichte oder dem Obersten Landesgericht zuweisen, sofern die Zuweisung für eine sachdienliche Förderung oder schnellere Erledigung der Verfahren zweckmäßig ist. Die Landesregierungen können die Ermächtigung durch Rechtsverordnung auf die Landesjustizverwaltungen übertragen.

§ 121 (1) Die Oberlandesgerichte sind in Strafsachen ferner zuständig für die Verhandlung und Entscheidung über die Rechtsmittel:
1. der Revision gegen
   a) die mit der Berufung nicht anfechtbaren Urteile des Strafrichters;
   b) die Berufungsurteile der kleinen und großen Strafkammern;
   c) die Urteile des Landgerichts im ersten Rechtszug, wenn die Revision ausschließlich auf die Verletzung einer in den Landesgesetzen enthaltenen Rechtsnorm gestützt wird;
2. der Beschwerde gegen strafrichterliche Entscheidungen, soweit nicht die Zuständigkeit der Strafkammern oder des Bundesgerichtshofes begründet ist;
3. ...

(2) – (3) ...

§ 122 (1) Die Senate der Oberlandesgerichte entscheiden, soweit nicht nach den Vorschriften der Prozeßgesetze an Stelle des Senats der Einzelrichter zu entscheiden hat, in der Besetzung von drei Mitgliedern mit Einschluß des Vorsitzenden.
(2) Die Strafsenate entscheiden über die Eröffnung des Hauptverfahrens des ersten Rechtszuges mit einer Besetzung von fünf Richtern einschließlich des Vorsitzenden. Bei der Eröffnung des Hauptverfahrens beschließt der Strafsenat, daß er in der Hauptverhandlung mit drei Richtern einschließlich des Vorsitzenden besetzt ist, wenn nicht nach dem Umfang oder der Schwierigkeit der Sache die Mitwirkung zweier weiterer Richter notwendig erscheint. ...

§ 123 Sitz des Bundesgerichtshofes ist Karlsruhe.

§ 124 Der Bundesgerichtshof wird mit einem Präsidenten sowie mit Vorsitzenden Richtern und weiteren Richtern besetzt.

§ 125 (1) Die Mitglieder des Bundesgerichtshofes werden durch den Bundesminister der Justiz gemeinsam mit dem Richterwahlausschuß gemäß dem Richterwahlgesetz berufen und vom Bundespräsidenten ernannt.
(2) Zum Mitglied des Bundesgerichtshofes kann nur berufen werden, wer das fünfunddreißigste Lebensjahr vollendet hat.

§ 130 (1) Bei dem Bundesgerichtshof werden Zivil- und Strafsenate gebildet und Ermittlungsrichter bestellt. Ihre Zahl bestimmt der Bundesminister der Justiz und der Verbraucherschutz.
(2) ...

§ 133 In Zivilsachen ist der Bundesgerichtshof zuständig für die Verhandlung und Entscheidung über die Rechtsmittel der Revision, der Sprungrevision, der Rechtsbeschwerde und der Sprungrechtsbeschwerde.

§ 135 (1) In Strafsachen ist der Bundesgerichtshof zuständig zur Verhandlung und Entscheidung über das Rechtsmittel der Revision gegen die Urteile der Oberlandesgerichte im ersten Rechtszug sowie gegen die Urteile der Landgerichte im ersten Rechtszug, soweit nicht die Zuständigkeit der Oberlandesgerichte begründet ist.
(2) ...

§ 139 (1) Die Senate des Bundesgerichtshofes entscheiden in der Besetzung von fünf Mitgliedern einschließlich des Vorsitzenden.
(2) Die Strafsenate entscheiden über Beschwerden in der Besetzung von drei Mitgliedern einschließlich des Vorsitzenden. ...

§ 141 Bei jedem Gericht soll eine Staatsanwaltschaft bestehen.

§ 142 (1) Das Amt der Staatsanwaltschaft wird ausgeübt:
1. bei dem Bundesgerichtshof durch einen Generalbundesanwalt und durch einen oder mehrere Bundesanwälte;

2. bei den Oberlandesgerichten und den Landgerichten durch einen oder mehrere Staatsanwälte;
3. bei den Amtsgerichten durch einen oder mehrere Staatsanwälte oder Amtsanwälte.

(2) – (3) ...

§ 169 (1) Die Verhandlung vor dem erkennenden Gericht einschließlich der Verkündung der Urteile und Beschlüsse ist öffentlich. Ton- und Fernseh-Rundfunkaufnahmen sowie Ton- und Filmaufnahmen zum Zwecke der öffentlichen Vorführung oder Veröffentlichung ihres Inhalts sind unzulässig. Die Tonübertragung in einen Arbeitsraum für Personen, die für Presse, Hörfunk, Fernsehen oder für andere Medien berichten, kann von dem Gericht zugelassen werden. Die Tonübertragung kann zur Wahrung schutzwürdiger Interessen der Beteiligten oder Dritter oder zur Wahrung eines ordnungsgemäßen Ablaufs des Verfahrens teilweise untersagt werden. Im Übrigen gilt für den in den Arbeitsraum übertragenen Ton Satz 2 entsprechend.
(2) Tonaufnahmen der Verhandlung einschließlich der Verkündung der Urteile und Beschlüsse können zu wissenschaftlichen und historischen Zwecken von dem Gericht zugelassen werden, wenn es sich um ein Verfahren von herausragender zeitgeschichtlicher Bedeutung für die Bundesrepublik Deutschland handelt. Zur Wahrung schutzwürdiger Interessen der Beteiligten oder Dritter oder zur Wahrung eines ordnungsgemäßen Ablaufs des Verfahrens können die Aufnahmen teilweise untersagt werden. Die Aufnahmen sind nicht zu den Akten zu nehmen und dürfen weder herausgegeben noch für Zwecke des aufgenommenen oder eines anderen Verfahrens genutzt oder verwertet werden. Sie sind vom Gericht nach Abschluss des Verfahrens demjenigen zuständigen Bundes- oder Landesarchiv zur Übernahme anzubieten, das nach dem Bundesarchivgesetz oder einem Landesarchivgesetz festzustellen hat, ob den Aufnahmen ein bleibender Wert zukommt. Nimmt das Bundesarchiv oder das jeweilige Landesarchiv die Aufnahmen nicht an, sind die Aufnahmen durch das Gericht zu löschen.
(3) Abweichend von Absatz 1 Satz 2 kann das Gericht für die Verkündung von Entscheidungen des Bundesgerichtshofs in besonderen Fällen Ton- und Fernseh-Rundfunkaufnahmen sowie Ton- und Filmaufnahmen zum Zwecke der öffentlichen Vorführung oder der Veröffentlichung ihres Inhalts zulassen. Zur Wahrung schutzwürdiger Interessen der Beteiligten oder Dritter sowie eines ordnungsgemäßen Ablaufs des Verfahrens können die Aufnahmen oder deren Übertragung teilweise untersagt oder von der Einhaltung von Auflagen abhängig gemacht werden.
(4) Die Beschlüsse des Gerichts nach den Absätzen 1 bis 3 sind unanfechtbar.

§ 170 (1) Verhandlungen, Erörterungen und Anhörungen in Familiensachen sowie in Angelegenheiten der freiwilligen Gerichtsbarkeit sind nicht öffentlich. ...
(2) ...

§ 184 Die Gerichtssprache ist deutsch. Das Recht der Sorben, in den Heimatkreisen der sorbischen Bevölkerung vor Gericht sorbisch zu sprechen, ist gewährleistet.

§ 185 (1) Wird unter Beteiligung von Personen verhandelt, die der deutschen Sprache nicht mächtig sind, so ist ein Dolmetscher zuzuziehen. ...
(1a) – (3) ...

3.18 Gesetz gegen Wettbewerbsbeschränkungen (GWB) (Auszug)

§ 1 Verbot wettbewerbsbeschränkender Vereinbarungen Vereinbarungen zwischen Unternehmen, Beschlüsse von Unternehmensvereinigungen und aufeinander abgestimmte Verhaltensweisen, die eine Verhinderung, Einschränkung oder Verfälschung des Wettbewerbs bezwecken oder bewirken, sind verboten.

§ 2 Freigestellte Vereinbarungen
(1) Vom Verbot des § 1 freigestellt sind Vereinbarungen zwischen Unternehmen, Beschlüsse von Unternehmensvereinigungen oder aufeinander abgestimmte Verhaltensweisen, die unter angemessener Beteiligung der Verbraucher an dem entstehenden Gewinn zur Verbesserung der Warenerzeugung oder - verteilung oder zur Förderung des technischen oder wirtschaftlichen Fortschritts beitragen, ohne dass den beteiligten Unternehmen
1. Beschränkungen auferlegt werden, die für die Verwirklichung dieser Ziele nicht unerlässlich sind, oder
2. Möglichkeiten eröffnet werden, für einen wesentlichen Teil der betreffenden Waren den Wettbewerb auszuschalten.

(2) ...

§ 3 Mittelstandskartelle Vereinbarungen zwischen miteinander im Wettbewerb stehenden Unternehmen und Beschlüsse von Unternehmensvereinigungen, die die Rationalisierung wirtschaftlicher Vorgänge durch zwischenbetriebliche Zusammenarbeit zum Gegenstand haben, erfüllen die Voraussetzungen des § 2 Absatz 1, wenn
dadurch der Wettbewerb auf dem Markt nicht wesentlich beeinträchtigt wird und
die Vereinbarung oder der Beschluss dazu dient, die Wettbewerbsfähigkeit kleiner oder mittlerer Unternehmen zu verbessern.

§ 97 Grundsätze der Vergabe (1) Öffentliche Aufträge und Konzessionen werden im Wettbewerb und im Wege transparenter Verfahren vergeben. Dabei werden die Grundsätze der Wirtschaftlichkeit und der Verhältnismäßigkeit gewahrt.
(2) Die Teilnehmer an einem Vergabeverfahren sind gleich zu behandeln, es sei denn, eine Ungleichbehandlung ist aufgrund dieses Gesetzes ausdrücklich geboten oder gestattet.
(3) Bei der Vergabe werden Aspekte der Qualität und der Innovation sowie soziale und umweltbezogene Aspekte nach Maßgabe dieses Teils berücksichtigt.
(4) Mittelständische Interessen sind bei der Vergabe öffentlicher Aufträge vornehmlich zu berücksichtigen. Leistungen sind in der Menge aufgeteilt (Teillose) und getrennt nach Art oder Fachgebiet (Fachlose) zu vergeben. Mehrere Teil- oder Fachlose dürfen zusammen vergeben werden, wenn wirtschaftliche oder technische Gründe dies erfordern. Wird ein Unternehmen, das nicht öffentlicher Auftraggeber oder Sektorenauftraggeber ist, mit der Wahrnehmung oder Durchführung einer öffentlichen Aufgabe betraut, verpflichtet der öffentliche Auftraggeber oder Sektorenauftraggeber das Unternehmen, sofern es Unteraufträge vergibt, nach den Sätzen 1 bis 3 zu verfahren.
(5) Für das Senden, Empfangen, Weiterleiten und Speichern von Daten in einem Vergabeverfahren verwenden Auftraggeber und Unternehmen grundsätzlich elektronische Mittel nach Maßgabe der aufgrund des § 113 erlassenen Verordnungen.

(6) Unternehmen haben Anspruch darauf, dass die Bestimmungen über das Vergabeverfahren eingehalten werden.

§ 99 Öffentliche Auftraggeber Öffentliche Auftraggeber sind

1. Gebietskörperschaften sowie deren Sondervermögen,
2. andere juristische Personen des öffentlichen und des privaten Rechts, die zu dem besonderen Zweck gegründet wurden, im Allgemeininteresse liegende Aufgaben nichtgewerblicher Art zu erfüllen, sofern
   a. sie überwiegend von Stellen nach Nummer 1 oder 3 einzeln oder gemeinsam durch Beteiligung oder auf sonstige Weise finanziert werden,
   b. ihre Leitung der Aufsicht durch Stellen nach Nummer 1 oder 3 unterliegt oder
   c. mehr als die Hälfte der Mitglieder eines ihrer zur Geschäftsführung oder zur Aufsicht berufenen Organe durch Stellen nach Nummer 1 oder 3 bestimmt worden sind;

dasselbe gilt, wenn diese juristische Person einer anderen juristischen Person des öffentlichen oder privaten Rechts einzeln oder gemeinsam mit anderen die überwiegende Finanzierung gewährt, über deren Leitung die Aufsicht ausübt oder die Mehrheit der Mitglieder eines zur Geschäftsführung oder Aufsicht berufenen Organs bestimmt hat,

3. Verbände, deren Mitglieder unter Nummer 1 oder 2 fallen,
4. natürliche oder juristische Personen des privaten Rechts sowie juristische Personen des öffentlichen Rechts, soweit sie nicht unter Nummer 2 fallen, in den Fällen, in denen sie für Tiefbaumaßnahmen, für die Errichtung von Krankenhäusern, Sport-, Erholungs- oder Freizeiteinrichtungen, Schul-, Hochschul- oder Verwaltungsgebäuden oder für damit in Verbindung stehende Dienstleistungen und Wettbewerbe von Stellen, die unter die Nummern 1, 2 oder 3 fallen, Mittel erhalten, mit denen diese Vorhaben zu mehr als 50 Prozent subventioniert werden.

§ 103 Öffentliche Aufträge, Rahmenvereinbarungen und Wettbewerbe

(1) Öffentliche Aufträge sind entgeltliche Verträge zwischen öffentlichen Auftraggebern oder Sektorenauftraggebern und Unternehmen über die Beschaffung von Leistungen, die die Lieferung von Waren, die Ausführung von Bauleistungen oder die Erbringung von Dienstleistungen zum Gegenstand haben.

(2) Lieferaufträge sind Verträge zur Beschaffung von Waren, die insbesondere Kauf oder Ratenkauf oder Leasing, Mietverhältnisse oder Pachtverhältnisse mit oder ohne Kaufoption betreffen. Die Verträge können auch Nebenleistungen umfassen.

(3) Bauaufträge sind Verträge über die Ausführung oder die gleichzeitige Planung und Ausführung

1. von Bauleistungen im Zusammenhang mit einer der Tätigkeiten, die in Anhang II der Richtlinie 2014/24/EU des Europäischen Parlaments und des Rates vom 26. Februar 2014 über die öffentliche Auftragsvergabe und zur Aufhebung der Richtlinie 2004/18/EG (ABl. L 94 vom 28.3.2014, S. 65) und Anhang I der Richtlinie 2014/25/EU des Europäischen Parlaments und des Rates vom 26. Februar 2014 über die Vergabe von Aufträgen durch Auftraggeber im Bereich der Wasser-, Energie- und Verkehrsversorgung sowie der Postdienste und zur Aufhebung der Richtlinie 2004/17/EG (ABl. L 94 vom 28.3.2014, S. 243) genannt sind, oder

2. eines Bauwerkes für den öffentlichen Auftraggeber oder Sektorenauftraggeber, das Ergebnis von Tief- oder Hochbauarbeiten ist und eine wirtschaftliche oder technische Funktion erfüllen soll.

Ein Bauauftrag liegt auch vor, wenn ein Dritter eine Bauleistung gemäß den vom öffentlichen Auftraggeber oder Sektorenauftraggeber genannten Erfordernissen erbringt, die Bauleistung dem Auftraggeber unmittelbar wirtschaftlich zugutekommt und dieser einen entscheidenden Einfluss auf Art und Planung der Bauleistung hat.

(4) Als Dienstleistungsaufträge gelten die Verträge über die Erbringung von Leistungen, die nicht unter die Absätze 2 und 3 fallen.

(5) Rahmenvereinbarungen sind Vereinbarungen zwischen einem oder mehreren öffentlichen Auftraggebern oder Sektorenauftraggebern und einem oder mehreren Unternehmen, die dazu dienen, die Bedingungen für die öffentlichen Aufträge, die während eines bestimmten Zeitraums vergeben werden sollen, festzulegen, insbesondere in Bezug auf den Preis. Für die Vergabe von Rahmenvereinbarungen gelten, soweit nichts anderes bestimmt ist, dieselben Vorschriften wie für die Vergabe entsprechender öffentlicher Aufträge.

(6) Wettbewerbe sind Auslobungsverfahren, die dem Auftraggeber aufgrund vergleichender Beurteilung durch ein Preisgericht mit oder ohne Verteilung von Preisen zu einem Plan oder einer Planung verhelfen sollen.

3.19 Luftsicherheitsgesetz (LuftSiG)

§ 1 Zweck
Dieses Gesetz dient dem Schutz vor Angriffen auf die Sicherheit des zivilen Luftverkehrs, insbesondere vor Flugzeugentführungen, Sabotageakten und terroristischen Anschlägen.

§ 2 Aufgaben Die Luftsicherheitsbehörde hat die Aufgabe, Angriffe auf die Sicherheit des Luftverkehrs im Sinne des § 1 abzuwehren. Dazu gehört insbesondere, dass sie:
1. Fluggäste und deren Gepäck nach § 5 kontrolliert,
2. Zuverlässigkeitsüberprüfungen nach § 7 vornimmt,
3. Luftsicherheitsprogramme nach § 8 Absatz 1 Satz 2 und § 9 Absatz 1 Satz 2 zulässt,
4. Sicherheitsausrüstung nach § 10a zertifiziert und zulässt,
5. Sicherheitsmaßnahmen der Flugplatzbetreiber nach § 8, der Luftfahrtunternehmen nach § 9 und der Beteiligten an der sicheren Lieferkette nach § 9a anordnet und deren Einhaltung überwacht.

§ 5 Besondere Befugnisse der Luftsicherheitsbehörden (1) Die Luftsicherheitsbehörde kann Personen, welche den Sicherheitsbereich des Flugplatzes betreten haben oder betreten wollen, durchsuchen oder in sonstiger geeigneter Weise überprüfen. Sie kann Gegenstände durchsuchen, durchleuchten oder in sonstiger geeigneter Weise überprüfen, die in diese Bereiche verbracht wurden oder werden sollen. Die Luftsicherheitsbehörde kann die Orte, an denen die Sicherheitskontrollen stattfinden, durch bewaffnete Polizeivollzugsbeamte schützen, die Sicherheitsbereiche des Flughafens bestreifen und gefährdete Flugzeuge durch bewaffnete Standposten sichern.
(2) Die Luftsicherheitsbehörde kann Fluggäste, Mitarbeiter der Flugplatzbetreiber, der Luftfahrtunternehmen und anderer Unternehmen sowie sonstige Personen, welche die Luftseite des Flugplatzes betreten haben oder betreten wollen, insbesondere anhalten und aus diesen Bereichen verweisen, wenn diese Personen
1. ihre Berechtigung zum Betreten nicht nachweisen,
2. eine Durchsuchung ihrer Person und mitgeführter Gegenstände oder deren Überprüfung in sonstiger geeigneter Weise vor dem Betreten des Sicherheitsbereichs durch die Luftsicherheitsbehörde nach den in § 11 Abs. 1 genannten Gegenständen ablehnen oder
3. in § 11 Abs. 1 genannte Gegenstände oder sonstige Gegenstände, die bei der Durchsuchung oder Überprüfung festgestellt werden und die sich zu Angriffen auf Personen oder zur Beschädigung von Luftfahrzeugen eignen, nicht außerhalb des Sicherheitsbereichs des Flugplatzes zurücklassen oder nicht dem Luftfahrtunternehmen zur Beförderung übergeben.

(3) Die Luftsicherheitsbehörde kann Fracht, aufgegebenes Gepäck, Postsendungen und sonstige Gegenstände, die in Sicherheitsbereiche des Flugplatzes verbracht wurden oder verbracht werden sollen, nach den in § 11 Abs. 1 genannten Gegenständen durchsuchen, durchleuchten oder in sonstiger geeigneter Weise überprüfen. Bei Postsendungen findet Satz 1 mit der Maßgabe Anwendung, dass diese nur geöffnet werden dürfen, wenn bestimmte Tatsachen die Annahme begründen, dass sich darin verbotene Gegenstände im Sinne des § 11 Absatz 1 Satz 2 oder Gegenstände, deren Beförderung gegen § 27 des Luftverkehrsgesetzes verstößt, befinden.

§ 7 Zuverlässigkeitsüberprüfungen (1) Zum Schutz vor Angriffen auf die Sicherheit des zivilen Luftverkehrs (§ 1) hat die Luftsicherheitsbehörde die Zuverlässigkeit folgender Personen zu überprüfen:

1. Personen, denen zur Ausübung einer beruflichen Tätigkeit nicht nur gelegentlich Zugang zum Sicherheitsbereich des Geländes eines Flugplatzes im Sinne des § 8 oder zu einem überlassenen Bereich eines Luftfahrtunternehmens im Sinne des § 9 gewährt werden soll,
2. Personal der Flugplatz- und Luftfahrtunternehmen, der Flugsicherungsorganisation sowie der Luftwerften und Instandhaltungsbetriebe, Fracht-, Post- und Reinigungsunternehmen sowie der Warenlieferanten und vergleichbarer Versorgungsunternehmen, insbesondere auch der Beteiligten an der sicheren Lieferkette, das auf Grund seiner Tätigkeit unmittelbaren Einfluss auf die Sicherheit des Luftverkehrs hat; sofern sich die vorgenannten Unternehmen des Personals anderer Unternehmen bedienen, steht dieses eigenem Personal gleich,
3. Natürliche Personen, die nach § 16a Absatz 1 als Beliehene eingesetzt werden oder die dort genannten Aufgaben für beliehene teilrechtsfähige Vereinigungen oder beliehene juristische Personen des Privatrechts wahrnehmen sollen, sowie Personen, die als Ausbilder oder EU-Validierungsprüfer für die Luftsicherheit nach den Ziffern 11.5. oder 11.6. des Anhangs der Durchführungsverordnung (EU) 2015/1998 tätig sind,
4. Luftfahrer im Sinne des § 4 Abs. 1 Satz 1 in Verbindung mit § 1 Abs. 2 Nr. 1 bis 3 und 5 des Luftverkehrsgesetzes und entsprechende Flugschüler sowie
5. Mitglieder von flugplatzansässigen Vereinen, Schülerpraktikanten oder Führer von Luftfahrzeugen im Sinne von § 1 Absatz 2 des Luftverkehrsgesetzes oder sonstige Berechtigte, denen nicht nur gelegentlich Zugang zu
   a. dem Sicherheitsbereich des Geländes eines Flugplatzes im Sinne des § 8 oder
   b. den überlassenen Bereichen nach § 9 Absatz 1 Nummer 2

gewährt werden soll.

Ein unmittelbarer Einfluss auf die Sicherheit des Luftverkehrs im Sinne von Satz 1 Nummer 2 ist insbesondere anzunehmen bei Personen, die in Sicherheitsbereichen oder in anderen Bereichen als Sicherheitsbereichen Kontrollen und Zugangskontrollen oder andere Sicherheitskontrollen durchführen oder die Verantwortung für die Durchführung dieser Kontrollen tragen.

(1a) Die Luftsicherheitsbehörde bewertet die Zuverlässigkeit der betroffenen Person auf Grund einer Gesamtwürdigung des Einzelfalles. In der Regel fehlt es an der erforderlichen Zuverlässigkeit,

1. wenn die betroffene Person wegen einer vorsätzlichen Straftat zu einer Freiheitsstrafe, Jugendstrafe oder Geldstrafe von mindestens 60 Tagessätzen oder mindestens zweimal zu einer geringeren Geldstrafe verurteilt worden ist, wenn seit dem Eintritt der Rechtskraft der letzten Verurteilung fünf Jahre noch nicht verstrichen sind,
2. wenn die betroffene Person wegen eines Verbrechens oder wegen sonstiger vorsätzlicher Straftaten zu einer Freiheitsstrafe von mindestens einem Jahr verurteilt worden ist, wenn seit dem Eintritt der Rechtskraft der letzten Verurteilung zehn Jahre noch nicht verstrichen sind,
3. wenn tatsächliche Anhaltspunkte dafür bestehen, dass die betroffene Person Bestrebungen nach § 3 Absatz 1 des Bundesverfassungsschutzgesetzes verfolgt oder unterstützt oder in den letzten zehn Jahren verfolgt oder unterstützt hat.

Bei sonstigen Verurteilungen oder beim Vorliegen sonstiger Erkenntnisse ist im Wege der Gesamtwürdigung nach Satz 1 zu prüfen, ob sich daraus im Hinblick auf die Sicherheit des Luftverkehrs Zweifel an der Zuverlässigkeit der betroffenen Person ergeben. Als sonstige Erkenntnisse kommen insbesondere in Betracht:

1. laufende oder eingestellte Ermittlungs- oder Strafverfahren,
2. Sachverhalte, aus denen sich eine Erpressbarkeit durch Dritte ergibt,
3. Sachverhalte, aus denen sich Zweifel am Bekenntnis zur freiheitlichen demokratischen Grundordnung ergeben,
4. Alkohol-, Rauschmittel- oder Medikamentenabhängigkeit oder regelmäßiger Missbrauch dieser Substanzen,
5. Angabe von unterschiedlichen beziehungsweise falschen Identitäten bei behördlichen Vorgängen.

(2) Die Überprüfung erfolgt auf Antrag der betroffenen Person. Die Kosten für die Überprüfung zur Ausübung einer beruflichen Tätigkeit trägt der Arbeitgeber. Die betroffene Person ist bei Antragstellung über

1. die zuständige Luftsicherheitsbehörde,
2. den Zweck der Datenverarbeitung,
3. die Stellen, deren Beteiligung nach Absatz 3 Satz 1 Nr. 2 bis 5 und Absatz 4 in Betracht kommt, sowie
4. die Übermittlungsempfänger nach Absatz 7 Satz 2 und 3

zu unterrichten.

Auf Antrag der betroffenen Person entfällt die Überprüfung, wenn die betroffene Person nach § 9 oder § 10 des Sicherheitsüberprüfungsgesetzes überprüft wurde. Über das Entfallen einer Überprüfung unterrichtet die Luftsicherheitsbehörde die nach § 3 oder § 25 des Sicherheitsüberprüfungsgesetzes zuständige Stelle. Die nach § 3 oder § 25 des Sicherheitsüberprüfungsgesetzes zuständige Stelle informiert die Luftsicherheitsbehörde, wenn ein Sicherheitsrisiko nach § 5 des Sicherheitsüberprüfungsgesetzes festgestellt oder die Betrauung der betroffenen Person mit einer sicherheitsempfindlichen Tätigkeit gemäß § 16 Absatz 3 Satz 1 des Sicherheitsüberprüfungsgesetzes vorläufig untersagt wurde.

(3) Zur Überprüfung der Zuverlässigkeit darf die Luftsicherheitsbehörde

1. die Identität der betroffenen Person überprüfen,
2. Anfragen bei den Polizeivollzugs- und den Verfassungsschutzbehörden der Länder, der Bundespolizei und dem Zollkriminalamt sowie, soweit im Einzelfall erforderlich, dem Bundeskriminalamt, dem Bundesamt für Verfassungsschutz, dem Bundesnachrichtendienst, dem Militärischen Abschirmdienst und der Bundesbeauftragten für die Unterlagen des Staatssicherheitsdienstes der ehemaligen Deutschen Demokratischen Republik nach vorhandenen, für die Beurteilung der Zuverlässigkeit bedeutsamen Informationen stellen,
3. unbeschränkte Auskünfte aus dem Bundeszentralregister, eine Auskunft aus dem Erziehungsregister und eine Auskunft aus dem Zentralen Staatsanwaltschaftlichen Verfahrensregister einholen,
4. bei ausländischen betroffenen Personen um eine Auskunft aus dem Ausländerzentralregister ersuchen und, soweit im Einzelfall erforderlich, Anfragen an die zuständigen Ausländerbehörden nach Anhaltspunkten für eine Beeinträchtigung der öffentlichen Sicherheit durch die betroffene Person richten,

5. soweit im Einzelfall erforderlich, Anfragen an die Flugplatzbetreiber und Luftfahrtunternehmen sowie an die Arbeitgeber der letzten fünf Jahre und den gegenwärtigen Arbeitgeber der betroffenen Person nach dort vorhandenen, für die Beurteilung der Zuverlässigkeit bedeutsamen Informationen richten,
6. in Fällen der Überprüfung von Beliehenen nach § 16a Anhaltspunkte, die gegen eine Beleihung sprechen könnten, mit der beleihenden Behörde erörtern.

Die betroffene Person ist verpflichtet, an ihrer Überprüfung mitzuwirken. Soweit dies im Einzelfall geboten ist, kann diese Mitwirkungspflicht auch die Verpflichtung zur Beibringung eines ärztlichen Gutachtens, wenn Tatsachen die Annahme von Alkohol- oder Medikamentenabhängigkeit begründen, oder zur Durchführung eines Tests auf Betäubungsmittel nach dem Betäubungsmittelgesetz umfassen. Die Verpflichtung nach Satz 3 gilt auch, wenn die Überprüfung bereits abgeschlossen ist, jedoch Anhaltspunkte für den Missbrauch von Alkohol, Medikamenten oder Betäubungsmitteln vorlagen oder vorliegen.

(4) Begründen die Auskünfte nach Absatz 3 Satz 1 Nummer 2 bis 4 Anhaltspunkte für Zweifel an der Zuverlässigkeit der betroffenen Person, darf die Luftsicherheitsbehörde Auskünfte von Strafverfolgungsbehörden einholen.

(5) Die Luftsicherheitsbehörde gibt der betroffenen Person vor ihrer Entscheidung Gelegenheit, sich zu den eingeholten Auskünften zu äußern, soweit diese Zweifel an ihrer Zuverlässigkeit begründen und Geheimhaltungspflichten nicht entgegenstehen oder bei Auskünften durch Strafverfolgungsbehörden eine Gefährdung des Untersuchungszwecks nicht zu besorgen ist. Stammen die Erkenntnisse von einer der in Absatz 3 Nr. 2 oder Absatz 4 genannten Stellen, ist das Einvernehmen dieser Stellen erforderlich. Die betroffene Person ist verpflichtet, wahrheitsgemäße Angaben zu machen. Sie kann Angaben verweigern, die für sie oder eine der in § 52 Abs. 1 der Strafprozessordnung genannten Personen die Gefahr strafrechtlicher Verfolgung, der Verfolgung wegen einer Ordnungswidrigkeit oder von disziplinar- oder arbeitsrechtlichen Maßnahmen begründen könnten. Über die Verpflichtung wahrheitsgemäße Angaben zu machen und das Verweigerungsrecht ist die betroffene Person vorher zu belehren.

(6) Ohne eine abgeschlossene Zuverlässigkeitsüberprüfung, bei der keine Zweifel an der Zuverlässigkeit der betroffenen Person verbleiben, darf dieser kein Zugang zum Sicherheitsbereich des Flugplatzgeländes gewährt werden (Absatz 1 Satz 1 Nummer 1 und 5) oder sie darf ihre Tätigkeiten (Absatz 1 Satz 1 Nummer 2 bis 4) nicht aufnehmen. Zweifel an der Zuverlässigkeit der betroffenen Person verbleiben auch dann, wenn sie die ihr nach Absatz 3 Satz 2 und 3 obliegenden Mitwirkungspflichten nicht erfüllt.

(7) Die Luftsicherheitsbehörde darf die nach den Absätzen 3 und 4 erhobenen Daten nur zum Zwecke der Überprüfung der Zuverlässigkeit verarbeiten. Sie unterrichtet die betroffene Person, deren gegenwärtigen Arbeitgeber, das Flugplatz-, das Luftfahrtunternehmen oder die Flugsicherungsorganisation sowie die beteiligten Polizei- und Verfassungsschutzbehörden des Bundes und der Länder und das Zollkriminalamt über das Ergebnis der Überprüfung; dem gegenwärtigen Arbeitgeber dürfen die dem Ergebnis zugrunde liegenden Erkenntnisse nicht mitgeteilt werden. Weitere Informationen dürfen dem gegenwärtigen Arbeitgeber mitgeteilt werden, soweit sie für die Durchführung eines gerichtlichen Verfahrens im Zusammenhang mit der Zuverlässigkeitsüberprüfung erforderlich sind. § 161 der Strafprozessordnung bleibt unberührt.

(8) Die Luftsicherheitsbehörden unterrichten sich gegenseitig über die Durchführung von Zuverlässigkeitsüberprüfungen, soweit dies im Einzelfall erforderlich ist. Absatz 7 Satz 1 gilt entsprechend.

(9) Werden den nach Absatz 3 Satz 1 Nr. 2 beteiligten Behörden, den nach Absatz 3 Satz 1 Nr. 4 beteiligten Ausländerbehörden, dem jeweiligen Flugplatzbetreiber oder dem jeweiligen Luftfahrtunternehmen, für dessen oder deren Sicherheitsbereich eine Zugangsberechtigung nach § 10 erteilt wurde oder für den oder für die eine Tätigkeit nach § 7 Absatz 1 Satz 1 Nummer 2 aufgenommen wurde, oder dem gegenwärtigen Arbeitgeber im Nachhinein Informationen bekannt, die für die Beurteilung der Zuverlässigkeit einer der in Absatz 1 genannten Personen von Bedeutung sind, sind diese Stellen verpflichtet, die Luftsicherheitsbehörde über die vorliegenden Erkenntnisse zu informieren. Zu diesem Zweck dürfen sie Name, Vorname, Geburtsname, Geburtsdatum, Geburtsort, Wohnort und Staatsangehörigkeit der betroffenen Person sowie die Aktenfundstelle speichern.

Die Verfassungsschutzbehörden des Bundes und der Länder dürfen zu diesem Zweck die in Satz 2 genannten personenbezogenen Daten der betroffenen Person und ihre Aktenfundstelle zusätzlich auch in den gemeinsamen Dateien nach § 6 des Bundesverfassungsschutzgesetzes speichern. Die in Satz 1 genannten Behörden und Stellen unterrichten die Luftsicherheitsbehörde, zu welchen betroffenen Personen sie Daten gemäß den Sätzen 2 und 3 speichern.

(9a) Zuverlässigkeitsüberprüfte Personen im Sinne von Absatz 1 sind verpflichtet, der zuständigen Luftsicherheitsbehörde innerhalb eines Monats mitzuteilen:

1. Änderungen ihres Namens,
2. Änderungen ihres derzeitigen Wohnsitzes, sofern der Wohnsitzwechsel nicht innerhalb eines Landes stattfindet,
3. Änderungen ihres Arbeitgebers und
4. Änderungen der Art ihrer Tätigkeit.

(9b) Arbeitgeber, die Personen für überprüfungspflichtige Tätigkeiten im Sinne von Absatz 1 einsetzen, sind verpflichtet, der zuständigen Luftsicherheitsbehörde innerhalb eines Monats die Tätigkeitsaufnahme sowie Änderungen betreffend die Tätigkeit dieser Personen mitzuteilen.

(10) Die Luftsicherheitsbehörde darf auf Antrag der betroffenen Person Zuverlässigkeitsüberprüfungen,

die durch Stellen außerhalb des Geltungsbereichs dieses Gesetzes veranlasst werden, durchführen und bei solchen mitwirken. Die Luftsicherheitsbehörde darf der die Zuverlässigkeitsüberprüfung veranlassenden Stelle sicherheitserhebliche Informationen nach den Absätzen 3 und 4 sowie das Ergebnis der Zuverlässigkeitsüberprüfung der zuverlässigkeitsüberprüften Person übermitteln. Stammen die Informationen von einer der in Absatz 3 Satz 1 Nummer 2 oder Absatz 4 genannten Behörde, ist eine Übermittlung nur im Einvernehmen mit dieser Behörde zulässig. Die Datenübermittlung unterbleibt, soweit die betroffene Person ein schutzwürdiges Interesse am Ausschluss der Übermittlung hat, insbesondere wenn bei der empfangenden Stelle ein angemessenes Datenschutzniveau nicht gewährleistet ist. Die empfangende Stelle ist darauf zu verweisen, dass die übermittelten Daten nur für den Zweck verarbeitet werden dürfen, zu dessen Erfüllung sie übermittelt worden sind.

(11) Die im Rahmen einer Zuverlässigkeitsprüfung gespeicherten personenbezogenen Daten sind zu löschen

1. von den Luftsicherheitsbehörden
   a. bei positiver Bescheidung innerhalb von drei Jahren nach Ablauf der Gültigkeit der Zuverlässigkeitsüberprüfung,
   b. innerhalb von zwei Jahren im Fall der Ablehnung oder des Widerrufs der Zuverlässigkeit,
   c. unverzüglich nach Rücknahme des Antrags durch die betroffene Person, sofern dieser noch nicht beschieden wurde,
   d. im Fall des § 7 Absatz 2 Satz 4 innerhalb von drei Jahren nach Feststellung eines Sicherheitsrisikos nach § 5 des Sicherheitsüberprüfungsgesetzes;
2. von den nach den Absätzen 3 und 4 beteiligten Behörden und den nach Absatz 3 Satz 1 Nummer 5 beteiligten Stellen
   a. drei Monate nach Ende der regelmäßigen Gültigkeitsdauer einer Zuverlässigkeitsüberprüfung, gerechnet ab dem Zeitpunkt der Anfrage durch die Luftsicherheitsbehörde, oder
   b. unmittelbar nach Mitteilung durch die Luftsicherheitsbehörde im Fall von Ablehnungen, Rücknahmen oder Widerrufen.

Wenn Grund zu der Annahme besteht, dass durch die Löschung die schutzwürdigen Interessen der betroffenen Person beeinträchtigt würden, ist die Verarbeitung der Daten einzuschränken. In der Verarbeitung eingeschränkte Daten dürfen ohne Einwilligung der betroffenen Person nur verarbeitet werden, soweit dies zur Abwehr einer erheblichen Gefahr unerlässlich ist.
(12) Widerspruch und Anfechtungsklage gegen einen Widerruf oder eine Rücknahme einer Zuverlässigkeitsfeststellung haben keine aufschiebende Wirkung.

§ 9 Sicherheitsmaßnahmen der Luftfahrtunternehmen (1) Ein Luftfahrtunternehmen ist zum Schutz vor Angriffen auf die Sicherheit des Luftverkehrs verpflichtet,

1. Sicherheitsmaßnahmen bei der Abfertigung von Fluggästen und der Behandlung von Post, Gepäck, Fracht und Versorgungsgütern durchzuführen; dies beinhaltet insbesondere auch die Sicherstellung der Durchführung der in den Kapiteln 7 und 8 des Anhangs der Durchführungsverordnung (EU) 2015/1998 genannten Maßnahmen in Bezug auf Post, Material und Bordvorräte von Luftfahrtunternehmen;
2. die ihm auf einem Flugplatz überlassenen Bereiche der Luftseite gegen unberechtigten Zugang zu sichern und, soweit es sich um Sicherheitsbereiche handelt, den Zugang nur hierzu besonders berechtigten Personen zu gestatten; soweit Betriebsgebäude, Frachtanlagen und sonstige Betriebseinrichtungen von dem Luftfahrtunternehmen selbst oder in seinem Auftrag errichtet oder von ihm selbst betrieben werden, gilt § 8 Absatz 1 Nummer 1 bis 7 entsprechend;
3. Personal, das Luftsicherheitsaufgaben wahrnimmt, sowie Personen mit Zugang zu Sicherheitsbereichen oder zu Gegenständen, die zur Luftseite eines Flughafens oder in Luftfahrzeuge verbracht werden, nach Maßgabe von Abschnitt 11.2. des Anhangs der Durchführungsverordnung (EU) 2015/1998 zu schulen;
4. seine auf einem Flugplatz abgestellten Luftfahrzeuge so zu sichern, dass weder unberechtigte Personen Zutritt haben noch verbotene Gegenstände in das Luftfahrzeug verbracht werden können;
5. Luftfahrzeuge, die Gegenstand von Bedrohungen, insbesondere von Bombendrohungen sind, auf eine Sicherheitsposition zu verbringen oder bei einer

Verbringung durch den Flugplatzbetreiber nach § 8 Absatz 1 Satz 1 Nummer 7 mitzuwirken;

6. soweit erforderlich, an der Überprüfung nach § 7 mitzuwirken.

Die in Satz 1 Nummer 1 bis 6 aufgeführten Sicherheitsmaßnahmen sind von dem Unternehmen in einem Luftsicherheitsprogramm im Sinne des Artikels 13 Absatz 1 der Verordnung (EG) Nr. 300/2008 darzustellen, welches der Luftsicherheitsbehörde innerhalb einer von ihr zu bestimmenden Frist zur Zulassung vorzulegen ist; die Luftsicherheitsbehörde kann Ausnahmen von der Vorlagepflicht sowie für Luftfahrtunternehmen, die ausschließlich Luftfahrzeuge mit einem Höchstgewicht von bis zu 5,7 Tonnen betreiben, auch Ausnahmen von den Verpflichtungen nach Absatz 1 zulassen. In regelmäßigen Abständen von nicht mehr als fünf Jahren hat eine Überprüfung der Zulassungsvoraussetzungen zu erfolgen; die Luftsicherheitsbehörde kann kürzere Zeitabstände für die Überprüfung der Zulassungsvoraussetzungen festlegen. Bestehen begründete Zweifel am Fortbestand der Zulassungsvoraussetzungen, kann die Zulassung entzogen werden. Die Zulassung kann mit Nebenbestimmungen versehen werden. Nachträgliche Auflagen sind zulässig. Die Luftfahrtunternehmen sind verpflichtet, die im Luftsicherheitsprogramm oder die im nach Artikel 13 Absatz 3 Satz 1 der Verordnung (EG) Nr. 300/2008 anzuerkennenden Luftsicherheitsprogramm dargestellten Sicherheitsmaßnahmen innerhalb der von der Luftsicherheitsbehörde vorgegebenen Frist oder, soweit keine Frist vorgegeben wird, innerhalb eines Monats nach der Zulassung durchzuführen; sie benennen eine Person, die für die Sicherheit im Unternehmen zuständig ist.

(1a) Die Luftfahrtunternehmen sollen die Tätigkeit der Luftsicherheits-Verbindungsbeamten der Bundespolizei in Drittstaaten unterstützen.

(2) Absatz 1 gilt

1. für Luftfahrtunternehmen, die eine Genehmigung nach § 20 des Luftverkehrsgesetzes besitzen, auch außerhalb des Geltungsbereichs dieses Gesetzes, wenn und soweit die jeweils örtlich geltenden Vorschriften nicht entgegenstehen;
2. für Luftfahrtunternehmen, die ihren Hauptsitz außerhalb des Geltungsbereichs dieses Gesetzes haben, sofern sie Verkehrsflughäfen in der Bundesrepublik Deutschland benutzen, auch außerhalb des Geltungsbereichs dieses Gesetzes, wenn und soweit die jeweils örtlich geltenden Vorschriften nicht entgegenstehen.

(3) Die Luftsicherheitsbehörde kann ein Luftfahrtunternehmen zur Durchführung von Sicherheitsmaßnahmen entsprechend Absatz 1 auch auf sonstigen Flugplätzen verpflichten, soweit dies zur Sicherung des Betriebs des Luftfahrtunternehmens erforderlich ist.

(3a) Ein Luftfahrtunternehmen, das die Voraussetzungen nach Ziffer 6.8.1. des Anhangs der Durchführungsverordnung (EU) 2015/1998 erfüllt, wird als Luftfahrtunternehmen, das Luftfracht oder Luftpost von einem Drittstaaten-Flughafen in die Europäische Union befördert (ACC3), benannt.

(3b) Wurde ein ACC3 nach Ziffer 6.8.1.5. des Anhangs der Durchführungsverordnung (EU) 2015/1998 von der zuständigen Behörde eines EU-Mitgliedstaates in die Datenbank der Europäischen Union zur Sicherheit der Lieferkette aufgenommen, gilt es als für alle Beförderungen von dem erfassten Drittstaaten-Flughafen in die Bundesrepublik Deutschland als von der Luftsicherheitsbehörde anerkannt.

(3c) Die EU-Validierung der Luftsicherheit eines ACC3 kann durch in Drittstaaten entsandte Luftsicherheitsverbindungsbeamte der Bundespolizei, das Luftfahrt-Bundesamt, einem von

der Luftsicherheitsbehörde zugelassenen EU-Validierungsprüfer oder einem von der EU-Kommission als gleichwertig anerkannten Validierungsprüfer durchgeführt werden. Die Luftsicherheitsbehörde lässt natürliche oder juristische Personen als EU-Validierungsprüfer für die Luftsicherheit zu, wenn diese die in Ziffer 11.6.3. des Anhangs der Durchführungsverordnung (EU) 2015/1998 enthaltenen sowie durch Rechtsverordnung nach § 17 Absatz 7 näher bestimmten Voraussetzungen erfüllen. Die Zulassung kann mit Nebenbestimmungen versehen werden. Nachträgliche Auflagen sind zulässig.
(3d) Die von der zuständigen Behörde eines EU-Mitgliedstaates vorgenommene EU-Validierung der Luftsicherheit gilt als von der Luftsicherheitsbehörde anerkannt.
(4) Ein anderer als der in Absatz 1 bezeichnete Halter von Luftfahrzeugen kann von der Luftsicherheitsbehörde zur Durchführung der Sicherheitsmaßnahmen entsprechend den Absätzen 1 bis 3 verpflichtet werden, soweit dies zur Sicherung des Flugbetriebs erforderlich ist.

§ 16a Beleihung (1) Die zuständige Luftsicherheitsbehörde kann natürlichen Personen sowie teilrechtsfähigen Vereinigungen und juristischen Personen des Privatrechts als Beliehenen die Wahrnehmung folgender Aufgaben übertragen:

1. bestimmte Aufgaben bei der Durchführung von Sicherheitsmaßnahmen nach § 5 Absatz 1 bis 3 und
2. Zulassungs-, Zertifizierungs- und Überwachungsaufgaben nach § 9 Absatz 1 Satz 2 bis 6, § 9 Absatz 3, § 9a Absatz 2 und § 10a Absatz 2 bis 4.

(2) Die Beleihung ist nur zulässig, wenn

1. der zu Beleihende für die zu übertragende Aufgabe geeignet, sach- und fachkundig und zuverlässig ist; insbesondere müssen die erforderlichen speziellen rechtlichen und technischen Kenntnisse nachgewiesen werden,
2. die Erfüllung der übertragenen Aufgaben sichergestellt ist und
3. keine überwiegenden öffentlichen Interessen entgegenstehen.

Die beleihende Behörde hat sich anhand geeigneter Nachweise vom Vorliegen der in Satz 1 Nummer 1 genannten Voraussetzungen zu überzeugen. Die beleihende Behörde darf Auskünfte bei der Luftsicherheitsbehörde nach § 7 über dort vorliegende Erkenntnisse einholen.
(3) Die Beleihung kann jederzeit ganz oder teilweise zurückgenommen, widerrufen oder mit Nebenbestimmungen verbunden werden.
(4) Der Beliehene ist im Rahmen der ihm übertragenen Aufgaben und der sonst geltenden Gesetze befugt, die erforderlichen Maßnahmen zu treffen. § 3 Absatz 4 gilt entsprechend.
(5) Der Beliehene untersteht der Aufsicht der Luftsicherheitsbehörde, die die Beleihung vorgenommen hat.
(6) Wird der Rechtsträger der Luftsicherheitsbehörde, die die Beleihung vorgenommen hat, von einem Dritten wegen eines Schadens in Anspruch genommen, den der Beliehene in Ausübung des ihm anvertrauten Amtes diesem durch eine Amtspflichtverletzung zugefügt hat, so kann der Rechtsträger bei Vorsatz und grober Fahrlässigkeit beim Beliehenen Rückgriff nehmen. Vertragliche Ansprüche des Rechtsträgers aus demselben Schadensereignis gegen Dritte, insbesondere den Arbeitgeber des Beliehenen, bleiben unberührt und sind vorrangig geltend zu machen.

3.20 Gesetz zur Regelung eines allgemeinen Mindestlohns (Mindestlohngesetz – MiLoG)

§ 1 Mindestlohn (1) Jede Arbeitnehmerin und jeder Arbeitnehmer hat Anspruch auf Zahlung eines Arbeitsentgelts mindestens in Höhe des Mindestlohns durch den Arbeitgeber.
(2) Die Höhe des Mindestlohns beträgt ab dem 1. Januar 2015 brutto 8,50 Euro je Zeitstunde. Die Höhe des Mindestlohns kann auf Vorschlag einer ständigen Kommission der Tarifpartner (Mindestlohnkommission) durch Rechtsverordnung der Bundesregierung geändert werden.
(3) Die Regelungen des Arbeitnehmer-Entsendegesetzes, des Arbeitnehmerüberlassungsgesetzes und der auf ihrer Grundlage erlassenen Rechtsverordnungen gehen den Regelungen dieses Gesetzes vor, soweit die Höhe der auf ihrer Grundlage festgesetzten Branchenmindestlöhne die Höhe des Mindestlohns nicht unterschreitet.

§ 2 Fälligkeit des Mindestlohns (1) Der Arbeitgeber ist verpflichtet, der Arbeitnehmerin oder dem Arbeitnehmer den Mindestlohn
1. zum Zeitpunkt der vereinbarten Fälligkeit,
2. spätestens am letzten Bankarbeitstag (Frankfurt am Main) des Monats, der auf den Monat folgt, in dem die Arbeitsleistung erbracht wurde,

zu zahlen. Für den Fall, dass keine Vereinbarung über die Fälligkeit getroffen worden ist, bleibt § 614 des Bürgerlichen Gesetzbuchs unberührt.
(2) Abweichend von Absatz 1 Satz 1 sind bei Arbeitnehmerinnen und Arbeitnehmern die über die vertraglich vereinbarte Arbeitszeit hinausgehenden und auf einem schriftlich vereinbarten Arbeitszeitkonto eingestellten Arbeitsstunden spätestens innerhalb von zwölf Kalendermonaten nach ihrer monatlichen Erfassung durch bezahlte Freizeitgewährung oder Zahlung des Mindestlohns auszugleichen, soweit der Anspruch auf den Mindestlohn für die geleisteten Arbeitsstunden nach § 1 Absatz 1 nicht bereits durch Zahlung des verstetigten Arbeitsentgelts erfüllt ist. Im Falle der Beendigung des Arbeitsverhältnisses hat der Arbeitgeber nicht ausgeglichene Arbeitsstunden spätestens in dem auf die Beendigung des Arbeitsverhältnisses folgenden Kalendermonat auszugleichen. Die auf das Arbeitszeitkonto eingestellten Arbeitsstunden dürfen monatlich jeweils 50 Prozent der vertraglich vereinbarten Arbeitszeit nicht übersteigen.
(3) Die Absätze 1 und 2 gelten nicht für Wertguthabenvereinbarungen im Sinne des Vierten Buches Sozialgesetzbuch. Satz 1 gilt entsprechend für eine im Hinblick auf den Schutz der Arbeitnehmerinnen und Arbeitnehmer vergleichbare ausländische Regelung.

§ 3 Unabdingbarkeit des Mindestlohns Vereinbarungen, die den Anspruch auf Mindestlohn unterschreiten oder seine Geltendmachung beschränken oder ausschließen, sind insoweit unwirksam. Die Arbeitnehmerin oder der Arbeitnehmer kann auf den entstandenen Anspruch nach § 1 Absatz 1 nur durch gerichtlichen Vergleich verzichten; im Übrigen ist ein Verzicht ausgeschlossen. Die Verwirkung des Anspruchs ist ausgeschlossen.

§ 13 Haftung des Auftraggebers
§ 14 des Arbeitnehmer-Entsendegesetzes findet entsprechende Anwendung.

§ 14 Zuständigkeit Für die Prüfung der Einhaltung der Pflichten eines Arbeitgebers nach § 20 sind die Behörden der Zollverwaltung zuständig.

§ 20 Pflichten des Arbeitgebers zur Zahlung des Mindestlohns Arbeitgeber mit Sitz im In- oder Ausland sind verpflichtet, ihren im Inland beschäftigten Arbeitnehmerinnen und Arbeitnehmern ein Arbeitsentgelt mindestens in Höhe des Mindestlohns nach § 1 Absatz 2 spätestens zu dem in § 2 Absatz 1 Satz 1 Nummer 2 genannten Zeitpunkt zu zahlen.

3.21 Gesetz über Ordnungswidrigkeiten (OWiG) (Auszug)

§ 1 Begriffsbestimmung (1) Eine Ordnungswidrigkeit ist eine rechtswidrige und vorwerfbare Handlung, die den Tatbestand eines Gesetzes verwirklicht, das die Ahndung mit einer Geldbuße zulässt.
(2) Eine mit Geldbuße bedrohte Handlung ist eine rechtswidrige Handlung, die den Tatbestand eines Gesetzes im Sinne des Absatzes 1 verwirklicht, auch wenn sie nicht vorwerfbar begangen ist.

§ 2 Sachliche Geltung Dieses Gesetz gilt für Ordnungswidrigkeiten nach Bundesrecht und nach Landesrecht.

§ 3 Keine Ahndung ohne Gesetz Eine Handlung kann als Ordnungswidrigkeit nur geahndet werden, wenn die Möglichkeit der Ahndung gesetzlich bestimmt war, bevor die Handlung begangen wurde.

§ 4 Zeitliche Geltung (1) Die Geldbuße bestimmt sich nach dem Gesetz, das zur Zeit der Handlung gilt.
(2) Wird die Bußgelddrohung während der Begehung der Handlung geändert, so ist das Gesetz anzuwenden, das bei Beendigung der Handlung gilt.
(3) Wird das Gesetz, das bei Beendigung der Handlung gilt, vor der Entscheidung geändert, so ist das mildeste Gesetz anzuwenden.
(4) Ein Gesetz, das nur für eine bestimmte Zeit gelten soll, ist auf Handlungen, die während seiner Geltung begangen sind, auch dann anzuwenden, wenn es außer Kraft getreten ist. Dies gilt nicht, soweit ein Gesetz etwas anderes bestimmt.
(5) Für Nebenfolgen einer Ordnungswidrigkeit gelten die Absätze 1 bis 4 entsprechend.

§ 5 Räumliche Geltung Wenn das Gesetz nichts anderes bestimmt, können nur Ordnungswidrigkeiten geahndet werden, die im räumlichen Geltungsbereich dieses Gesetzes oder außerhalb dieses Geltungsbereichs auf einem Schiff oder in einem Luftfahrzeug begangen werden, das berechtigt ist, die Bundesflagge oder das Staatszugehörigkeitszeichen der Bundesrep. Deutschland zu führen.

§ 6 Zeit der Handlung Eine Handlung ist zu der Zeit begangen, zu welcher der Täter tätig geworden ist oder im Falle des Unterlassens hätte tätig werden müssen. Wann der Erfolg eintritt, ist nicht maßgebend.

§ 7 Ort der Handlung (1) Eine Handlung ist an jedem Ort begangen, an dem der Täter tätig geworden ist oder im Falle des Unterlassens hätte tätig werden müssen oder an dem der zum Tatbestand gehörende Erfolg eingetreten ist oder nach der Vorstellung des Täters eintreten sollte.
(2) Die Handlung eines Beteiligten ist auch an dem Ort begangen, an dem der Tatbestand des Gesetzes, das die Ahndung mit einer Geldbuße zulässt, verwirklicht worden ist oder nach der Vorstellung des Beteiligten verwirklicht werden sollte.

§ 8 Begehen durch Unterlassen Wer es unterlässt, einen Erfolg abzuwenden, der zum Tatbestand einer Bußgeldvorschrift gehört, handelt nach dieser Vorschrift nur dann ordnungswidrig, wenn er rechtlich dafür einzustehen hat, dass der Erfolg nicht eintritt, und wenn das Unterlassen der Verwirklichung des gesetzlichen Tatbestandes durch ein Tun entspricht.

§ 9 Handeln für einen anderen (1) Handelt jemand
1. als vertretungsberechtigtes Organ einer juristischen Person oder als Mitglied eines solchen Organs,
2. als vertretungsberechtigter Gesellschafter einer rechtsfähigen Personengesellschaft oder
3. als gesetzlicher Vertreter eines anderen,

so ist ein Gesetz, nach dem besondere persönliche Eigenschaften, Verhältnisse oder Umstände (besondere persönliche Merkmale) die Möglichkeit der Ahndung begründen, auch auf den Vertreter anzuwenden, wenn diese Merkmale zwar nicht bei ihm, aber bei dem Vertretenen vorliegen.

(2) Ist jemand von dem Inhaber eines Betriebes oder einem sonst dazu Befugten
1. beauftragt, den Betrieb ganz oder zum Teil zu leiten, oder
2. ausdrücklich beauftragt, in eigener Verantwortung Aufgaben wahrzunehmen, die dem Inhaber des Betriebes obliegen, und handelt er auf Grund dieses Auftrages, so ist ein Gesetz, nach dem besondere persönliche Merkmale die Möglichkeit der Ahndung begründen, auch auf den Beauftragten anzuwenden, wenn diese Merkmale zwar nicht bei ihm, aber bei dem Inhaber des Betriebes vorliegen. ...

(3) Die Absätze 1 und 2 sind auch dann anzuwenden, wenn die Rechtshandlung, welche die Vertretungsbefugnis oder das Auftragsverhältnis begründen sollte, unwirksam ist.

§ 10 Vorsatz und Fahrlässigkeit Als Ordnungswidrigkeit kann nur vorsätzliches Handeln geahndet werden, außer wenn das Gesetz fahrlässiges Handeln ausdrücklich mit Geldbuße bedroht.

§ 11 Irrtum (1) Wer bei Begehung einer Handlung einen Umstand nicht kennt, der zum gesetzlichen Tatbestand gehört, handelt nicht vorsätzlich. Die Möglichkeit der Ahndung wegen fahrlässigen Handelns bleibt unberührt.

(2) Fehlt dem Täter bei Begehung der Handlung die Einsicht, etwas Unerlaubtes zu tun, namentlich weil er das Bestehen oder die Anwendbarkeit einer Rechtsvorschrift nicht kennt, so handelt er nicht vorwerfbar, wenn er diesen Irrtum nicht vermeiden konnte.

§ 12 Verantwortlichkeit (1) Nicht vorwerfbar handelt, wer bei Begehung einer Handlung noch nicht vierzehn Jahre alt ist. Ein Jugendlicher handelt nur unter den Voraussetzungen des § 3 Satz 1 des Jugendgerichtsgesetzes vorwerfbar.

(2) Nicht vorwerfbar handelt, wer bei Begehung der Handlung wegen einer krankhaften seelischen Störung, wegen einer tiefgreifenden Bewußtseinsstörung oder wegen einer Intelligenzminderung oder einer schweren anderen seelischen Störung unfähig ist, das Unerlaubte der Handlung einzusehen oder nach dieser Einsicht zu handeln.

§ 13 Versuch (1) Eine Ordnungswidrigkeit versucht, wer nach seiner Vorstellung von der Handlung zur Verwirklichung des Tatbestandes unmittelbar ansetzt.
(2) Der Versuch kann nur geahndet werden, wenn das Gesetz es ausdrücklich bestimmt.
(3) Der Versuch wird nicht geahndet, wenn der Täter freiwillig die weitere Ausführung der Handlung aufgibt oder deren Vollendung verhindert. Wird die Handlung ohne Zutun des Zurücktretenden nicht vollendet, so genügt sein freiwilliges und ernsthaftes Bemühen, die Vollendung zu verhindern.
(4) Sind an der Handlung mehrere beteiligt, so wird der Versuch desjenigen nicht geahndet, der freiwillig die Vollendung verhindert. Jedoch genügt sein freiwilliges und ernsthaftes Bemühen, die Vollendung der Handlung zu verhindern, wenn sie ohne sein Zutun nicht vollendet oder unabhängig von seiner früheren Beteiligung begangen wird.

§ 14 Beteiligung (1) Beteiligen sich mehrere an einer Ordnungswidrigkeit, so handelt jeder von ihnen ordnungswidrig. Dies gilt auch dann, wenn besondere persönliche Merkmale (§ 9 Abs. 1), welche die Möglichkeit der Ahndung begründen, nur bei einem Beteiligten vorliegen.
(2) Die Beteiligung kann nur dann geahndet werden, wenn der Tatbestand eines Gesetzes, das die Ahndung mit einer Geldbuße zulässt, rechtswidrig verwirklicht wird oder in Fällen, in denen auch der Versuch geahndet werden kann, dies wenigstens versucht wird.
(3) Handelt einer der Beteiligten nicht vorwerfbar, so wird dadurch die Möglichkeit der Ahndung bei den anderen nicht ausgeschlossen. Bestimmt das Gesetz, dass besondere persönliche Merkmale die Möglichkeit der Ahndung ausschließen, so gilt dies nur für den Beteiligten, bei dem sie vorliegen.
(4) Bestimmt das Gesetz, dass eine Handlung, die sonst eine Ordnungswidrigkeit wäre, bei besonderen persönlichen Merkmalen des Täters eine Straftat ist, so gilt dies nur für den Beteiligten, bei dem sie vorliegen.

§ 15 Notwehr (1) Wer eine Handlung begeht, die durch Notwehr geboten ist, handelt nicht rechtswidrig.
(2) Notwehr ist die Verteidigung, die erforderlich ist, um einen gegenwärtigen rechtswidrigen Angriff von sich oder einem anderen abzuwenden.
(3) Überschreitet der Täter die Grenzen der Notwehr aus Verwirrung, Furcht oder Schrecken, so wird die Handlung nicht geahndet.

§ 16 Rechtfertigender Notstand Wer in einer gegenwärtigen, nicht anders abwendbaren Gefahr für Leben, Leib, Freiheit, Ehre, Eigentum oder ein anderes Rechtsgut eine Handlung begeht, um die Gefahr von sich oder einem anderen abzuwenden, handelt nicht rechtswidrig, wenn bei Abwägung der widerstreitenden Interessen, namentlich der betroffenen Rechtsgüter und des Grades der ihnen drohenden Gefahren, das geschützte Interesse das beeinträchtigte wesentlich überwiegt. Dies gilt jedoch nur, soweit die Handlung ein angemessenes Mittel ist, die Gefahr abzuwenden.

§ 17 Höhe der Geldbuße (1) Die Geldbuße beträgt mindestens fünf Euro und, wenn das Gesetz nichts anderes bestimmt, höchstens eintausend Euro.
(2) Droht das Gesetz für vorsätzliches und fahrlässiges Handeln Geldbuße an, ohne im Höchstmaß zu unterscheiden, so kann fahrlässiges Handeln im Höchstmaß nur mit der Hälfte des angedrohten Höchstbetrages der Geldbuße geahndet werden.

(3) Grundlage für die Zumessung der Geldbuße sind die Bedeutung der Ordnungswidrigkeit und der Vorwurf, der den Täter trifft. Auch die wirtschaftlichen Verhältnisse des Täters kommen in Betracht; bei geringfügigen Ordnungswidrigkeiten bleiben sie jedoch in der Regel unberücksichtigt.
(4) Die Geldbuße soll den wirtschaftlichen Vorteil, den der Täter aus der Ordnungswidrigkeit gezogen hat, übersteigen. Reicht das gesetzliche Höchstmaß hierzu nicht aus, so kann es überschritten werden.

§ 21 Zusammentreffen von Straftat und Ordnungswidrigkeit (1) Ist eine Handlung gleichzeitig Straftat und Ordnungswidrigkeit, so wird nur das Strafgesetz angewendet. Auf die in dem anderen Gesetz angedrohten Nebenfolgen kann erkannt werden.
(2) Im Falle des Absatzes 1 kann die Handlung jedoch als Ordnungswidrigkeit geahndet werden, wenn eine Strafe nicht verhängt wird.

§ 35 Verfolgung und Ahndung durch die Verwaltungsbehörde (1) Für die Verfolgung von Ordnungswidrigkeiten ist die Verwaltungsbehörde zuständig, soweit nicht hierzu nach diesem Gesetz die Staatsanwaltschaft oder an ihrer Stelle für einzelne Verfolgungshandlungen der Richter berufen ist.
(2) Die Verwaltungsbehörde ist auch für die Ahndung von Ordnungswidrigkeiten zuständig, soweit nicht hierzu nach diesem Gesetz das Gericht berufen ist.

§ 36 Sachliche Zuständigkeit der Verwaltungsbehörde (1) Sachlich zuständig ist
1. die Verwaltungsbehörde, die durch Gesetz bestimmt wird,
2. mangels einer solchen Bestimmung
   a) die fachlich zuständige oberste Landesbehörde oder
   b) das fachlich zuständige Bundesministerium, soweit das Gesetz von Bundesbehörden ausgeführt wird.

(2) ...
(3) ...

§ 37 Örtliche Zuständigkeit der Verwaltungsbehörde (1) Örtlich zuständig ist die Verwaltungsbehörde, in deren Bezirk
1. die Ordnungswidrigkeit begangen oder entdeckt worden ist oder
2. der Betroffene zur Zeit der Einleitung des Bußgeldverfahrens seinen Wohnsitz hat.

(2) – (4) ...

§ 53 Aufgaben der Polizei (1) Die Behörden und Beamten des Polizeidienstes haben nach pflichtgemäßem Ermessen Ordnungswidrigkeiten zu erforschen und dabei alle unaufschiebbaren Anordnungen zu treffen, um die Verdunkelung der Sache zu verhüten. Sie haben bei der Erforschung von Ordnungswidrigkeiten, soweit dieses Gesetz nichts anderes bestimmt, dieselben Rechte und Pflichten wie bei der Verfolgung von Straftaten. Ihre Akten übersenden sie unverzüglich der Verwaltungsbehörde, in den Fällen des Zusammenhangs (§ 42) der Staatsanwaltschaft.
(2) Die Beamten des Polizeidienstes, die zu Ermittlungspersonen der Staatsanwaltschaft bestellt sind (§ 152 des Gerichtsverfassungsgesetzes), können nach den für sie geltenden Vorschriften der Strafprozessordnung Beschlagnahmen, Durchsuchungen, Untersuchungen und sonstige Maßnahmen anordnen.

§ 55 Anhörung des Betroffenen (1) § 163a Abs. 1 der Strafprozessordnung ist mit der Einschränkung anzuwenden, dass es genügt, wenn dem Betroffenen Gelegenheit gegeben wird, sich zu der Beschuldigung zu äußern.
(2) ...

§ 56 Verwarnung durch die Verwaltungsbehörde (1) Bei geringfügigen Ordnungswidrigkeiten kann die Verwaltungsbehörde den Betroffenen verwarnen und ein Verwarnungsgeld von fünf bis fünfundfünfzig Euro erheben. Sie kann eine Verwarnung ohne Verwarnungsgeld erteilen.
(2) Die Verwarnung nach Abs. 1 Satz 1 ist nur wirksam, wenn der Betroffene nach Belehrung über sein Weigerungsrecht mit ihr einverstanden ist und das Verwarnungsgeld entsprechend der Bestimmung der Verwaltungsbehörde entweder sofort zahlt oder innerhalb einer Frist, die eine Woche betragen soll, bei der hierfür bezeichneten Stelle oder bei der Post zur Überweisung an diese Stelle einzahlt. Eine solche Frist soll bewilligt werden, wenn der Betroffene das Verwarnungsgeld nicht sofort zahlen kann oder wenn es höher ist als zehn Euro.
(3) - (4) ...

§ 57 Verwarnung durch Beamte des Außen- und Polizeidienstes (1) Personen, die ermächtigt sind, die Befugnis nach § 56 für die Verwaltungsbehörde im Außendienst wahrzunehmen, haben sich entsprechend auszuweisen.
(2) Die Befugnis nach § 56 steht auch den hierzu ermächtigten Beamten des Polizeidienstes zu, die eine Ordnungswidrigkeit entdecken oder im ersten Zugriff verfolgen und sich durch ihre Dienstkleidung oder in anderer Weise ausweisen.

§ 65 Allgemeines Die Ordnungswidrigkeit wird, soweit dieses Gesetz nichts anderes bestimmt, durch Bußgeldbescheid geahndet.

§ 67 Form und Frist (1) Der Betroffene kann gegen den Bußgeldbescheid innerhalb von zwei Wochen nach Zustellung schriftlich oder zur Niederschrift bei der Verwaltungsbehörde, die den Bußgeldbescheid erlassen hat, Einspruch einlegen. Die §§ 297 bis 300 und 302 der Strafprozessordnung über Rechtsmittel gelten entsprechend.
(2) Der Einspruch kann auf bestimmte Beschwerdepunkte beschränkt werden.

§ 68 Zuständiges Gericht (1) Bei einem Einspruch gegen den Bußgeldbescheid entscheidet das Amtsgericht, in dessen Bezirk die Verwaltungsbehörde ihren Sitz hat. Der Richter beim Amtsgericht entscheidet allein.
(2) - (3) ...

§ 79 Rechtsbeschwerde (1) Gegen das Urteil und den Beschluss nach § 72 ist Rechtsbeschwerde zulässig, wenn
1. gegen den Betroffenen eine Geldbuße von mehr als zweihundertfünfzig Euro festgesetzt worden ist,
2. eine Nebenfolge angeordnet worden ist, es sei denn, dass es sich um eine Nebenfolge vermögensrechtlicher Art handelt, deren Wert im Urteil oder im Beschluss nach § 72 auf nicht mehr als zweihundertfünfzig Euro festgesetzt worden ist,

3. der Betroffene wegen einer Ordnungswidrigkeit freigesprochen oder das Verfahren eingestellt oder von der Verhängung eines Fahrverbotes abgesehen worden ist und wegen der Tat im Bußgeldbescheid oder Strafbefehl eine Geldbuße von mehr als sechshundert Euro festgesetzt, ein Fahrverbot verhängt oder eine solche Geldbuße oder ein Fahrverbot von der Staatsanwaltschaft beantragt worden war,
4. der Einspruch durch Urteil als unzulässig verworfen worden ist oder
5. ...

(2) – (6) ...

§ 89 Vollstreckbarkeit der Bußgeldentscheidungen Bußgeldentscheidungen sind vollstreckbar, wenn sie rechtskräftig geworden sind.

§ 117 Unzulässiger Lärm (1) Ordnungswidrig handelt, wer ohne berechtigten Anlass oder in einem unzulässigen oder nach den Umständen vermeidbaren Ausmaß Lärm erregt, der geeignet ist, die Allgemeinheit oder die Nachbarschaft erheblich zu belästigen oder die Gesundheit eines anderen zu schädigen.
(2) Die Ordnungswidrigkeit kann mit einer Geldbuße bis zu fünftausend Euro geahndet werden, wenn die Handlung nicht nach anderen Vorschriften geahndet werden kann.

§ 121 Halten gefährlicher Tiere (1) Ordnungswidrig handelt, wer vorsätzlich oder fahrlässig

1. ein gefährliches Tier einer wildlebenden Art oder ein bösartiges Tier sich frei umherbewegen lässt oder
2. als Verantwortlicher für die Beaufsichtigung eines solchen Tieres es unterlässt, die nötigen Vorsichtsmaßnahmen zu treffen, um Schäden durch das Tier zu verhüten.

(2) Die Ordnungswidrigkeit kann mit einer Geldbuße geahndet werden.

§ 122 Vollrausch (1) Wer sich vorsätzlich oder fahrlässig durch alkoholische Getränke oder andere berauschende Mittel in einen Rausch versetzt, handelt ordnungswidrig, wenn er in diesem Zustand eine mit Geldbuße bedrohte Handlung begeht und ihretwegen gegen ihn keine Geldbuße festgesetzt werden kann, weil er infolge des Rausches nicht vorwerfbar gehandelt hat oder weil dies nicht auszuschließen ist.
(2) Die Ordnungswidrigkeit kann mit einer Geldbuße geahndet werden. Die Geldbuße darf nicht höher sein als die Geldbuße, die für die im Rausch begangene Handlung angedroht ist.

3.22 Verordnung über die Prüfung zum anerkannten Abschluss Geprüfter Meister/Geprüfte Meisterin für Schutz und Sicherheit (SchSiMeistPrV) (Auszug)

§ 1 Ziel der Prüfung und Bezeichnung des Abschlusses (1) Zum Nachweis von Kenntnissen, Fertigkeiten und Erfahrungen, die durch die berufliche Fortbildung zum Geprüften Meister / zur Geprüften Meisterin für Schutz und Sicherheit erworben worden sind, kann die zuständige Stelle Prüfungen nach den §§ 2 bis 10 durchführen.

(2) Ziel der Prüfung ist der Nachweis der Qualifikation zum Geprüften Meister/zur Geprüften Meisterin für Schutz und Sicherheit und damit die Befähigung:

1. in privaten und öffentlichen Unternehmen unterschiedlicher Größe und Branchenzugehörigkeit sowie in verschiedenen Bereichen und Tätigkeitsfeldern eines Unternehmens Sach-, Organisations- und Führungsaufgaben wahrzunehmen und
2. sich auf veränderte Methoden und Systeme, auf sich verändernde Strukturen der Arbeitsorganisation und auf neue Methoden der Organisationsentwicklung, der Personalführung und -entwicklung flexibel einzustellen sowie den technisch-organisatorischen Wandel im Unternehmen mitzugestalten.

(3) Durch die Prüfung ist festzustellen, ob die Qualifikation vorhanden ist, folgende im Zusammenhang stehende Aufgaben eines Geprüften Meisters/einer Geprüften Meisterin für Schutz und Sicherheit wahrnehmen zu können:

1. Planen und Organisieren von Sicherheits- und Ordnungsaufgaben unter Berücksichtigung technischer, wirtschaftlicher, rechtlicher, personeller und sozialer Rahmenbedingungen;
2. Durchführen von Sicherheitsanalysen und Entwickeln von Sicherheitskonzepten; Übertragen von Sicherheits- und Ordnungsaufgaben auf die Mitarbeiter und Mitarbeiterinnen unter Berücksichtigung ihrer Leistungsfähigkeit, Qualifikation und Eignung;
3. Führen und Fördern von Mitarbeitern und Mitarbeiterinnen; dazu gehören ihre Einführung in neue Arbeitsbereiche, ihre Anleitung zu selbstständigem und verantwortlichem Handeln, ihre Vorbereitung auf besondere psychologische Anforderungen ihrer Tätigkeit sowie die verantwortliche Ausbildung von Auszubildenden;
4. Überwachen von Schutz- und Sicherheitseinrichtungen; Sicherstellen der Kontrollen der eingesetzten Technik hinsichtlich ihrer Eignung und Funktion;
5. Steuern der Arbeitsabläufe; Überwachen der Kosten und der Arbeitsleistung; Koordinieren von Maßnahmen zur Zusammenarbeit mit anderen Betriebseinheiten und Dritten;
6. Sicherstellen qualitätssichernder Maßnahmen; in enger Zusammenarbeit mit den für die Sicherheit zuständigen Fachkräften die Einhaltung der Arbeits-, Sicherheits-, Umwelt- und Gesundheitsvorschriften gewährleisten; sensibilisieren der Mitarbeiter und Mitarbeiterinnen für Belange des Informations- und Datenschutzes.

(4) Die erfolgreich abgelegte Prüfung führt zum anerkannten Abschluss Geprüfter Meister/Geprüfte Meisterin für Schutz und Sicherheit.

§ 2 Umfang der Meisterqualifikation und Gliederung der Prüfung (1) Die Qualifikation zum Geprüften Meister/zur Geprüften Meisterin für Schutz und Sicherheit umfasst:

1. Berufs- und arbeitspädagogische Qualifikationen,
2. Grundlegende Qualifikationen,
3. Handlungsspezifische Qualifikationen.

(2) Der Erwerb der berufs- und arbeitspädagogischen Qualifikationen gemäß der Ausbilder-Eignungsverordnung nach dem Berufsbildungsgesetz oder auf Grund einer anderen öffentlich-rechtlichen Regelung, wenn die nachgewiesenen Kenntnisse den Anforderungen nach den §§ 2 bis 4 der Ausbilder-Eignungsverordnung gleichwertig sind, ist nachzuweisen. Der Nachweis ist vor Beginn der letzten Prüfungsleistung zu erbringen.

(3) Die Prüfung zum Geprüften Meister/zur Geprüften Meisterin für Schutz und Sicherheit gliedert sich in die Prüfungsteile:

1. Grundlegende Qualifikationen und
2. Handlungsspezifische Qualifikationen.

(4) Im Prüfungsteil nach Abs. 3 Nr. 1 ist schriftlich in Form von anwendungsbezogenen Aufgabenstellungen gemäß § 4 zu prüfen.

(5) Im Prüfungsteil nach Abs. 3 Nr. 2 ist schriftlich und mündlich in Form von handlungsspezifischen Aufgabenstellungen gemäß § 5 zu prüfen.

§ 3 Zulassungsvoraussetzungen (1) Zur Prüfung im Prüfungsteil „Grundlegende Qualifikationen" ist zuzulassen, wer Folgendes nachweist:

1. eine mit Erfolg abgelegte Abschlussprüfung in einem dreijährigen anerkannten Ausbildungsberuf, der einem sicherheitsrelevanten Beruf zugeordnet werden kann, oder
2. eine mit Erfolg abgelegte Abschlussprüfung in einem anderen sicherheitsrelevanten anerkannten Ausbildungsberuf und eine mindestens einjährige Berufspraxis oder
3. eine mit Erfolg abgelegte Abschlussprüfung in einem anderen anerkannten Ausbildungsberuf und eine mindestens zweijährige Berufspraxis oder
4. eine mindestens vierjährige Berufspraxis oder
5. eine mit Erfolg abgelegte Prüfung zur Geprüften Werkschutzfachkraft.

(2) Zur Prüfung im Prüfungsteil "Handlungsspezifische Qualifikationen" ist zuzulassen, wer Folgendes nachweist:

1. das Ablegen des Prüfungsteils "Grundlegende Qualifikationen", das nicht länger als fünf Jahre zurückliegt, und
2. zu den in Abs. 1 Nummer 1 bis 5 genannten Voraussetzungen ein weiteres Jahr Berufspraxis.

(3) Die Berufspraxis gemäß den Absätzen 1 und 2 soll wesentliche Bezüge zu den Aufgaben eines Geprüften Meisters/einer Geprüften Meisterin für Schutz und Sicherheit gemäß § 1 Abs. 3 haben.

(4) Abweichend von den in den Absätzen 1 und 2 Nr. 2 genannten Voraussetzungen kann zur Prüfung in den Prüfungsteilen auch zugelassen werden, wer durch Vorlage von Zeugnissen oder auf andere Weise glaubhaft macht, Kenntnisse, Fertigkeiten und Erfahrungen erworben zu haben, die die Zulassung zur Prüfung rechtfertigen.

§ 4 Grundlegende Qualifikationen (1) Im Prüfungsteil "Grundlegende Qualifikationen" ist in folgenden Prüfungsbereichen zu prüfen:

1. Rechtsbewusstes Handeln,
2. Betriebswirtschaftliches Handeln,

3. Zusammenarbeit im Betrieb.

(2) Im Prüfungsbereich "Rechtsbewusstes Handeln" soll die Fähigkeit nachgewiesen werden, im Rahmen praxisbezogener Handlungen einschlägige Rechtsvorschriften berücksichtigen zu können. Dazu gehört, die Arbeitsbedingungen der Mitarbeiter und Mitarbeiterinnen unter arbeitsrechtlichen Aspekten zu gestalten sowie die Arbeitssicherheit, den Gesundheitsschutz und den Umweltschutz nach rechtlichen Grundlagen zu gewährleisten und die Zusammenarbeit mit den entsprechenden Institutionen sicherzustellen. In diesem Rahmen können folgende Qualifikationsinhalte geprüft werden:

1. Berücksichtigen arbeitsrechtlicher Vorschriften und Bestimmungen bei der Gestaltung individueller Arbeitsverhältnisse und bei Fehlverhalten von Mitarbeitern und Mitarbeiterinnen, insbesondere unter Berücksichtigung des Arbeitsvertragsrechts, des Tarifvertragsrechts und betrieblicher Vereinbarungen;
2. Berücksichtigen der Vorschriften des Betriebsverfassungsgesetzes und des Personalvertretungsrechts;
3. Berücksichtigen rechtlicher Bestimmungen hinsichtlich der Sozialversicherungen, der Entgeltfindung sowie der Arbeitsförderung;
4. Berücksichtigen arbeitsschutz- und arbeitssicherheitsrechtlicher Vorschriften und Bestimmungen in Abstimmung mit betrieblichen und außerbetrieblichen Institutionen;
5. Berücksichtigen der Vorschriften des Umweltrechts, insbesondere hinsichtlich des Gewässer- und Bodenschutzes, der Abfallbeseitigung, der Luftreinhaltung und Lärmbekämpfung, des Strahlenschutzes und des Schutzes vor gefährlichen Stoffen;
6. Berücksichtigen einschlägiger wirtschaftsrechtlicher Vorschriften und Bestimmungen sowie des Datenschutzes.

(3) Im Prüfungsbereich "Betriebswirtschaftliches Handeln" soll die Fähigkeit nachgewiesen werden, betriebswirtschaftliche Gesichtspunkte im Rahmen praxisbezogener Handlungen berücksichtigen und volkswirtschaftliche Zusammenhänge aufzeigen zu können. Es sollen Unternehmensformen dargestellt sowie deren Auswirkungen auf die eigene Aufgabenwahrnehmung analysiert und beurteilt werden können. Weiterhin soll die Fähigkeit nachgewiesen werden, betriebliche Abläufe nach wirtschaftlichen Gesichtspunkten planen, beurteilen und beeinflussen zu können. In diesem Rahmen können folgende Qualifikationsinhalte geprüft werden:

1. Berücksichtigen von ökonomischen Handlungsprinzipien unter Einbeziehung volkswirtschaftlicher Zusammenhänge und sozialer Wirkungen;
2. Berücksichtigen der Grundsätze betrieblicher Aufbau- und Ablauforganisation;
3. Nutzen und Möglichkeiten der Organisationsentwicklung;
4. Anwenden von Methoden der Entgeltfindung und der kontinuierlichen betrieblichen Verbesserung;
5. Durchführung von Kostenarten-, Kostenstellen- und Kostenträgerrechnungen sowie von Kalkulationsverfahren.

(4) Im Prüfungsbereich "Zusammenarbeit im Betrieb" soll die Fähigkeit nachgewiesen werden, Zusammenhänge des Sozialverhaltens erkennen, ihre Auswirkungen auf die Zusammenarbeit beurteilen und durch angemessene Maßnahmen auf eine zielorientierte und effiziente Zusammenarbeit hinwirken zu können. Die Fähigkeit umfasst, die Leistungsbereitschaft der Mitarbeiter und Mitarbeiterinnen zu fördern, betriebliche

Probleme und soziale Ein Konflikte zu lösen sowie Führungsgrundsätze berücksichtigen und angemessene Führungstechniken anwenden zu können. In diesem Rahmen können folgende Qualifikationsinhalte geprüft werden:

1. Beurteilen und Fördern der beruflichen Entwicklung Einzelner unter Beachtung des bisherigen Berufsweges und unter Berücksichtigung persönlicher und sozialer Gegebenheiten;
2. Beurteilen und Berücksichtigen des Einflusses von Arbeitsorganisation und Arbeitsplatz auf das Sozialverhalten und das Betriebsklima sowie Ergreifen von Maßnahmen zur Verbesserung;
3. Beurteilen von Einflüssen der Gruppenstruktur auf das Gruppenverhalten und die Zusammenarbeit sowie Entwickeln und Umsetzen von Alternativen;
4. Auseinandersetzen mit eigenem und fremdem Führungsverhalten, Umsetzen von Führungsgrundsätzen;
5. Anwenden von Führungsmethoden und -techniken einschließlich Vereinbarungen entsprechender Handlungsspielräume, um Leistungsbereitschaft und Zusammenarbeit der Mitarbeiter und Mitarbeiterinnen zu fördern;
6. Fördern der Kommunikation und Kooperation durch Anwenden von Methoden zur Lösung betrieblicher Probleme und sozialer Konflikte.

(5) Die Bearbeitungsdauer für die schriftlichen Aufgaben in den in Abs. 1 Nr. 1 bis 3 genannten Prüfungsbereichen soll insgesamt höchstens fünf Stunden betragen, für jeden Prüfungsbereich mindestens 90 Minuten.

(6) Wurde in nicht mehr als einem der in Abs. 1 Nr. 1 bis 3 genannten Prüfungsbereichen eine mangelhafte Prüfungsleistung erbracht, ist darin eine mündliche Ergänzungsprüfung anzubieten. Bei einer ungenügenden Prüfungsleistung besteht diese Möglichkeit nicht. Die Ergänzungsprüfung soll in der Regel nicht länger als 20 Minuten dauern. Die Bewertung der schriftlichen Prüfungsleistung und die der mündlichen Ergänzungsprüfung werden zu einer Note zusammengefasst. Dabei wird die Bewertung der schriftlichen Prüfungsleistung doppelt gewichtet.

§ 5 Handlungsspezifische Qualifikationen (1) Der Prüfungsteil "Handlungsspezifische Qualifikationen" umfasst die Handlungsbereiche "Schutz- und Sicherheitstechnik", "Organisation" sowie "Führung und Personal". Die Handlungsbereiche werden durch die in Abs. 2 Nr. 1 bis 3 genannten Qualifikationsschwerpunkte beschrieben. Es werden drei die Handlungsbereiche integrierende Situationsaufgaben nach den Absätzen 3 bis 5 unter Berücksichtigung der grundlegenden Qualifikationen gestellt. Zwei der Situationsaufgaben sind schriftlich zu lösen, eine Situationsaufgabe ist Gegenstand des situationsgebundenen Fachgespräches nach Abs. 6. Die Situationsaufgaben sind so zu gestalten, dass alle Qualifikationsschwerpunkte der Handlungsbereiche mindestens einmal thematisiert werden. Die Prüfungsdauer der schriftlichen Situationsaufgaben beträgt jeweils mindestens drei Stunden, insgesamt jedoch nicht mehr als acht Stunden.

(2) Die Handlungsbereiche enthalten folgende Qualifikationsschwerpunkte:

1. Handlungsbereich "Schutz- und Sicherheitstechnik":
   a) Bauliche und mechanische Schutz- und Sicherheitseinrichtungen,
   b) Elektronische Schutz- und Sicherheitseinrichtungen,
   c) Spezielle Schutz- und Sicherheitseinrichtungen,
   d) Kommunikations- und Informationstechnik;

2. Handlungsbereich "Organisation":
   a) Kostenwesen,
   b) Anwenden von Methoden der Planung und Kommunikation,
   c) Arbeits-, Umwelt- und Gesundheitsschutz,
   d) Recht;
3. Handlungsbereich "Führung und Personal":
   a) Personalführung,
   b) Personalentwicklung,
   c) Qualitätsmanagement.

(3) In der Situationsaufgabe aus dem Handlungsbereich "Schutz- und Sicherheitstechnik" sollen seine Qualifikationsschwerpunkte den Kern bilden. Die Situationsaufgabe soll darüber hinaus Qualifikationsinhalte aus den Schwerpunkten der Handlungsbereiche "Organisation" sowie "Führung und Personal" integrativ mit berücksichtigen. Im Einzelnen kann die Situationsaufgabe folgende Qualifikationsinhalte aus dem Handlungsbereich "Schutz- und Sicherheitstechnik" mit den Schwerpunkten gemäß den Nummern 1 bis 4 umfassen:

1. Im Qualifikationsschwerpunkt "Bauliche und mechanische Schutz- und Sicherheitseinrichtungen" soll die Fähigkeit nachgewiesen werden, bei Neubeschaffung oder Erneuerung der erforderlichen baulichen und mechanischen Schutz- und Sicherheitseinrichtungen mitwirken sowie alle Maßnahmen für deren Funktionsfähigkeit und Einsatz zusammen mit den Mitarbeitern und Mitarbeiterinnen entsprechend den Normen und Vorschriften gewährleisten zu können. In diesem Rahmen können folgende Qualifikationsinhalte in den Situationsaufgaben geprüft werden:
   a) Mitwirken bei der Bedarfsermittlung, der Planung und der Auswahl,
   b) Überwachen und Bewerten der Funktionsfähigkeit,
   c) Veranlassen von Revisions- und Instandsetzungsarbeiten,
   d) Mitwirken bei der Fortbildung,
   e) Unterweisen der Mitarbeiter und Mitarbeiterinnen in der Technik;
2. im Qualifikationsschwerpunkt "Elektronische Schutz- und Sicherheitseinrichtungen" soll die Fähigkeit nachgewiesen werden, bei Neubeschaffung oder Erneuerung der erforderlichen elektronischen Schutz- und Sicherheitseinrichtungen mitwirken sowie alle Maßnahmen für deren Funktionsfähigkeit und Einsatz zusammen mit den Mitarbeitern und Mitarbeiterinnen entsprechend den Normen und Vorschriften gewährleisten zu können. In diesem Rahmen können folgende Qualifikationsinhalte in den Situationsaufgaben geprüft werden:
   a) Mitwirken bei der Bedarfsermittlung, der Planung und der Auswahl,
   b) Überwachen und Bewerten der Funktionsfähigkeit,
   c) Veranlassen von Revisions- und Instandsetzungsarbeiten,
   d) Mitwirken bei der Erneuerung der eingesetzten Technik,
   e) Unterweisen der Mitarbeiter und Mitarbeiterinnen in der Technik,
   f) Überwachen der sachgerechten Aufbewahrung und Pflege,
   g) Sicherstellen der Verfügbarkeit und der Einsatzbereitschaft,
   h) Gewährleisten des situationsgerechten Einsatzes,
   i) Beachten von entsprechenden Vorschriften und Normen;

3. im Qualifikationsschwerpunkt "Spezielle Schutz- und Sicherheitseinrichtungen" soll die Fähigkeit nachgewiesen werden, bei Neubeschaffung oder Erneuerung der erforderlichen speziellen Schutz- und Sicherheitseinrichtungen mitwirken sowie alle Maßnahmen für deren Funktionsfähigkeit und EinSatz zusammen mit den Mitarbeitern und Mitarbeiterinnen entsprechend den Normen und Vorschriften gewährleisten zu können. In diesem Rahmen können folgende Qualifikationsinhalte in den Situationsaufgaben geprüft werden:
   a) Mitwirken bei der Bedarfsermittlung, der Planung und der Auswahl,
   b) Überwachen und Bewerten der Funktionsfähigkeit,
   c) Veranlassen von Revisions- und Instandsetzungsarbeiten,
   d) Mitwirken bei der Fortbildung,
   e) Unterweisen der Mitarbeiter und Mitarbeiterinnen in der Technik,
   f) Überwachen der sachgerechten Aufbewahrung und Pflege,
   g) Sicherstellen der Verfügbarkeit und der Einsatzbereitschaft,
   h) Gewährleisten des situationsgerechten Einsatzes,
   i) Beachten von entsprechenden Vorschriften und Normen;
4. im Qualifikationsschwerpunkt "Kommunikations- und Informationstechnik" soll die Fähigkeit nachgewiesen werden, bei Neubeschaffung oder Erneuerung der erforderlichen Kommunikations- und Informationstechnik mitwirken sowie alle Maßnahmen für deren Funktionsfähigkeit und EinSatz zusammen mit den Mitarbeitern und Mitarbeiterinnen entsprechend den Normen und Vorschriften gewährleisten zu können. In diesem Rahmen können folgende Qualifikationsinhalte in den Situationsaufgaben geprüft werden:
   a) Mitwirken bei der Bedarfsermittlung, der Planung und der Auswahl,
   b) Überwachen und Bewerten der Funktionsfähigkeit,
   c) Veranlassen von Revisions- und Instandsetzungsarbeiten,
   d) Mitwirken bei der Fortbildung,
   e) Unterweisen der Mitarbeiter und Mitarbeiterinnen in der Technik,
   f) Überwachen der sachgerechten Aufbewahrung und Pflege,
   g) Sicherstellen der Verfügbarkeit und der Einsatzbereitschaft,
   h) Gewährleisten des situationsgerechten Einsatzes,
   i) Beachten von entsprechenden Vorschriften und Normen.

(4) In der Situationsaufgabe aus dem Handlungsbereich "Organisation" sollen seine Qualifikationsschwerpunkte den Kern bilden. Die Situationsaufgabe soll darüber hinaus Qualifikationsinhalte aus den Schwerpunkten der Handlungsbereiche "Schutz- und Sicherheitstechnik" sowie "Führung und Personal" integrativ mit berücksichtigen. Im Einzelnen kann die Situationsaufgabe folgende Qualifikationsinhalte aus dem Handlungsbereich "Organisation" mit den Schwerpunkten gemäß den Nummern 1 bis 4 umfassen:

1. Im Qualifikationsschwerpunkt "Kostenwesen" soll die Fähigkeit nachgewiesen werden, betriebswirtschaftliche Zusammenhänge und kostenrelevante Einflussfaktoren erfassen und beurteilen zu können. Die Fähigkeit umfasst, Möglichkeiten der Kostenbeeinflussung aufzuzeigen und Maßnahmen zum kostenbewussten Handeln zu planen, zu organisieren, einzuleiten und zu überwachen. Es soll ferner die Fähigkeit nachgewiesen werden, Kalkulationsmethoden anwenden und organisatorische sowie personelle Maßnahmen auch in ihrer Bedeutung als Kostenfaktoren beurteilen und

berücksichtigen zu können. In diesem Rahmen können folgende Qualifikationsinhalte in den Situationsaufgaben geprüft werden:

a) Planen, Erfassen, Analysieren und Bewerten von Kosten,

b) Überwachen und Einhalten des zugeteilten Budgets,

c) Beeinflussen der Kosten, insbesondere unter Berücksichtigung alternativer Dienstleistungskonzepte,

d) Beeinflussen des Kostenbewusstseins der Mitarbeiter und Mitarbeiterinnen bei unterschiedlichen Formen der Arbeitsorganisation,

e) Anwenden von Kalkulationsmethoden,

f) Anwenden von Instrumenten der Zeitwirtschaft,

g) Mitwirken bei make- or buy-it-Entscheidungen;

2. im Qualifikationsschwerpunkt "Anwenden von Methoden der Planung und Kommunikation" soll die Fähigkeit nachgewiesen werden, Projekte und Prozesse analysieren, planen und transparent machen zu können. Es sollen Daten aufbereitet sowie entsprechende Planungstechniken eingesetzt sowie angemessene Präsentationstechniken angewendet werden können. In diesem Rahmen können folgende Qualifikationsinhalte in den Situationsaufgaben geprüft werden:

a) Bewerten von Planungstechniken und Analysemethoden sowie deren Anwendung,

b) Anwenden von Präsentationstechniken,

c) Anwenden von Projektmanagementmethoden,

d) Auswählen und Anwenden von Informations- und Kommunikationsformen einschließlich des Einsatzes entsprechender Informations- und Kommunikationsmittel,

e) Anwenden von Informations- und Kommunikationssystemen;

3. im Qualifikationsschwerpunkt "Arbeits-, Umwelt- und Gesundheitsschutz" soll die Fähigkeit nachgewiesen werden, einschlägige Gesetze, Vorschriften und Bestimmungen in ihrer Bedeutung erkennen und ihre Einhaltung sicherstellen zu können. Die Fähigkeit umfasst, Gefahren vorzubeugen, Störungen zu erkennen und zu analysieren sowie Maßnahmen zu ihrer Vermeidung oder Beseitigung einzuleiten sowie sicherzustellen, dass sich die Mitarbeiter und Mitarbeiterinnen arbeits-, umwelt- und gesundheitsschutzbewusst verhalten und entsprechend handeln. In diesem Rahmen können folgende Qualifikationsinhalte in den Situationsaufgaben geprüft werden:

a) Überprüfen und Gewährleisten der Arbeitssicherheit, des Arbeits-, Gesundheits- und Umweltschutzes im Betrieb,

b) Fördern des Bewusstseins der Mitarbeiter und Mitarbeiterinnen bezüglich der Arbeitssicherheit und des betrieblichen Arbeits-, Umwelt- und Gesundheitsschutzes,

c) Planen und Durchführen von Unterweisungen in der Arbeitssicherheit, des Arbeits-, Umwelt- und Gesundheitsschutzes,

d) Planen, Vorschlagen, Einleiten und Überprüfen von Maßnahmen zur Verbesserung der Arbeitssicherheit sowie zur Reduzierung und Vermeidung von Unfällen und von Umwelt- und Gesundheitsbelastungen;

4. im Qualifikationsschwerpunkt "Recht" soll das Vertrautsein mit den für den Schutz- und Sicherheitsbereich relevanten Rechtsvorschriften und die Fähigkeit, diese im Rahmen der Tätigkeit berücksichtigen zu können, nachgewiesen werden. In diesem Rahmen können folgende Qualifikationsinhalte in den Situationsaufgaben geprüft

werden:

a) Berücksichtigen von Rechtsvorschriften des Strafrechts einschließlich strafrechtlicher Nebenbestimmungen,

b) Berücksichtigen von Rechtsvorschriften des Arbeitsrechts und des Bürgerlichen Gesetzbuches,

c) Berücksichtigen von Rechtsvorschriften des Verfassungsrechts,

d) Beachten von Sonderzugangsrechten,

e) Berücksichtigen der Grundsätze des straf-, zivil- und verwaltungsrechtlichen Verfahrensrechts,

f) Berücksichtigen des Straßenverkehrsrechts und seiner Nebengesetze,

g) Berücksichtigen der Grundsätze des Datenschutzrechts,

h) Berücksichtigen der Grundsätze des Umweltrechts,

i) Berücksichtigen der Grundsätze des allgemeinen und besonderen Verwaltungsrechts,

j) Berücksichtigen der branchenspezifischen Spezialvorschriften.

(5) In der Situationsaufgabe aus dem Handlungsbereich "Führung und Personal" sollen seine Qualifikationsschwerpunkte den Kern bilden. Die Situationsaufgabe soll darüber hinaus Qualifikationsinhalte aus den Schwerpunkten der Handlungsbereiche "Schutz- und Sicherheitstechnik" und "Organisation" integrativ mit berücksichtigen. Im Einzelnen kann die Situationsaufgabe folgende Qualifikationsinhalte aus dem Handlungsbereich "Führung und Personal" mit den Schwerpunkten gemäß den Nummern 1 bis 3 umfassen:

1. Im Qualifikationsschwerpunkt "Personalführung" soll die Fähigkeit nachgewiesen werden, den Personalbedarf ermitteln und den PersonaleinSatz entsprechend den Anforderungen sicherstellen zu können. Dazu gehört die Fähigkeit, die Mitarbeiter und Mitarbeiterinnen nach zielgerichteten Erfordernissen durch die Anwendung geeigneter Methoden zu verantwortlichem Handeln hinzuführen. In diesem Rahmen können folgende Qualifikationsinhalte in den Situationsaufgaben geprüft werden:

   a) Ermitteln und Bestimmen des qualitativen und quantitativen Personalbedarfs unter Berücksichtigung technischer und organisatorischer Veränderungen,

   b) Auswahl und EinSatz der Mitarbeiter und Mitarbeiterinnen unter Berücksichtigung ihrer persönlichen Eignung und Befähigung sowie der betrieblichen Anforderungen,

   c) Berücksichtigen der rechtlichen Rahmenbedingungen beim EinSatz von Fremdpersonal und Fremdfirmen,

   d) Erstellen von Anforderungsprofilen, Stellenplanungen sowie Funktions- und Stellenbeschreibungen,

   e) Delegieren von Aufgaben und der damit verbundenen Verantwortung,

   f) Fördern der Kommunikations- und Kooperationsbereitschaft,

   g) Anwenden von Führungsmethoden und -mitteln zur Bewältigung betrieblicher Aufgaben und zum Lösen von Problemen und Konflikten,

   h) Beteiligen der Mitarbeiter und Mitarbeiterinnen am betrieblichen Verbesserungsprozess,

   i) Mitwirken in Arbeits- und Projektgruppen;

2. im Qualifikationsschwerpunkt "Personalentwicklung" soll die Fähigkeit nachgewiesen werden, auf der Grundlage einer qualitativen und quantitativen Personalplanung eine systematische Personalentwicklung durchführen zu können. Dazu gehört, Personalentwicklungspotentiale einschätzen und Personalentwicklungs- und

Qualifizierungsziele festlegen zu können. Es sollen entsprechende Maßnahmen geplant, realisiert, ihre Ergebnisse überprüft und die Umsetzung im Betrieb gefördert werden können. In diesem Rahmen können folgende Qualifikationsinhalte in den Situationsaufgaben geprüft werden:

a) Festlegen der Ziele für eine kontinuierliche und innovationsorientierte Personalentwicklung sowie der Kategorien für den Qualifizierungserfolg,

b) Durchführen von Potentialeinschätzungen nach vorgegebenen Kriterien und unter Anwendung entsprechender Instrumente und Methoden,

c) Veranlassen von Maßnahmen der Personalentwicklung zur Qualifizierung und zielgerichteten Motivierung unter Berücksichtigung des betrieblichen Bedarfs und der Mitarbeiterinteressen,

d) Beraten, Fördern und Unterstützen von Mitarbeitern und Mitarbeiterinnen hinsichtlich ihrer beruflichen Entwicklung;

3. im Qualifikationsschwerpunkt "Qualitätsmanagement" soll die Fähigkeit nachgewiesen werden, die Qualitätsziele durch Anwendung entsprechender Methoden und Beeinflussung des Qualitätsbewusstseins der Mitarbeiter und Mitarbeiterinnen sichern zu können. Die Fähigkeit umfasst, bei der Realisierung eines Qualitätsmanagementsystems mitwirken und zu dessen Verbesserung und Weiterentwicklung beitragen zu können. In diesem Rahmen können folgende Qualifikationsinhalte in den Situationsaufgaben geprüft werden:

a) Berücksichtigen des Einflusses des Qualitätsmanagementsystems auf das Unternehmen,

b) Fördern des Qualitätsbewusstseins der Mitarbeiter und Mitarbeiterinnen,

c) Anwenden von Methoden zur Sicherung und Verbesserung der Qualität,

d) Kontinuierliches Umsetzen der Qualitätsmanagementziele.

(6) Im situationsbezogenen Fachgespräch soll die Fähigkeit nachgewiesen werden, Aufgabenstellungen analysieren, strukturieren und einer begründeten Lösung zuführen zu können. Der Lösungsvorschlag soll möglichst unter Einbeziehung von Präsentationstechniken erläutert und erörtert werden. Das Fachgespräch hat die gleiche Struktur wie eine schriftliche Situationsaufgabe. Es ist dabei der Handlungsbereich in den Mittelpunkt zu stellen, der nicht Kern einer schriftlichen Situationsaufgabe ist, es integriert insbesondere die Qualifikationsschwerpunkte, die nicht schriftlich geprüft werden. Das Fachgespräch soll für jede zu prüfende Person mindestens 45 Minuten und höchstens 60 Minuten dauern.

(7) Wurde in nicht mehr als einer der beiden schriftlichen Situationsaufgaben eine mangelhafte Prüfungsleistung erbracht, ist darin eine mündliche Ergänzungsprüfung anzubieten. Bei einer ungenügenden Prüfungsleistung besteht diese Möglichkeit nicht. Die Ergänzungsprüfung soll in der Regel nicht länger als 20 Minuten dauern. Die Bewertung der schriftlichen Prüfungsleistung und die der mündlichen Ergänzungsprüfung werden zu einer Note zusammengefasst. Dabei wird die Bewertung der schriftlichen Prüfungsleistung doppelt gewichtet.

§ 6 Befreiung von einzelnen Prüfungsbestandteilen Wird die zu prüfende Person nach § 56 Absatz 2 des Berufsbildungsgesetzes von der Ablegung einzelner Prüfungsbestandteile befreit, bleiben diese Prüfungsbestandteile für die Anwendung der §§ 7 und 8 außer Betracht. Für die übrigen Prüfungsbestandteile erhöhen sich die Anteile nach § 7 Absatz 2

Satz 2 oder Absatz 3 Satz 2 oder § 8 Absatz 4 Satz 1 entsprechend ihrem Verhältnis zueinander. Allein diese Prüfungsbestandteile sind den Entscheidungen des Prüfungsausschusses zugrunde zu legen.

§ 7 Bewerten der Prüfungsleistungen (1) Jede Prüfungsleistung ist nach Maßgabe der Anlage 1 mit Punkten zu bewerten.
(2) Im Prüfungsteil „Grundlegende Qualifikationen" sind die Prüfungsleistungen in jedem Prüfungsbereich einzeln zu bewerten. Aus den einzelnen Bewertungen ist als Bewertung für den Prüfungsteil das arithmetische Mittel zu berechnen.
(3) Im Prüfungsteil „Handlungsspezifische Qualifikationen" sind als Prüfungsleistungen zu bewerten:
1. die beiden schriftlichen Situationsaufgaben nach § 5 Absatz 1 und
2. das situationsbezogene Fachgespräch nach § 5 Absatz 6.

Aus den beiden Bewertungen der schriftlichen Situationsaufgaben und der Bewertung für das Fachgespräch ist als Bewertung des Prüfungsteils „Handlungsspezifische Qualifikationen" das arithmetische Mittel zu berechnen.

§ 10 Wiederholung der Prüfung (1) Jeder nicht bestandene Prüfungsteil kann zweimal wiederholt werden.
(2) Wer an einer Wiederholungsprüfung teilnimmt und sich innerhalb von zwei Jahren, gerechnet vom Tage der Beendigung des nicht bestandenen Prüfungsteils an, zur Wiederholungsprüfung angemeldet hat, ist auf Antrag von der Prüfung in einzelnen Prüfungsbereichen und Qualifikationsschwerpunkten zu befreien, wenn die dort in einer vorangegangenen Prüfung erbrachten Leistungen ausgereicht haben. Der Antrag kann sich auch darauf richten, bestandene Prüfungsleistungen zu wiederholen. Wird eine bestandene Prüfungsleistung erneut geprüft, ist das letzte Ergebnis für das Bestehen zu berücksichtigen.

§ 11 Optionale Qualifikation (1) Es ist auch eine Prüfung in "Selbstständige Betriebsführung von Sicherheitsdienstleistungsunternehmen" möglich. Zu dieser gesonderten Prüfung ist zuzulassen, wer die Prüfung nach dieser Verordnung oder die Prüfung zum "Werkschutzmeister" nach den Rechtsvorschriften auf Grund des § 46 Abs. 1 des Berufsbildungsgesetzes bestanden hat.
(2) Im Rahmen der Prüfung "Selbstständige Betriebsführung von Sicherheitsdienstleistungsunternehmen" soll die Fähigkeit nachgewiesen werden, ein Sicherheitsdienstleistungsunternehmen selbstständig zu führen. Dies umfasst die Fähigkeit, ein Unternehmen unter Anwendung betriebswirtschaftlicher Maßstäbe und unter Berücksichtigung rechtlicher und steuerlicher Rahmenbedingungen selbstständig zu führen und am Markt zu positionieren. In diesem Rahmen können folgende Qualifikationsinhalte geprüft werden:
1. Analysieren von Unternehmenszielen, betrieblichen Strukturen, Geschäftsfeldern und der Wettbewerbssituation unter Berücksichtigung betriebswirtschaftlicher Grundlagen,
2. Berücksichtigen rechtlicher und steuerlicher Grundlagen, insbesondere der Bestimmungen des bürgerlichen Rechts, des Mahn- und Klageverfahrens, der

Zwangsvollstreckung, des Handels- und Gesellschaftsrechts, des Wettbewerbsrechts sowie des Steuerrechts,
3. Entwickeln von Marketingkonzepten, insbesondere Kundengewinnungs- und Kundenbindungsmaßnahmen. Koordinieren der Geschäftsfelder im Hinblick auf die Wettbewerbsfähigkeit eines Unternehmens,
4. Berücksichtigung der Grundlagen des Rechnungswesens und Controllings, insbesondere bei der Buchführung sowie beim Jahresabschluss und dessen Bewertung.

(3) Die Qualifikation ist im Rahmen einer schriftlichen Situationsaufgabe nachzuweisen. Die Prüfungsdauer beträgt mindestens 150 und höchstens 180 Minuten.
(4) Die Prüfung ist bestanden, wenn mindestens ausreichende Leistungen erbracht wurden. Über das Bestehen ist ein gesondertes Zeugnis auszustellen. Die nicht bestandene Prüfung kann zweimal wiederholt werden.

§ 12 Übergangsvorschrift Die bis zum Ablauf des 31. August 2009 begonnenen Prüfungsverfahren können nach den bisherigen Vorschriften zu Ende geführt werden.

§ 13 Inkrafttreten, Außerkrafttreten (1) Diese Verordnung tritt am Tage nach der Verkündung in Kraft. Gleichzeitig treten die Rechtsvorschriften der zuständigen Stellen über die Prüfung Werkschutzmeister/Werkschutzmeisterin außer Kraft.
(2) Die Verordnung über die Prüfung zum anerkannten Abschluss Geprüfte Werkschutzfachkraft vom 20. August 1982 (BGBl. I S. 1232), geändert durch Artikel 4 Abs. 12 des Gesetzes vom 26. Januar 1998 (BGBl. I S. 164), sowie die Rechtsvorschriften der zuständigen Stellen über die Prüfungen Fachkraft für Geld-, Wert- und Sicherheitstransport, Geprüfte Sicherheitskraft und Geprüfte Sicherheitsfachkraft treten am 31. Dezember 2005 außer Kraft.

Anlage 1 (zu den §§ 7 und 8) Bewertungsmaßstab und -schlüssel (Fundstelle: BGBl. I 2019, 2242–2243)

Punkte	Note als Dezimalzahl	Note in Worten	Definition
100	1,0	sehr gut	eine Leistung, die den Anforderungen in besonderem Maß entspricht
98 und 99	1,1		
96 und 97	1,2		
94 und 95	1,3		
92 und 93	1,4		
91	1,5	gut	eine Leistung, die den Anforderungen voll entspricht
90	1,6		
89	1,7		
88	1,8		
87	1,9		
85 und 86	2,0		
84	2,1		
83	2,2		
82	2,3		

81	2,4		
79 und 80	2,5	befriedigend	eine Leistung, die den Anforderungen im Allgemeinen entspricht
78	2,6		
77	2,7		
75 und 76	2,8		
74	2,9		
72 und 73	3,0		
71	3,1		
70	3,2		
68 und 69	3,3		
67	3,4		
65 und 66	3,5	ausreichend	Eine Leistung, die zwar Mägel aufweist, aber im Ganzen den Anforderungen noch entspricht
63 und 64	3,6		
62	3,7		
60 und 61	3,8		
58 und 59	3,9		
56 und 57	4,0		
55	4,1		
53 und 54	4,2		
51 und 52	4,3		
50	4,4		
48 und 49	4,5	mangelhaft	Eine Leistung, die den Anforderungen nicht entspricht, jedoch erkennen lässt, dass gewisse Grundkenntnisse noch vorhanden sind
46 und 47	4,6		
44 und 45	4,7		
42 und 43	4,8		
40 und 41	4,9		
38 und 39	5,0		
36 und 37	5,1		
34 und 35	5,2		
32 und 33	5,3		
Punkte	Note als Dezimalzahl	Note in Worten	Definition
30 und 31	5,4		
25 bis 29	5,5	ungenügend	eine Leistung, die den Anforderungen nicht entspricht und bei der selbt Grundkenntnisse fehlen
20 bis 24	5,6		
15 bis 19	5,7		
10 bis 14	5,8		
5 bis 9	5,9		
0 bis 4	6,0		

Anlage 2 (zu § 9) Zeugnisinhalte (Fundstelle: BGBl. I 2019, 2243–2244)

Teil A – Zeugnis ohne Prüfungsergebnisse:

1. Bezeichnung der ausstellenden Behörde,
2. Name und Geburtsdatum der zu prüfenden Person,
3. Datum des Bestehens der Prüfung,
4. Bezeichnung des erworbenen Fortbildungsabschlusses nach § 1 Absatz 4,
5. Bezeichnung und Fundstelle dieser Fortbildungsordnung nach den Angaben im Bundesgesetzblatt unter Berücksichtigung erfolgter Änderungen dieser Verordnung,
6. Datum der Ausstellung des Zeugnisses samt Unterschrift der zuständigen Stelle.

Teil B – Zeugnis mit Prüfungsergebnissen:

Alle Angaben des Teils A sowie zusätzlich:

1. zum Prüfungsteil „Grundlegende Qualifikationen"
   a) Benennung dieses Prüfungsteils und Bewertung mit Note sowie
   b) Benennung der Prüfungsbereiche und Bewertung mit Punkten,
2. zum Prüfungsteil „Handlungsspezifische Qualifikationen"
   a) Benennung dieses Prüfungsteils mit Note,
   b) Benennung der integrativen schriftlichen Situationsaufgaben in den Handlungsbereichen Schutz- und Sicherheitstechnik, Organisation, Führung und Personal und Bewertung mit Punkten sowie
   c) Benennung des situationsbezogenen Fachgesprächs mit Handlungsbereich und Bewertung mit Punkten,
3. die errechnete Gesamtpunktzahl für die gesamte Prüfung,
4. die Gesamtnote als Dezimalzahl,
5. die Gesamtnote in Worten,
6. Befreiungen nach § 6,
7. Vorliegen des Nachweises über den Erwerb der berufs- und arbeitspädagogischen Qualifikationen nach § 2 Absatz 2.

3.23 Strafgesetzbuch (StGB) (Auszug)

§ 1 Keine Strafe ohne Gesetz Eine Tat kann nur bestraft werden, wenn die Strafbarkeit gesetzlich bestimmt war, bevor die Tat begangen wurde.

§ 2 Zeitliche Geltung (1) Die Strafe und ihre Nebenfolgen bestimmen sich nach dem Gesetz, das zur Zeit der Tat gilt.
(2) Wird die Strafdrohung während der Begehung der Tat geändert, so ist das Gesetz anzuwenden, das bei Beendigung der Tat gilt.
(3) Wird das Gesetz, das bei Beendigung der Tat gilt, vor der Entscheidung geändert, so ist das mildeste Gesetz anzuwenden.
(4) Ein Gesetz, das nur für eine bestimmte Zeit gelten soll, ist auf Taten, die während seiner Geltung begangen sind, auch dann anzuwenden, wenn es außer Kraft getreten ist. Dies gilt nicht, soweit ein Gesetz etwas anderes bestimmt.
(5) Für Einziehung und Unbrauchbarmachung gelten die Absätze 1 bis 4 entsprechend.
(6) ...

§ 3 Geltung für Inlandstaten Das deutsche Strafrecht gilt für Taten, die im Inland begangen werden.

§ 10 Sondervorschriften für Jugendliche und Heranwachsende Für Taten von Jugendlichen und Heranwachsenden gilt dieses Gesetz nur, soweit im Jugendgerichtsgesetz nichts anderes bestimmt ist.

§ 11 Personen- und Sachbegriffe (1) Im Sinne dieses Gesetzes ist

1. Angehöriger:
   wer zu den folgenden Personen gehört:
   a) Verwandte und Verschwägerte gerader Linie, der Ehegatte, der Lebenspartner, der Verlobte, Geschwister, Ehegatten oder Lebenspartner der Geschwister, Geschwister der Ehegatten oder Lebenspartner, und zwar auch dann, wenn die Ehe oder die Lebenspartnerschaft, welche die Beziehung begründet hat, nicht mehr besteht oder wenn die Verwandtschaft oder Schwägerschaft erloschen ist,
   b) Pflegeeltern und Pflegekinder;
2. Amtsträger:
   wer nach deutschem Recht
   a) Beamter oder Richter ist,
   b) in einem sonstigen öffentlich-rechtlichen Amtsverhältnis steht oder
   c) sonst dazu bestellt ist, bei einer Behörde oder bei einer sonstigen Stelle oder in deren Auftrag Aufgaben der öffentlichen Verwaltung unbeschadet der zur Aufgabenerfüllung gewählten Organisationsform wahrzunehmen;

2a. Europäischer Amtsträger:
   wer
   a) Mitglied der Europäischen Kommission, der Europäischen Zentralbank, des Rechnungshofs oder eines Gerichts der Europäischen Union ist,
   b) Beamter oder sonstiger Bediensteter der Europäischen Union oder einer auf der Grundlage des Rechts der Europäischen Union geschaffenen Einrichtung ist oder

c) mit der Wahrnehmung von Aufgaben der Europäischen Union oder von Aufgaben einer auf der Grundlage des Rechts der Europäischen Union geschaffenen Einrichtung beauftragt ist;

3. Richter:
wer nach deutschem Recht Berufsrichter oder ehrenamtlicher Richter ist;
4. für den öffentlichen Dienst besonders Verpflichteter:
wer, ohne Amtsträger zu sein,
a) bei einer Behörde oder bei einer sonstigen Stelle, die Aufgaben der öffentlichen Verwaltung wahrnimmt, oder
b) bei einem Verband oder sonstigen Zusammenschluß, Betrieb oder Unternehmen, die für eine Behörde oder für eine sonstige Stelle Aufgaben der öffentlichen Verwaltung ausführen,
beschäftigt oder für sie tätig und auf die gewissenhafte Erfüllung seiner Obliegenheiten auf Grund eines Gesetzes förmlich verpflichtet ist;
5. rechtswidrige Tat:
nur eine solche, die den Tatbestand eines Strafgesetzes verwirklicht;
6. Unternehmen einer Tat:
deren Versuch und deren Vollendung;
7. Behörde:
auch ein Gericht;
8. Maßnahme:
jede Maßregel der Besserung und Sicherung, die Einziehung und die Unbrauchbarmachung;
9. Entgelt:
jede in einem Vermögensvorteil bestehende Gegenleistung.

(2) Vorsätzlich im Sinne dieses Gesetzes ist eine Tat auch dann, wenn sie einen gesetzlichen Tatbestand verwirklicht, der hinsichtlich der Handlung Vorsatz voraussetzt, hinsichtlich einer dadurch verursachten besonderen Folge jedoch Fahrlässigkeit ausreichen läßt.
(3) Inhalte im Sinne der Vorschriften, die auf diesen Absatz verweisen, sind solche, die in Schriften, auf Ton- oder Bildträgern, in Datenspeichern, Abbildungen oder anderen Verkörperungen enthalten sind oder auch unabhängig von einer Speicherung mittels Informations- oder Kommunikationstechnik übertragen werden.

§ 12 Verbrechen und Vergehen (1) Verbrechen sind rechtswidrige Taten, die im Mindestmaß mit Freiheitsstrafe von einem Jahr oder darüber bedroht sind.
(2) Vergehen sind rechtswidrige Taten, die im Mindestmaß mit einer geringeren Freiheitsstrafe oder die mit Geldstrafe bedroht sind.
(3) ...

§ 13 Begehen durch Unterlassen (1) Wer es unterlässt, einen Erfolg abzuwenden, der zum Tatbestand eines Strafgesetzes gehört, ist nach diesem Gesetz nur dann strafbar, wenn er rechtlich dafür einzustehen hat, dass der Erfolg nicht eintritt, und wenn das Unterlassen der Verwirklichung des gesetzlichen Tatbestandes durch ein Tun entspricht.
(2) Die Strafe kann nach § 49 Abs. 1 gemildert werden.

§ 14 Handeln für einen anderen (1) Handelt jemand

1. als vertretungsberechtigtes Organ einer juristischen Person oder als Mitglied eines solchen Organs,
2. als vertretungsberechtigter Gesellschafter einer rechtsfähigen Personengesellschaft oder
3. als gesetzlicher Vertreter eines anderen,

so ist ein Gesetz, nach dem besondere persönliche Eigenschaften, Verhältnisse oder Umstände (besondere persönliche Merkmale) die Strafbarkeit begründen, auch auf den Vertreter anzuwenden, wenn diese Merkmale zwar nicht bei ihm, aber bei dem Vertretenen vorliegen.

(2) Ist jemand von dem Inhaber eines Betriebs oder einem sonst dazu Befugten

1. beauftragt, den Betrieb ganz oder zum Teil zu leiten, oder
2. ausdrücklich beauftragt, in eigener Verantwortung Aufgaben wahrzunehmen, die dem Inhaber des Betriebs obliegen, und handelt er auf Grund dieses Auftrags, so ist ein Gesetz, nach dem besondere persönliche Merkmale die Strafbarkeit begründen, auch auf den Beauftragten anzuwenden, wenn diese Merkmale zwar nicht bei ihm, aber bei dem Inhaber des Betriebs vorliegen. Dem Betrieb im Sinne des Satzes 1 steht das Unternehmen gleich. Handelt jemand auf Grund eines entsprechenden Auftrags für eine Stelle, die Aufgaben der öffentlichen Verwaltung wahrnimmt, so ist Satz 1 sinngemäß anzuwenden.

(3) Die Absätze 1 und 2 sind auch dann anzuwenden, wenn die Rechtshandlung, welche die Vertretungsbefugnis oder das Auftragsverhältnis begründen sollte, unwirksam ist.

§ 15 Vorsätzliches und fahrlässiges Handeln Strafbar ist nur vorsätzliches Handeln, wenn nicht das Gesetz fahrlässiges Handeln ausdrücklich mit Strafe bedroht.

§ 16 Irrtum über Tatumstände (1) Wer bei Begehung der Tat einen Umstand nicht kennt, der zum gesetzlichen Tatbestand gehört, handelt nicht vorsätzlich. Die Strafbarkeit wegen fahrlässiger Begehung bleibt unberührt.

(2) Wer bei Begehung der Tat irrig Umstände annimmt, welche den Tatbestand eines milderen Gesetzes verwirklichen würden, kann wegen vorsätzlicher Begehung nur nach dem milderen Gesetz bestraft werden.

§ 17 Verbotsirrtum Fehlt dem Täter bei Begehung der Tat die Einsicht, Unrecht zu tun, so handelt er ohne Schuld, wenn er diesen Irrtum nicht vermeiden konnte. Konnte der Täter den Irrtum vermeiden, so kann die Strafe nach § 49 Abs. 1 gemildert werden.

§ 18 Schwerere Strafe bei besonderen Tatfolgen Knüpft das Gesetz an eine besondere Folge der Tat eine schwerere Strafe, so trifft sie den Täter oder den Teilnehmer nur, wenn ihm hinsichtlich dieser Folge wenigstens Fahrlässigkeit zur Last fällt.

§ 19 Schuldunfähigkeit des Kindes Schuldunfähig ist, wer bei Begehung der Tat noch nicht vierzehn Jahre alt ist.

§ 20 Schuldunfähigkeit wegen seelischer Störungen Ohne Schuld handelt, wer bei Begehung der Tat wegen einer krankhaften seelischen Störung, wegen einer tiefgreifenden Bewußtseinsstörung oder wegen einer Intelligenzminderung oder einer schweren anderen seelischen Störung unfähig ist, das Unrecht der Tat einzusehen oder nach dieser Einsicht zu handeln.

§ 21 Verminderte Schuldfähigkeit Ist die Fähigkeit des Täters, das Unrecht der Tat einzusehen oder nach dieser Einsicht zu handeln, aus einem der in § 20 bezeichneten Gründe bei Begehung der Tat erheblich vermindert, so kann die Strafe nach § 49 Abs. 1 gemildert werden.

§ 22 Begriffsbestimmung Eine Straftat versucht, wer nach seiner Vorstellung von der Tat zur Verwirklichung des Tatbestandes unmittelbar ansetzt.

§ 23 Strafbarkeit des Versuchs (1) Der Versuch eines Verbrechens ist stets strafbar, der Versuch eines Vergehens nur dann, wenn das Gesetz es ausdrücklich bestimmt.
(2) Der Versuch kann milder bestraft werden als die vollendete Tat (§ 49 Abs. 1).
(3) Hat der Täter aus grobem Unverstand verkannt, dass der Versuch nach der Art des Gegenstandes, an dem, oder des Mittels, mit dem die Tat begangen werden sollte, überhaupt nicht zur Vollendung führen konnte, so kann das Gericht von Strafe absehen oder die Strafe nach seinem Ermessen mildern (§ 49 Abs. 2).

§ 24 Rücktritt (1) Wegen Versuchs wird nicht bestraft, wer freiwillig die weitere Ausführung der Tat aufgibt oder deren Vollendung verhindert. Wird die Tat ohne Zutun des Zurücktretenden nicht vollendet, so wird er straflos, wenn er sich freiwillig und ernsthaft bemüht, die Vollendung zu verhindern.
(2) Sind an der Tat mehrere beteiligt, so wird wegen Versuchs nicht bestraft, wer freiwillig die Vollendung verhindert. Jedoch genügt zu seiner Straflosigkeit sein freiwilliges und ernsthaftes Bemühen, die Vollendung der Tat zu verhindern, wenn sie ohne sein Zutun nicht vollendet oder unabhängig von seinem früheren Tatbeitrag begangen wird.

§ 25 Täterschaft (1) Als Täter wird bestraft, wer die Straftat selbst oder durch einen anderen begeht.
(2) Begehen mehrere die Straftat gemeinschaftlich, so wird jeder als Täter bestraft (Mittäter).

§ 26 Anstiftung Als Anstifter wird gleich einem Täter bestraft, wer vorsätzlich einen anderen zu dessen vorsätzlich begangener rechtswidriger Tat bestimmt hat.

§ 27 Beihilfe (1) Als Gehilfe wird bestraft, wer vorsätzlich einem anderen zu dessen vorsätzlich begangener rechtswidriger Tat Hilfe geleistet hat.
(2) Die Strafe für den Gehilfen richtet sich nach der Strafdrohung für den Täter. Sie ist nach § 49 Abs. 1 zu mildern.

§ 30 Versuch der Beteiligung (1) Wer einen anderen zu bestimmen versucht, ein Verbrechen zu begehen oder zu ihm anzustiften, wird nach den Vorschriften über den Versuch des Verbrechens bestraft.
Jedoch ist die Strafe nach § 49 Abs. 1 zu mildern. § 23 Abs. 3 gilt entsprechend.

(2) Ebenso wird bestraft, wer sich bereit erklärt, wer das Erbieten eines anderen annimmt oder wer mit einem anderen verabredet, ein Verbrechen zu begehen oder zu ihm anzustiften.

§ 31 Rücktritt vom Versuch der Beteiligung (1) Nach § 30 wird nicht bestraft, wer freiwillig

1. den Versuch aufgibt, einen anderen zu einem Verbrechen zu bestimmen, und eine etwa bestehende Gefahr, dass der andere die Tat begeht, abwendet,
2. nachdem er sich zu einem Verbrechen bereit erklärt hatte, sein Vorhaben aufgibt oder,
3. nachdem er ein Verbrechen verabredet oder das Erbieten eines anderen zu einem Verbrechen angenommen hatte, die Tat verhindert.

(2) Unterbleibt die Tat ohne Zutun des Zurücktretenden oder wird sie unabhängig von seinem früheren Verhalten begangen, so genügt zu seiner Straflosigkeit sein freiwilliges und ernsthaftes Bemühen, die Tat zu verhindern.

§ 32 Notwehr (1) Wer eine Tat begeht, die durch Notwehr geboten ist, handelt nicht rechtswidrig.
(2) Notwehr ist die Verteidigung, die erforderlich ist, um einen gegenwärtigen rechtswidrigen Angriff von sich oder einem anderen abzuwenden.

§ 33 Überschreitung der Notwehr Überschreitet der Täter die Grenzen der Notwehr aus Verwirrung, Furcht oder Schrecken, so wird er nicht bestraft.

§ 34 Rechtfertigender Notstand Wer in einer gegenwärtigen, nicht anders abwendbaren Gefahr für Leben, Leib, Freiheit, Ehre, Eigentum oder ein anderes Rechtsgut eine Tat begeht, um die Gefahr von sich oder einem anderen abzuwenden, handelt nicht rechtswidrig, wenn bei Abwägung der widerstreitenden Interessen, namentlich der betroffenen Rechtsgüter und des Grades der ihnen drohenden Gefahren, das geschützte Interesse das beeinträchtigte wesentlich überwiegt. Dies gilt jedoch nur, soweit die Tat ein angemessenes Mittel ist, die Gefahr abzuwenden.

§ 35 Entschuldigender Notstand (1) Wer in einer gegenwärtigen, nicht anders abwendbaren Gefahr für Leben, Leib oder Freiheit eine rechtswidrige Tat begeht, um die Gefahr von sich, einem Angehörigen oder einer anderen ihm nahestehenden Person abzuwenden, handelt ohne Schuld. Dies gilt nicht, soweit dem Täter nach den Umständen, namentlich weil er die Gefahr selbst verursacht hat oder weil er in einem besonderen Rechtsverhältnis stand, zugemutet werden konnte, die Gefahr hinzunehmen; jedoch kann die Strafe nach § 49 Abs. 1 gemildert werden, wenn der Täter nicht mit Rücksicht auf ein besonderes Rechtsverhältnis die Gefahr hinzunehmen hatte.
(2) Nimmt der Täter bei Begehung der Tat irrig Umstände an, welche ihn nach Abs. 1 entschuldigen würden, so wird er nur dann bestraft, wenn er den Irrtum vermeiden konnte. Die Strafe ist nach § 49 Abs. 1 zu mildern.

§ 38 Dauer der Freiheitsstrafe (1) Die Freiheitsstrafe ist zeitig, wenn das Gesetz nicht lebenslange Freiheitsstrafe androht.
(2) Das Höchstmaß der zeitigen Freiheitsstrafe ist fünfzehn Jahre, ihr Mindestmaß ein Monat.

§ 39 Bemessung der Freiheitsstrafe Freiheitsstrafe unter einem Jahr wird nach vollen Wochen und Monaten, Freiheitsstrafe von längerer Dauer nach vollen Monaten und Jahren bemessen.

§ 40 Verhängung in Tagessätzen (1) Die Geldstrafe wird in Tagessätzen verhängt. Sie beträgt mindestens fünf und, wenn das Gesetz nichts anderes bestimmt, höchstens dreihundertsechzig volle Tagessätze.
(2) Die Höhe eines Tagessatzes bestimmt das Gericht unter Berücksichtigung der persönlichen und wirtschaftlichen Verhältnisse des Täters. Dabei geht es in der Regel von dem Nettoeinkommen aus, das der Täter durchschnittlich an einem Tag hat oder haben könnte. Ein Tagessatz wird auf mindestens einen und höchstens dreißigtausend Euro festgesetzt.
(3) Die Einkünfte des Täters, sein Vermögen und andere Grundlagen für die Bemessung eines Tagessatzes können geschätzt werden.
(4) In der Entscheidung werden Zahl und Höhe der Tagessätze angegeben.

§ 43 Ersatzfreiheitsstrafe An die Stelle einer uneinbringlichen Geldstrafe tritt Freiheitsstrafe. Einem Tagessatz entspricht ein Tag Freiheitsstrafe. Das Mindestmaß der Ersatzfreiheitsstrafe ist ein Tag.

§ 44 Fahrverbot (1) Wird jemand wegen einer Straftat zu einer Freiheitsstrafe oder einer Geldstrafe verurteilt, so kann ihm das Gericht für die Dauer von einem Monat bis zu sechs Monaten verbieten, im Straßenverkehr Kraftfahrzeuge jeder oder einer bestimmten Art zu führen. Ein Fahrverbot ist in der Regel anzuordnen, wenn in den Fällen einer Verurteilung nach § 315c Abs. 1 Nr. 1 Buchstabe a, Abs. 3 oder § 316 die Entziehung der Fahrerlaubnis nach § 69 unterbleibt.
(2) Das Fahrverbot wird mit der Rechtskraft des Urteils wirksam, wenn der Führerschein nach Rechtskraft des Urteils in amtliche Verwahrung gelangt, spätestens jedoch mit Ablauf von einem Monat seit Eintritt der Rechtskraft. Für seine Dauer werden von einer deutschen Behörde ausgestellte nationale und internationale Führerscheine amtlich verwahrt. Dies gilt auch, wenn der Führerschein von einer Behörde eines Mitgliedstaates der Europäischen Union oder eines anderen Vertragsstaates des Abkommens über den Europäischen Wirtschaftsraum ausgestellt worden ist, sofern der Inhaber seinen ordentlichen Wohnsitz im Inland hat. In anderen ausländischen Führerscheinen wird das Fahrverbot vermerkt.
(3) Ist ein Führerschein amtlich zu verwahren oder das Fahrverbot in einem ausländischen Führerschein zu vermerken, so wird die Verbotsfrist erst von dem Tage an gerechnet, an dem dies geschieht. In die Verbotsfrist wird die Zeit nicht eingerechnet, in welcher der Täter auf behördliche Anordnung in einer Anstalt verwahrt worden ist.
(4) Werden gegen den Täter mehrere Fahrverbote rechtskräftig verhängt, so sind die Verbotsfristen nacheinander zu berechnen. Die Verbotsfrist auf Grund des früher wirksam gewordenen Fahrverbots läuft zuerst. Werden Fahrverbote gleichzeitig wirksam, so läuft die Verbotsfrist auf Grund des früher angeordneten Fahrverbots zuerst, bei gleichzeitiger Anordnung ist die frühere Tat maßgebend.

§ 52 Tateinheit (1) Verletzt dieselbe Handlung mehrere Strafgesetze oder dasselbe Strafgesetz mehrmals, so wird nur auf eine Strafe erkannt.

(2) Sind mehrere Strafgesetze verletzt, so wird die Strafe nach dem Gesetz bestimmt, das die schwerste Strafe androht. Sie darf nicht milder sein, als die anderen anwendbaren Gesetze es zulassen.
(3) Geldstrafe kann das Gericht unter den Voraussetzungen des § 41 neben Freiheitsstrafe gesondert verhängen.
(4) Auf Nebenstrafen, Nebenfolgen und Maßnahmen (§ 11 Absatz 1 Nummer 8) muss oder kann erkannt werden, wenn eines der anwendbaren Gesetze dies vorschreibt oder zulässt.

§ 53 Tatmehrheit (1) Hat jemand mehrere Straftaten begangen, die gleichzeitig abgeurteilt werden, und dadurch mehrere Freiheitsstrafen oder mehrere Geldstrafen verwirkt, so wird auf eine Gesamtstrafe erkannt.
(2) Trifft Freiheitsstrafe mit Geldstrafe zusammen, so wird auf eine Gesamtstrafe erkannt. Jedoch kann das Gericht auf Geldstrafe auch gesondert erkennen; soll in diesen Fällen wegen mehrerer Straftaten Geldstrafe verhängt werden, so wird insoweit auf eine Gesamtgeldstrafe erkannt.
(3) § 52 Abs. 3 und 4 gilt sinngemäß.

§ 56 Strafaussetzung (1) Bei der Verurteilung zu Freiheitsstrafe von nicht mehr als einem Jahr setzt das Gericht die Vollstreckung der Strafe zur Bewährung aus, wenn zu erwarten ist, dass der Verurteilte sich schon die Verurteilung zur Warnung dienen lassen und künftig auch ohne die Einwirkung des Strafvollzugs keine Straftaten mehr begehen wird. Dabei sind namentlich die Persönlichkeit des Verurteilten, sein Vorleben, die Umstände seiner Tat, sein Verhalten nach der Tat, seine Lebensverhältnisse und die Wirkungen zu berücksichtigen, die von der Aussetzung für ihn zu erwarten sind.
(2) Das Gericht kann unter den Voraussetzungen des Absatzes 1 auch die Vollstreckung einer höheren Freiheitsstrafe, die zwei Jahre nicht übersteigt, zur Bewährung aussetzen, wenn nach der Gesamtwürdigung von Tat und Persönlichkeit des Verurteilten besondere Umstände vorliegen. Bei der Entscheidung ist namentlich auch das Bemühen des Verurteilten, den durch die Tat verursachten Schaden wiedergutzumachen, zu berücksichtigen.
(3) Bei der Verurteilung zu Freiheitsstrafe von mindestens sechs Monaten wird die Vollstreckung nicht ausgesetzt, wenn die Verteidigung der Rechtsordnung sie gebietet.
(4) Die Strafaussetzung kann nicht auf einen Teil der Strafe beschränkt werden. Sie wird durch eine Anrechnung von Untersuchungshaft oder einer anderen Freiheitsentziehung nicht ausgeschlossen.

§ 56a Bewährungszeit (1) Das Gericht bestimmt die Dauer der Bewährungszeit. Sie darf fünf Jahre nicht überschreiten und zwei Jahre nicht unterschreiten.
(2) Die Bewährungszeit beginnt mit der Rechtskraft der Entscheidung über die Strafaussetzung. Sie kann nachträglich bis auf das Mindestmaß verkürzt oder vor ihrem Ablauf bis auf das Höchstmaß verlängert werden.

§ 60 Absehen von Strafe Das Gericht sieht von Strafe ab, wenn die Folgen der Tat, die den Täter getroffen haben, so schwer sind, dass die Verhängung einer Strafe offensichtlich verfehlt wäre. Dies gilt nicht, wenn der Täter für die Tat eine Freiheitsstrafe von mehr als einem Jahr verwirkt hat.

§ 69 Entziehung der Fahrerlaubnis (1) Wird jemand wegen einer rechtswidrigen Tat, die er bei oder im Zusammenhang mit dem Führen eines Kraftfahrzeugs oder unter Verletzung der Pflichten eines Kraftfahrzeugführers begangen hat, verurteilt oder nur deshalb nicht verurteilt, weil seine Schuldunfähigkeit erwiesen oder nicht auszuschließen ist, so entzieht ihm das Gericht die Fahrerlaubnis, wenn sich aus der Tat ergibt, dass er zum Führen von Kraftfahrzeugen ungeeignet ist. Einer weiteren Prüfung nach § 62 bedarf es nicht.
(2) Ist die rechtswidrige Tat in den Fällen des Absatzes 1 ein Vergehen
1. der Gefährdung des Straßenverkehrs (§ 315c),
1a. des verbotenen Kraftfahrzeugrennens (§ 315d),
2. der Trunkenheit im Verkehr (§ 316),
3. des unerlaubten Entfernens vom Unfallort (§ 142), obwohl der Täter weiß oder wissen kann, dass bei dem Unfall ein Mensch getötet oder nicht unerheblich verletzt worden oder an fremden Sachen bedeutender Schaden entstanden ist, oder
4. des Vollrausches (§ 323a), der sich auf eine der Taten nach den Nummern 1 bis 3 bezieht, so ist der Täter in der Regel als ungeeignet zum Führen von Kraftfahrzeugen anzusehen.

(3) Die Fahrerlaubnis erlischt mit der Rechtskraft des Urteils. Ein von einer deutschen Behörde ausgestellter Führerschein wird im Urteil eingezogen.

§ 77 Antragsberechtigte (1) Ist die Tat nur auf Antrag verfolgbar, so kann, soweit das Gesetz nichts anderes bestimmt, der Verletzte den Antrag stellen.
(2) Stirbt der Verletzte, so geht sein Antragsrecht in den Fällen, die das Gesetz bestimmt, auf den Ehegatten, den Lebenspartner und die Kinder über. Hat der Verletzte weder einen Ehegatten, oder einen Lebenspartner noch Kinder hinterlassen oder sind sie vor Ablauf der Antragsfrist gestorben, so geht das Antragsrecht auf die Eltern und, wenn auch sie vor Ablauf der Antragsfrist gestorben sind, auf die Geschwister und die Enkel über. Ist ein Angehöriger an der Tat beteiligt oder ist seine Verwandtschaft erloschen, so scheidet er bei dem Übergang des Antragsrechts aus. Das Antragsrecht geht nicht über, wenn die Verfolgung dem erklärten Willen des Verletzten widerspricht.
(3) Ist der Antragsberechtigte geschäftsunfähig oder beschränkt geschäftsfähig, so können der gesetzliche Vertreter in den persönlichen Angelegenheiten und derjenige, dem die Sorge für die Person des Antragsberechtigten zusteht, den Antrag stellen.
(4) Sind mehrere antragsberechtigt, so kann jeder den Antrag selbständig stellen.

§ 77b Antragsfrist (1) Eine Tat, die nur auf Antrag verfolgbar ist, wird nicht verfolgt, wenn der Antragsberechtigte es unterlässt, den Antrag bis zum Ablauf einer Frist von drei Monaten zu stellen. Fällt das Ende der Frist auf einen Sonntag, einen allgemeinen Feiertag oder einen Sonnabend, so endet die Frist mit Ablauf des nächsten Werktags.
(2) Die Frist beginnt mit Ablauf des Tages, an dem der Berechtigte von der Tat und der Person des Täters Kenntnis erlangt. Für den Antrag des gesetzlichen Vertreters und des Sorgeberechtigten kommt es auf dessen Kenntnis an.
(3) Sind mehrere antragsberechtigt oder mehrere an der Tat beteiligt, so läuft die Frist für und gegen jeden gesondert.
(4) Ist durch Tod des Verletzten das Antragsrecht auf Angehörige übergegangen, so endet die Frist frühestens drei Monate und spätestens sechs Monate nach dem Tod des Verletzten.

(5) Der Lauf der Frist ruht, wenn ein Antrag auf Durchführung eines Sühneversuchs gemäß § 380 der Strafprozessordnung bei der Vergleichsbehörde eingeht, bis zur Ausstellung der Bescheinigung nach § 380 Abs. 1 Satz 3 der Strafprozessordnung.

§ 77d Zurücknahme des Antrags (1) Der Antrag kann zurückgenommen werden. Die Zurücknahme kann bis zum rechtskräftigen Abschluss des Strafverfahrens erklärt werden. Ein zurückgenommener Antrag kann nicht nochmals gestellt werden.
(2) Stirbt der Verletzte oder der im Falle seines Todes Berechtigte, nachdem er den Antrag gestellt hat, so können der Ehegatte, der Lebenspartner, die Kinder, die Eltern, die Geschwister und die Enkel des Verletzten in der Rangfolge des § 77 Abs. 2 den Antrag zurücknehmen. Mehrere Angehörige des gleichen Ranges können das Recht nur gemeinsam ausüben. Wer an der Tat beteiligt ist, kann den Antrag nicht zurücknehmen.

§ 111 Öffentliche Aufforderung zu Straftaten (1) Wer öffentlich, in einer Versammlung oder durch Verbreiten eines Inhalts (§ 11 Absatz 3) zu einer rechtswidrigen Tat auffordert, wird wie ein Anstifter (§ 26) bestraft.
(2) Bleibt die Aufforderung ohne Erfolg, so ist die Strafe Freiheitsstrafe bis zu fünf Jahren oder Geldstrafe. Die Strafe darf nicht schwerer sein als die, die für den Fall angedroht ist, daß die Aufforderung Erfolg hat (Absatz 1); § 49 Abs. 1 Nr. 2 ist anzuwenden.

§ 113 Widerstand gegen Vollstreckungsbeamte (1) Wer einem Amtsträger oder Soldaten der Bundeswehr, der zur Vollstreckung von Gesetzen, Rechtsverordnungen, Urteilen, Gerichtsbeschlüssen oder Verfügungen berufen ist, bei der Vornahme einer solchen Diensthandlung mit Gewalt oder durch Drohung mit Gewalt Widerstand leistet, wird mit Freiheitsstrafe bis zu drei Jahren oder mit Geldstrafe bestraft.
(2) In besonders schweren Fällen ist die Strafe Freiheitsstrafe von sechs Monaten bis zu fünf Jahren. Ein besonders schwerer Fall liegt in der Regel vor, wenn

1. der Täter oder ein anderer Beteiligter eine Waffe oder ein anderes gefährliches Werkzeug bei sich führt,
2. der Täter durch eine Gewalttätigkeit den Angegriffenen in die Gefahr des Todes oder einer schweren Gesundheitsschädigung bringt oder
3. die Tat mit einem anderen Beteiligten gemeinschaftlich begangen wird.

(3) Die Tat ist nicht nach dieser Vorschrift strafbar, wenn die Diensthandlung nicht rechtmäßig ist. Dies gilt auch dann, wenn der Täter irrig annimmt, die Diensthandlung sei rechtmäßig.
(4) Nimmt der Täter bei Begehung der Tat irrig an, die Diensthandlung sei nicht rechtmäßig, und konnte er den Irrtum vermeiden, so kann das Gericht die Strafe nach seinem Ermessen mildern (§ 49 Abs. 2) oder bei geringer Schuld von einer Bestrafung nach dieser Vorschrift absehen. Konnte der Täter den Irrtum nicht vermeiden und war ihm nach den ihm bekannten Umständen auch nicht zuzumuten, sich mit Rechtsbehelfen gegen die vermeintlich rechtswidrige Diensthandlung zu wehren, so ist die Tat nicht nach dieser Vorschrift strafbar; war ihm dies zuzumuten, so kann das Gericht die Strafe nach seinem Ermessen mildern (§ 49 Abs. 2) oder von einer Bestrafung nach dieser Vorschrift absehen.

§ 114 Tätlicher Angriff auf Vollstreckungsbeamte (1) Wer einen Amtsträger oder Soldaten der Bundeswehr, der zur Vollstreckung von Gesetzen, Rechtsverordnungen, Urteilen, Gerichtsbeschlüssen oder Verfügungen berufen ist, bei einer Diensthandlung tätlich angreift, wird mit Freiheitsstrafe von drei Monaten bis zu fünf Jahren bestraft.
(2) § 113 Absatz 2 gilt entsprechend.
(3) § 113 Absatz 3 und 4 gilt entsprechend, wenn die Diensthandlung eine Vollstreckungshandlung im Sinne des § 113 Absatz 1 ist.

§ 115 Widerstand gegen oder tätlicher Angriff auf Personen, die Vollstreckungsbeamten gleichstehen (1) Zum Schutz von Personen, die die Rechte und Pflichten eines Polizeibeamten haben oder Ermittlungspersonen der Staatsanwaltschaft sind, ohne Amtsträger zu sein, gelten die §§ 113 und 114 entsprechend.
(2) Zum Schutz von Personen, die zur Unterstützung bei der Diensthandlung hinzugezogen sind, gelten die §§ 113 und 114 entsprechend.
(3) Nach § 113 wird auch bestraft, wer bei Unglücksfällen, gemeiner Gefahr oder Not Hilfeleistende der Feuerwehr, des Katastrophenschutzes, eines Rettungsdienstes, eines ärztlichen Notdienstes oder einer Notaufnahme durch Gewalt oder durch Drohung mit Gewalt behindert. Nach § 114 wird bestraft, wer die Hilfeleistenden in diesen Situationen tätlich angreift.

§ 123 Hausfriedensbruch (1) Wer in die Wohnung, in die Geschäftsräume oder in das befriedete Besitztum eines anderen oder in abgeschlossene Räume, welche zum öffentlichen Dienst oder Verkehr bestimmt sind, widerrechtlich eindringt, oder wer, wenn er ohne Befugnis darin verweilt, auf die Aufforderung des Berechtigten sich nicht entfernt, wird mit Freiheitsstrafe bis zu einem Jahr oder mit Geldstrafe bestraft.
(2) Die Tat wird nur auf Antrag verfolgt.

§ 124 Schwerer Hausfriedensbruch Wenn sich eine Menschenmenge öffentlich zusammenrottet und in der Absicht, Gewalttätigkeiten gegen Personen oder Sachen mit vereinten Kräften zu begehen, in die Wohnung, in die Geschäftsräume oder in das befriedete Besitztum eines anderen oder in abgeschlossene Räume, welche zum öffentlichen Dienst bestimmt sind, widerrechtlich eindringt, so wird jeder, welcher an diesen Handlungen teilnimmt, mit Freiheitsstrafe bis zu zwei Jahren oder mit Geldstrafe bestraft.

§ 125 Landfriedensbruch (1) Wer sich an
1. Gewalttätigkeiten gegen Menschen oder Sachen oder
2. Bedrohungen von Menschen mit einer Gewalttätigkeit, die aus einer Menschenmenge in einer die öffentliche Sicherheit gefährdenden Weise mit vereinten Kräften begangen werden, als Täter oder Teilnehmer beteiligt oder wer auf die Menschenmenge einwirkt, um ihre Bereitschaft zu solchen Handlungen zu fördern, wird mit Freiheitsstrafe bis zu drei Jahren oder mit Geldstrafe bestraft.

(2) Soweit die in Absatz 1 Nr. 1, 2 bezeichneten Handlungen in § 113 mit Strafe bedroht sind, gilt § 113 Abs. 3, 4 sinngemäß. Dies gilt auch in Fällen des § 114, wenn die Diensthandlung eine Vollstreckungshandlung im Sinne des § 113 Absatz 1 ist.

§ 125a Besonders schwerer Fall des Landfriedensbruchs In besonders schweren Fällen des § 125 Abs. 1 ist die Strafe Freiheitsstrafe von sechs Monaten bis zu zehn Jahren.
Ein besonders schwerer Fall liegt in der Regel vor, wenn der Täter
1. eine Schusswaffe bei sich führt,
2. eine andere Waffe oder ein anderes gefährliches Werkzeug bei sich führt,
3. durch eine Gewalttätigkeit einen anderen in die Gefahr des Todes oder einer schweren Gesundheitsschädigung bringt oder
4. plündert oder bedeutenden Schaden an fremden Sachen anrichtet.

§ 132 Amtsanmaßung Wer unbefugt sich mit der Ausübung eines öffentlichen Amtes befasst oder eine Handlung vornimmt, welche nur kraft eines öffentlichen Amtes vorgenommen werden darf, wird mit Freiheitsstrafe bis zu zwei Jahren oder mit Geldstrafe bestraft.

§ 132a Missbrauch von Titeln, Berufsbezeichnungen und Abzeichen (1) Wer unbefugt
1. inländische oder ausländische Amts- oder Dienstbezeichnungen, akademische Grade, Titel oder öffentliche Würden führt,
2. die Berufsbezeichnung Arzt, Zahnarzt, Psychologischer Psychotherapeut, Kinder- und Jugendlichenpsychotherapeut, Psychotherapeut, Tierarzt, Apotheker, Rechtsanwalt, Patentanwalt, Wirtschaftsprüfer, vereidigter Buchprüfer, Steuerberater oder Steuerbevollmächtigter führt,
3. die Bezeichnung öffentlich bestellter Sachverständiger führt oder
4. inländische oder ausländische Uniformen, Amtskleidungen oder Amtsabzeichen trägt,

wird mit Freiheitsstrafe bis zu einem Jahr oder mit Geldstrafe bestraft.

(2) Den in Abs. 1 genannten Bezeichnungen, akademischen Graden, Titeln, Würden, Uniformen, Amtskleidungen oder Amtsabzeichen stehen solche gleich, die ihnen zum Verwechseln ähnlich sind.

(3) Die Absätze 1 und 2 gelten auch für Amtsbezeichnungen, Titel, Würden, Amtskleidungen und Amtsabzeichen der Kirchen und anderen Religionsgesellschaften des öffentlichen Rechts.

(4) Gegenstände, auf die sich eine Straftat nach Abs. 1 Nr. 4, allein oder in Verbindung mit Abs. 2 oder 3, bezieht, können eingezogen werden.

§ 138 Nichtanzeige geplanter Straftaten (1) Wer von dem Vorhaben oder der Ausführung
1. (weggefallen)
2. eines Hochverrats in den Fällen der §§ 81 bis 83 Abs. 1,
3. eines Landesverrats oder einer Gefährdung der äußeren Sicherheit in den Fällen der §§ 94 bis 96, 97a oder 100,
4. einer Geld- oder Wertpapierfälschung in den Fällen der §§ 146, 151, 152 oder einer Fälschung von Zahlungskarten mit Garantiefunktion in den Fällen des § 152b Abs. 1 bis 3,
5. eines Mordes (§ 211) oder Totschlags (§ 212) oder eines Völkermordes (§ 6 des Völkerstrafgesetzbuches) oder eines Verbrechens gegen die Menschlichkeit (§ 7 des Völkerstrafgesetzbuches) oder eines Kriegsverbrechens (§§ 8, 9, 10, 11 oder 12 des Völkerstrafgesetzbuches) oder eines Verbrechens der Aggression (§ 13 des Völkerstrafgesetzbuches),

6. einer Straftat gegen die persönliche Freiheit in den Fällen des § 232 Absatz 3 Satz 2, des § 232a Absatz 3, 4 oder 5, des § 232b Absatz 3 oder 4, des § 233a Absatz 3 oder 4, jeweils soweit es sich um Verbrechen handelt, der §§ 234, 234a, 239a oder 239b,
7. eines Raubes oder einer räuberischen Erpressung (§§ 249 bis 251 oder 255) oder
8. einer gemeingefährlichen Straftat in den Fällen der §§ 306 bis 306c oder 307 Abs. 1 bis 3, des § 308 Abs. 1 bis 4, des § 309 Abs. 1 bis 5, der §§ 310, 313, 314 oder 315 Abs. 3, des § 315b Abs. 3 oder der §§ 316a oder 316c

zu einer Zeit, zu der die Ausführung oder der Erfolg noch abgewendet werden kann, glaubhaft erfährt und es unterläßt, der Behörde oder dem Bedrohten rechtzeitig Anzeige zu machen, wird mit Freiheitsstrafe bis zu fünf Jahren oder mit Geldstrafe bestraft.

(2) Ebenso wird bestraft, wer

1. von der Ausführung einer Straftat nach § 89a oder
2. von dem Vorhaben oder der Ausführung einer Straftat nach § 129a, auch in Verbindung mit § 129b Abs. 1 Satz 1 und 2,

zu einer Zeit, zu der die Ausführung noch abgewendet werden kann, glaubhaft erfährt und es unterlässt, der Behörde unverzüglich Anzeige zu erstatten. § 129b Abs. 1 Satz 3 bis 5 gilt im Fall der Nummer 2 entsprechend.

(3) Wer die Anzeige leichtfertig unterläßt, obwohl er von dem Vorhaben oder der Ausführung der rechtswidrigen Tat glaubhaft erfahren hat, wird mit Freiheitsstrafe bis zu einem Jahr oder mit Geldstrafe bestraft.

§ 142 Unerlaubtes Entfernen vom Unfallort (1) Ein Unfallbeteiligter, der sich nach einem Unfall im Straßenverkehr vom Unfallort entfernt, bevor er

1. zugunsten der anderen Unfallbeteiligten und der Geschädigten die Feststellung seiner Person, seines Fahrzeugs und der Art seiner Beteiligung durch seine Anwesenheit und durch die Angabe, dass er an dem Unfall beteiligt ist, ermöglicht hat oder
2. eine nach den Umständen angemessene Zeit gewartet hat, ohne dass jemand bereit war, die Feststellungen zu treffen, wird mit Freiheitsstrafe bis zu drei Jahren oder mit Geldstrafe bestraft.

(2) Nach Abs. 1 wird auch ein Unfallbeteiligter bestraft, der sich

1. nach Ablauf der Wartefrist (Abs. 1 Nr. 2) oder
2. berechtigt oder entschuldigt vom Unfallort entfernt hat und die Feststellungen nicht unverzüglich nachträglich ermöglicht.

(3) Der Verpflichtung, die Feststellungen nachträglich zu ermöglichen, genügt der Unfallbeteiligte, wenn er den Berechtigten (Abs. 1 Nr. 1) oder einer nahe gelegenen Polizeidienststelle mitteilt, dass er an dem Unfall beteiligt gewesen ist, und wenn er seine Anschrift, seinen Aufenthalt sowie das Kennzeichen und den Standort seines Fahrzeugs angibt und dieses zu unverzüglichen Feststellungen für eine ihm zumutbare Zeit zur Verfügung hält. Dies gilt nicht, wenn er durch sein Verhalten die Feststellungen absichtlich vereitelt.

(4) Das Gericht mildert in den Fällen der Absätze 1 und 2 die Strafe (§ 49 Abs. 1) oder kann von Strafe nach diesen Vorschriften absehen, wenn der Unfallbeteiligte innerhalb von vierundzwanzig Stunden nach einem Unfall außerhalb des fließenden Verkehrs, der ausschließlich nicht bedeutenden Sachschaden zur Folge hat, freiwillig die Feststellungen nachträglich ermöglicht (Abs. 3).

(5) Unfallbeteiligter ist jeder, dessen Verhalten nach den Umständen zur Verursachung des Unfalls beigetragen haben kann.

§ 145 Missbrauch von Notrufen und Beeinträchtigung von Unfallverhütungs- und Nothilfemitteln (1) Wer absichtlich oder wissentlich

1. Notrufe oder Notzeichen missbraucht oder
2. vortäuscht, dass wegen eines Unglücksfalles oder wegen gemeiner Gefahr oder Not die Hilfe anderer erforderlich sei, wird mit Freiheitsstrafe bis zu einem Jahr oder mit Geldstrafe bestraft.

(2) Wer absichtlich oder wissentlich

1. die zur Verhütung von Unglücksfällen oder gemeiner Gefahr dienenden Warn- oder Verbotszeichen beseitigt, unkenntlich macht oder in ihrem Sinn entstellt oder
2. die zur Verhütung von Unglücksfällen oder gemeiner Gefahr dienenden Schutzvorrichtungen oder die zur Hilfeleistung bei Unglücksfällen oder gemeiner Gefahr bestimmten Rettungsgeräte oder anderen Sachen beseitigt, verändert oder unbrauchbar macht, wird mit Freiheitsstrafe bis zu zwei Jahren oder mit Geldstrafe bestraft, wenn die Tat nicht in § 303 oder § 304 mit Strafe bedroht ist.

§ 145d Vortäuschen einer Straftat (1) Wer wider besseres Wissen einer Behörde oder einer zur Entgegennahme von Anzeigen zuständigen Stelle vortäuscht,

1. dass eine rechtswidrige Tat begangen worden sei oder
2. dass die Verwirklichung einer der in § 126 Abs. 1 genannten rechtswidrigen Taten bevorstehe, wird mit Freiheitsstrafe bis zu drei Jahren oder mit Geldstrafe bestraft, wenn die Tat nicht in § 164, § 258 oder § 258a mit Strafe bedroht ist.

(2) Ebenso wird bestraft, wer wider besseres Wissen eine der in Abs. 1 bezeichneten Stellen über den Beteiligten

1. an einer rechtswidrigen Tat oder
2. an einer bevorstehenden, in § 126 Abs. 1 genannten rechtswidrigen Tat

zu täuschen sucht.

(3) ...

(4) In minder schweren Fällen des Absatzes 3 ist die Strafe Freiheitsstrafe bis zu drei Jahren oder Geldstrafe.

§ 153 Falsche uneidliche Aussage Wer vor Gericht oder vor einer anderen zur eidlichen Vernehmung von Zeugen oder Sachverständigen zuständigen Stelle als Zeuge oder Sachverständiger uneidlich falsch aussagt, wird mit Freiheitsstrafe von drei Monaten bis zu fünf Jahren bestraft.

§ 154 Meineid (1) Wer vor Gericht oder vor einer anderen zur Abnahme von Eiden zuständigen Stelle falsch schwört, wird mit Freiheitsstrafe nicht unter einem Jahr bestraft.

(2) In minder schweren Fällen ist die Strafe Freiheitsstrafe von sechs Monaten bis zu fünf Jahren.

§ 160 Verleitung zur Falschaussage (1) Wer einen anderen zur Ableistung eines falschen Eides verleitet, wird mit Freiheitsstrafe bis zu zwei Jahren oder mit Geldstrafe bestraft; wer einen anderen zur Ableistung einer falschen Versicherung an Eides Statt oder einer falschen

uneidlichen Aussage verleitet, wird mit Freiheitsstrafe bis zu sechs Monaten oder mit Geldstrafe bis zu einhundertachtzig Tagessätzen bestraft.
(2) Der Versuch ist strafbar.

§ 161 Fahrlässiger Falscheid, fahrlässige falsche Versicherung an Eides Statt
(1) Wenn eine der in den §§ 154 bis 156 bezeichneten Handlungen aus Fahrlässigkeit begangen worden ist, so tritt Freiheitsstrafe bis zu einem Jahr oder Geldstrafe ein.
(2) Straflosigkeit tritt ein, wenn der Täter die falsche Angabe rechtzeitig berichtigt. Die Vorschriften des § 158 Abs. 2 und 3 gelten entsprechend.

§ 164 Falsche Verdächtigung (1) Wer einen anderen bei einer Behörde oder einem zur Entgegennahme von Anzeigen zuständigen Amtsträger oder militärischen Vorgesetzten oder öffentlich wider besseres Wissen einer rechtswidrigen Tat oder der Verletzung einer Dienstpflicht in der Absicht verdächtigt, ein behördliches Verfahren oder andere behördliche Maßnahmen gegen ihn herbeizuführen oder fortdauern zu lassen, wird mit Freiheitsstrafe bis zu fünf Jahren oder mit Geldstrafe bestraft.
(2) Ebenso wird bestraft, wer in gleicher Absicht bei einer der in Abs. 1 bezeichneten Stellen oder öffentlich über einen anderen wider besseres Wissen eine sonstige Behauptung tatsächlicher Art aufstellt, die geeignet ist, ein behördliches Verfahren oder andere behördliche Maßnahmen gegen ihn herbeizuführen oder fortdauern zu lassen.
(3) ...

§ 185 Beleidigung Die Beleidigung wird mit Freiheitsstrafe bis zu einem Jahr oder mit Geldstrafe und, wenn die Beleidigung öffentlich, in einer Versammlung, durch Verbreiten eines Inhalts (§ 11 Absatz 3) oder mittels einer Tätlichkeit begangen wird, mit Freiheitsstrafe bis zu zwei Jahren oder mit Geldstrafe bestraft.

§ 186 Üble Nachrede Wer in Beziehung auf einen anderen eine Tatsache behauptet oder verbreitet, welche denselben verächtlich zu machen oder in der öffentlichen Meinung herabzuwürdigen geeignet ist, wird, wenn nicht diese Tatsache erweislich wahr ist, mit Freiheitsstrafe bis zu einem Jahr oder mit Geldstrafe und, wenn die Tat öffentlich oder durch Verbreiten von Schriften (§ 11 Abs. 3) begangen ist, mit Freiheitsstrafe bis zu zwei Jahren oder mit Geldstrafe bestraft.

§ 187 Verleumdung Wer wider besseres Wissen in Beziehung auf einen anderen eine unwahre Tatsache behauptet oder verbreitet, welche denselben verächtlich zu machen oder in der öffentlichen Meinung herabzuwürdigen oder dessen Kredit zu gefährden geeignet ist, wird mit Freiheitsstrafe bis zu zwei Jahren oder mit Geldstrafe und, wenn die Tat öffentlich, in einer Versammlung oder durch Verbreiten eines Inhalts (§ 11 Absatz 3) begangen ist, mit Freiheitsstrafe bis zu fünf Jahren oder mit Geldstrafe bestraft.

§ 193 Wahrnehmung berechtigter Interessen Tadelnde Urteile über wissenschaftliche, künstlerische oder gewerbliche Leistungen, desgleichen Äußerungen oder Tathandlungen nach § 192a, welche zur Ausführung oder Verteidigung von Rechten oder zur Wahrnehmung berechtigter Interessen vorgenommen werden, sowie Vorhaltungen und Rügen der Vorgesetzten gegen ihre Untergebenen, dienstliche Anzeigen oder Urteile von seiten eines Beamten und ähnliche Fälle sind nur insofern strafbar, als das Vorhandensein einer Beleidigung aus der Form der Äußerung oder aus den Umständen, unter welchen sie geschah, hervorgeht.

§ 194 Strafantrag (1) Die Beleidigung wird nur auf Antrag verfolgt. Ist die Tat in einer Versammlung oder dadurch begangen, dass ein Inhalt (§ 11 Absatz 3) verbreitet oder der Öffentlichkeit zugänglich gemacht worden ist, so ist ein Antrag nicht erforderlich, wenn der Verletzte als Angehöriger einer Gruppe unter der nationalsozialistischen oder einer anderen Gewalt- und Willkürherrschaft verfolgt wurde, diese Gruppe Teil der Bevölkerung ist und die Beleidigung mit dieser Verfolgung zusammenhängt. In den Fällen der §§ 188 und 192a wird die Tat auch dann verfolgt, wenn die Strafverfolgungsbehörde wegen des besonderen öffentlichen Interesses an der Strafverfolgung ein Einschreiten von Amts wegen für geboten hält. Die Taten nach den Sätzen 2 und 3 können jedoch nicht von Amts wegen verfolgt werden, wenn der Verletzte widerspricht. Der Widerspruch kann nicht zurückgenommen werden. Stirbt der Verletzte, so gehen das Antragsrecht und das Widerspruchsrecht auf die in § 77 Abs. 2 bezeichneten Angehörigen über.
(2) Ist das Andenken eines Verstorbenen verunglimpft, so steht das Antragsrecht den in § 77 Abs. 2 bezeichneten Angehörigen zu. Ist die Tat in einer Versammlung oder dadurch begangen, dass ein Inhalt (§ 11 Absatz 3) verbreitet oder der Öffentlichkeit zugänglich gemacht worden ist, so ist ein Antrag nicht erforderlich, wenn der Verstorbene sein Leben als Opfer der nationalsozialistischen oder einer anderen Gewalt- und Willkürherrschaft verloren hat und die Verunglimpfung damit zusammenhängt. Die Tat kann jedoch nicht von Amts wegen verfolgt werden, wenn ein Antragsberechtigter der Verfolgung widerspricht. Der Widerspruch kann nicht zurückgenommen werden.
(3) Ist die Beleidigung gegen einen Amtsträger, einen für den öffentlichen Dienst besonders Verpflichteten oder einen Soldaten der Bundeswehr während der Ausübung seines Dienstes oder in Beziehung auf seinen Dienst begangen, so wird sie auch auf Antrag des Dienstvorgesetzten verfolgt. Richtet sich die Tat gegen eine Behörde oder eine sonstige Stelle, die Aufgaben der öffentlichen Verwaltung wahrnimmt, so wird sie auf Antrag des Behördenleiters oder des Leiters der aufsichtführenden Behörde verfolgt. Dasselbe gilt für Träger von Ämtern und für Behörden der Kirchen und anderen Religionsgesellschaften des öffentlichen Rechts.
(4) Richtet sich die Tat gegen ein Gesetzgebungsorgan des Bundes oder eines Landes oder eine andere politische Körperschaft im räumlichen Geltungsbereich dieses Gesetzes, so wird sie nur mit Ermächtigung der betroffenen Körperschaft verfolgt.

§ 199 Wechselseitig begangene Beleidigungen Wenn eine Beleidigung auf der Stelle erwidert wird, so kann der Richter beide Beleidiger oder einen derselben für straffrei erklären.

§ 201 Verletzung der Vertraulichkeit des Wortes (1) Mit Freiheitsstrafe bis zu drei Jahren oder mit Geldstrafe wird bestraft, wer unbefugt

1. das nichtöffentlich gesprochene Wort eines anderen auf einen Tonträger aufnimmt oder
2. eine so hergestellte Aufnahme gebraucht oder einem Dritten zugänglich macht.

(2) Ebenso wird bestraft, wer unbefugt

1. das nicht zu seiner Kenntnis bestimmte nichtöffentlich gesprochene Wort eines anderen mit einem Abhörgerät abhört oder
2. das nach Abs. 1 Nr. 1 aufgenommene oder nach Abs. 2 Nr. 1 abgehörte nicht-öffentlich gesprochene Wort eines anderen im Wortlaut oder seinem wesentlichen Inhalt nach öffentlich mitteilt.

Die Tat nach Satz 1 Nr. 2 ist nur strafbar, wenn die öffentliche Mitteilung geeignet ist, berechtigte Interessen eines anderen zu beeinträchtigen. Sie ist nicht rechtswidrig, wenn die öffentliche Mitteilung zur Wahrnehmung überragender öffentlicher Interessen gemacht wird.

(3) ...

(4) Der Versuch ist strafbar.

(5) Die Tonträger und Abhörgeräte, die der Täter oder Teilnehmer verwendet hat, können eingezogen werden. § 74a ist anzuwenden.

§ 202 Verletzung des Briefgeheimnisses (1) Wer unbefugt

1. einen verschlossenen Brief oder ein anderes verschlossenes Schriftstück, die nicht zu seiner Kenntnis bestimmt sind, öffnet oder
2. sich vom Inhalt eines solchen Schriftstücks ohne Öffnung des Verschlusses unter Anwendung technischer Mittel Kenntnis verschafft, wird mit Freiheitsstrafe bis zu einem Jahr oder mit Geldstrafe bestraft, wenn die Tat nicht in § 206 mit Strafe bedroht ist.

(2) Ebenso wird bestraft, wer sich unbefugt vom Inhalt eines Schriftstücks, das nicht zu seiner Kenntnis bestimmt und durch ein verschlossenes Behältnis gegen Kenntnisnahme besonders gesichert ist, Kenntnis verschafft, nachdem er dazu das Behältnis geöffnet hat.

(3) Einem Schriftstück im Sinne der Absätze 1 und 2 steht eine Abbildung gleich.

§ 202a Ausspähen von Daten (1) Wer unbefugt sich oder einem anderen Zugang zu Daten, die nicht für ihn bestimmt und die gegen unberechtigten Zugang besonders gesichert sind, unter Überwindung der Zugangssicherung verschafft, wird mit Freiheitsstrafe bis zu drei Jahren oder mit Geldstrafe bestraft.

(2) Daten im Sinne des Absatzes 1 sind nur solche, die elektronisch, magnetisch oder sonst nicht unmittelbar wahrnehmbar gespeichert sind oder übermittelt werden.

§ 206 Verletzung des Post- oder Fernmeldegeheimnisses (1) Wer unbefugt einer anderen Person eine Mitteilung über Tatsachen macht, die dem Post- oder Fernmeldegeheimnis unterliegen und die ihm als Inhaber oder Beschäftigtem eines Unternehmens bekanntgeworden sind, das geschäftsmäßig Post- oder Telekommunikationsdienste erbringt, wird mit Freiheitsstrafe bis zu fünf Jahren oder mit Geldstrafe bestraft.

(2) Ebenso wird bestraft, wer als Inhaber oder Beschäftigter eines in Abs. 1 bezeichneten Unternehmens unbefugt

1. eine Sendung, die einem solchen Unternehmen zur Übermittlung anvertraut worden und verschlossen ist, öffnet oder sich von ihrem Inhalt ohne Öffnung des Verschlusses unter Anwendung technischer Mittel Kenntnis verschafft,
2. eine einem solchen Unternehmen zur Übermittlung anvertraute Sendung unterdrückt oder

3. eine der in Abs. 1 oder in Nummer 1 oder 2 bezeichneten Handlungen gestattet oder fördert.

(3) Die Absätze 1 und 2 gelten auch für Personen, die

1. Aufgaben der Aufsicht über ein in Abs. 1 bezeichnetes Unternehmen wahrnehmen,
2. von einem solchen Unternehmen oder mit dessen Ermächtigung mit dem Erbringen von Post- oder Telekommunikationsdiensten betraut sind oder
3. mit der Herstellung einer dem Betrieb eines solchen Unternehmens dienenden Anlage oder mit Arbeiten daran betraut sind.

(4) Wer unbefugt einer anderen Person eine Mitteilung über Tatsachen macht, die ihm als außerhalb des Post oder Telekommunikationsbereichs tätigem Amtsträger auf Grund eines befugten oder unbefugten Eingriffs in das Post- oder Fernmeldegeheimnis bekanntgeworden sind, wird mit Freiheitsstrafe bis zu zwei Jahren oder mit Geldstrafe bestraft.

(5) Dem Postgeheimnis unterliegen die näheren Umstände des Postverkehrs bestimmter Personen sowie der Inhalt von Postsendungen. Dem Fernmeldegeheimnis unterliegen der Inhalt der Telekommunikation und ihre näheren Umstände, insbesondere die Tatsache, ob jemand an einem Telekommunikationsvorgang beteiligt ist oder war. Das Fernmeldegeheimnis erstreckt sich auch auf die näheren Umstände erfolgloser Verbindungsversuche.

§ 211 Mord (1) Der Mörder wird mit lebenslanger Freiheitsstrafe bestraft.

(2) Mörder ist, wer aus Mordlust, zur Befriedigung des Geschlechtstriebs, aus Habgier oder sonst aus niedrigen Beweggründen, heimtückisch oder grausam oder mit gemeingefährlichen Mitteln oder um eine andere Straftat zu ermöglichen oder zu verdecken, einen Menschen tötet.

§ 212 Totschlag (1) Wer einen Menschen tötet, ohne Mörder zu sein, wird als Totschläger mit Freiheitsstrafe nicht unter fünf Jahren bestraft.

(2) In besonders schweren Fällen ist auf lebenslange Freiheitsstrafe zu erkennen.

§ 222 Fahrlässige Tötung Wer durch Fahrlässigkeit den Tod eines Menschen verursacht, wird mit Freiheitsstrafe bis zu fünf Jahren oder mit Geldstrafe bestraft.

§ 223 Körperverletzung (1) Wer eine andere Person körperlich misshandelt oder an der Gesundheit schädigt, wird mit Freiheitsstrafe bis zu fünf Jahren oder mit Geldstrafe bestraft.

(2) Der Versuch ist strafbar.

§ 224 Gefährliche Körperverletzung (1) Wer die Körperverletzung

1. durch Beibringung von Gift oder anderen gesundheitsschädlichen Stoffen,
2. mittels einer Waffe oder eines anderen gefährlichen Werkzeugs,
3. mittels eines hinterlistigen Überfalls,
4. mit einem anderen Beteiligten gemeinschaftlich oder
5. mittels einer das Leben gefährdenden Behandlung

begeht, wird mit Freiheitsstrafe von sechs Monaten bis zu zehn Jahren, in minder schweren Fällen mit Freiheitsstrafe von drei Monaten bis zu fünf Jahren bestraft.

(2) Der Versuch ist strafbar.

§ 226 Schwere Körperverletzung (1) Hat die Körperverletzung zur Folge, dass die verletzte Person

1. das Sehvermögen auf einem Auge oder beiden Augen, das Gehör, das Sprechvermögen oder die Fortpflanzungsfähigkeit verliert,
2. ein wichtiges Glied des Körpers verliert oder dauernd nicht mehr gebrauchen kann oder
3. in erheblicher Weise dauernd entstellt wird oder in Siechtum, Lähmung oder geistige Krankheit oder Behinderung verfällt,

so ist die Strafe Freiheitsstrafe von einem Jahr bis zu zehn Jahren.
(2) Verursacht der Täter eine der in Abs. 1 bezeichneten Folgen absichtlich oder wissentlich, so ist die Strafe Freiheitsstrafe nicht unter drei Jahren.
(3) In minder schweren Fällen des Absatzes 1 ist auf Freiheitsstrafe von sechs Monaten bis zu fünf Jahren, in minder schweren Fällen des Absatzes 2 auf Freiheitsstrafe von einem Jahr bis zu zehn Jahren zu erkennen.

§ 227 Körperverletzung mit Todesfolge (1) Verursacht der Täter durch die Körperverletzung (§§ 223 bis 226a) den Tod der verletzten Person, so ist die Strafe Freiheitsstrafe nicht unter drei Jahren.
(2) In minder schweren Fällen ist auf Freiheitsstrafe von einem Jahr bis zu zehn Jahren zu erkennen.

§ 228 Einwilligung Wer eine Körperverletzung mit Einwilligung der verletzten Person vornimmt, handelt nur dann rechtswidrig, wenn die Tat trotz der Einwilligung gegen die guten Sitten verstößt.

§ 229 Fahrlässige Körperverletzung Wer durch Fahrlässigkeit die Körperverletzung einer anderen Person verursacht, wird mit Freiheitsstrafe bis zu drei Jahren oder mit Geldstrafe bestraft.

§ 230 Strafantrag (1) Die vorsätzliche Körperverletzung nach § 223 und die fahrlässige Körperverletzung nach § 229 werden nur auf Antrag verfolgt, es sei denn, dass die Strafverfolgungsbehörde wegen des besonderen öffentlichen Interesses an der Strafverfolgung ein Einschreiten von Amts wegen für geboten hält. Stirbt die verletzte Person, so geht bei vorsätzlicher Körperverletzung das Antragsrecht nach § 77 Abs. 2 auf die Angehörigen über.
(2) Ist die Tat gegen einen Amtsträger, einen für den öffentlichen Dienst besonders Verpflichteten oder einen Soldaten der Bundeswehr während der Ausübung seines Dienstes oder in Beziehung auf seinen Dienst begangen, so wird sie auch auf Antrag des Dienstvorgesetzten verfolgt. Dasselbe gilt für Träger von Ämtern der Kirchen und anderen Religionsgesellschaften des öffentlichen Rechts.

§ 238 Nachstellung (1) Mit Freiheitsstrafe bis zu drei Jahren oder mit Geldstrafe wird bestraft, wer einer anderen Person in einer Weise unbefugt nachstellt, die geeignet ist, deren Lebensgestaltung nicht unerheblich zu beeinträchtigen, indem er wiederholt

1. die räumliche Nähe dieser Person aufsucht,

2. unter Verwendung von Telekommunikationsmitteln oder sonstigen Mitteln der Kommunikation oder über Dritte Kontakt zu dieser Person herzustellen versucht,
3. unter missbräuchlicher Verwendung von personenbezogenen Daten dieser Person
   a) Bestellungen von Waren oder Dienstleistungen für sie aufgibt oder
   b) Dritte veranlasst, Kontakt mit ihr aufzunehmen,
4. diese Person mit der Verletzung von Leben, körperlicher Unversehrtheit, Gesundheit oder Freiheit ihrer selbst, eines ihrer Angehörigen oder einer anderen ihr nahestehenden Person bedroht,
5. zulasten dieser Person, eines ihrer Angehörigen oder einer anderen ihr nahestehenden Person eine Tat nach § 202a, § 202b oder § 202c begeht,
6. eine Abbildung dieser Person, eines ihrer Angehörigen oder einer anderen ihr nahestehenden Person verbreitet oder der Öffentlichkeit zugänglich macht,
7. einen Inhalt (§ 11 Absatz 3), der geeignet ist, diese Person verächtlich zu machen oder in der öffentlichen Meinung herabzuwürdigen, unter Vortäuschung der Urheberschaft der Person verbreitet oder der Öffentlichkeit zugänglich macht oder
8. eine mit den Nummern 1 bis 7 vergleichbare Handlung vornimmt.

(2) In besonders schweren Fällen des Absatzes 1 Nummer 1 bis 7 wird die Nachstellung mit Freiheitsstrafe von drei Monaten bis zu fünf Jahren bestraft. Ein besonders schwerer Fall liegt in der Regel vor, wenn der Täter
1. durch die Tat eine Gesundheitsschädigung des Opfers, eines Angehörigen des Opfers oder einer anderen dem Opfer nahestehenden Person verursacht,
2. das Opfer, einen Angehörigen des Opfers oder eine andere dem Opfer nahestehende Person durch die Tat in die Gefahr des Todes oder einer schweren Gesundheitsschädigung bringt,
3. dem Opfer durch eine Vielzahl von Tathandlungen über einen Zeitraum von mindestens sechs Monaten nachstellt,
4. bei einer Tathandlung nach Absatz 1 Nummer 5 ein Computerprogramm einsetzt, dessen Zweck das digitale Ausspähen anderer Personen ist,
5. eine durch eine Tathandlung nach Absatz 1 Nummer 5 erlangte Abbildung bei einer Tathandlung nach Absatz 1 Nummer 6 verwendet,
6. einen durch eine Tathandlung nach Absatz 1 Nummer 5 erlangten Inhalt (§ 11 Absatz 3) bei einer Tathandlung nach Absatz 1 Nummer 7 verwendet oder
7. über einundzwanzig Jahre ist und das Opfer unter sechzehn Jahre ist.

(3) Verursacht der Täter durch die Tat den Tod des Opfers, eines Angehörigen des Opfers oder einer anderen dem Opfer nahestehenden Person, so ist die Strafe Freiheitsstrafe von einem Jahr bis zu zehn Jahren.

§ 239 Freiheitsberaubung (1) Wer einen Menschen einsperrt oder auf andere Weise der Freiheit beraubt, wird mit Freiheitsstrafe bis zu fünf Jahren oder mit Geldstrafe bestraft.

(2) Der Versuch ist strafbar.

(3) Auf Freiheitsstrafe von einem Jahr bis zu zehn Jahren ist zu erkennen, wenn der Täter
1. das Opfer länger als eine Woche der Freiheit beraubt oder
2. durch die Tat oder eine während der Tat begangene Handlung eine schwere Gesundheitsschädigung des Opfers verursacht.

(4) Verursacht der Täter durch die Tat oder eine während der Tat begangene Handlung den Tod des Opfers, so ist die Strafe Freiheitsstrafe nicht unter drei Jahren.

(5) In minder schweren Fällen des Absatzes 3 ist auf Freiheitsstrafe von sechs Monaten bis zu fünf Jahren, in minder schweren Fällen des Absatzes 4 auf Freiheitsstrafe von einem Jahr bis zu zehn Jahren zu erkennen.

§ 240 Nötigung (1) Wer einen Menschen rechtswidrig mit Gewalt oder durch Drohung mit einem empfindlichen Übel zu einer Handlung, Duldung oder Unterlassung nötigt, wird mit Freiheitsstrafe bis zu drei Jahren oder mit Geldstrafe bestraft.
(2) Rechtswidrig ist die Tat, wenn die Anwendung der Gewalt oder die Androhung des Übels zu dem angestrebten Zweck als verwerflich anzusehen ist.
(3) Der Versuch ist strafbar.
(4) In besonders schweren Fällen ist die Strafe Freiheitsstrafe von sechs Monaten bis zu fünf Jahren. Ein besonders schwerer Fall liegt in der Regel vor, wenn der Täter
1. eine Schwangere zum Schwangerschaftsabbruch nötigt oder
2. seine Befugnisse oder seine Stellung als Amtsträger missbraucht.

§ 241 Bedrohung (1) Wer einen Menschen mit der Begehung einer gegen ihn oder eine ihm nahestehende Person gerichteten rechtswidrigen Tat gegen die sexuelle Selbstbestimmung, die körperliche Unversehrtheit, die persönliche Freiheit oder gegen eine Sache von bedeutendem Wert bedroht, wird mit Freiheitsstrafe bis zu einem Jahr oder mit Geldstrafe bestraft.
(2) Wer einen Menschen mit der Begehung eines gegen ihn oder eine ihm nahestehende Person gerichteten Verbrechens bedroht, wird mit Freiheitsstrafe bis zu zwei Jahren oder mit Geldstrafe bestraft.
(3) Ebenso wird bestraft, wer wider besseres Wissen einem Menschen vortäuscht, daß die Verwirklichung eines gegen ihn oder eine ihm nahestehende Person gerichteten Verbrechens bevorstehe.
(4) Wird die Tat öffentlich, in einer Versammlung oder durch Verbreiten eines Inhalts (§ 11 Absatz 3) begangen, ist in den Fällen des Absatzes 1 auf Freiheitsstrafe bis zu zwei Jahren oder auf Geldstrafe und in den Fällen der Absätze 2 und 3 auf Freiheitsstrafe bis zu drei Jahren oder auf Geldstrafe zu erkennen.
(5) Die für die angedrohte Tat geltenden Vorschriften über den Strafantrag sind entsprechend anzuwenden.

§ 242 Diebstahl (1) Wer eine fremde bewegliche Sache einem anderen in der Absicht wegnimmt, die Sache sich oder einem Dritten rechtswidrig zuzueignen, wird mit Freiheitsstrafe bis zu fünf Jahren oder mit Geldstrafe bestraft.
(2) Der Versuch ist strafbar.

§ 243 Besonders schwerer Fall des Diebstahls (1) In besonders schweren Fällen wird der Diebstahl mit Freiheitsstrafe von drei Monaten bis zu zehn Jahren bestraft. Ein besonders schwerer Fall liegt in der Regel vor, wenn der Täter
1. zur Ausführung der Tat in ein Gebäude, einen Dienst- oder Geschäftsraum oder in einen anderen umschlossenen Raum einbricht, einsteigt, mit einem falschen Schlüssel oder einem anderen nicht zur ordnungsmäßigen Öffnung bestimmten Werkzeug eindringt oder sich in dem Raum verborgen hält,

2. eine Sache stiehlt, die durch ein verschlossenes Behältnis oder eine andere Schutzvorrichtung gegen Wegnahme besonders gesichert ist,
3. gewerbsmäßig stiehlt,
4. aus einer Kirche oder einem anderen der Religionsausübung dienenden Gebäude oder Raum eine Sache stiehlt, die dem Gottesdienst gewidmet ist oder der religiösen Verehrung dient,
5. eine Sache von Bedeutung für Wissenschaft, Kunst oder Geschichte oder für die technische Entwicklung stiehlt, die sich in einer allgemein zugänglichen Sammlung befindet oder öffentlich ausgestellt ist,
6. stiehlt, indem er die Hilflosigkeit einer anderen Person, einen Unglücksfall oder eine gemeine Gefahr ausnutzt oder
7. eine Handfeuerwaffe, zu deren Erwerb es nach dem Waffengesetz der Erlaubnis bedarf, ein Maschinengewehr, eine Maschinenpistole, ein voll- oder halbautomatisches Gewehr oder eine Sprengstoff enthaltende Kriegswaffe im Sinne des Kriegswaffenkontrollgesetzes oder Sprengstoff stiehlt.

(2) In den Fällen des Absatzes 1 Satz 2 Nr. 1 bis 6 ist ein besonders schwerer Fall ausgeschlossen, wenn sich die Tat auf eine geringwertige Sache bezieht.

§ 244 Diebstahl mit Waffen, Bandendiebstahl, Wohnungseinbruchdiebstahl (1) Mit Freiheitsstrafe von sechs Monaten bis zu zehn Jahren wird bestraft, wer

1. einen Diebstahl begeht, bei dem er oder ein anderer Beteiligter
   a) eine Waffe oder ein anderes gefährliches Werkzeug bei sich führt,
   b) sonst ein Werkzeug oder Mittel bei sich führt, um den Widerstand einer anderen Person durch Gewalt oder Drohung mit Gewalt zu verhindern oder zu überwinden,
2. als Mitglied einer Bande, die sich zur fortgesetzten Begehung von Raub oder Diebstahl verbunden hat, unter Mitwirkung eines anderen Bandenmitglieds stiehlt oder
3. einen Diebstahl begeht, bei dem er zur Ausführung der Tat in eine Wohnung einbricht, einsteigt, mit einem falschen Schlüssel oder einem anderen nicht zur ordnungsmäßigen Öffnung bestimmten Werkzeug eindringt oder sich in der Wohnung verborgen hält.

(2) Der Versuch ist strafbar.

(3) In minder schweren Fällen des Absatzes 1 Nummer 1 bis 3 ist die Strafe Freiheitsstrafe von drei Monaten bis zu fünf Jahren.

(4) Betrifft der Wohnungseinbruchdiebstahl nach Absatz 1 Nummer 3 eine dauerhaft genutzte Privatwohnung, so ist die Strafe Freiheitsstrafe von einem Jahr bis zu zehn Jahren.

§ 246 Unterschlagung (1) Wer eine fremde bewegliche Sache sich oder einem Dritten rechtswidrig zueignet, wird mit Freiheitsstrafe bis zu drei Jahren oder mit Geldstrafe bestraft, wenn die Tat nicht in anderen Vorschriften mit schwererer Strafe bedroht ist.

(2) Ist in den Fällen des Absatzes 1 die Sache dem Täter anvertraut, so ist die Strafe Freiheitsstrafe bis zu fünf Jahren oder Geldstrafe.

(3) Der Versuch ist strafbar.

§ 247 Haus- und Familiendiebstahl Ist durch einen Diebstahl oder eine Unterschlagung ein Angehöriger, der Vormund oder der Betreuer verletzt oder lebt der Verletzte mit dem Täter in häuslicher Gemeinschaft, so wird die Tat nur auf Antrag verfolgt.

§ 248a Diebstahl und Unterschlagung geringwertiger Sachen Der Diebstahl und die Unterschlagung geringwertiger Sachen werden in den Fällen der §§ 242 und 246 nur auf Antrag verfolgt, es sei denn, dass die Strafverfolgungsbehörde wegen des besonderen öffentlichen Interesses an der Strafverfolgung ein Einschreiten von Amts wegen für geboten hält.

§ 248b Unbefugter Gebrauch eines Fahrzeugs (1) Wer ein Kraftfahrzeug oder ein Fahrrad gegen den Willen des Berechtigten in Gebrauch nimmt, wird mit Freiheitsstrafe bis zu drei Jahren oder mit Geldstrafe bestraft, wenn die Tat nicht in anderen Vorschriften mit schwererer Strafe bedroht ist.
(2) Der Versuch ist strafbar.
(3) Die Tat wird nur auf Antrag verfolgt.
(4) Kraftfahrzeuge im Sinne dieser Vorschrift sind die Fahrzeuge, die durch Maschinenkraft bewegt werden, Landkraftfahrzeuge nur insoweit, als sie nicht an Bahngleise gebunden sind.

§ 248c Entziehung elektrischer Energie (1) Wer einer elektrischen Anlage oder Einrichtung fremde elektrische Energie mittels eines Leiters entzieht, der zur ordnungsmäßigen Entnahme von Energie aus der Anlage oder Einrichtung nicht bestimmt ist, wird, wenn er die Handlung in der Absicht begeht, die elektrische Energie sich oder einem Dritten rechtswidrig zuzueignen, mit Freiheitsstrafe bis zu fünf Jahren oder mit Geldstrafe bestraft.
(2) Der Versuch ist strafbar.
(3) Die §§ 247 und 248a gelten entsprechend.
(4) Wird die in Abs. 1 bezeichnete Handlung in der Absicht begangen, einem anderen rechtswidrig Schaden zuzufügen, so ist die Strafe Freiheitsstrafe bis zu zwei Jahren oder Geldstrafe. Die Tat wird nur auf Antrag verfolgt.

§ 249 Raub (1) Wer mit Gewalt gegen eine Person oder unter Anwendung von Drohungen mit gegenwärtiger Gefahr für Leib oder Leben eine fremde bewegliche Sache einem anderen in der Absicht wegnimmt, die Sache sich oder einem Dritten rechtswidrig zuzueignen, wird mit Freiheitsstrafe nicht unter einem Jahr bestraft.
(2) In minder schweren Fällen ist die Strafe Freiheitsstrafe von sechs Monaten bis zu fünf Jahren.

§ 250 Schwerer Raub (1) Auf Freiheitsstrafe nicht unter drei Jahren ist zu erkennen, wenn
1. der Täter oder ein anderer Beteiligter am Raub
   a) eine Waffe oder ein anderes gefährliches Werkzeug bei sich führt,
   b) sonst ein Werkzeug oder Mittel bei sich führt, um den Widerstand einer anderen Person durch Gewalt oder Drohung mit Gewalt zu verhindern oder zu überwinden,
   c) eine andere Person durch die Tat in die Gefahr einer schweren Gesundheitsschädigung bringt oder
2. der Täter den Raub als Mitglied einer Bande, die sich zur fortgesetzten Begehung von Raub oder Diebstahl verbunden hat, unter Mitwirkung eines anderen Bandenmitglieds begeht.

(2) Auf Freiheitsstrafe nicht unter fünf Jahren ist zu erkennen, wenn der Täter oder ein anderer Beteiligter am Raub

1. bei der Tat eine Waffe oder ein anderes gefährliches Werkzeug verwendet,
2. in den Fällen des Absatzes 1 Nummer 2 eine Waffe bei sich führt oder
3. eine andere Person
   a) bei der Tat körperlich schwer misshandelt oder
   b) durch die Tat in die Gefahr des Todes bringt.

(3) In minder schweren Fällen der Absätze 1 und 2 ist die Strafe Freiheitsstrafe von einem Jahr bis zu zehn Jahren.

§ 251 Raub mit Todesfolge Verursacht der Täter durch den Raub (§§ 249 und 250) wenigstens leichtfertig den Tod eines anderen Menschen, so ist die Strafe lebenslange Freiheitsstrafe oder Freiheitsstrafe nicht unter zehn Jahren.

§ 252 Räuberischer Diebstahl Wer, bei einem Diebstahl auf frischer Tat betroffen, gegen eine Person Gewalt verübt oder Drohungen mit gegenwärtiger Gefahr für Leib oder Leben anwendet, um sich im Besitz des gestohlenen Gutes zu erhalten, ist gleich einem Räuber zu bestrafen.

§ 253 Erpressung (1) Wer einen Menschen rechtswidrig mit Gewalt oder durch Drohung mit einem empfindlichen Übel zu einer Handlung, Duldung oder Unterlassung nötigt und dadurch dem Vermögen des Genötigten oder eines anderen Nachteil zufügt, um sich oder einen Dritten zu Unrecht zu bereichern, wird mit Freiheitsstrafe bis zu fünf Jahren oder mit Geldstrafe bestraft.

(2) Rechtswidrig ist die Tat, wenn die Anwendung der Gewalt oder die Androhung des Übels zu dem angestrebten Zweck als verwerflich anzusehen ist.

(3) Der Versuch ist strafbar.

(4) In besonders schweren Fällen ist die Strafe Freiheitsstrafe nicht unter einem Jahr. Ein besonders schwerer Fall liegt in der Regel vor, wenn der Täter gewerbsmäßig oder als Mitglied einer Bande handelt, die sich zur fortgesetzten Begehung einer Erpressung verbunden hat.

§ 255 Räuberische Erpressung Wird die Erpressung durch Gewalt gegen eine Person oder unter Anwendung von Drohungen mit gegenwärtiger Gefahr für Leib oder Leben begangen, so ist der Täter gleich einem Räuber zu bestrafen.

§ 257 Begünstigung (1) Wer einem anderen, der eine rechtswidrige Tat begangen hat, in der Absicht Hilfe leistet, ihm die Vorteile der Tat zu sichern, wird mit Freiheitsstrafe bis zu fünf Jahren oder mit Geldstrafe bestraft.

(2) Die Strafe darf nicht schwerer sein als die für die Vortat angedrohte Strafe.

(3) Wegen Begünstigung wird nicht bestraft, wer wegen Beteiligung an der Vortat strafbar ist. Dies gilt nicht für denjenigen, der einen an der Vortat Unbeteiligten zur Begünstigung anstiftet.

(4) Die Begünstigung wird nur auf Antrag, mit Ermächtigung oder auf Strafverlangen verfolgt, wenn der Begünstiger als Täter oder Teilnehmer der Vortat nur auf Antrag, mit Ermächtigung oder auf Strafverlangen verfolgt werden könnte. § 248a gilt sinngemäß.

§ 258 Strafvereitelung (1) Wer absichtlich oder wissentlich ganz oder zum Teil vereitelt, dass ein anderer dem Strafgesetz gemäß wegen einer rechtswidrigen Tat bestraft oder einer Maßnahme (§ 11 Abs. 1 Nr. 8) unterworfen wird, wird mit Freiheitsstrafe bis zu fünf Jahren oder mit Geldstrafe bestraft.
(2) Ebenso wird bestraft, wer absichtlich oder wissentlich die Vollstreckung einer gegen einen anderen verhängten Strafe oder Maßnahme ganz oder zum Teil vereitelt.
(3) Die Strafe darf nicht schwerer sein als die für die Vortat angedrohte Strafe.
(4) Der Versuch ist strafbar.
(5) Wegen Strafvereitelung wird nicht bestraft, wer durch die Tat zugleich ganz oder zum Teil vereiteln will, dass er selbst bestraft oder einer Maßnahme unterworfen wird oder dass eine gegen ihn verhängte Strafe oder Maßnahme vollstreckt wird.
(6) Wer die Tat zugunsten eines Angehörigen begeht, ist straffrei.

§ 259 Hehlerei (1) Wer eine Sache, die ein anderer gestohlen oder sonst durch eine gegen fremdes Vermögen gerichtete rechtswidrige Tat erlangt hat, ankauft oder sonst sich oder einem Dritten verschafft, sie absetzt oder absetzen hilft, um sich oder einen Dritten zu bereichern, wird mit Freiheitsstrafe bis zu fünf Jahren oder mit Geldstrafe bestraft.
(2) Die §§ 247 und 248a gelten sinngemäß.
(3) Der Versuch ist strafbar.

§ 260 Gewerbsmäßige Hehlerei, Bandenhehlerei (1) Mit Freiheitsstrafe von sechs Monaten bis zu zehn Jahren wird bestraft, wer die Hehlerei
1. gewerbsmäßig oder
2. als Mitglied einer Bande, die sich zur fortgesetzten Begehung von Raub, Diebstahl oder Hehlerei verbunden hat, begeht.

(2) Der Versuch ist strafbar.

§ 263 Betrug (1) Wer in der Absicht, sich oder einem Dritten einen rechtswidrigen Vermögensvorteil zu verschaffen, das Vermögen eines anderen dadurch beschädigt, dass er durch Vorspiegelung falscher oder durch Entstellung oder Unterdrückung wahrer Tatsachen einen Irrtum erregt oder unterhält, wird mit Freiheitsstrafe bis zu fünf Jahren oder mit Geldstrafe bestraft.
(2) Der Versuch ist strafbar.
(3) In besonders schweren Fällen ist die Strafe Freiheitsstrafe von sechs Monaten bis zu zehn Jahren. Ein besonders schwerer Fall liegt in der Regel vor, wenn der Täter
1. gewerbsmäßig oder als Mitglied einer Bande handelt, die sich zur fortgesetzten Begehung von Urkundenfälschung oder Betrug verbunden hat,
2. einen Vermögensverlust großen Ausmaßes herbeiführt oder in der Absicht handelt, durch die fortgesetzte Begehung von Betrug eine große Zahl von Menschen in die Gefahr des Verlustes von Vermögenswerten zu bringen,
3. eine andere Person in wirtschaftliche Not bringt,
4. seine Befugnisse oder seine Stellung als Amtsträger oder europäischer Amtsträger missbraucht oder
5. einen Versicherungsfall vortäuscht, nachdem er oder ein anderer zu diesem Zweck eine Sache von bedeutendem Wert in Brand gesetzt oder durch eine Brandlegung ganz oder teilweise zerstört oder ein Schiff zum Sinken oder Stranden gebracht hat.

(4) § 243 Abs. 2 sowie die §§ 247 und 248a gelten entsprechend.
(5) Mit Freiheitsstrafe von einem Jahr bis zu zehn Jahren, in minder schweren Fällen mit Freiheitsstrafe von sechs Monaten bis zu fünf Jahren wird bestraft, wer den Betrug als Mitglied einer Bande, die sich zur fortgesetzten Begehung von Straftaten nach den §§ 263 bis 264 oder 267 bis 269 verbunden hat, gewerbsmäßig begeht.
(6) Das Gericht kann Führungsaufsicht anordnen (§ 68 Abs. 1).
(7) ...

§ 263a Computerbetrug (1) Wer in der Absicht, sich oder einem Dritten einen rechtswidrigen Vermögensvorteil zu verschaffen, das Vermögen eines anderen dadurch beschädigt, daß er das Ergebnis eines Datenverarbeitungsvorgangs durch unrichtige Gestaltung des Programms, durch Verwendung unrichtiger oder unvollständiger Daten, durch unbefugte Verwendung von Daten oder sonst durch unbefugte Einwirkung auf den Ablauf beeinflußt, wird mit Freiheitsstrafe bis zu fünf Jahren oder mit Geldstrafe bestraft.
(2) § 263 Abs. 2 bis 6 gilt entsprechend.
(3) Wer eine Straftat nach Absatz 1 vorbereitet, indem er

1. Computerprogramme, deren Zweck die Begehung einer solchen Tat ist, herstellt, sich oder einem anderen verschafft, feilhält, verwahrt oder einem anderen überlässt oder
2. Passwörter oder sonstige Sicherungscodes, die zur Begehung einer solchen Tat geeignet sind, herstellt, sich oder einem anderen verschafft, feilhält, verwahrt oder einem anderen überlässt,

wird mit Freiheitsstrafe bis zu drei Jahren oder mit Geldstrafe bestraft.
(4) In den Fällen des Absatzes 3 gilt § 149 Abs. 2 und 3 entsprechend.

§ 265a Erschleichen von Leistungen (1) Wer die Leistung eines Automaten oder eines öffentlichen Zwecken dienenden Telekommunikationsnetzes, die Beförderung durch ein Verkehrsmittel oder den Zutritt zu einer Veranstaltung oder einer Einrichtung in der Absicht erschleicht, das Entgelt nicht zu entrichten, wird mit Freiheitsstrafe bis zu einem Jahr oder mit Geldstrafe bestraft, wenn die Tat nicht in anderen Vorschriften mit schwererer Strafe bedroht ist.
(2) Der Versuch ist strafbar.
(3) Die §§ 247 und 248a gelten entsprechend.

§ 266 Untreue (1) Wer die ihm durch Gesetz, behördlichen Auftrag oder Rechtsgeschäft eingeräumte Befugnis, über fremdes Vermögen zu verfügen oder einen anderen zu verpflichten, missbraucht oder die ihm kraft Gesetzes, behördlichen Auftrags, Rechtsgeschäfts oder eines Treueverhältnisses obliegende Pflicht, fremde Vermögensinteressen wahrzunehmen, verletzt und dadurch dem, dessen Vermögensinteressen er zu betreuen hat, Nachteil zufügt, wird mit Freiheitsstrafe bis zu fünf Jahren oder mit Geldstrafe bestraft.
(2) § 243 Abs. 2 und die §§ 247, 248a und 263 Abs. 3 gelten entsprechend.

§ 266b Mißbrauch von Scheck- und Kreditkarten (1) Wer die ihm durch die Überlassung einer Scheckkarte oder einer Kreditkarte eingeräumte Möglichkeit, den Aussteller zu einer

Zahlung zu veranlassen, mißbraucht und diesen dadurch schädigt, wird mit Freiheitsstrafe bis zu drei Jahren oder mit Geldstrafe bestraft.
(2) § 248a gilt entsprechend.

§ 267 Urkundenfälschung (1) Wer zur Täuschung im Rechtsverkehr eine unechte Urkunde herstellt, eine echte Urkunde verfälscht oder eine unechte oder verfälschte Urkunde gebraucht, wird mit Freiheitsstrafe bis zu fünf Jahren oder mit Geldstrafe bestraft.
(2) Der Versuch ist strafbar.
(3) In besonders schweren Fällen ist die Strafe Freiheitsstrafe von sechs Monaten bis zu zehn Jahren. Ein besonders schwerer Fall liegt in der Regel vor, wenn der Täter
1. gewerbsmäßig oder als Mitglied einer Bande handelt, die sich zur fortgesetzten Begehung von Betrug oder Urkundenfälschung verbunden hat,
2. einen Vermögensverlust großen Ausmaßes herbeiführt,
3. durch eine große Zahl von unechten oder verfälschten Urkunden die Sicherheit des Rechtsverkehrs erheblich gefährdet oder
4. seine Befugnisse oder seine Stellung als Amtsträger oder Europäischer Amtsträger missbraucht.

(4) Mit Freiheitsstrafe von einem Jahr bis zu zehn Jahren, in minder schweren Fällen mit Freiheitsstrafe von sechs Monaten bis zu fünf Jahren wird bestraft, wer die Urkundenfälschung als Mitglied einer Bande, die sich zur fortgesetzten Begehung von Straftaten nach den §§ 263 bis 264 oder 267 bis 269 verbunden hat, gewerbsmäßig begeht.

§ 268 Fälschung technischer Aufzeichnungen (1) Wer zur Täuschung im Rechtsverkehr
1. eine unechte technische Aufzeichnung herstellt oder eine technische Aufzeichnung verfälscht oder
2. eine unechte oder verfälschte technische Aufzeichnung gebraucht, wird mit Freiheitsstrafe bis zu fünf Jahren oder mit Geldstrafe bestraft.

(2) Technische Aufzeichnung ist eine Darstellung von Daten, Mess- oder Rechenwerten, Zuständen oder Geschehensabläufen, die durch ein technisches Gerät ganz oder zum Teil selbsttätig bewirkt wird, den Gegenstand der Aufzeichnung allgemein oder für Eingeweihte erkennen lässt und zum Beweis einer rechtlich erheblichen Tatsache bestimmt ist, gleichviel ob ihr die Bestimmung schon bei der Herstellung oder erst später gegeben wird.
(3) Der Herstellung einer unechten technischen Aufzeichnung steht es gleich, wenn der Täter durch störende Einwirkung auf den Aufzeichnungsvorgang das Ergebnis der Aufzeichnung beeinflusst.
(4) Der Versuch ist strafbar.
(5) § 267 Abs. 3 und 4 gilt entsprechend.

§ 281 Missbrauch von Ausweispapieren (1) Wer ein Ausweispapier, das für einen anderen ausgestellt ist, zur Täuschung im Rechtsverkehr gebraucht, oder wer zur Täuschung im Rechtsverkehr einem anderen ein Ausweispapier überläßt, das nicht für diesen ausgestellt ist, wird mit Freiheitsstrafe bis zu einem Jahr oder mit Geldstrafe bestraft. Der Versuch ist strafbar.
(2) Einem Ausweispapier stehen Gesundheitszeugnisse sowie solche Zeugnisse und andere Urkunden gleich, die im Verkehr als Ausweis verwendet werden.

§ 303 Sachbeschädigung (1) Wer rechtswidrig eine fremde Sache beschädigt oder zerstört, wird mit Freiheitsstrafe bis zu zwei Jahren oder mit Geldstrafe bestraft.
(2) Ebenso wird bestraft, wer unbefugt das Erscheinungsbild einer fremden Sache nicht nur unerheblich und nicht nur vorübergehend verändert.
(3) Der Versuch ist strafbar.

§ 303a Datenveränderung (1) Wer rechtswidrig Daten (§ 202a Abs. 2) löscht, unterdrückt, unbrauchbar macht oder verändert, wird mit Freiheitsstrafe bis zu zwei Jahren oder mit Geldstrafe bestraft.
(2) Der Versuch ist strafbar.
(3) Für die Vorbereitung einer Straftat nach Abs. 1 gilt § 202c entsprechend.

§ 303c Strafantrag In den Fällen der §§ 303, 303a Abs. 1 und 2 sowie § 303b Abs. 1 bis 3 wird die Tat nur auf Antrag verfolgt, es sei denn, dass die Strafverfolgungsbehörde wegen des besonderen öffentlichen Interesses an der Strafverfolgung ein Einschreiten von Amts wegen für geboten hält.

§ 306 Brandstiftung (1) Wer fremde
1. Gebäude oder Hütten,
2. Betriebsstätten oder technische Einrichtungen, namentlich Maschinen,
3. Warenlager oder -vorräte,
4. Kraftfahrzeuge, Schienen-, Luft- oder Wasserfahrzeuge,
5. Wälder, Heiden oder Moore oder
6. land-, ernährungs- oder forstwirtschaftliche Anlagen oder Erzeugnisse
1. in Brand setzt oder durch eine Brandlegung ganz oder teilweise zerstört, wird mit Freiheitsstrafe von einem Jahr bis zu zehn Jahren bestraft.

(2) In minder schweren Fällen ist die Strafe Freiheitsstrafe von sechs Monaten bis zu fünf Jahren.

§ 306a Schwere Brandstiftung (1) Mit Freiheitsstrafe nicht unter einem Jahr wird bestraft, wer
1. ein Gebäude, ein Schiff, eine Hütte oder eine andere Räumlichkeit, die der Wohnung von Menschen dient,
2. eine Kirche oder ein anderes der Religionsausübung dienendes Gebäude oder
3. eine Räumlichkeit, die zeitweise dem Aufenthalt von Menschen dient, zu einer Zeit, in der Menschen sich dort aufzuhalten pflegen,

in Brand setzt oder durch eine Brandlegung ganz oder teilweise zerstört.
(2) Ebenso wird bestraft, wer eine in § 306 Abs. 1 Nr. 1 bis 6 bezeichnete Sache in Brand setzt oder durch eine Brandlegung ganz oder teilweise zerstört und dadurch einen anderen Menschen in die Gefahr einer Gesundheitsschädigung bringt.
(3) In minder schweren Fällen der Absätze 1 und 2 ist die Strafe Freiheitsstrafe von sechs Monaten bis zu fünf Jahren.

§ 306b Besonders schwere Brandstiftung (1) Wer durch eine Brandstiftung nach § 306 oder § 306a eine schwere Gesundheitsschädigung eines anderen Menschen oder eine

Gesundheitsschädigung einer großen Zahl von Menschen verursacht, wird mit Freiheitsstrafe nicht unter zwei Jahren bestraft.
(2) Auf Freiheitsstrafe nicht unter fünf Jahren ist zu erkennen, wenn der Täter in den Fällen des § 306a

1. einen anderen Menschen durch die Tat in die Gefahr des Todes bringt,
2. in der Absicht handelt, eine andere Straftat zu ermöglichen oder zu verdecken oder
3. das Löschen des Brandes verhindert oder erschwert.

§ 306c Brandstiftung mit Todesfolge Verursacht der Täter durch eine Brandstiftung nach den §§ 306 bis 306b wenigstens leichtfertig den Tod eines anderen Menschen, so ist die Strafe lebenslange Freiheitsstrafe oder Freiheitsstrafe nicht unter zehn Jahren.

§ 306d Fahrlässige Brandstiftung (1) Wer in den Fällen des § 306 Abs. 1 oder des § 306a Abs. 1 fahrlässig handelt oder in den Fällen des § 306a Abs. 2 die Gefahr fahrlässig verursacht, wird mit Freiheitsstrafe bis zu fünf Jahren oder mit Geldstrafe bestraft.
(2) Wer in den Fällen des § 306a Abs. 2 fahrlässig handelt und die Gefahr fahrlässig verursacht, wird mit Freiheitsstrafe bis zu drei Jahren oder mit Geldstrafe bestraft.

§ 306e Tätige Reue (1) Das Gericht kann in den Fällen der §§ 306, 306a und 306b die Strafe nach seinem Ermessen mildern (§ 49 Abs. 2) oder von Strafe nach diesen Vorschriften absehen, wenn der Täter freiwillig den Brand löscht, bevor ein erheblicher Schaden entsteht.
(2) Nach § 306d wird nicht bestraft, wer freiwillig den Brand löscht, bevor ein erheblicher Schaden entsteht.
(3) Wird der Brand ohne Zutun des Täters gelöscht, bevor ein erheblicher Schaden entstanden ist, so genügt sein freiwilliges und ernsthaftes Bemühen, dieses Ziel zu erreichen.

§ 306f Herbeiführen einer Brandgefahr (1) Wer fremde

1. feuergefährdete Betriebe oder Anlagen,
2. Anlagen oder Betriebe der Land- oder Ernährungswirtschaft, in denen sich deren Erzeugnisse befinden,
3. Wälder, Heiden oder Moore oder
4. bestellte Felder oder leicht entzündliche Erzeugnisse der Landwirtschaft, die auf Feldern lagern, durch Rauchen, durch offenes Feuer oder Licht, durch Wegwerfen brennender oder glimmender Gegenstände oder in sonstiger Weise in Brandgefahr bringt, wird mit Freiheitsstrafe bis zu drei Jahren oder mit Geldstrafe bestraft.

(2) Ebenso wird bestraft, wer eine in Abs. 1 Nr. 1 bis 4 bezeichnete Sache in Brandgefahr bringt und dadurch Leib oder Leben eines anderen Menschen oder fremde Sachen von bedeutendem Wert gefährdet.
(3) Wer in den Fällen des Absatzes 1 fahrlässig handelt oder in den Fällen des Absatzes 2 die Gefahr fahrlässig verursacht, wird mit Freiheitsstrafe bis zu einem Jahr oder mit Geldstrafe bestraft.

§ 315 Gefährliche Eingriffe in den Bahn-, Schiffs- und Luftverkehr (1) Wer die Sicherheit des Schienenbahn-, Schwebebahn-, Schiffs- oder Luftverkehrs dadurch beeinträchtigt, dass er

1. Anlagen oder Beförderungsmittel zerstört, beschädigt oder beseitigt,

2. Hindernisse bereitet,
3. falsche Zeichen oder Signale gibt oder
4. einen ähnlichen, ebenso gefährlichen Eingriff vornimmt,

und dadurch Leib oder Leben eines anderen Menschen oder fremde Sachen von bedeutendem Wert gefährdet, wird mit Freiheitsstrafe von sechs Monaten bis zu zehn Jahren bestraft.

(2) Der Versuch ist strafbar.

(3) Auf Freiheitsstrafe nicht unter einem Jahr ist zu erkennen, wenn der Täter 1. in der Absicht handelt,

1. einen Unglücksfall herbeizuführen oder
2. eine andere Straftat zu ermöglichen oder zu verdecken, oder
3. durch die Tat eine schwere Gesundheitsschädigung eines anderen Menschen oder eine Gesundheitsschädigung einer großen Zahl von Menschen verursacht.

(4) In minder schweren Fällen des Absatzes 1 ist auf Freiheitsstrafe von drei Monaten bis zu fünf Jahren, in minder schweren Fällen des Absatzes 3 auf Freiheitsstrafe von sechs Monaten bis zu fünf Jahren zu erkennen.

(5) Wer in den Fällen des Absatzes 1 die Gefahr fahrlässig verursacht, wird mit Freiheitsstrafe bis zu fünf Jahren oder mit Geldstrafe bestraft.

(6) Wer in den Fällen des Absatzes 1 fahrlässig handelt und die Gefahr fahrlässig verursacht, wird mit Freiheitsstrafe bis zu zwei Jahren oder mit Geldstrafe bestraft.

§ 315a Gefährdung des Bahn-, Schiffs- und Luftverkehrs (1) Mit Freiheitsstrafe bis zu fünf Jahren oder mit Geldstrafe wird bestraft, wer

1. ein Schienenbahn- oder Schwebebahnfahrzeug, ein Schiff oder ein Luftfahrzeug führt, obwohl er infolge des Genusses alkoholischer Getränke oder anderer berauschender Mittel oder infolge geistiger oder körperlicher
2. Mängel nicht in der Lage ist, das Fahrzeug sicher zu führen, oder
3. als Führer eines solchen Fahrzeugs oder als sonst für die Sicherheit Verantwortlicher durch grob pflichtwidriges Verhalten gegen Rechtsvorschriften zur Sicherung des Schienenbahn-, Schwebebahn-, Schiffs oder Luftverkehrs verstößt und dadurch Leib oder Leben eines anderen Menschen oder fremde Sachen von bedeutendem Wert gefährdet.

(2) In den Fällen des Absatzes 1 Nr. 1 ist der Versuch strafbar.

(3) Wer in den Fällen des Absatzes 1

1. die Gefahr fahrlässig verursacht oder
2. fahrlässig handelt und die Gefahr fahrlässig verursacht,

wird mit Freiheitsstrafe bis zu zwei Jahren oder mit Geldstrafe bestraft.

§ 315b Gefährliche Eingriffe in den Straßenverkehr (1) Wer die Sicherheit des Straßenverkehrs dadurch beeinträchtigt, dass er

1. Anlagen oder Fahrzeuge zerstört, beschädigt oder beseitigt,
2. Hindernisse bereitet oder
3. einen ähnlichen, ebenso gefährlichen Eingriff vornimmt,

und dadurch Leib oder Leben eines anderen Menschen oder fremde Sachen von bedeutendem Wert gefährdet, wird mit Freiheitsstrafe bis zu fünf Jahren oder mit Geldstrafe bestraft.

(2) Der Versuch ist strafbar.
(3) Handelt der Täter unter den Voraussetzungen des § 315 Abs. 3, so ist die Strafe Freiheitsstrafe von einem Jahr bis zu zehn Jahren, in minder schweren Fällen Freiheitsstrafe von sechs Monaten bis zu fünf Jahren.
(4) Wer in den Fällen des Absatzes 1 die Gefahr fahrlässig verursacht, wird mit Freiheitsstrafe bis zu drei Jahren oder mit Geldstrafe bestraft.
(5) Wer in den Fällen des Absatzes 1 fahrlässig handelt und die Gefahr fahrlässig verursacht, wird mit Freiheitsstrafe bis zu zwei Jahren oder mit Geldstrafe bestraft.

§ 315c Gefährdung des Straßenverkehrs (1) Wer im Straßenverkehr
1. ein Fahrzeug führt, obwohl er
   a) infolge des Genusses alkoholischer Getränke oder anderer berauschender Mittel oder
   b) infolge geistiger oder körperlicher Mängel nicht in der Lage ist, das Fahrzeug sicher zu führen, oder
2. grob verkehrswidrig und rücksichtslos
   a) die Vorfahrt nicht beachtet,
   b) falsch überholt oder sonst bei Überholvorgängen falsch fährt,
   c) an Fußgängerüberwegen falsch fährt,
   d) an unübersichtlichen Stellen, an Straßenkreuzungen, Straßeneinmündungen oder Bahnübergängen zu schnell fährt,
   e) an unübersichtlichen Stellen nicht die rechte Seite der Fahrbahn einhält,
   f) auf Autobahnen oder Kraftfahrstraßen wendet, rückwärts oder entgegen der Fahrtrichtung fährt oder dies versucht oder
   g) haltende oder liegengebliebene Fahrzeuge nicht auf ausreichende Entfernung kenntlich macht, obwohl das zur Sicherung des Verkehrs erforderlich ist, und dadurch Leib oder Leben eines anderen Menschen oder fremde Sachen von bedeutendem Wert gefährdet, wird mit Freiheitsstrafe bis zu fünf Jahren oder mit Geldstrafe bestraft.

(2) In den Fällen des Absatzes 1 Nr. 1 ist der Versuch strafbar.
(3) Wer in den Fällen des Absatzes 1
1. die Gefahr fahrlässig verursacht oder
2. fahrlässig handelt und die Gefahr fahrlässig verursacht,

wird mit Freiheitsstrafe bis zu zwei Jahren oder mit Geldstrafe bestraft.

§ 316 Trunkenheit im Verkehr (1) Wer im Verkehr (§§ 315 bis 315e) ein Fahrzeug führt, obwohl er infolge des Genusses alkoholischer Getränke oder anderer berauschender Mittel nicht in der Lage ist, das Fahrzeug sicher zu führen, wird mit Freiheitsstrafe bis zu einem Jahr oder mit Geldstrafe bestraft, wenn die Tat nicht in § 315a oder § 315c mit Strafe bedroht ist.
(2) Nach Abs. 1 wird auch bestraft, wer die Tat fahrlässig begeht.

§ 316a Räuberischer Angriff auf Kraftfahrer (1) Wer zur Begehung eines Raubes (§§ 249 oder 250), eines räuberischen Diebstahls (§ 252) oder einer räuberischen Erpressung (§ 255) einen Angriff auf Leib oder Leben oder die Entschlussfreiheit des Führers eines Kraftfahrzeugs oder eines Mitfahrers verübt und dabei die besonderen Verhältnisse des Straßenverkehrs ausnutzt, wird mit Freiheitsstrafe nicht unter fünf Jahren bestraft.
(2) In minder schweren Fällen ist die Strafe Freiheitsstrafe von einem Jahr bis zu zehn Jahren.

(3) Verursacht der Täter durch die Tat wenigstens leichtfertig den Tod eines anderen Menschen, so ist die Strafe lebenslange Freiheitsstrafe oder Freiheitsstrafe nicht unter zehn Jahren.

§ 323c Unterlassene Hilfeleistung; Behinderung von hilfeleistenden Personen
(1) Wer bei Unglücksfällen oder gemeiner Gefahr oder Not nicht Hilfe leistet, obwohl dies erforderlich und ihm den Umständen nach zuzumuten, insbesondere ohne erhebliche eigene Gefahr und ohne Verletzung anderer wichtiger Pflichten möglich ist, wird mit Freiheitsstrafe bis zu einem Jahr oder mit Geldstrafe bestraft.
(2) Ebenso wird bestraft, wer in diesen Situationen eine Person behindert, die einem Dritten Hilfe leistet oder leisten will.

§ 324 Gewässerverunreinigung (1) Wer unbefugt ein Gewässer verunreinigt oder sonst dessen Eigenschaften nachteilig verändert, wird mit Freiheitsstrafe bis zu fünf Jahren oder mit Geldstrafe bestraft.
(2) Der Versuch ist strafbar.
(3) Handelt der Täter fahrlässig, so ist die Strafe Freiheitsstrafe bis zu drei Jahren oder Geldstrafe.

§ 324a Bodenverunreinigung (1) Wer unter Verletzung verwaltungsrechtlicher Pflichten Stoffe in den Boden einbringt, eindringen lässt oder freisetzt und diesen dadurch

1. in einer Weise, die geeignet ist, die Gesundheit eines anderen, Tiere, Pflanzen oder andere Sachen von bedeutendem Wert oder ein Gewässer zu schädigen, oder
2. in bedeutendem Umfang

verunreinigt oder sonst nachteilig verändert, wird mit Freiheitsstrafe bis zu fünf Jahren oder mit Geldstrafe bestraft.
(2) Der Versuch ist strafbar.
(3) Handelt der Täter fahrlässig, so ist die Strafe Freiheitsstrafe bis zu drei Jahren oder Geldstrafe.

§ 325 Luftverunreinigung (1) Wer beim Betrieb einer Anlage, insbesondere einer Betriebsstätte oder Maschine, unter Verletzung verwaltungsrechtlicher Pflichten Veränderungen der Luft verursacht, die geeignet sind, außerhalb des zur Anlage gehörenden Bereichs die Gesundheit eines anderen, Tiere, Pflanzen oder andere Sachen von bedeutendem Wert zu schädigen, wird mit Freiheitsstrafe bis zu fünf Jahren oder mit Geldstrafe bestraft. Der Versuch ist strafbar.
(2) Wer beim Betrieb einer Anlage, insbesondere einer Betriebsstätte oder Maschine, unter Verletzung verwaltungsrechtlicher Pflichten Schadstoffe in bedeutendem Umfang in die Luft außerhalb des Betriebsgeländes freisetzt, wird mit Freiheitsstrafe bis zu fünf Jahren oder mit Geldstrafe bestraft.
(3) Wer unter Verletzung verwaltungsrechtlicher Pflichten Schadstoffe in bedeutendem Umfang in die Luft freisetzt, wird mit Freiheitsstrafe bis zu drei Jahren oder mit Geldstrafe bestraft, wenn die Tat nicht nach Abs. 2 mit Strafe bedroht ist.
(4) Handelt der Täter in den Fällen der Absätze 1 und 2 fahrlässig, so ist die Strafe Freiheitsstrafe bis zu drei Jahren oder Geldstrafe.

(5) Handelt der Täter in den Fällen des Absatzes 3 leichtfertig, so ist die Strafe Freiheitsstrafe bis zu einem Jahr oder Geldstrafe.
(6) Schadstoffe im Sinne der Absätze 2 und 3 sind Stoffe, die geeignet sind,
1. die Gesundheit eines anderen, Tiere, Pflanzen oder andere Sachen von bedeutendem Wert zu schädigen oder
2. nachhaltig ein Gewässer, die Luft oder den Boden zu verunreinigen oder sonst nachteilig zu verändern.

(7) Abs. 1, auch in Verbindung mit Abs. 4, gilt nicht für Kraftfahrzeuge, Schienen-, Luft- oder Wasserfahrzeuge.

§ 325a Verursachen von Lärm, Erschütterungen und nichtionisierenden Strahlen
(1) Wer beim Betrieb einer Anlage, insbesondere einer Betriebsstätte oder Maschine, unter Verletzung verwaltungsrechtlicher Pflichten Lärm verursacht, der geeignet ist, außerhalb des zur Anlage gehörenden Bereichs die Gesundheit eines anderen zu schädigen, wird mit Freiheitsstrafe bis zu drei Jahren oder mit Geldstrafe bestraft.
(2) Wer beim Betrieb einer Anlage, insbesondere einer Betriebsstätte oder Maschine, unter Verletzung verwaltungsrechtlicher Pflichten, die dem Schutz vor Lärm, Erschütterungen oder nichtionisierenden Strahlen dienen, die Gesundheit eines anderen, ihm nicht gehörende Tiere oder fremde Sachen von bedeutendem Wert gefährdet, wird mit Freiheitsstrafe bis zu fünf Jahren oder mit Geldstrafe bestraft.
(3) Handelt der Täter fahrlässig, so ist die Strafe
1. in den Fällen des Absatzes 1 Freiheitsstrafe bis zu zwei Jahren oder Geldstrafe,
2. in den Fällen des Absatzes 2 Freiheitsstrafe bis zu drei Jahren oder Geldstrafe.

(4) Die Absätze 1 bis 3 gelten nicht für Kraftfahrzeuge, Schienen-, Luft- oder Wasserfahrzeuge.

§ 326 Unerlaubter Umgang mit Abfällen (1) Wer unbefugt Abfälle, die
1. Gifte oder Erreger von auf Menschen oder Tiere übertragbaren gemeingefährlichen Krankheiten enthalten oder hervorbringen können,
2. für den Menschen krebserzeugend, fortpflanzungsgefährdend oder erbgut-verändernd sind,
3. explosionsgefährlich, selbstentzündlich oder nicht nur geringfügig radioaktiv sind oder
4. nach Art, Beschaffenheit oder Menge geeignet sind,
   a) nachhaltig ein Gewässer, die Luft oder den Boden zu verunreinigen oder sonst nachteilig zu verändern oder
   b) einen Bestand von Tieren oder Pflanzen zu gefährden, außerhalb einer dafür zugelassenen Anlage oder unter wesentlicher Abweichung von einem vorgeschriebenen oder zugelassenen Verfahren sammelt, befördert, behandelt, verwertet, lagert, ablagert, ablässt, beseitigt, handelt, makelt oder sonst bewirtschaftet, wird mit Freiheitsstrafe bis zu fünf Jahren oder mit Geldstrafe bestraft.

(2) – (3) ...
(4) In den Fällen der Absätze 1 und 2 ist der Versuch strafbar.
(5) Handelt der Täter fahrlässig, so ist die Strafe
1. in den Fällen der Absätze 1 und 2 Freiheitsstrafe bis zu drei Jahren oder Geldstrafe,
2. ...

(6) Die Tat ist dann nicht strafbar, wenn schädliche Einwirkungen auf die Umwelt, insbesondere auf Menschen, Gewässer, die Luft, den Boden, Nutztiere oder Nutzpflanzen, wegen der geringen Menge der Abfälle offensichtlich ausgeschlossen sind.

§ 327 Unerlaubtes Betreiben von Anlagen (1) Wer ohne die erforderliche Genehmigung oder entgegen einer vollziehbaren Untersagung
1. eine kerntechnische Anlage betreibt, eine betriebsbereite oder stillgelegte kerntechnische Anlage innehat oder ganz oder teilweise abbaut oder eine solche Anlage oder ihren Betrieb wesentlich ändert oder
2. eine Betriebsstätte, in der Kernbrennstoffe verwendet werden, oder deren Lage wesentlich ändert, wird mit Freiheitsstrafe bis zu fünf Jahren oder mit Geldstrafe bestraft.

(2) Mit Freiheitsstrafe bis zu drei Jahren oder mit Geldstrafe wird bestraft, wer
1. eine genehmigungsbedürftige Anlage oder eine sonstige Anlage im Sinne des Bundesimmissionsschutzgesetzes, deren Betrieb zum Schutz vor Gefahren untersagt worden ist,
2. eine genehmigungsbedürftige Rohrleitungsanlage zum Befördern wassergefährdender Stoffe im Sinne des Gesetzes über die Umweltverträglichkeitsprüfung,
3. eine Abfallentsorgungsanlage im Sinne des Kreislaufwirtschafts- und Abfallgesetzes oder
4. eine Abwasserbehandlungsanlage nach § 60 Absatz 3 des Wasserhaushaltsgesetzes

ohne die nach dem jeweiligen Gesetz erforderliche Genehmigung oder Planfeststellung oder entgegen einer auf dem jeweiligen Gesetz beruhenden vollziehbaren Untersagung betreibt. Ebenso wird bestraft, wer ohne die erforderliche Genehmigung oder Planfeststellung oder entgegen einer vollziehbaren Untersagung eine Anlage, in der gefährliche Stoffe oder Gemische gelagert oder verwendet oder gefährliche Tätigkeiten ausgeübt werden, in einem anderen Mitgliedstaat der Europäischen Union in einer Weise betreibt, die geeignet ist, außerhalb der Anlage Leib oder Leben eines anderen Menschen zu schädigen oder erhebliche Schäden an Tieren oder Pflanzen, Gewässern, der Luft oder dem Boden herbeizuführen.

(3) Handelt der Täter fahrlässig, so ist die Strafe
1. in den Fällen des Absatzes 1 Freiheitsstrafe bis zu drei Jahren oder Geldstrafe,
2. in den Fällen des Absatzes 2 Freiheitsstrafe bis zu zwei Jahren oder Geldstrafe.

§ 330a Schwere Gefährdung durch Freisetzen von Giften (1) Wer Stoffe, die Gifte enthalten oder hervorbringen können, verbreitet oder freisetzt und dadurch die Gefahr des Todes oder einer schweren Gesundheitsschädigung eines anderen Menschen oder die Gefahr einer Gesundheitsschädigung einer großen Zahl von Menschen verursacht, wird mit Freiheitsstrafe von einem Jahr bis zu zehn Jahren bestraft.

(2) Verursacht der Täter durch die Tat den Tod eines anderen Menschen, so ist die Strafe Freiheitsstrafe nicht unter drei Jahren.

(3) In minder schweren Fällen des Absatzes 1 ist auf Freiheitsstrafe von sechs Monaten bis zu fünf Jahren, in minder schweren Fällen des Absatzes 2 auf Freiheitsstrafe von einem Jahr bis zu zehn Jahren zu erkennen.

(4) Wer in den Fällen des Absatzes 1 die Gefahr fahrlässig verursacht, wird mit Freiheitsstrafe bis zu fünf Jahren oder mit Geldstrafe bestraft.

(5) Wer in den Fällen des Absatzes 1 leichtfertig handelt und die Gefahr fahrlässig verursacht, wird mit Freiheitsstrafe bis zu drei Jahren oder mit Geldstrafe bestraft.

3.24 Zwölfte Verordnung zur Durchführung des Bundes-Immissionsschutzgesetzes (StörfallVerordnung – 12. BImSchV) (Auszug)

§ 1 Anwendungsbereich (1) Die Vorschriften dieser Verordnung mit Ausnahme der §§ 9 bis 12 gelten für Betriebsbereiche der unteren und der oberen Klasse. Für Betriebsbereiche der oberen Klasse gelten außerdem die Vorschriften der §§ 9 bis 12.

(2) Die zuständige Behörde kann im Einzelfall dem Betreiber eines Betriebsbereichs der unteren Klasse, soweit es zur Verhinderung von Störfällen oder zur Begrenzung ihrer Auswirkungen erforderlich ist, Pflichten nach den §§ 9 bis 12 auferlegen.

(3) Die Absätze 1 und 2 gelten nicht für Einrichtungen, Gefahren und Tätigkeiten, die in Artikel 2 Absatz 2 Unterabsatz 1 der Richtlinie 2012/18/EU des Europäischen Parlaments und des Rates vom 4. Juli 2012 zur Beherrschung der Gefahren schwerer Unfälle mit gefährlichen Stoffen, zur Änderung und anschließenden Aufhebung der Richtlinie 96/82/EG des Rates (ABl. L 197 vom 24.7.2012, S. 1) genannt sind, es sei denn, es handelt sich um eine in Artikel 2 Absatz 2 Unterabsatz 2 der Richtlinie 2012/18/EU genannte Einrichtung, Gefahr oder Tätigkeit.

§ 2 Begriffsbestimmungen Im Sinne dieser Verordnung sind

1. Betriebsbereich der unteren Klasse:
   ein Betriebsbereich, in dem gefährliche Stoffe in Mengen vorhanden sind, die die in Spalte 4 der Stoffliste in Anhang I genannten Mengenschwellen erreichen oder überschreiten, aber die in Spalte 5 der Stoffliste in Anhang I genannten Mengenschwellen unterschreiten;
2. Betriebsbereich der oberen Klasse:
   ein Betriebsbereich, in dem gefährliche Stoffe in Mengen vorhanden sind, die die in Spalte 5 der Stoffliste in Anhang I genannten Mengenschwellen erreichen oder überschreiten;
3. benachbarter Betriebsbereich:
   ein Betriebsbereich, der sich so nah bei einem anderen Betriebsbereich befindet, dass dadurch das Risiko oder die Folgen eines Störfalls vergrößert werden;
4. gefährliche Stoffe:
   Stoffe oder Gemische, die in Anhang I aufgeführt sind oder die dort festgelegten Kriterien erfüllen, einschließlich in Form von Rohstoffen, Endprodukten, Nebenprodukten, Rückständen oder Zwischenprodukten;
5. Vorhandensein gefährlicher Stoffe:
   das tatsächliche oder vorgesehene Vorhandensein gefährlicher Stoffe oder ihr Vorhandensein im Betriebsbereich, soweit vernünftigerweise vorhersehbar ist, dass sie bei außer Kontrolle geratenen Prozessen, auch bei Lagerung in einer Anlage innerhalb des Betriebsbereichs, anfallen, und zwar in Mengen, die die in Anhang I genannten Mengenschwellen erreichen oder überschreiten;
6. Ereignis:
   Störung des bestimmungsgemäßen Betriebs in einem Betriebsbereich unter Beteiligung eines oder mehrerer gefährlicher Stoffe;
7. Störfall:

ein Ereignis, das unmittelbar oder später innerhalb oder außerhalb des Betriebsbereichs zu einer ernsten Gefahr oder zu Sachschäden nach Anhang VI Teil 1 Ziffer I Nummer 4 führt;

8. ernste Gefahr: eine Gefahr, bei der
   a) das Leben von Menschen bedroht wird oder schwerwiegende Gesundheitsbeeinträchtigungen von Menschen zu befürchten sind,
   b) die Gesundheit einer großen Zahl von Menschen beeinträchtigt werden kann oder
   c) die Umwelt, insbesondere Tiere und Pflanzen, der Boden, das Wasser, die Atmosphäre sowie Kultur- oder sonstige Sachgüter geschädigt werden können, falls durch eine Veränderung ihres Bestandes oder ihrer Nutzbarkeit das Gemeinwohl beeinträchtigt würde;
9. Überwachungssystem:
   umfasst den Überwachungsplan, das Überwachungsprogramm und die Vor-Ort-Besichtigung sowie alle Maßnahmen, die von der zuständigen Behörde oder in ihrem Namen durchgeführt werden, um die Einhaltung der Bestimmungen dieser Verordnung durch die Betriebsbereiche zu überprüfen und zu fördern;
10. Stand der Sicherheitstechnik:
   der Entwicklungsstand fortschrittlicher Verfahren, Einrichtungen und Betriebsweisen, der die praktische Eignung einer Maßnahme zur Verhinderung von Störfällen oder zur Begrenzung ihrer Auswirkungen gesichert erscheinen lässt. Bei der Bestimmung des Standes der Sicherheitstechnik sind insbesondere vergleichbare Verfahren, Einrichtungen oder Betriebsweisen heranzuziehen, die mit Erfolg im Betrieb erprobt worden sind.

§ 3 Allgemeine Betreiberpflichten (1) Der Betreiber hat die nach Art und Ausmaß der möglichen Gefahren erforderlichen Vorkehrungen zu treffen, um Störfälle zu verhindern; Verpflichtungen nach anderen als immissionsschutzrechtlichen Vorschriften bleiben unberührt.

(2) Bei der Erfüllung der Pflicht nach Abs. 1 sind

1. betriebliche Gefahrenquellen,
2. umgebungsbedingte Gefahrenquellen, wie Erdbeben oder Hochwasser, und
3. Eingriffe Unbefugter zu berücksichtigen, es sei denn, dass diese Gefahrenquellen oder Eingriffe als Störfallursachen vernünftigerweise

ausgeschlossen werden können.

(3) Über Abs. 1 hinaus sind vorbeugend Maßnahmen zu treffen, um die Auswirkungen von Störfällen so gering wie möglich zu halten.

(4) Die Beschaffenheit und der Betrieb der Anlagen des Betriebsbereichs müssen dem Stand der Sicherheitstechnik entsprechen.

(5) Die Wahrung angemessener Sicherheitsabstände zwischen Betriebsbereich und benachbarten Schutzobjekten stellt keine Betreiberpflicht dar.

§ 4 Anforderungen zur Verhinderung von Störfällen Der Betreiber hat zur Erfüllung der sich aus § 3 Abs. 1 ergebenden Pflicht insbesondere

1. Maßnahmen zu treffen, damit Brände und Explosionen
   a) innerhalb des Betriebsbereichs vermieden werden,

b) nicht in einer die Sicherheit beeinträchtigenden Weise von einer Anlage auf andere Anlagen des Betriebsbereichs einwirken können und

c) nicht in einer die Sicherheit des Betriebsbereichs beeinträchtigenden Weise von außen auf ihn einwirken können,

1a. Maßnahmen zu treffen, damit Freisetzungen gefährlicher Stoffe in Luft, Wasser oder Boden vermieden werden,

2. den Betriebsbereich mit ausreichenden Warn-, Alarm- und Sicherheitseinrichtungen auszurüsten,
3. die Anlagen des Betriebsbereichs mit zuverlässigen Messeinrichtungen und Steuer- oder Regeleinrichtungen auszustatten, die, soweit dies sicherheitstechnisch geboten ist, jeweils mehrfach vorhanden, verschiedenartig und voneinander unabhängig sind,
4. die sicherheitsrelevanten Teile des Betriebsbereichs vor Eingriffen Unbefugter zu schützen.

§ 5 Anforderungen zur Begrenzung von Störfallauswirkungen (1) Der Betreiber hat zur Erfüllung der sich aus § 3 Abs. 3 ergebenden Pflicht insbesondere

1. Maßnahmen zu treffen, damit durch die Beschaffenheit der Fundamente und der tragenden Gebäudeteile bei Störfällen keine zusätzlichen Gefahren hervorgerufen werden können,
2. die Anlagen des Betriebsbereichs mit den erforderlichen sicherheitstechnischen Einrichtungen auszurüsten sowie die erforderlichen technischen und organisatorischen Schutzvorkehrungen zu treffen.

(2) Der Betreiber hat dafür zu sorgen, dass in einem Störfall die für die Gefahrenabwehr zuständigen Behörden und die Einsatzkräfte unverzüglich, umfassend und sachkundig beraten werden.

§ 6 Ergänzende Anforderungen (1) Der Betreiber hat zur Erfüllung der sich aus § 3 Abs. 1 oder 3 ergebenden Pflichten über die in den §§ 4 und 5 genannten Anforderungen hinaus

1. die Errichtung und den Betrieb der sicherheitsrelevanten Anlagenteile zu prüfen sowie die Anlagen des Betriebsbereichs in sicherheitstechnischer Hinsicht ständig zu überwachen und regelmäßig zu warten,
2. die Wartungs- und Reparaturarbeiten nach dem Stand der Technik durchzuführen,
3. die erforderlichen sicherheitstechnischen Vorkehrungen zur Vermeidung von Fehlbedienungen zu treffen,
4. durch geeignete Bedienungs- und Sicherheitsanweisungen und durch Schulung des Personals Fehlverhalten vorzubeugen.

(2) Die Betreiber der nach § 15 festgelegten Betriebsbereiche haben im Benehmen mit den zuständigen Behörden

1. untereinander alle erforderlichen Informationen auszutauschen, damit sie in ihrem Konzept zur Verhinderung von Störfällen, in ihren Sicherheitsmanagementsystemen, in ihren Sicherheitsberichten und ihren internen Alarm- und Gefahrenabwehrplänen der Art und dem Ausmaß der Gesamtgefahr eines Störfalls Rechnung tragen können, und
2. zur Information der Öffentlichkeit und benachbarter Betriebsstätten, die nicht unter den Anwendungsbereich dieser Verordnung fallen, sowie zur Übermittlung von

Angaben an die für die Erstellung von externen Alarm- und Gefahrenabwehrplänen zuständige Behörde zusammenzuarbeiten.

(3) Der Betreiber hat der zuständigen Behörde auf Verlangen genügend Informationen zu liefern, die notwendig sind, damit die Behörde

1. die Möglichkeit des Eintritts eines Störfalls in voller Sachkenntnis beurteilen kann,
2. ermitteln kann, inwieweit sich die Wahrscheinlichkeit des Eintritts eines Störfalls erhöhen kann oder die Auswirkungen eines Störfalls verschlimmern können,
3. Entscheidungen über die Ansiedlung oder die störfallrelevante Änderung von Betriebsbereichen sowie über Entwicklungen in der Nachbarschaft von Betriebsbereichen treffen kann,
4. externe Alarm- und Gefahrenabwehrpläne erstellen kann und
5. Stoffe berücksichtigen kann, die auf Grund ihrer physikalischen Form, ihrer besonderen Merkmale oder des Ortes, an dem sie vorhanden sind, zusätzliche Vorkehrungen erfordern.

§ 8 Konzept zur Verhinderung von Störfällen (1) Der Betreiber hat vor Inbetriebnahme ein schriftliches Konzept zur Verhinderung von Störfällen auszuarbeiten und es der zuständigen Behörde auf Verlangen vorzulegen. Bei Betriebsbereichen der oberen Klasse kann das Konzept Bestandteil des Sicherheitsberichts sein.

(2) Das Konzept soll ein hohes Schutzniveau für die menschliche Gesundheit und die Umwelt gewährleisten und den Gefahren von Störfällen im Betriebsbereich angemessen sein. Es muss die übergeordneten Ziele und Handlungsgrundsätze des Betreibers, die Rolle und die Verantwortung der Leitung des Betriebsbereichs umfassen sowie die Verpflichtung beinhalten, die Beherrschung der Gefahren von Störfällen ständig zu verbessern und ein hohes Schutzniveau zu gewährleisten.

(3) Der Betreiber hat die Umsetzung des Konzeptes durch angemessene Mittel und Strukturen sowie durch ein Sicherheitsmanagementsystem nach Anhang III sicherzustellen.

(4) Der Betreiber hat das Konzept, das Sicherheitsmanagementsystem nach Anhang III sowie die Verfahren zu dessen Umsetzung zu überprüfen und soweit erforderlich zu aktualisieren, und zwar

1. mindestens alle fünf Jahre nach erstmaliger Erstellung oder Änderung,
2. vor einer Änderung nach § 7 Absatz 3 und
3. unverzüglich nach einem Ereignis nach Anhang VI Teil 1.

§ 9 Sicherheitsbericht (1) Der Betreiber eines Betriebsbereichs der oberen Klasse hat einen Sicherheitsbericht nach Absatz 2 zu erstellen, in dem dargelegt wird, dass

1. ein Konzept zur Verhinderung von Störfällen umgesetzt wurde und ein Sicherheitsmanagementsystem zu seiner Anwendung gemäß Anhang III vorhanden ist und umgesetzt wurde,
2. die Gefahren von Störfällen und mögliche Störfallszenarien ermittelt sowie alle erforderlichen Maßnahmen zur Verhinderung derartiger Störfälle und zur Begrenzung ihrer Auswirkungen auf die menschliche Gesundheit und die Umwelt ergriffen wurden,

3. die Auslegung, die Errichtung sowie der Betrieb und die Wartung sämtlicher Teile eines Betriebsbereichs, die im Zusammenhang mit der Gefahr von Störfällen im Betriebsbereich stehen, ausreichend sicher und zuverlässig sind,
4. interne Alarm- und Gefahrenabwehrpläne vorliegen und die erforderlichen Informationen zur Erstellung externer Alarm- und Gefahrenabwehrpläne gegeben werden sowie
5. ausreichende Informationen bereitgestellt werden, damit die zuständige Behörde Entscheidungen über die Ansiedlung neuer Tätigkeiten oder Entwicklungen in der Nachbarschaft bestehender Betriebsbereiche treffen kann.

(2) - (6) ...

§ 10 Alarm- und Gefahrenabwehrpläne (1) Der Betreiber eines Betriebsbereichs der oberen Klasse hat nach Maßgabe des Satzes 2

1. interne Alarm- und Gefahrenabwehrpläne zu erstellen, die die in Anhang IV aufgeführten Informationen enthalten müssen, und
2. der zuständigen Behörde die für die Erstellung externer Alarm- und Gefahrenabwehrpläne erforderlichen Informationen zu übermitteln.

Die Pflichten nach Satz 1 sind mindestens einen Monat vor Inbetriebnahme eines Betriebsbereichs oder vor Änderungen der Anlage oder der Tätigkeiten, auf Grund derer der Betriebsbereich unter den Anwendungsbereich dieser Verordnung fällt oder auf Grund derer ein Betriebsbereich der unteren Klasse zu einem Betriebsbereich der oberen Klasse wird, zu erfüllen.

(2) Wenn das Hoheitsgebiet eines anderen Staates von den Auswirkungen eines Störfalls betroffen werden kann, hat der Betreiber der zuständigen Behörde nach Absatz 1 Nummer 2 entsprechende Mehrausfertigungen der für die Erstellung externer Alarm- und Gefahrenabwehrpläne erforderlichen Informationen zur Weiterleitung an die zuständige Behörde des anderen Staates zu übermitteln.

(3) Vor der Erstellung der internen Alarm- und Gefahrenabwehrpläne hat der Betreiber die Beschäftigten des Betriebsbereichs über die vorgesehenen Inhalte zu unterrichten und hierzu anzuhören. Er hat die Beschäftigten ferner vor ihrer erstmaligen Beschäftigungsaufnahme und danach mindestens alle drei Jahre über die für sie in den internen Alarm- und Gefahrenabwehrplänen für den Störfall enthaltenen Verhaltensregeln zu unterweisen. Die Pflichten aus den Sätzen 1 und 2 gelten sinngemäß auch gegenüber dem nicht nur vorübergehend beschäftigten Personal von Subunternehmen.

(4) Der Betreiber hat die internen Alarm- und Gefahrenabwehrpläne in Abständen von höchstens drei Jahren zu überprüfen und zu erproben. Bei der Überprüfung sind Veränderungen im betreffenden Betriebsbereich und in den betreffenden Notdiensten, neue technische Erkenntnisse und Erkenntnisse darüber, wie bei Störfällen zu handeln ist, zu berücksichtigen. Soweit sich bei der Überprüfung nach Satz 1 herausstellt, dass sich erhebliche Auswirkungen hinsichtlich der bei einem Störfall zu treffenden Maßnahmen ergeben könnten, hat der Betreiber die Alarm- und Gefahrenabwehrpläne unverzüglich zu aktualisieren. Absatz 1 Satz 1 Nummer 2 und Absatz 2 gelten entsprechend.

§ 19 Meldeverfahren (1) Der Betreiber hat der zuständigen Behörde unverzüglich den Eintritt eines Ereignisses, das die Kriterien des Anhangs VI Teil 1 erfüllt, mitzuteilen.

(2) - (6) ...

§ 21 Ordnungswidrigkeiten (1) Ordnungswidrig im Sinne des § 62 Absatz 1 Nummer 2 des Bundes-Immissionsschutzgesetzes handelt, wer vorsätzlich oder fahrlässig

1. einer vollziehbaren Anordnung nach § 1 Absatz 2 zuwiderhandelt,
2. entgegen § 6 Absatz 3 eine Information nicht, nicht richtig, nicht vollständig oder nicht rechtzeitig liefert,
3. entgegen § 7 Absatz 1, 2 oder 3 oder § 20 Absatz 1 Nummer 1 oder Absatz 3 Nummer 1 eine Anzeige nicht, nicht richtig, nicht vollständig, nicht in der vorgeschriebenen Weise oder nicht rechtzeitig erstattet,
4. entgegen § 8 Absatz 3 oder § 20 Absatz 3 Satz 1 Nummer 2 die Umsetzung des Konzepts nicht sicherstellt,
5. entgegen § 8 Absatz 4, § 10 Absatz 4 Satz 3 oder § 20 Absatz 1 Nummer 2 ein Konzept oder einen Alarm- oder Gefahrenabwehrplan nicht, nicht richtig, nicht vollständig oder nicht rechtzeitig aktualisiert,
6. entgegen § 8a Absatz 1 Satz 1 oder § 11 Absatz 1 Satz 1 oder Absatz 5 Satz 1 eine Angabe oder einen Sicherheitsbericht nicht, nicht richtig, nicht vollständig oder nicht in der vorgeschriebenen Weise zugänglich macht,
7. entgegen § 9 Absatz 4 oder 5 Satz 3 oder § 20 Absatz 2 Nummer 1 oder Absatz 4 Nummer 1 oder § 19 Absatz 2 Satz 1 einen Sicherheitsbericht oder dessen aktualisierte Teile oder eine Mitteilung nicht, nicht richtig, nicht vollständig, nicht in der vorgeschriebenen Weise oder nicht rechtzeitig vorlegt,
8. entgegen § 10 Absatz 1 Satz 1, auch in Verbindung mit § 20 Absatz 2 Nummer 2 oder Absatz 4 Nummer 2, einen dort genannten Alarm- oder Gefahrenabwehrplan nicht, nicht richtig, nicht vollständig oder nicht rechtzeitig erstellt oder die erforderliche Information nicht, nicht richtig, nicht vollständig oder nicht rechtzeitig übermittelt,
9. entgegen § 10 Absatz 3 Satz 1 einen Beschäftigten nicht, nicht richtig, nicht vollständig oder nicht rechtzeitig unterrichtet oder nicht, nicht richtig, nicht vollständig oder nicht rechtzeitig anhört,
10. entgegen § 10 Absatz 3 Satz 2 einen Beschäftigten nicht, nicht richtig, nicht vollständig oder nicht rechtzeitig unterweist,
11. entgegen § 10 Absatz 4 Satz 1 einen Alarm- oder Gefahrenabwehrplan nicht, nicht richtig oder nicht rechtzeitig erprobt,
12. entgegen § 11 Absatz 3 Satz 1 eine Information nicht, nicht richtig, nicht vollständig, nicht in der vorgeschriebenen Weise oder nicht rechtzeitig gibt,
13. entgegen § 12 Absatz 1 Nummer 1 eine Verbindung nicht, nicht richtig oder nicht rechtzeitig einrichtet,
14. entgegen § 12 Absatz 2 Satz 2 eine Unterlage nicht oder nicht bis zur nächsten Vor-Ort-Besichtigung, jedoch mindestens fünf Jahre aufbewahrt,
15. entgegen § 19 Absatz 1 eine Mitteilung nicht, nicht richtig, nicht vollständig oder nicht rechtzeitig macht oder
16. entgegen § 19 Absatz 2 Satz 2 eine Mitteilung nicht, nicht richtig oder nicht rechtzeitig ergänzt oder nicht, nicht richtig oder nicht rechtzeitig berichtigt.

(2) ...

3.25 Strafprozeßordnung (StPO) (Auszug)

§ 1 Anwendbarkeit des Gerichtsverfassungsgesetzes Die sachliche Zuständigkeit der Gerichte wird durch das Gesetz über die Gerichtsverfassung bestimmt.

§ 7 Gerichtsstand des Tatortes (1) Der Gerichtsstand ist bei dem Gericht begründet, in dessen Bezirk die Straftat begangen ist.
(2) ...

§ 8 Gerichtsstand des Wohnsitzes (1) Der Gerichtsstand ist auch bei dem Gericht begründet, in dessen Bezirk der Angeschuldigte zur Zeit der Erhebung der Klage seinen Wohnsitz hat.
(2) Hat der Angeschuldigte keinen Wohnsitz im Geltungsbereich dieses Bundesgesetzes, so wird der Gerichtsstand auch durch den gewöhnlichen Aufenthaltsort und, wenn ein solcher nicht bekannt ist, durch den letzten Wohnsitz bestimmt.

§ 9 Gerichtsstand des Ergreifungsortes Der Gerichtsstand ist auch bei dem Gericht begründet, in dessen Bezirk der Beschuldigte ergriffen worden ist.

§ 10 Gerichtsstand bei Auslandstaten auf Schiffen oder in Luftfahrzeugen (1) Ist die Straftat auf einem Schiff, das berechtigt ist, die Bundesflagge zu führen, außerhalb des Geltungsbereichs dieses Gesetzes begangen, so ist das Gericht zuständig, in dessen Bezirk der Heimathafen oder der Hafen im Geltungsbereich dieses Gesetzes liegt, den das Schiff nach der Tat zuerst erreicht.
(2) Abs. 1 gilt entsprechend für Luftfahrzeuge, die berechtigt sind, das Staatszugehörigkeitszeichen der Bundesrepublik Deutschland zu führen.

§ 12 Zusammentreffen mehrerer Gerichtsstände (1) Unter mehreren nach den Vorschriften der §§ 7 bis 11a und 13a zuständigen Gerichten gebührt dem der Vorzug, das die Untersuchung zuerst eröffnet hat.
(2) Jedoch kann die Untersuchung und Entscheidung einem anderen der zuständigen Gerichte durch das gemeinschaftliche obere Gericht übertragen werden.

§ 22 Ausschließung von der Ausübung des Richteramts kraft Gesetzes Ein Richter ist von der Ausübung des Richteramtes kraft Gesetzes ausgeschlossen,

1. wenn er selbst durch die Straftat verletzt ist;
2. wenn er Ehegatte, Lebenspartner, Vormund oder Betreuer des Beschuldigten oder des Verletzten ist oder gewesen ist;
3. wenn er mit dem Beschuldigten oder mit dem Verletzten in gerader Linie verwandt oder verschwägert, in der Seitenlinie bis zum dritten Grad verwandt oder bis zum zweiten Grad verschwägert ist oder war;
4. wenn er in der Sache als Beamter der Staatsanwaltschaft, als Polizeibeamter, als Anwalt des Verletzten oder als Verteidiger tätig gewesen ist;
5. wenn er in der Sache als Zeuge oder Sachverständiger vernommen ist.

§ 33 Gewährung rechtlichen Gehörs vor einer Entscheidung (1) Eine Entscheidung des Gerichts, die im Laufe einer Hauptverhandlung ergeht, wird nach Anhörung der Beteiligten erlassen.
(2) Eine Entscheidung des Gerichts, die außerhalb einer Hauptverhandlung ergeht, wird nach schriftlicher oder mündlicher Erklärung der Staatsanwaltschaft erlassen.
(3) – (4) ...

§ 48 Zeugenpflichten; Ladung (1) Zeugen sind verpflichtet, zu dem zu ihrer Vernehmung bestimmten Termin vor dem Richter zu erscheinen. Sie haben die Pflicht auszusagen, wenn keine im Gesetz zugelassene Ausnahme vorliegt.
(2) Die Ladung der Zeugen geschieht unter Hinweis auf verfahrensrechtliche Bestimmungen, die dem Interesse des Zeugen dienen, auf vorhandene Möglichkeiten der Zeugenbetreuung und auf die gesetzlichen Folgen des Ausbleibens.
(3) Ist der Zeuge zugleich der Verletzte, so sind die ihn betreffenden Verhandlungen, Vernehmungen und sonstigen Untersuchungshandlungen stets unter Berücksichtigung seiner besonderen Schutzbedürftigkeit durchzuführen. Insbesondere ist zu prüfen,

1. ob die dringende Gefahr eines schwerwiegenden Nachteils für das Wohl des Zeugen Maßnahmen nach den §§ 168e oder 247a erfordert,
2. ob überwiegende schutzwürdige Interessen des Zeugen den Ausschluss der Öffentlichkeit nach § 171b Absatz 1 des Gerichtsverfassungsgesetzes erfordern und
3. inwieweit auf nicht unerlässliche Fragen zum persönlichen Lebensbereich des Zeugen nach § 68a Absatz 1 verzichtet werden kann.

Dabei sind die persönlichen Verhältnisse des Zeugen sowie Art und Umstände der Straftat zu berücksichtigen.

§ 51 Folgen des Ausbleibens eines Zeugen (1) Einem ordnungsgemäß geladenen Zeugen, der nicht erscheint, werden die durch das Ausbleiben verursachten Kosten auferlegt. Zugleich wird gegen ihn ein Ordnungsgeld und für den Fall, dass dieses nicht beigetrieben werden kann, Ordnungshaft festgesetzt. Auch ist die zwangsweise Vorführung des Zeugen zulässig; § 135 gilt entsprechend. Im Falle wiederholten Ausbleibens kann das Ordnungsmittel noch einmal festgesetzt werden.
(2) Die Auferlegung der Kosten und die Festsetzung eines Ordnungsmittels unterbleiben, wenn das Ausbleiben des Zeugen rechtzeitig genügend entschuldigt wird. Erfolgt die Entschuldigung nach Satz 1 nicht rechtzeitig, so unterbleibt die Auferlegung der Kosten und die Festsetzung eines Ordnungsmittels nur dann, wenn glaubhaft gemacht wird, dass den Zeugen an der Verspätung der Entschuldigung kein Verschulden trifft. Wird der Zeuge nachträglich genügend entschuldigt, so werden die getroffenen Anordnungen unter den Voraussetzungen des Satzes 2 aufgehoben.
(3) Die Befugnis zu diesen Maßregeln steht auch dem Richter im Vorverfahren sowie dem beauftragten und ersuchten Richter zu.

§ 52 Zeugnisverweigerungsrecht der Angehörigen des Beschuldigten
(1) Zur Verweigerung des Zeugnisses sind berechtigt

1. der Verlobte des Beschuldigten;
2. der Ehegatte des Beschuldigten, auch wenn die Ehe nicht mehr besteht;

2a. der Lebenspartner des Beschuldigten, auch wenn die Lebenspartnerschaft nicht mehr besteht;

3. wer mit dem Beschuldigten in gerader Linie verwandt oder verschwägert, in der Seitenlinie bis zum dritten Grad verwandt oder bis zum zweiten Grad verschwägert ist oder war.

(2) Haben Minderjährige wegen mangelnder Verstandesreife oder haben Minderjährige oder Betreute wegen einer psychischen Krankheit oder einer geistigen oder seelischen Behinderung von der Bedeutung des Zeugnisverweigerungsrechts keine genügende Vorstellung, so dürfen sie nur vernommen werden, wenn sie zur Aussage bereit sind und auch ihr gesetzlicher Vertreter der Vernehmung zustimmt. Ist der gesetzliche Vertreter selbst Beschuldigter, so kann er über die Ausübung des Zeugnisverweigerungsrechts nicht entscheiden; das gleiche gilt für den nicht beschuldigten Elternteil, wenn die gesetzliche Vertretung beiden Eltern zusteht.

(3) Die zur Verweigerung des Zeugnisses berechtigten Personen, in den Fällen des Absatzes 2 auch deren zur Entscheidung über die Ausübung des Zeugnisverweigerungsrechts befugte Vertreter, sind vor jeder Vernehmung über ihr Recht zu belehren. Sie können den Verzicht auf dieses Recht auch während der Vernehmung widerrufen.

§ 53 Zeugnisverweigerungsrecht der Berufsgeheimnisträger (1) Zur Verweigerung des Zeugnisses sind ferner berechtigt

1. Geistliche über das, was ihnen in ihrer Eigenschaft als Seelsorger anvertraut worden oder bekannt geworden ist;
2. Verteidiger des Beschuldigten über das, was ihnen in dieser Eigenschaft anvertraut worden oder bekannt geworden ist;
3. Rechtsanwälte und Kammerrechtsbeistände, Patentanwälte, Notare, Wirtschaftsprüfer, vereidigte Buchprüfer, Steuerberater und Steuerbevollmächtigte, Ärzte, Zahnärzte, Psychotherapeuten, Psychologische Psychotherapeuten, Kinder- und Jugendlichenpsychotherapeuten, Apotheker und Hebammen über das, was ihnen in dieser Eigenschaft anvertraut worden oder bekannt geworden ist, für Syndikusrechtsanwälte (§ 46 Absatz 2 der Bundesrechtsanwaltsordnung) und Syndikuspatentanwälte (§ 41a Absatz 2 der Patentanwaltsordnung) gilt dies vorbehaltlich des § 53a nicht hinsichtlich dessen, was ihnen in dieser Eigenschaft anvertraut worden oder bekanntgeworden ist;

3a. Mitglieder oder Beauftragte einer anerkannten Beratungsstelle nach den §§ 3 und 8 des Schwangerschaftskonfliktgesetzes über das, was ihnen in dieser Eigenschaft anvertraut worden oder Bekannt geworden ist;

3b. Berater für Fragen der Betäubungsmittelabhängigkeit in einer Beratungsstelle, die eine Behörde oder eine Körperschaft, Anstalt oder Stiftung des öffentlichen Rechts anerkannt oder bei sich eingerichtet hat, über das, was ihnen in dieser Eigenschaft anvertraut worden oder bekannt geworden ist;

4. Mitglieder des Deutschen Bundestages, der Bundesversammlung, des Europäischen Parlaments aus der Bundesrepublik Deutschland oder eines Landtages über Personen, die ihnen in ihrer Eigenschaft als Mitglieder dieser Organe oder denen sie in dieser Eigenschaft Tatsachen anvertraut haben, sowie über diese Tatsachen selbst;
5. Personen, die bei der Vorbereitung, Herstellung oder Verbreitung von Druckwerken, Rundfunksendungen, Filmberichten oder der Unterrichtung oder Meinungsbildung dienenden Informations- und Kommunikationsdiensten berufsmäßig mitwirken oder

mitgewirkt haben. Die in Satz 1 Nr. 5 genannten Personen dürfen das Zeugnis verweigern über die Person des Verfassers oder Einsenders von Beiträgen und Unterlagen oder des sonstigen Informanten sowie über die ihnen im Hinblick auf ihre Tätigkeit gemachten Mitteilungen, über deren Inhalt sowie über den Inhalt selbst erarbeiteter Materialien und den Gegenstand berufsbezogener Wahrnehmungen. Dies gilt nur, soweit es sich um Beiträge, Unterlagen, Mitteilungen und Materialien für den redaktionellen Teil oder redaktionell aufbereitete Informations- und Kommunikationsdienste handelt.

(2) Die in Abs. 1 Satz 1 Nr. 2 bis 3b Genannten dürfen das Zeugnis nicht verweigern, wenn sie von der Verpflichtung zur Verschwiegenheit entbunden sind. Die Berechtigung zur Zeugnisverweigerung der in Abs. 1 Satz 1 Nr. 5 Genannten über den Inhalt selbst erarbeiteter Materialien und den Gegenstand entsprechender Wahrnehmungen entfällt, wenn die Aussage zur Aufklärung eines Verbrechens beitragen soll oder wenn Gegenstand der Untersuchung

1. eine Straftat des Friedensverrats und der Gefährdung des demokratischen Rechtsstaats oder des Landesverrats und der Gefährdung der äußeren Sicherheit (§§ 80a, 85, 87, 88, 95, auch in Verbindung mit § 97b, §§ 97a, 98 bis 100a des Strafgesetzbuches),
2. eine Straftat gegen die sexuelle Selbstbestimmung nach den §§ 174 bis 176, 177 Absatz 2 Nummer 1 des Strafgesetzbuches oder
3. eine Geldwäsche, eine Verschleierung unrechtmäßig erlangter Vermögenswerte nach § 261 Abs. 1 bis 4 des Strafgesetzbuches ist und die Erforschung des Sachverhalts oder die Ermittlung des Aufenthaltsortes des Beschuldigten auf andere Weise aussichtslos oder wesentlich erschwert wäre. Der Zeuge kann jedoch auch in diesen Fällen die Aussage verweigern, soweit sie zur Offenbarung der Person des Verfassers oder Einsenders von Beiträgen und Unterlagen oder des sonstigen Informanten oder der ihm im Hinblick auf seine Tätigkeit nach Abs. 1 Satz 1 Nr. 5 gemachten Mitteilungen oder deren Inhalts führen würde.

§ 53a Zeugnisverweigerungsrecht der mitwirkenden Personen (1) Den Berufsgeheimnisträgern nach § 53 Absatz 1 Satz 1 Nummer 1 bis 4 stehen die Personen gleich, die im Rahmen

1. eines Vertragsverhältnisses,
2. einer berufsvorbereitenden Tätigkeit oder
3. einer sonstigen Hilfstätigkeit

an deren beruflicher Tätigkeit mitwirken. Über die Ausübung des Rechts dieser Personen, das Zeugnis zu verweigern, entscheiden die Berufsgeheimnisträger, es sei denn, dass diese Entscheidung in absehbarer Zeit nicht herbeigeführt werden kann.

(2) Die Entbindung von der Verpflichtung zur Verschwiegenheit (§ 53 Absatz 2 Satz 1) gilt auch für die nach Absatz 1 mitwirkenden Personen.

§ 55 Auskunftsverweigerungsrecht (1) Jeder Zeuge kann die Auskunft auf solche Fragen verweigern, deren Beantwortung ihm selbst oder einem der in § 52 Abs. 1 bezeichneten Angehörigen die Gefahr zuziehen würde, wegen einer Straftat oder einer Ordnungswidrigkeit verfolgt zu werden.

(2) Der Zeuge ist über sein Recht zur Verweigerung der Auskunft zu belehren.

§ 56 Glaubhaftmachung des Verweigerungsgrundes Die Tatsache, auf die der Zeuge die Verweigerung des Zeugnisses in den Fällen der §§ 52, 53 und 55 stützt, ist auf Verlangen glaubhaft zu machen. Es genügt die eidliche Versicherung des Zeugen.

§ 57 Belehrung Vor der Vernehmung werden die Zeugen zur Wahrheit ermahnt und über die strafrechtlichen Folgen einer unrichtigen oder unvollständigen Aussage belehrt. Auf die Möglichkeit der Vereidigung werden sie hingewiesen. Im Fall der Vereidigung sind sie über die Bedeutung des Eides und darüber zu belehren, dass der Eid mit oder ohne religiöse Beteuerung geleistet werden kann.

§ 58 Vernehmung; Gegenüberstellung (1) Die Zeugen sind einzeln und in Abwesenheit der später zu hörenden Zeugen zu vernehmen.
(2) Eine Gegenüberstellung mit anderen Zeugen oder mit dem Beschuldigten im Vorverfahren ist zulässig, wenn es für das weitere Verfahren geboten erscheint. Bei einer Gegenüberstellung mit dem Beschuldigten ist dem Verteidiger die Anwesenheit gestattet. Von dem Termin ist der Verteidiger vorher zu benachrichtigen. Auf die Verlegung eines Termins wegen Verhinderung hat er keinen Anspruch. Hat der Beschuldigte keinen Verteidiger, so ist er darauf hinzuweisen, dass er in den Fällen des § 140 die Bestellung eines Pflichtverteidigers nach Maßgabe des § 141 Absatz 1 und des § 142 Absatz 1 beantragen kann.

§ 58a Aufzeichnung der Vernehmung in Bild und Ton (1) Die Vernehmung eines Zeugen kann in Bild und Ton aufgezeichnet werden. Sie soll nach Würdigung der dafür jeweils maßgeblichen Umstände aufgezeichnet werden und als richterliche Vernehmung erfolgen, wenn

1. damit die schutzwürdigen Interessen von Personen unter 18 Jahren sowie von Personen, die als Kinder oder Jugendliche durch eine der in § 255a Absatz 2 genannten Straftaten verletzt worden sind, besser gewahrt werden können oder
2. zu besorgen ist, dass der Zeuge in der Hauptverhandlung nicht vernommen werden kann und die Aufzeichnung zur Erforschung der Wahrheit erforderlich ist.

Die Vernehmung muss nach Würdigung der dafür jeweils maßgeblichen Umstände aufgezeichnet werden und als richterliche Vernehmung erfolgen, wenn damit die schutzwürdigen Interessen von Personen, die durch Straftaten gegen die sexuelle Selbstbestimmung (§§ 174 bis 184j des Strafgesetzbuches) verletzt worden sind, besser gewahrt werden können und der Zeuge der Bild-Ton-Aufzeichnung vor der Vernehmung zugestimmt hat.
(2) – (3) ...

§ 59 Vereidigung (1) Zeugen werden nur vereidigt, wenn es das Gericht wegen der ausschlaggebenden Bedeutung der Aussage oder zur Herbeiführung einer wahren Aussage nach seinem Ermessen für notwendig hält. Der Grund dafür, dass der Zeuge vereidigt wird, braucht im Protokoll nicht angegeben zu werden, es sei denn, der Zeuge wird außerhalb der Hauptverhandlung vernommen.
(2) Die Vereidigung der Zeugen erfolgt einzeln und nach ihrer Vernehmung. Soweit nichts anderes bestimmt ist, findet sie in der Hauptverhandlung statt.

§ 60 Vereidigungsverbote Von der Vereidigung ist abzusehen

1. bei Personen, die zur Zeit der Vernehmung das 18. Lebensjahr noch nicht vollendet haben oder die wegen mangelnder Verstandesreife oder wegen einer psychischen Krankheit oder einer geistigen oder seelischen Behinderung vom Wesen und der Bedeutung des Eides keine genügende Vorstellung haben;
2. bei Personen, die der Tat, welche den Gegenstand der Untersuchung bildet, oder der Beteiligung an ihr oder der Datenhehlerei, Begünstigung, Strafvereitelung oder Hehlerei verdächtig oder deswegen bereits verurteilt sind.

§ 61 Recht zur Eidesverweigerung Die in § 52 Abs. 1 bezeichneten Angehörigen des Beschuldigten haben das Recht, die Beeidigung des Zeugnisses zu verweigern; darüber sind sie zu belehren.

§ 68 Vernehmung zur Person; Beschränkung von Angaben, Zeugenschutz (1) Die Vernehmung beginnt damit, dass der Zeuge über Vornamen, Nachnamen, Geburtsnamen, Alter, Beruf und vollständige Anschrift befragt wird. In richterlichen Vernehmungen in Anwesenheit des Beschuldigten und in der Hauptverhandlung wird außer bei Zweifeln über die Identität des Zeugen nicht die vollständige Anschrift, sondern nur dessen Wohn- oder Aufenthaltsort abgefragt. Ein Zeuge, der Wahrnehmungen in amtlicher Eigenschaft gemacht hat, kann statt der vollständigen Anschrift den Dienstort angeben.
(2) Einem Zeugen soll zudem gestattet werden, statt der vollständigen Anschrift seinen Geschäfts- oder Dienstort oder eine andere ladungsfähige Anschrift anzugeben, wenn ein begründeter Anlass zu der Besorgnis besteht, dass durch die Angabe der vollständigen Anschrift Rechtsgüter des Zeugen oder einer anderen Person gefährdet werden oder dass auf Zeugen oder eine andere Person in unlauterer Weise eingewirkt werden wird. In richterlichen Vernehmungen in Anwesenheit des Beschuldigten und in der Hauptverhandlung soll dem Zeugen gestattet werden, seinen Wohn- oder Aufenthaltsort nicht anzugeben, wenn die Voraussetzungen des Satzes 1 bei dessen Angabe vorliegen.
(3) Besteht ein begründeter Anlass zu der Besorgnis, dass durch die Offenbarung der Identität oder des Wohn- oder Aufenthaltsortes des Zeugen Leben, Leib oder Freiheit des Zeugen oder einer anderen Person gefährdet wird, so kann ihm gestattet werden, Angaben zur Person nicht oder nur über eine frühere Identität zu machen. Er hat jedoch in der Hauptverhandlung auf Befragen anzugeben, in welcher Eigenschaft ihm die Tatsachen, die er bekundet, bekannt geworden sind. Ist dem Zeugen unter den Voraussetzungen des Satzes 1 gestattet worden, Angaben zur Person nicht oder nur über eine frühere Identität zu machen, darf er sein Gesicht entgegen § 176 Absatz 2 Satz 1 des Gerichtsverfassungsgesetzes ganz oder teilweise verhüllen.
(4) Liegen Anhaltspunkte dafür vor, dass die Voraussetzungen der Absätze 2 oder 3 vorliegen, ist der Zeuge auf die dort vorgesehenen Befugnisse hinzuweisen. Im Fall des Absatzes 2 soll der Zeuge bei der Benennung einer ladungsfähigen Anschrift unterstützt werden. Die Unterlagen, die die Feststellung des Wohn- oder Aufenthaltsortes, der vollständigen Anschrift oder der Identität des Zeugen gewährleisten, werden bei der Staatsanwaltschaft verwahrt. Zu den Akten sind sie erst zu nehmen, wenn die Besorgnis der Gefährdung entfällt. Wurde dem Zeugen eine Beschränkung seiner Angaben nach Absatz 2 Satz 1 gestattet, veranlasst die Staatsanwaltschaft von Amts wegen bei der

Meldebehörde eine Auskunftssperre nach § 51 Absatz 1 des Bundesmeldegesetzes, wenn der Zeuge zustimmt.
(5) Die Absätze 2 bis 4 gelten auch nach Abschluss der Zeugenvernehmung. Soweit dem Zeugen gestattet wurde, Daten nicht anzugeben, ist bei Auskünften aus und Einsichtnahmen in Akten sicherzustellen, dass diese Daten anderen Personen nicht bekannt werden, es sei denn, dass eine Gefährdung im Sinne der Absätze 2 und 3 ausgeschlossen erscheint.

§ 69 Vernehmung zur Sache (1) Der Zeuge ist zu veranlassen, das, was ihm von dem Gegenstand seiner Vernehmung bekannt ist, im Zusammenhang anzugeben. Vor seiner Vernehmung ist dem Zeugen der Gegenstand der Untersuchung und die Person des Beschuldigten, sofern ein solcher vorhanden ist, zu bezeichnen.
(2) Zur Aufklärung und zur Vervollständigung der Aussage sowie zur Erforschung des Grundes, auf dem das Wissen des Zeugen beruht, sind nötigenfalls weitere Fragen zu stellen. Zeugen, die durch die Straftat verletzt sind, ist insbesondere Gelegenheit zu geben, sich zu den Auswirkungen, die die Tat auf sie hatte, zu äußern.
(3) Die Vorschrift des § 136a gilt für die Vernehmung des Zeugen entsprechend.

§ 71 Zeugenentschädigung Der Zeuge wird nach dem Justizvergütungs- und -entschädigungsgesetz entschädigt.

§ 72 Anwendung der Vorschrifen über Zeugen auf Sachverständige Auf Sachverständige ist der sechste Abschnitt über Zeugen entsprechend anzuwenden, soweit nicht in den nachfolgenden Paragraphen abweichende Vorschriften getroffen sind.

§ 81a Körperliche Untersuchung des Beschuldigten; Zulässigkeit körperlicher Eingriffe (1) Eine körperliche Untersuchung des Beschuldigten darf zur Feststellung von Tatsachen angeordnet werden, die für das Verfahren von Bedeutung sind. Zu diesem Zweck sind Entnahmen von Blutproben und andere körperliche Eingriffe, die von einem Arzt nach den Regeln der ärztlichen Kunst zu Untersuchungszwecken vorgenommen werden, ohne Einwilligung des Beschuldigten zulässig, wenn kein Nachteil für seine Gesundheit zu befürchten ist.
(2) Die Anordnung steht dem Richter, bei Gefährdung des Untersuchungserfolges durch Verzögerung auch der Staatsanwaltschaft und ihren Ermittlungspersonen (§ 152 des Gerichtsverfassungsgesetzes) zu. Die Entnahme einer Blutprobe bedarf abweichend von Satz 1 keiner richterlichen Anordnung, wenn bestimmte Tatsachen den Verdacht begründen, dass eine Straftat nach § 315a Absatz 1 Nummer 1, Absatz 2 und 3, § 315c Absatz 1 Nummer 1 Buchstabe a, Absatz 2 und 3 oder § 316 des Strafgesetzbuchs begangen worden ist.
(3) Dem Beschuldigten entnommene Blutproben oder sonstige Körperzellen dürfen nur für Zwecke des der Entnahme zugrundeliegenden oder eines anderen anhängigen Strafverfahrens verwendet werden; sie sind unverzüglich zu vernichten, sobald sie hierfür nicht mehr erforderlich sind.

§ 81b Erkennungsdienstliche Maßnahmen bei dem Beschuldigten Soweit es für die Zwecke der Durchführung des Strafverfahrens oder für die Zwecke des Erkennungsdienstes notwendig ist, dürfen Lichtbilder und Fingerabdrücke des Beschuldigten auch gegen seinen Willen aufgenommen und Messungen und ähnliche Maßnahmen an ihm vorgenommen werden.

§ 84 Sachverständigenvergütung Der Sachverständige erhält eine Vergütung nach dem Justizvergütungs- und -entschädigungsgesetz.

§ 85 Sachverständige Zeugen Soweit zum Beweis vergangener Tatsachen oder Zustände, zu deren Wahrnehmung eine besondere Sachkunde erforderlich war, sachkundige Personen zu vernehmen sind, gelten die Vorschriften über den Zeugenbeweis.

§ 86 Richterlicher Augenschein Findet die Einnahme eines richterlichen Augenscheins statt, so ist im Protokoll der vorgefundene Sachbestand festzustellen und darüber Auskunft zu geben, welche Spuren oder Merkmale, deren Vorhandensein nach der besonderen Beschaffenheit des Falles vermutet werden konnte, gefehlt haben.

§ 94 Sicherstellung und Beschlagnahme von Gegenständen zu Beweiszwecken (1) Gegenstände, die als Beweismittel für die Untersuchung von Bedeutung sein können, sind in Verwahrung zu nehmen oder in anderer Weise sicherzustellen.
(2) Befinden sich die Gegenstände in dem Gewahrsam einer Person und werden sie nicht freiwillig herausgegeben, so bedarf es der Beschlagnahme.
(3) Die Absätze 1 und 2 gelten auch für Führerscheine, die der Einziehung unterliegen.
(4) Die Herausgabe beweglicher Sachen richtet sich nach den §§ 111n und 111o.

§ 98 Verfahren bei der Beschlagnahme (1) Beschlagnahmen dürfen nur durch das Gericht, bei Gefahr im Verzug auch durch die Staatsanwaltschaft und ihre Ermittlungspersonen (§ 152 des Gerichtsverfassungsgesetzes) angeordnet werden. Die Beschlagnahme nach § 97 Abs. 5 Satz 2 in den Räumen einer Redaktion, eines Verlages, einer Druckerei oder einer Rundfunkanstalt darf nur durch das Gericht angeordnet werden.
(2) - (4) ...

§ 102 Durchsuchung bei Beschuldigten Bei dem, welcher als Täter oder Teilnehmer einer Straftat oder der Datenhehlerei, Begünstigung, Strafvereitelung oder Hehlerei verdächtig ist, kann eine Durchsuchung der Wohnung und anderer Räume sowie seiner Person und der ihm gehörenden Sachen sowohl zum Zweck seiner Ergreifung als auch dann vorgenommen werden, wenn zu vermuten ist, dass die Durchsuchung zur Auffindung von Beweismitteln führen werde.

§ 103 Durchsuchung bei anderen Personen (1) Bei anderen Personen sind Durchsuchungen nur zur Ergreifung des Beschuldigten oder zur Verfolgung von Spuren einer Straftat oder zur Beschlagnahme bestimmter Gegenstände und nur dann zulässig, wenn Tatsachen vorliegen, aus denen zu schließen ist, dass die gesuchte Person, Spur oder Sache sich in den zu durchsuchenden Räumen befindet. Zum Zwecke der Ergreifung eines Beschuldigten, der dringend verdächtig ist, eine Straftat nach § 89a oder § 89c Absatz 1 bis 4 des Strafgesetzbuchs oder nach § 129a Abs. 1, auch in Verbindung mit § 129b Abs. 1, des Strafgesetzbuches oder eine der in dieser Vorschrift bezeichneten Straftaten begangen zu haben, ist eine Durchsuchung von Wohnungen und anderen Räumen auch zulässig, wenn

diese sich in einem Gebäude befinden, von dem auf Grund von Tatsachen anzunehmen ist, dass sich der Beschuldigte in ihm aufhält.
(2) Die Beschränkungen des Absatz 1 Satz 1 gelten nicht für Räume, in denen der Beschuldigte ergriffen worden ist oder die er während der Verfolgung betreten hat.

§ 104 Durchsuchung von Räumen zur Nachtzeit (1) Zur Nachtzeit dürfen die Wohnung, die Geschäftsräume und das befriedete Besitztum nur in folgenden Fällen durchsucht werden:
1. bei Verfolgung auf frischer Tat,
2. bei Gefahr im Verzug,
3. wenn bestimmte Tatsachen den Verdacht begründen, dass während der Durchsuchung auf ein elektronisches Speichermedium zugegriffen werden wird, das als Beweismittel in Betracht kommt, und ohne die Durchsuchung zur Nachtzeit die Auswertung des elektronischen Speichermediums, insbesondere in unverschlüsselter Form, aussichtslos oder wesentlich erschwert wäre oder
4. zur Wiederergreifung eines entwichenen Gefangenen.

(2) Diese Beschränkung gilt nicht für Räume, die zur Nachtzeit jedermann zugänglich oder die der Polizei als Herbergen oder Versammlungsorte bestrafter Personen, als Niederlagen von Sachen, die mittels Straftaten erlangt sind, oder als Schlupfwinkel des Glücksspiels, des unerlaubten Betäubungsmittel- und Waffenhandels oder der Prostitution bekannt sind.
(3) Die Nachtzeit umfasst den Zeitraum von 21 bis 6 Uhr.

§ 105 Verfahren bei der Durchsuchung (1) Durchsuchungen dürfen nur durch den Richter, bei Gefahr im Verzug auch durch die Staatsanwaltschaft und ihre Ermittlungspersonen (§ 152 des Gerichtsverfassungsgesetzes) angeordnet werden. Durchsuchungen nach § 103 Abs. 1 Satz 2 ordnet der Richter an; die Staatsanwaltschaft ist hierzu befugt, wenn Gefahr im Verzug ist.
(2) Wenn eine Durchsuchung der Wohnung, der Geschäftsräume oder des befriedeten Besitztums ohne Beisein des Richters oder des Staatsanwalts stattfindet, so sind, wenn möglich, ein Gemeindebeamter oder zwei Mitglieder der Gemeinde, in deren Bezirk die Durchsuchung erfolgt, zuzuziehen. Die als Gemeindemitglieder zugezogenen Personen dürfen nicht Polizeibeamte oder Ermittlungspersonen der Staatsanwaltschaft sein.
(3) Wird eine Durchsuchung in einem Dienstgebäude oder einer nicht allgemein zugänglichen Einrichtung oder Anlage der Bundeswehr erforderlich, so wird die vorgesetzte Dienststelle der Bundeswehr um ihre Durchführung ersucht. Die ersuchende Stelle ist zur Mitwirkung berechtigt. Des Ersuchens bedarf es nicht, wenn die Durchsuchung von Räumen vorzunehmen ist, die ausschließlich von anderen Personen als Soldaten bewohnt werden.

§ 106 Hinzuziehung des Inhabers eines Durchsuchungsobjekts (1) Der Inhaber der zu durchsuchenden Räume oder Gegenstände darf der Durchsuchung beiwohnen. Ist er abwesend, so ist, wenn möglich, sein Vertreter oder ein erwachsener Angehöriger, Hausgenosse oder Nachbar zuzuziehen.

(2) Dem Inhaber oder der in dessen Abwesenheit zugezogenen Person ist in den Fällen des § 103 Abs. 1 der Zweck der Durchsuchung vor deren Beginn bekannt zu machen. Diese Vorschrift gilt nicht für die Inhaber der in § 104 Abs. 2 bezeichneten Räume.

§ 108 Beschlagnahme anderer Gegenstände (1) Werden bei Gelegenheit einer Durchsuchung Gegenstände gefunden, die zwar in keiner Beziehung zu der Untersuchung stehen, aber auf die Verübung einer anderen Straftat hindeuten, so sind sie einstweilen in Beschlag zu nehmen. Der Staatsanwaltschaft ist hiervon Kenntnis zu geben. Satz 1 findet keine Anwendung, soweit eine Durchsuchung nach § 103 Abs. 1 Satz 2 stattfindet.
(2) – (3) ...

§ 109 Kenntlichmachung beschlagnahmter Gegenstände Die in Verwahrung oder in Beschlag genommenen Gegenstände sind genau zu verzeichnen und zur Verhütung von Verwechslungen durch amtliche Siegel oder in sonst geeigneter Weise kenntlich zu machen.

§ 112 Voraussetzungen der Untersuchungshaft; Haftgründe (1) Die Untersuchungshaft darf gegen den Beschuldigten angeordnet werden, wenn er der Tat dringend verdächtig ist und ein Haftgrund besteht. Sie darf nicht angeordnet werden, wenn sie zu der Bedeutung der Sache und der zu erwartenden Strafe oder Maßregel der Besserung und Sicherung außer Verhältnis steht.
(2) Ein Haftgrund besteht, wenn auf Grund bestimmter Tatsachen
1. festgestellt wird, dass der Beschuldigte flüchtig ist oder sich verborgen hält,
2. bei Würdigung der Umstände des Einzelfalles die Gefahr besteht, dass der Beschuldigte sich dem Strafverfahren entziehen werde (Fluchtgefahr), oder
3. das Verhalten des Beschuldigten den dringenden Verdacht begründet, er werde
   a) Beweismittel vernichten, verändern, bei Seite schaffen, unterdrücken oder fälschen oder
   b) auf Mitbeschuldigte, Zeugen oder Sachverständige in unlauterer Weise einwirken oder
   c) andere zu solchem Verhalten veranlassen,

und wenn deshalb die Gefahr droht, dass die Ermittlung der Wahrheit erschwert werde (Verdunkelungsgefahr).
(3) ...

§ 114 Haftbefehl (1) Die Untersuchungshaft wird durch schriftlichen Haftbefehl des Richters angeordnet.
(2) In dem Haftbefehl sind anzuführen
1. der Beschuldigte,
2. die Tat, deren er dringend verdächtig ist, Zeit und Ort ihrer Begehung, die gesetzlichen Merkmale der Straftat und die anzuwendenden Strafvorschriften,
3. der Haftgrund sowie
4. die Tatsachen, aus denen sich der dringende Tatverdacht und der Haftgrund ergibt, soweit nicht dadurch die Staatssicherheit gefährdet wird.

(3) ...

§ 114a Aushändigen des Haftbefehls; Übersetzung Dem Beschuldigten ist bei der Verhaftung eine Abschrift des Haftbefehls auszuhändigen; beherrscht er die deutsche Sprache nicht hinreichend, erhält er zudem eine Übersetzung in einer für ihn verständlichen Sprache. Ist die Aushändigung einer Abschrift und einer etwaigen

Übersetzung nicht möglich, ist ihm unverzüglich in einer für ihn verständlichen Sprache mitzuteilen, welches die Gründe für die Verhaftung sind und welche Beschuldigungen gegen ihn erhoben werden. In diesem Fall ist die Aushändigung der Abschrift des Haftbefehls sowie einer etwaigen Übersetzung unverzüglich nachzuholen.

§ 114b Belehrung des verhafteten Beschuldigten (1) Der verhaftete Beschuldigte ist unverzüglich und schriftlich in einer für ihn verständlichen Sprache über seine Rechte zu belehren. Ist eine schriftliche Belehrung erkennbar nicht ausreichend, hat zudem eine mündliche Belehrung zu erfolgen. Entsprechend ist zu verfahren, wenn eine schriftliche Belehrung nicht möglich ist; sie soll jedoch nachgeholt werden, sofern dies in zumutbarer Weise möglich ist. Der Beschuldigte soll schriftlich bestätigen, dass er belehrt wurde; falls er sich weigert, ist dies zu dokumentieren.

(2) In der Belehrung nach Absatz 1 ist der Beschuldigte darauf hinzuweisen, dass er

1. unverzüglich, spätestens am Tag nach der Ergreifung, dem Gericht vorzuführen ist, das ihn zu vernehmen und über seine weitere Inhaftierung zu entscheiden hat,
2. das Recht hat, sich zur Beschuldigung zu äußern oder nicht zur Sache auszusagen,
3. zu seiner Entlastung einzelne Beweiserhebungen beantragen kann,
4. jederzeit, auch schon vor seiner Vernehmung, einen von ihm zu wählenden Verteidiger befragen kann; dabei sind ihm Informationen zur Verfügung zu stellen, die es ihm erleichtern, einen Verteidiger zu kontaktieren; auf bestehende anwaltliche Notdienste ist dabei hinzuweisen,

4a. in den Fällen des § 140 die Bestellung eines Pflichtverteidigers nach Maßgabe des § 141 Absatz 1 und des § 142 Absatz 1 beantragen kann; dabei ist auf die mögliche Kostenfolge des § 465 hinzuweisen,

5. das Recht hat, die Untersuchung durch einen Arzt oder eine Ärztin seiner Wahl zu verlangen,
6. einen Angehörigen oder eine Person seines Vertrauens benachrichtigen kann, soweit der Zweck der Untersuchung dadurch nicht erheblich gefährdet wird,
7. nach Maßgabe des § 147 Absatz 4 beantragen kann, die Akten einzusehen und unter Aufsicht amtlich verwahrte Beweisstücke zu besichtigen, soweit er keinen Verteidiger hat, und
8. bei Aufrechterhaltung der Untersuchungshaft nach Vorführung vor den zuständigen Richter
   a) eine Beschwerde gegen den Haftbefehl einlegen oder eine Haftprüfung (§ 117 Absatz 1 und 2) und eine mündliche Verhandlung (§ 118 Absatz 1 und 2) beantragen kann,
   b) bei Unstatthaftigkeit der Beschwerde eine gerichtliche Entscheidung nach § 119 Absatz 5 beantragen kann und
   c) gegen behördliche Entscheidungen und Maßnahmen im Untersuchungshaftvollzug eine gerichtliche Entscheidung nach § 119a Absatz 1 beantragen kann.

Der Beschuldigte ist auf das Akteneinsichtsrecht des Verteidigers nach § 147 hinzuweisen. Ein Beschuldigter, der der deutschen Sprache nicht hinreichend mächtig ist, ist in einer ihm verständlichen Sprache darauf hinzuweisen, dass er nach Maßgabe des § 187 Absatz 1 bis 3 des Gerichtsverfassungsgesetzes für das gesamte Strafverfahren die unentgeltliche Hinzuziehung eines Dolmetschers oder Übersetzers beanspruchen kann; ein hör- oder sprachbehinderter Beschuldigter ist auf sein Wahlrecht nach § 186 Absatz 1 und 2 des

Gerichtsverfassungsgesetzes hinzuweisen. Ein ausländischer Staatsangehöriger ist darüber zu belehren, dass er die Unterrichtung der konsularischen Vertretung seines Heimatstaates verlangen und dieser Mitteilungen zukommen lassen kann.

§ 117 Haftprüfung (1) Solange der Beschuldigte in Untersuchungshaft ist, kann er jederzeit die gerichtliche Prüfung beantragen, ob der Haftbefehl aufzuheben oder dessen Vollzug nach § 116 auszusetzen ist (Haftprüfung).
(2) - (3) ...

§ 127 Vorläufige Festnahme (1) Wird jemand auf frischer Tat betroffen oder verfolgt, so ist, wenn er der Flucht verdächtig ist oder seine Identität nicht sofort festgestellt werden kann, jedermann befugt, ihn auch ohne richterliche Anordnung vorläufig festzunehmen. Die Feststellung der Identität einer Person durch die Staatsanwaltschaft oder die Beamten des Polizeidienstes bestimmt sich nach § 163b Abs. 1.
(2) Die Staatsanwaltschaft und die Beamten des Polizeidienstes sind bei Gefahr im Verzug auch dann zur vorläufigen Festnahme befugt, wenn die Voraussetzungen eines Haftbefehls oder eines Unterbringungsbefehls vorliegen.
(3) Ist eine Straftat nur auf Antrag verfolgbar, so ist die vorläufige Festnahme auch dann zulässig, wenn ein Antrag noch nicht gestellt ist. Dies gilt entsprechend, wenn eine Straftat nur mit Ermächtigung oder auf Strafverlangen verfolgbar ist.
(4) Für die vorläufige Festnahme durch die Staatsanwaltschaft und die Beamten des Polizeidienstes gelten die §§ 114a bis 114c entsprechend.

§ 133 Ladung (1) Der Beschuldigte ist zur Vernehmung schriftlich zu laden.
(2) Die Ladung kann unter der Androhung geschehen, dass im Falle des Ausbleibens seine Vorführung erfolgen werde.

§ 136 Vernehmung (1) Bei Beginn der Vernehmung ist dem Beschuldigten zu eröffnen, welche Tat ihm zu Last gelegt wird und welche Strafvorschriften in Betracht kommen. Er ist darauf hinzuweisen, daß es ihm nach dem Gesetz freistehe, sich zu der Beschuldigung zu äußern oder nicht zur Sache auszusagen und jederzeit, auch schon vor seiner Vernehmung, einen von ihm zu wählenden Verteidiger zu befragen. Möchte der Beschuldigte vor seiner Vernehmung einen Verteidiger befragen, sind ihm Informationen zur Verfügung zu stellen, die es ihm erleichtern, einen Verteidiger zu kontaktieren. Auf bestehende anwaltliche Notdienste ist dabei hinzuweisen. Er ist ferner darüber zu belehren, daß er zu seiner Entlastung einzelne Beweiserhebungen beantragen und unter den Voraussetzungen des § 140 die Bestellung eines Pflichtverteidigers nach Maßgabe des § 141 Absatz 1 und des § 142 Absatz 1 beantragen kann; zu Letzterem ist er dabei auf die Kostenfolge des § 465 hinzuweisen. In geeigneten Fällen soll der Beschuldigte auch darauf, dass er sich schriftlich äußern kann, sowie auf die Möglichkeit eines Täter-Opfer-Ausgleichs hingewiesen werden.
(2) Die Vernehmung soll dem Beschuldigten Gelegenheit geben, die gegen ihn vorliegenden Verdachtsgründe zu beseitigen und die zu seinen Gunsten sprechenden Tatsachen geltend zu machen.
(3) Bei der Vernehmung des Beschuldigten ist zugleich auf die Ermittlung seiner persönlichen Verhältnisse Bedacht zu nehmen.

(4) Die Vernehmung des Beschuldigten kann in Bild und Ton aufgezeichnet werden. Sie ist aufzuzeichnen, wenn
1. dem Verfahren ein vorsätzlich begangenes Tötungsdelikt zugrunde liegt und der Aufzeichnung weder die äußeren Umstände noch die besondere Dringlichkeit der Vernehmung entgegenstehen oder
2. die schutzwürdigen Interessen von Beschuldigten, die erkennbar unter eingeschränkten geistigen Fähigkeiten oder einer schwerwiegenden seelischen Störung leiden, durch die Aufzeichnung besser gewahrt werden können.

§ 58a Absatz 2 gilt entsprechend.
(5) § 58b gilt entsprechend.

§ 136a Verbotene Vernehmungsmethoden; Beweisverwertungsverbote (1) Die Freiheit der Willensentschließung und der Willensbetätigung des Beschuldigten darf nicht beeinträchtigt werden durch Misshandlung, durch Ermüdung, durch körperlichen Eingriff, durch Verabreichung von Mitteln, durch Quälerei, durch Täuschung oder durch Hypnose. Zwang darf nur angewandt werden, soweit das Strafverfahrensrecht dies zulässt. Die Drohung mit einer nach seinen Vorschriften unzulässigen Maßnahme und das Versprechen eines gesetzlich nicht vorgesehenen Vorteils sind verboten.
(2) Maßnahmen, die das Erinnerungsvermögen oder die Einsichtsfähigkeit des Beschuldigten beeinträchtigen, sind nicht gestattet.
(3) Das Verbot der Absätze 1 und 2 gilt ohne Rücksicht auf die Einwilligung des Beschuldigten. Aussagen, die unter Verletzung dieses Verbots zustande gekommen sind, dürfen auch dann nicht verwertet werden, wenn der Beschuldigte der Verwertung zustimmt.

§ 137 Recht des Beschuldigten auf Hinzuziehung eines Verteidigers (1) Der Beschuldigte kann sich in jeder Lage des Verfahrens des Beistandes eines Verteidigers bedienen. Die Zahl der gewählten Verteidiger darf drei nicht übersteigen.
(2) Hat der Beschuldigte einen gesetzlichen Vertreter, so kann auch dieser selbständig einen Verteidiger wählen. Abs. 1 Satz 2 gilt entsprechend.

§ 138 Wahlverteidiger (1) Zu Verteidigern können Rechtsanwälte sowie die Rechtslehrer an deutschen Hochschulen im Sinne des Hochschulrahmengesetzes mit Befähigung zum Richteramt gewählt werden.
(2) – (3) ...

§ 140 Notwendige Verteidigung (1) Ein Fall der notwendigen Verteidigung liegt vor, wenn
1. zu erwarten ist, dass die Hauptverhandlung im ersten Rechtszug vor dem Oberlandesgericht, dem Landgericht oder dem Schöffengericht stattfindet;
2. dem Beschuldigten ein Verbrechen zur Last gelegt wird;
3. das Verfahren zu einem Berufsverbot führen kann;
4. der Beschuldigte nach den §§ 115, 115a, 128 Absatz 1 oder § 129 einem Gericht zur Entscheidung über Haft oder einstweilige Unterbringung vorzuführen ist;
5. der Beschuldigte sich auf Grund richterlicher Anordnung oder mit richterlicher Genehmigung in einer Anstalt befindet;

6. zur Vorbereitung eines Gutachtens über den psychischen Zustand des Beschuldigten seine Unterbringung nach § 81 in Frage kommt;
7. zu erwarten ist, dass ein Sicherungsverfahren durchgeführt wird;
8. der bisherige Verteidiger durch eine Entscheidung von der Mitwirkung in dem Verfahren ausgeschlossen ist;
9. dem Verletzten nach den §§ 397a und 406h Absatz 3 und 4 ein Rechtsanwalt beigeordnet worden ist;
10. bei einer richterlichen Vernehmung die Mitwirkung eines Verteidigers auf Grund der Bedeutung der Vernehmung zur Wahrung der Rechte des Beschuldigten geboten erscheint;
11. ein seh-, hör- oder sprachbehinderter Beschuldigter die Bestellung beantragt.

(2) Ein Fall der notwendigen Verteidigung liegt auch vor, wenn wegen der Schwere der Tat, der Schwere der zu erwartenden Rechtsfolge oder wegen der Schwierigkeit der Sach- oder Rechtslage die Mitwirkung eines Verteidigers geboten erscheint oder wenn ersichtlich ist, dass sich der Beschuldigte nicht selbst verteidigen kann.

(3) (weggefallen)

§ 147 Akteneinsichtsrecht, Besichtigungsrecht; Auskunftsrecht des Beschuldigten (1) Der Verteidiger ist befugt, die Akten, die dem Gericht vorliegen oder diesem im Falle der Erhebung der Anklage vorzulegen wären, einzusehen sowie amtlich verwahrte Beweisstücke zu besichtigen.

(2) – (7) ...

§ 148 Kommunikation des Beschuldigten mit dem Verteidiger (1) Dem Beschuldigten ist, auch wenn er sich nicht auf freiem Fuß befindet, schriftlicher und mündlicher Verkehr mit dem Verteidiger gestattet.

(2) ...

§ 151 Anklagegrundsatz Die Eröffnung einer gerichtlichen Untersuchung ist durch die Erhebung einer Klage bedingt.

§ 152 Anklagebehörde; Legalitätsgrundsatz (1) Zur Erhebung der öffentlichen Klage ist die Staatsanwaltschaft berufen.

(2) Sie ist, soweit nicht gesetzlich ein anderes bestimmt ist, verpflichtet, wegen aller verfolgbaren Straftaten einzuschreiten, sofern zureichende tatsächliche Anhaltspunkte vorliegen.

§ 152a Landesgesetzliche Vorschriften über die Strafverfolgung von Abgeordneten Landesgesetzliche Vorschriften über die Voraussetzungen, unter denen gegen Mitglieder eines Organs der Gesetzgebung eine Strafverfolgung eingeleitet oder fortgesetzt werden kann, sind auch für die anderen Länder der Bundesrepublik Deutschland und den Bund wirksam.

§ 153 Absehen von der Verfolgung bei Geringfügigkeit

(1) Hat das Verfahren ein Vergehen zum Gegenstand, so kann die Staatsanwaltschaft mit Zustimmung des für die Eröffnung des Hauptverfahrens zuständigen Gerichts von der

Verfolgung absehen, wenn die Schuld des Täters als gering anzusehen wäre und kein öffentliches Interesse an der Verfolgung besteht. Der Zustimmung des Gerichtes bedarf es nicht bei einem Vergehen, das nicht mit einer im Mindestmaß erhöhten Strafe bedroht ist und bei dem die durch die Tat verursachten Folgen gering sind.
(2) Ist die Klage bereits erhoben, so kann das Gericht in jeder Lage des Verfahrens unter den Voraussetzungen des Absatzes 1 mit Zustimmung der Staatsanwaltschaft und des Angeschuldigten das Verfahren einstellen. ...

§ 153a Absehen von der Verfolgung unter Auflagen und Weisungen
(1) Mit Zustimmung des für die Eröffnung des Hauptverfahrens zuständigen Gerichts und des Beschuldigten kann die Staatsanwaltschaft bei einem Vergehen vorläufig von der Erhebung der öffentlichen Klage absehen und zugleich dem Beschuldigten Auflagen und Weisungen erteilen, wenn diese geeignet sind, das öffentliche Interesse an der Strafverfolgung zu beseitigen, und die Schwere der Schuld nicht entgegensteht. Als Auflagen oder Weisungen kommen insbesondere in Betracht,

1. zur Wiedergutmachung des durch die Tat verursachten Schadens eine bestimmte Leistung zu erbringen,
2. einen Geldbetrag zugunsten einer gemeinnützigen Einrichtung oder der Staatskasse zu zahlen,
3. sonst gemeinnützige Leistungen zu erbringen,
4. Unterhaltspflichten in einer bestimmten Höhe nachzukommen,
5. Sich ernsthaft zu bemühen, einen Ausgleich mit dem Verletzten zu erreichen (Täter-Opfer-Ausgleich) und dabei seine Tat ganz oder zum überwiegenden Teil wieder gut zu machen oder deren Wiedergutmachung zu erstreben,
6. an einem sozialen Trainingskurs teilzunehmen oder
7. an einem Aufbauseminar nach § 2b Abs. 2 Satz 2 oder an einem Fahreignungsseminar nach § 4a des Straßenverkehrsgesetzes teilzunehmen.

Zur Erfüllung der Auflagen und Weisungen setzt die Staatsanwaltschaft dem Beschuldigten eine Frist, die in den Fällen des Satzes 2 Nummer 1 bis 3, 5 und 7 höchstens sechs Monate, in den Fällen des Satzes 2 Nummer 4 und 6 höchstens ein Jahr beträgt. Die Staatsanwaltschaft kann Auflagen und Weisungen nachträglich aufheben und die Frist einmal für die Dauer von drei Monaten verlängern; mit Zustimmung des Beschuldigten kann sie auch Auflagen und Weisungen nachträglich auferlegen und ändern. Erfüllt der Beschuldigte die Auflagen und Weisungen, so kann die Tat nicht mehr als Vergehen verfolgt werden. Erfüllt der Beschuldigte die Auflagen und Weisungen nicht, so werden Leistungen, die er zu ihrer Erfüllung erbracht hat, nicht erstattet. § 153 Abs. 1 Satz 2 gilt in den Fällen des Satzes 2 Nummer 1 bis 6 entsprechend. § 246a Absatz 2 gilt entsprechend.
(2) – (4) ...

§ 158 Strafanzeige; Strafantrag (1) Die Anzeige einer Straftat und der Strafantrag können bei der Staatsanwaltschaft, den Behörden und Beamten des Polizeidienstes und den Amtsgerichten mündlich oder schriftlich angebracht werden. Die mündliche Anzeige ist zu beurkunden. Dem Verletzten ist auf Antrag der Eingang seiner Anzeige schriftlich zu bestätigen. Die Bestätigung soll eine kurze Zusammenfassung der Angaben des Verletzten zu Tatzeit, Tatort und angezeigter Tat enthalten. Die Bestätigung kann versagt werden, soweit der Untersuchungszweck, auch in einem anderen Strafverfahren, gefährdet erscheint.

(2) Bei Straftaten, deren Verfolgung nur auf Antrag eintritt, muß der Antrag bei einem Gericht oder der Staatsanwaltschaft schriftlich oder zu Protokoll, bei einer anderen Behörde schriftlich angebracht werden.

(3) ...

(4) ...

§ 160 Pflicht zur Sachverhaltsaufklärung (1) Sobald die Staatsanwaltschaft durch eine Anzeige oder auf anderem Wege von dem Verdacht einer Straftat Kenntnis erhält, hat sie zu ihrer Entschließung darüber, ob die öffentliche Klage zu erheben ist, den Sachverhalt zu erforschen.

(2) Die Staatsanwaltschaft hat nicht nur die zur Belastung, sondern auch die zur Entlastung dienenden Umstände zu ermitteln und für die Erhebung der Beweise Sorge zu tragen, deren Verlust zu besorgen ist.

(3) Die Ermittlungen der Staatsanwaltschaft sollen sich auch auf die Umstände erstrecken, die für die Bestimmung der Rechtsfolgen der Tat von Bedeutung sind. Dazu kann sie sich der Gerichtshilfe bedienen.

(4) Eine Maßnahme ist unzulässig, soweit besondere bundesgesetzliche oder entsprechende landesgesetzliche Verwendungsregelungen entgegenstehen.

§ 163 Aufgaben der Polizei im Ermittlungsverfahren (1) Die Behörden und Beamten des Polizeidienstes haben Straftaten zu erforschen und alle keinen Aufschub gestattenden Anordnungen zu treffen, um die Verdunkelung der Sache zu verhüten. Zu diesem Zweck sind sie befugt, alle Behörden um Auskunft zu ersuchen, bei Gefahr im Verzug auch, die Auskunft zu verlangen, sowie Ermittlungen jeder Art vorzunehmen, soweit nicht andere gesetzliche Vorschriften ihre Befugnisse besonders regeln.

(2) Die Behörden und Beamten des Polizeidienstes übersenden ihre Verhandlungen ohne Verzug der Staatsanwaltschaft. Erscheint die schleunige Vornahme richterlicher Untersuchungshandlungen erforderlich, so kann die Übersendung unmittelbar an das Amtsgericht erfolgen.

(3) Zeugen sind verpflichtet, auf Ladung vor Ermittlungspersonen der Staatsanwaltschaft zu erscheinen und zur Sache auszusagen, wenn der Ladung ein Auftrag der Staatsanwaltschaft zugrunde liegt. Soweit nichts anderes bestimmt ist, gelten die Vorschriften des Sechsten Abschnitts des Ersten Buches entsprechend. Die eidliche Vernehmung bleibt dem Gericht vorbehalten.

(4) Die Staatsanwaltschaft entscheidet

1. über die Zeugeneigenschaft oder das Vorliegen von Zeugnis- oder Auskunftsverweigerungsrechten, sofern insoweit Zweifel bestehen oder im Laufe der Vernehmung aufkommen,
2. über eine Gestattung nach § 68 Absatz 3 Satz 1, Angaben zur Person nicht oder nur über eine frühere Identität zu machen,
3. über die Beiordnung eines Zeugenbeistands nach § 68b Absatz 2 und

4. bei unberechtigtem Ausbleiben oder unberechtigter Weigerung des Zeugen über die Verhängung der in den §§ 51 und 70 vorgesehenen Maßregeln; dabei bleibt die Festsetzung der Haft dem nach § 162 zuständigen Gericht vorbehalten.
5. Im Übrigen trifft die erforderlichen Entscheidungen die die Vernehmung leitende Person.

(5) Gegen Entscheidungen von Beamten des Polizeidienstes nach § 68b Absatz 1 Satz 3 sowie gegen Entscheidungen der Staatsanwaltschaft nach Absatz 4 Satz 1 Nummer 3 und 4 kann gerichtliche Entscheidung durch das nach § 162 zuständige Gericht beantragt werden. Die §§ 297 bis 300, 302, 306 bis 309, 311a und 473a gelten jeweils entsprechend. Gerichtliche Entscheidungen nach Satz 1 sind unanfechtbar.
(6) Für die Belehrung des Sachverständigen durch Beamte des Polizeidienstes gelten § 52 Absatz 3 und § 55 Absatz 2 entsprechend. In den Fällen des § 81c Absatz 3 Satz 1 und 2 gilt § 52 Absatz 3 auch bei Untersuchungen durch Beamte des Polizeidienstes sinngemäß.
(7) § 185 Absatz 1 und 2 des Gerichtsverfassungsgesetzes gilt entsprechend.

§ 164 Festnahme von Störern Bei Amtshandlungen an Ort und Stelle ist der Beamte, der sie leitet, befugt, Personen, die seine amtliche Tätigkeit vorsätzlich stören oder sich den von ihm innerhalb seiner Zuständigkeit getroffenen Anordnungen widersetzen, festnehmen und bis zur Beendigung seiner Amtsverrichtungen, jedoch nicht über den nächstfolgenden Tag hinaus, festhalten zu lassen.

§ 170 Entscheidung über eine Anklageerhebung (1) Bieten die Ermittlungen genügenden Anlass zur Erhebung der öffentlichen Klage, so erhebt die Staatsanwaltschaft sie durch Einreichung einer Anklageschrift bei dem zuständigen Gericht.
(2) Andernfalls stellt die Staatsanwaltschaft das Verfahren ein. Hiervon setzt sie den Beschuldigten in Kenntnis, wenn er als solcher vernommen worden ist oder ein Haftbefehl gegen ihn erlassen war; dasselbe gilt, wenn er um einen Bescheid gebeten hat oder wenn ein besonderes Interesse an der Bekanntgabe ersichtlich ist.

§ 199 Entscheidung über die Eröffnung des Hauptverfahrens (1) Das für die Hauptverhandlung zuständige Gericht entscheidet darüber, ob das Hauptverfahren zu eröffnen oder das Verfahren vorläufig einzustellen ist.
(2) Die Anklageschrift enthält den Antrag, das Hauptverfahren zu eröffnen. Mit ihr werden die Akten dem Gericht vorgelegt.

§ 200 Inhalt der Anklageschrift (1) Die Anklageschrift hat den Angeschuldigten, die Tat, die ihm zur Last gelegt wird, Zeit und Ort ihrer Begehung, die gesetzlichen Merkmale der Straftat und die anzuwendenden Strafvorschriften zu bezeichnen (Anklagesatz). In ihr sind ferner die Beweismittel, das Gericht, vor dem die Hauptverhandlung stattfinden soll, und der Verteidiger anzugeben. Bei der Benennung von Zeugen ist deren Wohn- oder Aufenthaltsort anzugeben, wobei es jedoch der Angabe der vollständigen Anschrift nicht bedarf. In den Fällen des § 68 Abs. 1 Satz 2, Abs. 2 Satz 1 genügt die Angabe des Namens des Zeugen. Wird ein Zeuge benannt, dessen Identität ganz oder teilweise nicht offenbart werden soll, so ist dies anzugeben; für die Geheimhaltung des Wohn- oder Aufenthaltsortes des Zeugen gilt dies entsprechend.

(2) In der Anklageschrift wird auch das wesentliche Ergebnis der Ermittlungen dargestellt. Davon kann abgesehen werden, wenn Anklage beim Strafrichter erhoben wird.

§ 213 Bestimmung eines Termins zur Hauptverhandlung (1) Der Termin zur Hauptverhandlung wird von dem Vorsitzenden des Gerichts anberaumt.
(2) In besonders umfangreichen erstinstanzlichen Verfahren vor dem Land- oder Oberlandesgericht, in denen die Hauptverhandlung voraussichtlich länger als zehn Tage dauern wird, soll der Vorsitzende den äußeren Ablauf der Hauptverhandlung vor der Terminbestimmung mit dem Verteidiger, der Staatsanwaltschaft und dem Nebenklägervertreter abstimmen.

§ 214 Ladungen durch den Vorsitzenden; Herbeischaffung der Beweismittel
(1) Die zur Hauptverhandlung erforderlichen Ladungen ordnet der Vorsitzende an. Zugleich veranlasst er die nach § 397 Absatz 2 Satz 3, § 406d Absatz 1 und § 406h Absatz 2 Satz 2 erforderlichen Benachrichtigungen vom Termin; § 406d Absatz 4 gilt entsprechend. Die Geschäftsstelle sorgt dafür, dass die Ladungen bewirkt und die Mitteilungen versandt werden.
(2) – (4) ...

§ 219 Beweisanträge des Angeklagten (1) Beweisanträge hat der Angeklagte bei dem Vorsitzenden des Gerichts zu stellen. Die hierauf ergehende Verfügung ist ihm bekanntzumachen.
(2) Beweisanträge des Angeklagten sind, soweit ihnen stattgegeben ist, der Staatsanwaltschaft mitzuteilen.
§ 226 Ununterbrochene Gegenwart (1) Die Hauptverhandlung erfolgt in ununterbrochener Gegenwart der zur Urteilsfindung berufenen Personen sowie der Staatsanwaltschaft und eines Urkundsbeamten der Geschäftsstelle.
(2) ...

§ 238 Verhandlungsleitung (1) Die Leitung der Verhandlung, die Vernehmung des Angeklagten und die Aufnahme des Beweises erfolgt durch den Vorsitzenden.
(2) ...

§ 243 Gang der Hauptverhandlung (1) Die Hauptverhandlung beginnt mit dem Aufruf der Sache. Der Vorsitzende stellt fest, ob der Angeklagte und der Verteidiger anwesend und die Beweismittel herbeigeschafft, insbesondere die geladenen Zeugen und Sachverständigen erschienen sind.
(2) Die Zeugen verlassen den Sitzungssaal. Der Vorsitzende vernimmt den Angeklagten über seine persönlichen Verhältnisse.
(3) Darauf verliest der Staatsanwalt den Anklagesatz. Dabei legt er in den Fällen des § 207 Abs. 3 die neue Anklageschrift zugrunde. 3In den Fällen des § 207 Abs. 2 Nr. 3 trägt der Staatsanwalt den Anklagesatz mit der dem Eröffnungsbeschluß zugrunde liegenden rechtlichen Würdigung vor; außerdem kann er seine abweichende Rechtsauffassung äußern. In den Fällen des § 207 Abs. 2 Nr. 4 berücksichtigt er die Änderungen, die das Gericht bei der Zulassung der Anklage zur Hauptverhandlung beschlossen hat.
(4) ...

(5) Sodann wird der Angeklagte darauf hingewiesen, daß es ihm freistehe, sich zu der Anklage zu äußern oder nicht zur Sache auszusagen. Ist der Angeklagte zur Äußerung bereit, so wird er nach Maßgabe des § 136 Abs. 2 zur Sache vernommen. Auf Antrag erhält der Verteidiger in besonders umfangreichen erstinstanzlichen Verfahren vor dem Land- oder Oberlandesgericht, in denen die Hauptverhandlung voraussichtlich länger als zehn Tage dauern wird, Gelegenheit, vor der Vernehmung des Angeklagten für diesen eine Erklärung zur Anklage abzugeben, die den Schlussvortrag nicht vorwegnehmen darf. Der Vorsitzende kann dem Verteidiger aufgeben, die weitere Erklärung schriftlich einzureichen, wenn ansonsten der Verfahrensablauf erheblich verzögert würde; § 249 Absatz 2 Satz 1 gilt entsprechend. Vorstrafen des Angeklagten sollen nur insoweit festgestellt werden, als sie für die Entscheidung von Bedeutung sind. Wann sie festgestellt werden, bestimmt der Vorsitzende.

§ 244 Beweisaufnahme; Untersuchungsgrundsatz; Ablehnung von Beweisanträgen (1) Nach der Vernehmung des Angeklagten folgt die Beweisaufnahme.
(2) Das Gericht hat zur Erforschung der Wahrheit die Beweisaufnahme von Amts wegen auf alle Tatsachen und Beweismittel zu erstrecken, die für die Entscheidung von Bedeutung sind.
(3) – (6) ...

§ 245 Umfang der Beweisaufnahme; präsente Beweismittel (1) Die Beweisaufnahme ist auf alle vom Gericht vorgeladenen und auch erschienenen Zeugen und Sachverständigen sowie auf die sonstigen nach § 214 Abs. 4 vom Gericht oder der Staatsanwaltschaft herbeigeschafften Beweismittel zu erstrecken, es sei denn, dass die Beweiserhebung unzulässig ist. ...
(2) ...

§ 249 Führung des Urkundenbeweises durch Verlesung; Selbstleseverfahren
(1) Urkunden und andere als Beweismittel dienende Schriftstücke werden in der Hauptverhandlung verlesen. Elektronische Dokumente sind Urkunden, soweit sie verlesbar sind.
(2) ...

§ 250 Grundsatz der persönlichen Vernehmung Beruht der Beweis einer Tatsache auf der Wahrnehmung einer Person, so ist diese in der Hauptverhandlung zu vernehmen. Die Vernehmung darf nicht durch Verlesung des über eine frühere Vernehmung aufgenommenen Protokolls oder einer schriftlichen Erklärung ersetzt werden.

§ 253 Protokollverlesung zur Gedächtnisunterstützung (1) Erklärt ein Zeuge oder Sachverständiger, dass er sich einer Tatsache nicht mehr erinnere, so kann der hierauf bezügliche Teil des Protokolls über seine frühere Vernehmung zur Unterstützung seines Gedächtnisses verlesen werden.
(2) Dasselbe kann geschehen, wenn ein in der Vernehmung hervortretender Widerspruch mit der früheren Aussage nicht auf andere Weise ohne Unterbrechung der Hauptverhandlung festgestellt oder behoben werden kann.

§ 258 Schlussvorträge; Recht des letzten Wortes (1) Nach dem Schluss der Beweisaufnahme erhalten der Staatsanwalt und sodann der Angeklagte zu ihren Ausführungen und Anträgen das Wort.
(2) Dem Staatsanwalt steht das Recht der Erwiderung zu; dem Angeklagten gebührt das letzte Wort.
(3) Der Angeklagte ist, auch wenn ein Verteidiger für ihn gesprochen hat, zu befragen, ob er selbst noch etwas zu seiner Verteidigung anzuführen habe.

§ 260 Urteil (1) Die Hauptverhandlung schließt mit der auf die Beratung folgenden Verkündung des Urteils.
(2) Wird ein Berufsverbot angeordnet, so ist im Urteil der Beruf, der Berufszweig, das Gewerbe oder der Gewerbezweig, dessen Ausübung verboten wird, genau zu bezeichnen.
(3) Die Einstellung des Verfahrens ist im Urteil auszusprechen, wenn ein Verfahrenshindernis besteht.
(4) Die Urteilsformel gibt die rechtliche Bezeichnung der Tat an, deren der Angeklagte schuldig gesprochen wird. Hat ein Straftatbestand eine gesetzliche Überschrift, so soll diese zur rechtlichen Bezeichnung der Tat verwendet werden. Wird eine Geldstrafe verhängt, so sind Zahl und Höhe der Tagessätze in die Urteilsformel aufzunehmen. Wird die Entscheidung über die Sicherungsverwahrung vorbehalten, die Strafe oder Maßregel der Besserung und Sicherung zur Bewährung ausgesetzt, der Angeklagte mit Strafvorbehalt verwarnt oder von Strafe abgesehen, so ist dies in der Urteilsformel zum Ausdruck zu bringen. Im Übrigen unterliegt die Fassung der Urteilsformel dem Ermessen des Gerichts.
(5) Nach der Urteilsformel werden die angewendeten Vorschriften nach Paragraph, Absatz, Nummer, Buchstabe und mit der Bezeichnung des Gesetzes aufgeführt. Ist bei einer Verurteilung, durch die auf Freiheitsstrafe oder Gesamtfreiheitsstrafe von nicht mehr als zwei Jahren erkannt wird, die Tat oder der ihrer Bedeutung nach überwiegendem Teil der Taten auf Grund einer Betäubungsmittelabhängigkeit begangen worden, so ist außerdem § 17 Abs. 2 des Bundeszentralregistergesetzes anzuführen.

§ 261 Grundsatz der freien richterlichen Beweiswürdigung Über das Ergebnis der Beweisaufnahme entscheidet das Gericht nach seiner freien, aus dem Inbegriff der Verhandlung geschöpften Überzeugung.

§ 268 Urteilsverkündung (1) Das Urteil ergeht im Namen des Volkes.
(2) Das Urteil wird durch Verlesung der Urteilsformel und Eröffnung der Urteilsgründe verkündet. Die Eröffnung der Urteilsgründe geschieht durch Verlesung oder durch mündliche Mitteilung ihres wesentlichen Inhalts. Die Verlesung der Urteilsformel hat in jedem Falle der Mitteilung der Urteilsgründe voranzugehen.
(3) Das Urteil soll am Schluss der Verhandlung verkündet werden. ...
(4) ...

§ 296 Rechtsmittelberechtigte (1) Die zulässigen Rechtsmittel gegen gerichtliche Entscheidungen stehen sowohl der Staatsanwaltschaft als dem Beschuldigten zu.
(2) Die Staatsanwaltschaft kann von ihnen auch zugunsten des Beschuldigten Gebrauch machen.

§ 297 Einlegung durch den Verteidiger Für den Beschuldigten kann der Verteidiger, jedoch nicht gegen dessen ausdrücklichen Willen, Rechtsmittel einlegen.

§ 300 Falschbezeichnung eines zulässigen Rechtsmittels Ein Irrtum in der Bezeichnung des zulässigen Rechtsmittels ist unschädlich.

§ 301 Wirkung eines Rechtsmittels der Staatsanwaltschaft Jedes von der Staatsanwaltschaft eingelegte Rechtsmittel hat die Wirkung, dass die angefochtene Entscheidung auch zugunsten des Beschuldigten abgeändert oder aufgehoben werden kann.

§ 302 Zurücknahme und Verzicht (1) Die Zurücknahme eines Rechtsmittels sowie der Verzicht auf die Einlegung eines Rechtsmittels können auch vor Ablauf der Frist zu seiner Einlegung wirksam erfolgen. ...
(2) Der Verteidiger bedarf zur Zurücknahme einer ausdrücklichen Ermächtigung.

§ 312 Zulässigkeit Gegen die Urteile des Strafrichters und des Schöffengerichts ist Berufung zulässig.

§ 314 Form und Frist (1) Die Berufung muss bei dem Gericht des ersten Rechtszuges binnen einer Woche nach Verkündung des Urteils zu Protokoll der Geschäftsstelle oder schriftlich eingelegt werden.
(2) ...

§ 316 Hemmung der Rechtskraft (1) Durch rechtzeitige Einlegung der Berufung wird die Rechtskraft des Urteils, soweit es angefochten ist, gehemmt.
(2) Dem Beschwerdeführer, dem das Urteil mit den Gründen noch nicht zugestellt war, ist es nach Einlegung der Berufung sofort zuzustellen.

§ 318 Berufungsbeschränkung Die Berufung kann auf bestimmte Beschwerdepunkte beschränkt werden. Ist dies nicht geschehen oder eine Rechtfertigung überhaupt nicht erfolgt, so gilt der ganze Inhalt des Urteils als angefochten.

§ 333 Zulässigkeit Gegen die Urteile der Strafkammern und der Schwurgerichte sowie gegen die im ersten Rechtszug ergangenen Urteile der Oberlandesgerichte ist Revision zulässig.

§ 335 Sprungrevision (1) Ein Urteil, gegen das Berufung zulässig ist, kann statt mit Berufung mit Revision angefochten werden.
(2) Über die Revision entscheidet das Gericht, das zur Entscheidung berufen wäre, wenn die Revision nach durchgeführter Berufung eingelegt worden wäre.
(3) ...

§ 337 Revisionsgründe (1) Die Revision kann nur darauf gestützt werden, dass das Urteil auf einer Verletzung des Gesetzes beruhe.
(2) Das Gesetz ist verletzt, wenn eine Rechtsnorm nicht oder nicht richtig angewendet worden ist.

§ 341 Form und Frist (1) Die Revision muss bei dem Gericht, dessen Urteil angefochten wird, binnen einer Woche nach Verkündung des Urteils zu Protokoll der Geschäftsstelle oder schriftlich eingelegt werden.
(2) ...

§ 343 Hemmung der Rechtskraft (1) Durch rechtzeitige Einlegung der Revision wird die Rechtskraft des Urteils, soweit es angefochten ist, gehemmt.
(2) Dem Beschwerdeführer, dem das Urteil mit den Gründen noch nicht zugestellt war, ist es nach Einlegung der Revision zuzustellen.

§ 345 Revisionsbegründungsfrist (1) Die Revisionsanträge und ihre Begründung sind spätestens binnen eines Monats nach Ablauf der Frist zur Einlegung des Rechtsmittels bei dem Gericht, dessen Urteil angefochten wird, anzubringen. War zu dieser Zeit das Urteil noch nicht zugestellt, so beginnt die Frist mit der Zustellung.
(2) Seitens des Angeklagten kann dies nur in einer von dem Verteidiger oder einem Rechtsanwalt unterzeichneten Schrift oder zu Protokoll der Geschäftsstelle geschehen.

§ 353 Aufhebung des Urteils und der Feststellungen (1) Soweit die Revision für begründet erachtet wird, ist das angefochtene Urteil aufzuheben.
(2) Gleichzeitig sind die dem Urteil zugrunde liegenden Feststellungen aufzuheben, sofern sie durch die Gesetzesverletzung betroffen werden, wegen deren das Urteil aufgehoben wird.

§ 374 Zulässigkeit; Privatklageberechtigte (1) Im Wege der Privatklage können vom Verletzten verfolgt werden, ohne daß es einer vorgängigen Anrufung der Staatsanwaltschaft bedarf,

1. ein Hausfriedensbruch (§ 123 des Strafgesetzbuches),
2. eine Beleidigung (§§ 185 bis 189 des Strafgesetzbuches), wenn sie nicht gegen eine der in § 194 Abs. 4 des Strafgesetzbuches genannten politischen Körperschaften gerichtet ist,

2a. eine Verletzung des höchstpersönlichen Lebensbereichs und von Persönlichkeitsrechten durch Bildaufnahmen (§ 201a Absatz 1 und 2 des Strafgesetzbuches),

3. eine Verletzung des Briefgeheimnisses (§ 202 des Strafgesetzbuches),
4. eine Körperverletzung (§§ 223 und 229 des Strafgesetzbuches),
5. eine Nötigung (§ 240 Absatz 1 bis 3 des Strafgesetzbuches) oder eine Bedrohung (§ 241 Absatz 1 bis 3 des Strafgesetzbuches),

5a. eine Bestechlichkeit oder Bestechung im geschäftlichen Verkehr (§ 299 des Strafgesetzbuches),

6. eine Sachbeschädigung (§ 303 des Strafgesetzbuches),

6a. eine Straftat nach § 323a des Strafgesetzbuches, wenn die im Rausch begangene Tat ein in den Nummern 1 bis 6 genanntes Vergehen ist,

7. eine Straftat nach § 16 des Gesetzes gegen den unlauteren Wettbewerb und § 23 des Gesetzes zum Schutz von Geschäftsgeheimnissen,
8. ...

(2) Die Privatklage kann auch erheben, wer neben dem Verletzten oder an seiner Stelle berechtigt ist, Strafantrag zu stellen. Die in § 77 Abs. 2 des Strafgesetzbuches genannten Personen können die Privatklage auch dann erheben, wenn der vor ihnen Berechtigte den Strafantrag gestellt hat.
(3) Hat der Verletzte einen gesetzlichen Vertreter, so wird die Befugnis zur Erhebung der Privatklage durch diesen und, wenn Körperschaften, Gesellschaften und andere Personenvereine, die als solche in bürgerlichen Rechtsstreitigkeiten klagen können, die Verletzten sind, durch dieselben Personen wahrgenommen, durch die sie in bürgerlichen Rechtsstreitigkeiten vertreten werden.

§ 395 Befugnis zum Anschluss als Nebenkläger (1) Der erhobenen öffentlichen Klage oder dem Antrag im Sicherungsverfahren kann sich mit der Nebenklage anschließen, wer verletzt ist durch eine rechtswidrige Tat nach
1. den §§ 174 bis 182, 184i bis 184k des Strafgesetzbuches,
2. den §§ 211 und 212 des Strafgesetzbuches, die versucht wurde,
3. den §§ 221, 223 bis 226a und 340 des Strafgesetzbuches,
4. den §§ 232 bis 238, 239 Absatz 3, §§ 239a, 239b und 240 Absatz 4 des Strafgesetzbuches,
5. § 4 des Gewaltschutzgesetzes,
6. ...

(2) Die gleiche Befugnis steht Personen zu,
1. deren Kinder, Eltern, Geschwister, Ehegatten oder Lebenspartner durch eine rechtswidrige Tat getötet wurden oder
2. die durch einen Antrag auf gerichtliche Entscheidung (§ 172) die Erhebung der öffentlichen Klage herbeigeführt haben.

(3) – (5) ...

§ 397a Bestellung eines Beistands; Prozesskostenhilfe (1) Dem Nebenkläger ist auf seinen Antrag ein Rechtsanwalt als Beistand zu bestellen, wenn er
1. durch ein Verbrechen nach den §§ 177, 179, 232 bis 232b und 233a des Strafgesetzbuches oder durch einen besonders schweren Fall eines Vergehens nach § 177 Absatz 6 des Strafgesetzbuches verletzt ist,

1a. durch eine Straftat nach § 184j des Strafgesetzbuches verletzt ist und der Begehung dieser Straftat ein Verbrechen nach § 177 des Strafgesetzbuches oder ein besonders schwerer Fall eines Vergehens nach § 177 Absatz 6 des Strafgesetzbuches zugrunde liegt,

2. durch eine versuchte rechtswidrige Tat nach den §§211 und 212 des Strafgesetzbuches verletzt oder Angehöriger eines durch eine rechtswidrige Tat Getöteten im Sinne des §395 Absatz 2 Nummer 1 ist,
3. durch ein Verbrechen nach den §§226, 234 bis 235, 238 bis 239b, 249, 250, 252, 255 und 316a des Strafgesetzbuches verletzt ist, das bei ihm zu schweren körperlichen oder seelischen Schäden geführt hat oder voraussichtlich führen wird,
4. ...
5. durch eine rechtswidrige Tat nach den §§221, 226, 232 bis 235, 237, 238 Absatz 2 und 3, §§239a, 239b, 240 AbSatz 4, §§249, 250, 252, 255 und 316a des Strafgesetzbuches

verletzt ist und er bei Antragstellung das 18. Lebensjahr noch nicht vollendet hat oder seine Interessen selbst nicht ausreichend wahrnehmen kann.

(2) – (3) ...

§ 403 Geltendmachung eines Anspruchs im Adhäsionsverfahren Der Verletzte oder sein Erbe kann gegen den Beschuldigten einen aus der Straftat erwachsenen vermögensrechtlichen Anspruch, der zur Zuständigkeit der ordentlichen Gerichte gehört und noch nicht anderweit gerichtlich anhängig gemacht ist, im Strafverfahren geltend machen, im Verfahren vor dem Amtsgericht ohne Rücksicht auf den Wert des Streitgegenstandes.

§ 407 Zulässigkeit (1) Im Verfahren vor dem Strafrichter und im Verfahren, das zur Zuständigkeit des Schöffengerichts gehört, können bei Vergehen auf schriftlichen Antrag der Staatsanwaltschaft die Rechtsfolgen der Tat durch schriftlichen Strafbefehl ohne Hauptverhandlung festgesetzt werden. Die Staatsanwaltschaft stellt diesen Antrag, wenn sie nach dem Ergebnis der Ermittlungen eine Hauptverhandlung nicht für erforderlich erachtet. Der Antrag ist auf bestimmte Rechtsfolgen zu richten. Durch ihn wird die öffentliche Klage erhoben.

(2) Durch Strafbefehl dürfen nur die folgenden Rechtsfolgen der Tat, allein oder nebeneinander, festgesetzt werden:

1. Geldstrafe, Verwarnung mit Strafvorbehalt, Fahrverbot, Einziehung, Vernichtung, Unbrauchbarmachung, Bekanntgabe der Verurteilung und Geldbuße gegen eine juristische Person oder Personenvereinigung,
2. Entziehung der Fahrerlaubnis, bei der die Sperre nicht mehr als zwei Jahre beträgt,

2a. Verbot des Haltens oder Betreuens von sowie des Handels oder des sonstigen berufsmäßigen Umgangs mit Tieren jeder oder einer bestimmten Art für die Dauer von einem Jahr bis zu drei Jahren sowie

3. Absehen von Strafe.

Hat der Angeschuldigte einen Verteidiger, so kann auch Freiheitsstrafe bis zu einem Jahr festgesetzt werden, wenn deren Vollstreckung zur Bewährung ausgesetzt wird.

(3) Der vorherigen Anhörung des Angeschuldigten durch das Gericht (§ 33 Abs. 3) bedarf es nicht.

§ 410 Einspruch; Form und Frist des Einspruchs; Rechtskraft (1) Der Angeklagte kann gegen den Strafbefehl innerhalb von zwei Wochen nach Zustellung bei dem Gericht, das den Strafbefehl erlassen hat, schriftlich oder zu Protokoll der Geschäftsstelle Einspruch einlegen. Die §§ 297 bis 300 und § 302 Abs. 1 Satz 1, Abs. 2 gelten entsprechend.

(2) Der Einspruch kann auf bestimmte Beschwerdepunkte beschränkt werden.

(3) Soweit gegen einen Strafbefehl nicht rechtzeitig Einspruch erhoben worden ist, steht er einem rechtskräftigen Urteil gleich.

3.26 Verordnung zum Schutz vor der schädlichen Wirkung ionisierender Strahlung (Strahlenschutzverordnung – StrlSchV) (Auszug)

§ 43 Pflichten des Strahlenschutzbeauftragten (1) Der Strahlenschutzbeauftragte hat für die Einhaltung der dem Strahlenschutzverantwortlichen durch diese Verordnung zugewiesenen Pflichten zu sorgen, soweit ihm die entsprechenden Aufgaben und Befugnisse nach § 70 Absatz 2 des Strahlenschutzgesetzes übertragen wurden. § 70 Absatz 1 Satz 2 des Strahlenschutzgesetzes bleibt unberührt.
(2) Die Pflichten der folgenden Vorschriften dürfen dem Strahlenschutzbeauftragten nicht übertragen werden: § 44 Absatz 2, § 45 Absatz 1 Satz 1 und Absatz 3 und 4, § 54, § 79 Absatz 5, § 98 Satz 1 Nummer 4, auch in Verbindung mit Satz 2, § 99 Absatz 3, § 104 Absatz 1 Satz 1, Absatz 3 Satz 1 und Absatz 4, § 106 Absatz 2 und 4, § 117 Absatz 1 und 2 und § 138 Absatz 1.

§ 44 Pflichten bei Nutzung durch weitere Strahlenschutzverantwortliche (1) Ein Strahlenschutzverantwortlicher, der Inhaber einer Genehmigung nach § 12 Absatz 1 Nummer 1, 3, 4 oder 5 des Strahlenschutzgesetzes ist oder der eine Anzeige nach § 17 Absatz 1 Satz 1 oder § 19 Absatz 1 Satz 1 des Strahlenschutzgesetzes erstattet hat, hat dafür zu sorgen, dass die zuständige Behörde unverzüglich unterrichtet wird, sobald eine weitere Person die Anlage zur Erzeugung ionisierender Strahlung, die radioaktiven Stoffe, die Röntgeneinrichtung oder den Störstrahler eigenverantwortlich nutzt. Die Pflicht der weiteren Person, als Strahlenschutzverantwortlicher eine Genehmigung nach § 12 Absatz 1 Nummer 1, 3, 4 oder 5 des Strahlenschutzgesetzes zu beantragen oder eine Anzeige nach §§ 17 oder 19 Absatz 1 des Strahlenschutzgesetzes zu erstatten, bleibt unberührt.
(2) Der Strahlenschutzverantwortliche und die weitere Person haben ihre Pflichten sowie die Pflichten ihrer jeweiligen Strahlenschutzbeauftragten, Medizinphysik-Experten und sonst unter ihrer Verantwortung tätigen Personen vertraglich eindeutig gegeneinander abzugrenzen. Der Vertrag ist der zuständigen Behörde auf Verlangen vorzulegen.

§ 45 Strahlenschutzanweisung (1) Der Strahlenschutzverantwortliche hat dafür zu sorgen, dass eine Strahlenschutzanweisung erlassen wird. Die Strahlenschutzanweisung kann Bestandteil sonstiger erforderlicher Betriebsanweisungen insbesondere nach arbeitsschutz-, immissionsschutz-, gefahrgut- oder gefahrstoffrechtlichen Vorschriften sein.
(2) In der Strahlenschutzanweisung sind die in dem Betrieb zu beachtenden Schutzmaßnahmen aufzuführen. Zu diesen Maßnahmen können insbesondere gehören

1. die Aufstellung eines Plans für die Organisation des Strahlenschutzes, erforderlichenfalls mit der Bestimmung, dass ein oder mehrere Strahlenschutzbeauftragte oder Personen mit der erforderlichen Fachkunde im Strahlenschutz bei der Tätigkeit ständig anwesend oder sofort erreichbar sein müssen,
2. die Regelung des für den Strahlenschutz wesentlichen Betriebsablaufs,
3. die für die Ermittlung der Körperdosis vorgesehenen Messungen und Maßnahmen entsprechend den Expositionsbedingungen,
4. die Regelungen zur Festlegung von Dosisrichtwerten für die Exposition der Beschäftigten und anderer Personen,

5. die Führung eines Betriebsbuchs, in das die für den Strahlenschutz wesentlichen Betriebsvorgänge einzutragen sind,
6. Regelungen zur Vermeidung, Untersuchung und Meldung von Vorkommnissen,
7. die regelmäßige Funktionsprüfung und Wartung von Bestrahlungsvorrichtungen, Anlagen zur Erzeugung ionisierender Strahlung, Röntgeneinrichtungen, Störstrahlern, Ausrüstung und Geräten, die für den Strahlenschutz wesentlich sind, sowie die Führung von Aufzeichnungen über die Funktionsprüfungen und über die Wartungen,
8. die Regelung des Schutzes gegen Störmaßnahmen oder sonstige Einwirkungen Dritter, gegen
9. das Abhandenkommen von radioaktiven Stoffen oder gegen das unerlaubte Inbetriebsetzen einer Bestrahlungsvorrichtung, einer Anlage zur Erzeugung ionisierender Strahlung, einer Röntgeneinrichtung oder eines Störstrahlers, unter Einhaltung der Regelungen zur Behandlung von Verschlusssachen, und
10. die Aufstellung eines Planes für regelmäßige Alarmübungen sowie für den Einsatz bei Notfällen und Störfällen, erforderlichenfalls mit Regelungen für den Brandschutz und die vorbereitenden Maßnahmen für Notfälle und Störfälle.

(3) Die Strahlenschutzanweisung ist bei wesentlichen Änderungen unverzüglich zu aktualisieren.

(4) Beim anzeigebedürftigen Betrieb von Röntgeneinrichtungen und beim Betrieb von Störstrahlern und bei einer Anzeige nach §§ 56 oder 59 des Strahlenschutzgesetzes ist der Erlass einer Strahlenschutzanweisung nur erforderlich, wenn die zuständige Behörde den Strahlenschutzverantwortlichen dazu verpflichtet.

§ 46 Bereithalten des Strahlenschutzgesetzes und der Strahlenschutzverordnung

Der Strahlenschutzverantwortliche hat dafür zu sorgen, dass das Strahlenschutzgesetz und diese Verordnung in Betrieben oder selbständigen Zweigbetrieben, bei Nichtgewerbetreibenden an dem Ort der Tätigkeit, zur Einsicht ständig verfügbar gehalten wird, wenn regelmäßig mindestens eine Person beschäftigt oder unter der Aufsicht eines anderen tätig ist.

§ 47 Erforderliche Fachkunde im Strahlenschutz (1) Der Erwerb der erforderlichen Fachkunde im Strahlenschutz wird von der zuständigen Stelle geprüft und bescheinigt. Dazu sind der zuständigen Stelle in der Regel folgende Unterlagen vorzulegen:

1. Nachweise über eine für das jeweilige Anwendungsgebiet geeignete Ausbildung,
2. Nachweise über die praktische Erfahrung und
3. Nachweise über die erfolgreiche Teilnahme an anerkannten Kursen.

Die Kursteilnahme darf insgesamt nicht länger als fünf Jahre zurückliegen.

(2) Der Nachweis der praktischen Erfahrung erfolgt durch Vorlage einer schriftlichen Bestätigung derjenigen Person, in deren Verantwortungsbereich oder unter deren Aufsicht die praktische Erfahrung erworben wurde. Der Nachweis soll insbesondere folgende Angaben enthalten:

1. Angaben zur Person,
2. eine Auflistung der Tätigkeiten mit Angabe der Beschäftigungszeiten in dem jeweiligen Anwendungsgebiet und
3. den Namen der Einrichtung, in der die Tätigkeiten erbracht wurden.

Dauer, Art und Umfang der zu erwerbenden praktischen Erfahrung sind abhängig von der Ausbildung und dem jeweiligen Anwendungsgebiet. Die praktische Erfahrung darf nur an einer Einrichtung erworben werden, die auf Grund ihrer technischen und personellen Ausstattung in der Lage ist, die erforderlichen praktischen Fähigkeiten zu vermitteln.

(3) In den Kursen zum Erwerb der erforderlichen Fachkunde im Strahlenschutz ist das für das jeweilige Anwendungsgebiet erforderliche Wissen zu vermitteln. Neben den rechtlichen Grundlagen soll in Abhängigkeit von dem jeweiligen Anwendungsgebiet insbesondere Folgendes vermittelt werden:

1. naturwissenschaftliche und technische Grundlagen,
2. angewandter Strahlenschutz und
3. allgemeine und anwendungsspezifische Strahlenschutzmaßnahmen.

Die Kurse sollen praktische Übungen im Strahlenschutz beinhalten. Von einer erfolgreichen Teilnahme an einem anerkannten Kurs kann ausgegangen werden, wenn die Abschlussprüfung über die Inhalte des Kurses erfolgreich absolviert wurde.

(4) Die zuständige Stelle kann eine im Ausland erworbene Qualifikation im Strahlenschutz vollständig oder teilweise als erforderliche Fachkunde im Strahlenschutz anerkennen, wenn diese mit der für das jeweilige Anwendungsgebiet erforderlichen Fachkunde im Strahlenschutz vergleichbar ist. Zur Feststellung der Vergleichbarkeit sind der zuständigen Stelle im Ausland erworbene Ausbildungsnachweise und Nachweise über einschlägige Berufserfahrung und sonstige Befähigungsnachweise vorzulegen, sofern diese zur Feststellung der Vergleichbarkeit erforderlich sind.

(5) Die erforderliche Fachkunde im Strahlenschutz wird mit Bestehen der Abschlussprüfung einer staatlichen oder staatlich anerkannten Berufsausbildung erworben, wenn die zuständige Behörde zuvor festgestellt hat, dass in dieser Ausbildung die für das jeweilige Anwendungsgebiet erforderliche Fachkunde im Strahlenschutz vermittelt wird. Die nach der jeweiligen Ausbildungs- und Prüfungsordnung oder Approbationsordnung für das Prüfungswesen zuständige Stelle erteilt die Bescheinigung über die erforderliche Fachkunde im Strahlenschutz.

(6) Für Medizinisch-technische Radiologieassistenten gilt der Nachweis der erforderlichen Fachkunde mit der Erlaubnis nach § 1 Absatz 1 Nummer 2 des MTA-Gesetzes für die vorbehaltenen Tätigkeiten nach § 9 Absatz 1 Nummer 2 des MTA-Gesetzes als erbracht.

§ 48 Aktualisierung der Fachkunde (1) Die erforderliche Fachkunde im Strahlenschutz muss mindestens alle fünf Jahre durch eine erfolgreiche Teilnahme an einem von der zuständigen Stelle anerkannten Kurs oder anderen von der zuständigen Stelle als geeignet anerkannten Fortbildungsmaßnahmen aktualisiert werden. Der Nachweis der Aktualisierung der erforderlichen Fachkunde ist der zuständigen Stelle auf Anforderung vorzulegen.

(2) Abweichend von Absatz 1 kann die erforderliche Fachkunde im Strahlenschutz im Einzelfall auf andere geeignete Weise aktualisiert werden. Die Aktualisierung muss geeignet sein, einen Wissensstand zu gewährleisten, der der Wissensvermittlung in einem Kurs oder einer Fortbildungsmaßnahme nach Absatz 1 Satz 1 entspricht. Die Aktualisierung ist der zuständigen Stelle nachzuweisen. Diese entscheidet über die Anerkennung der Aktualisierung.

§ 49 Erforderliche Kenntnisse im Strahlenschutz bei der Anwendung am Menschen und am Tier in der Tierheilkunde (1) Folgende Personen haben die erforderlichen Kenntnisse im Strahlenschutz in der Regel nach § 74 Absatz 2 Satz 2 des Strahlenschutzgesetzes zu erwerben:

1. Ärzte oder Zahnärzte nach § 145 Absatz 1 Nummer 2,
2. Ärzte, die nach § 14 Absatz 2 Satz 1 Nummer 3 des Strahlenschutzgesetzes am Ort der technischen Durchführung der Teleradiologie anwesend sind,
3. Personen mit einer erfolgreich abgeschlossenen sonstigen medizinischen Ausbildung nach § 145 Absatz 2 Nummer 5,
4. Tierärzte nach § 146 Absatz 1 Nummer 2,
5. Personen nach § 146 Absatz 2 Nummer 5.

(2) § 47 Absatz 1 bis 5 gilt entsprechend. Die zuständige Behörde kann auf Antrag eines Kursveranstalters zulassen, dass der Nachweis über den erfolgreichen Abschluss eines anerkannten Kurses die Bescheinigung über den Erwerb der erforderlichen Kenntnisse ersetzt.
(3) Für die Aktualisierung der erforderlichen Kenntnisse im Strahlenschutz gilt § 48 entsprechend.

§ 50 Widerruf der Anerkennung der erforderlichen Fachkunde oder der erforderlichen Kenntnisse (1) Die zuständige Stelle kann die Anerkennung der erforderlichen Fachkunde oder der erforderlichen Kenntnisse im Strahlenschutz widerrufen oder deren Fortgeltung mit Auflagen versehen, wenn der Nachweis über Fortbildungsmaßnahmen nicht oder nicht vollständig vorgelegt wird oder eine Überprüfung nach Absatz 2 ergibt, dass die erforderliche Fachkunde oder die erforderlichen Kenntnisse im Strahlenschutz nicht oder nicht im erforderlichen Umfang vorhanden sind.
(2) Bestehen begründete Zweifel an der erforderlichen Fachkunde oder an den erforderlichen Kenntnissen im Strahlenschutz, kann die zuständige Behörde eine Überprüfung der Fachkunde oder der Kenntnisse veranlassen.
§ 51 Anerkennung von Kursen
Kurse nach § 47 Absatz 3, § 48 Absatz 1 Satz 1, § 49 Absatz 2 Satz 1 in Verbindung mit § 47 Absatz 3 und § 49 Absatz 3 in Verbindung mit § 48 Absatz 1 Satz 1 sind von der für die Kursstätte zuständigen Stelle anzuerkennen, wenn

1. die Kursinhalte geeignet sind, die für das jeweilige Anwendungsgebiet notwendigen Fertigkeiten und das notwendige Wissen im Strahlenschutz entsprechend § 47 Absatz 3 zu vermitteln,
2. die Qualifikation des Lehrpersonals, die verwendeten Lehrmaterialien und die Ausstattung der Kursstätte eine ordnungsgemäße Wissensvermittlung gewährleisten und
3. eine Erfolgskontrolle stattfindet.

§ 71 Kategorien beruflich exponierter Personen (1) Der Strahlenschutzverantwortliche hat dafür zu sorgen, dass beruflich exponierte Personen zur Kontrolle und ärztlichen Überwachung vor Aufnahme ihrer Tätigkeit einer der folgenden Kategorien zugeordnet werden:

1. Beruflich exponierte Personen der Kategorie A: Personen, die einer beruflichen Exposition aus Tätigkeiten ausgesetzt sind, die im Kalenderjahr zu einer effektiven Dosis von mehr als 6 Millisievert, einer höheren Organ-Äquivalentdosis als 15 Millisievert für die Augenlinse oder 150 Millisievert für die Hände, die Unterarme, die Füße oder Knöchel oder einer lokalen Hautdosis von mehr als 150 Millisievert führen kann;

2. Beruflich exponierte Personen der Kategorie B: Personen, die nicht in die Kategorie A eingestuft sind und die einer beruflichen Exposition aus Tätigkeiten ausgesetzt sind, die im Kalenderjahr zu einer effektiven Dosis von mehr als 1 Millisievert, einer höheren Organ-Äquivalentdosis als 50 Millisievert für die Hände, die Unterarme, die Füße oder Knöchel oder einer lokalen Hautdosis von mehr als 50 Millisievert führen kann.

(2) Beim anzeigebedürftigen Betrieb eines Luftfahrzeugs hat der Strahlenschutzverantwortliche dafür zu sorgen, dass die von ihm als fliegendes Personal eingesetzten beruflich exponierten Personen vor Aufnahme ihrer Tätigkeit den Kategorien zugeordnet werden:

1. Beruflich exponierte Personen der Kategorie A: Personen, deren Einsatz als fliegendes Personal zu einer effektiven Dosis durch kosmische Strahlung von mehr als 6 Millisievert im Kalenderjahr führen kann;
2. Beruflich exponierte Personen der Kategorie B: Personen, die nicht in die Kategorie A eingestuft sind und deren Einsatz als fliegendes Personal zu einer effektiven Dosis durch kosmische Strahlung von mehr als 1 Millisievert im Kalenderjahr führen kann.

(3) Der Strahlenschutzverantwortliche hat dafür zu sorgen, dass die Zuordnung angepasst wird, wenn abzusehen ist, dass eine Person, die in die Kategorie B eingestuft wurde, die Werte für eine Einstufung in Kategorie A erreicht.

§ 77 Ärztliche Überwachung beruflich exponierter Personen (1) Der Strahlenschutzverantwortliche hat dafür zu sorgen, dass eine beruflich exponierte Person der Kategorie A nur dann Aufgaben wahrnimmt, für die die Einstufung in diese Kategorie erforderlich ist, wenn sie innerhalb eines Jahres vor der erstmaligen Aufgabenwahrnehmung von einem nach § 175 Absatz 1 Satz 1 ermächtigten Arzt untersucht worden ist und dem Strahlenschutzverantwortlichen eine von diesem Arzt ausgestellte Bescheinigung vorliegt, nach der der Aufgabenwahrnehmung keine gesundheitlichen Bedenken entgegenstehen.

(2) Der Strahlenschutzverantwortliche hat dafür zu sorgen, dass die beruflich exponierte Person der Kategorie A Aufgaben nach Absatz 1 nur fortsetzt, wenn sie innerhalb eines Jahres nach der letzten Untersuchung erneut von einem nach § 175 Absatz 1 Satz 1 ermächtigten Arzt untersucht wurde und dem Strahlenschutzverantwortlichen eine von diesem Arzt ausgestellte Bescheinigung vorliegt, nach der der weiteren Aufgabenwahrnehmung keine gesundheitlichen Bedenken entgegenstehen. Statt einer erneuten Untersuchung kann eine Beurteilung ohne Untersuchung erfolgen, wenn in den vergangenen zwölf Monaten eine Untersuchung durchgeführt wurde.

(3) Die zuständige Behörde kann auf Vorschlag des ermächtigten Arztes, der die Untersuchung nach Absatz 1 oder 2 durchgeführt hat, die Frist zur erneuten Untersuchung abkürzen, wenn die Arbeitsbedingungen oder der Gesundheitszustand der beruflich exponierten Person dies erfordern.

(4) Die zuständige Behörde kann für eine beruflich exponierte Person der Kategorie B Maßnahmen der ärztlichen Überwachung in entsprechender Anwendung der Absätze 1 bis 3 anordnen, wenn die Arbeitsbedingungen oder der Gesundheitszustand der beruflich exponierten Person dies erfordern.

(5) Die zuständige Behörde kann anordnen, dass Personen unter 18 Jahren, die eine berufliche Exposition erhalten, aber nicht als beruflich exponierte Person der Kategorie A oder B eingestuft sind, sich von einem nach § 175 Absatz 1 Satz 1 ermächtigten Arzt

untersuchen lassen, wenn die Arbeitsbedingungen oder der Gesundheitszustand der Person dies erfordern.

§ 98 Einweisung in Tätigkeiten mit Strahlungsquellen Der Strahlenschutzverantwortliche hat dafür zu sorgen, dass bei der Anwendung am Menschen oder der Anwendung am Tier in der Tierheilkunde

1. die beim Betrieb einer Anlage zur Erzeugung ionisierender Strahlung, einer Bestrahlungsvorrichtung oder einer Röntgeneinrichtung beschäftigten Personen anhand einer deutschsprachigen Betriebsanleitung durch eine entsprechend qualifizierte Person in die sachgerechte Handhabung eingewiesen werden,
2. die Einweisung bei der ersten Inbetriebnahme durch eine entsprechend qualifizierte Person des Herstellers oder Lieferanten vorgenommen wird,
3. über die Einweisung unverzüglich Aufzeichnungen angefertigt werden und
4. die Aufzeichnungen für die Dauer des Betriebes aufbewahrt werden.

Satz 1 ist auch anzuwenden bei der Anwendung von Röntgenstrahlung außerhalb der Anwendung am Menschen oder der Anwendung am Tier in der Tierheilkunde sowie im Zusammenhang mit dem Betrieb von Störstrahlern.

3.27 Straßenverkehrsgesetz (StVG) (Auszug)

§ 1 Zulassung (1) Kraftfahrzeuge und ihre Anhänger, die auf öffentlichen Straßen in Betrieb gesetzt werden sollen, müssen von der zuständigen Behörde (Zulassungsbehörde) zum Verkehr zugelassen sein. Die Zulassung erfolgt auf Antrag des Verfügungsberechtigten des Fahrzeugs bei Vorliegen einer Betriebserlaubnis, Einzelgenehmigung oder EG-Typgenehmigung durch Zuteilung eines amtlichen Kennzeichens.
(2) Als Kraftfahrzeuge im Sinne dieses Gesetzes gelten Landfahrzeuge, die durch Maschinenkraft bewegt werden, ohne an Bahngleise gebunden zu sein.
(3) Keine Kraftfahrzeuge im Sinne dieses Gesetzes sind Landfahrzeuge, die durch Muskelkraft fortbewegt werden und mit einem elektromotorischen Hilfsantrieb mit einer Nenndauerleistung von höchstens 0,25 kW ausgestattet sind, dessen Unterstützung sich mit zunehmender Fahrzeuggeschwindigkeit progressiv verringert und

1. beim Erreichen einer Geschwindigkeit von 25 km/h oder früher,
2. wenn der Fahrer im Treten einhält,

unterbrochen wird. Satz 1 gilt auch dann, soweit die in Satz 1 bezeichneten Fahrzeuge zusätzlich über eine elektromotorische Anfahr- oder Schiebehilfe verfügen, die eine Beschleunigung des Fahrzeuges auf eine Geschwindigkeit von bis zu 6 km/h, auch ohne gleichzeitiges Treten des Fahrers, ermöglicht. Für Fahrzeuge im Sinne der Sätze 1 und 2 sind die Vorschriften über Fahrräder anzuwenden.

§ 2 Fahrerlaubnis und Führerschein (1) Wer auf öffentlichen Straßen ein Kraftfahrzeug führt, bedarf der Erlaubnis (Fahrerlaubnis) der zuständigen Behörde (Fahrerlaubnisbehörde). Die Fahrerlaubnis wird in bestimmten Klassen erteilt. Sie ist durch eine amtliche Bescheinigung (Führerschein) nachzuweisen. Nach näherer Bestimmung durch Rechtsverordnung auf Grund des § 6 Absatz 1 Satz 1 Nummer 1 Buchstabe a und Absatz 3 Nummer 2 kann die Gültigkeitsdauer der Führerscheine festgelegt werden.
(2) Die Fahrerlaubnis ist für die jeweilige Klasse zu erteilen, wenn der Bewerber

1. seinen ordentlichen Wohnsitz im Sinne des Artikels 12 der Richtlinie 2006/126/EG des Europäischen Parlaments und des Rates vom 20. Dezember 2006 über den Führerschein (ABl. L 403 vom 30.12.2006, S. 26) im Inland hat,
2. das erforderliche Mindestalter erreicht hat,
3. zum Führen von Kraftfahrzeugen geeignet ist,
4. zum Führen von Kraftfahrzeugen nach dem Fahrlehrergesetz und den auf ihm beruhenden Rechtsvorschriften ausgebildet worden ist,
5. die Befähigung zum Führen von Kraftfahrzeugen in einer theoretischen und praktischen Prüfung nachgewiesen hat,
6. Erste Hilfe leisten kann und
7. keine in einem Mitgliedstaat der Europäischen Union oder einem anderen Vertragsstaat des Abkommens über den Europäischen Wirtschaftsraum erteilte Fahrerlaubnis dieser Klasse besitzt.

Nach näherer Bestimmung durch Rechtsverordnung gemäß § 6 Absatz 1 Satz 1 Nummer 1 Buchstabe b können als weitere Voraussetzungen der Vorbesitz anderer Klassen oder Fahrpraxis in einer anderen Klasse festgelegt werden. Die Fahrerlaubnis kann für die Klassen C und D sowie ihre Unterklassen und Anhängerklassen befristet erteilt werden. Sie ist auf Antrag zu verlängern, wenn der Bewerber zum Führen von Kraftfahrzeugen geeignet ist und kein Anlass zur Annahme besteht, dass eine der aus den Sätzen 1 und 2 ersichtlichen sonstigen Voraussetzungen fehlt.

(3) ...

(4) Geeignet zum Führen von Kraftfahrzeugen ist, wer die notwendigen körperlichen und geistigen Anforderungen erfüllt und nicht erheblich oder nicht wiederholt gegen verkehrsrechtliche Vorschriften oder gegen Strafgesetze verstoßen hat. Ist der Bewerber auf Grund körperlicher oder geistiger Mängel nur bedingt zum Führen von Kraftfahrzeugen geeignet, so erteilt die Fahrerlaubnisbehörde die Fahrerlaubnis mit Beschränkungen oder unter Auflagen, wenn dadurch das sichere Führen von Kraftfahrzeugen gewährleistet ist.

(5) Befähigt zum Führen von Kraftfahrzeugen ist, wer

1. ausreichende Kenntnisse der für das Führen von Kraftfahrzeugen maßgebenden gesetzlichen Vorschriften hat,
2. mit den Gefahren des Straßenverkehrs und den zu ihrer Abwehr erforderlichen Verhaltensweisen vertraut ist,
3. die zum sicheren Führen eines Kraftfahrzeugs, gegebenenfalls mit Anhänger, erforderlichen technischen Kenntnisse besitzt und zu ihrer praktischen Anwendung in der Lage ist und
4. über ausreichende Kenntnisse einer umweltbewussten und energiesparenden Fahrweise verfügt und zu ihrer praktischen Anwendung in der Lage ist.

(6) – (16) ...

§ 2a Fahrerlaubnis auf Probe (1) Bei erstmaligem Erwerb einer Fahrerlaubnis wird diese auf Probe erteilt; die Probezeit dauert zwei Jahre vom Zeitpunkt der Erteilung an. Bei Erteilung einer Fahrerlaubnis an den Inhaber einer im Ausland erteilten Fahrerlaubnis ist die Zeit seit deren Erwerb auf die Probezeit anzurechnen. Die Regelungen über die Fahrerlaubnis auf Probe finden auch Anwendung auf Inhaber einer gültigen Fahrerlaubnis aus einem Mitgliedstaat der Europäischen Union oder einem anderen Vertragsstaat des Abkommens über den Europäischen Wirtschaftsraum, die ihren ordentlichen Wohnsitz in das Inland verlegt haben. Die Zeit seit dem Erwerb der Fahrerlaubnis ist auf die Probezeit anzurechnen. Die Beschlagnahme, Sicherstellung oder Verwahrung von Führerscheinen nach § 94 der Strafprozessordnung, die vorläufige Entziehung nach § 111a der Strafprozessordnung und die sofort vollziehbare Entziehung durch die Fahrerlaubnisbehörde hemmen den Ablauf der Probezeit. Die Probezeit endet vorzeitig, wenn die Fahrerlaubnis entzogen wird oder der Inhaber auf sie verzichtet. In diesem Fall beginnt mit der Erteilung einer neuen Fahrerlaubnis eine neue Probezeit, jedoch nur im Umfang der Restdauer der vorherigen Probezeit.

(2) Ist gegen den Inhaber einer Fahrerlaubnis wegen einer innerhalb der Probezeit begangenen Straftat oder Ordnungswidrigkeit eine rechtskräftige Entscheidung ergangen, die nach § 28 Absatz 3 Nummer 1 oder 3 Buchstabe a oder c in das Fahreignungsregister einzutragen ist, so hat, auch wenn die Probezeit zwischenzeitlich abgelaufen oder die Fahrerlaubnis nach § 6e Absatz 2 widerrufen worden ist, die Fahrerlaubnisbehörde

1. seine Teilnahme an einem Aufbauseminar anzuordnen und hierfür eine Frist zu setzen, wenn er eine schwerwiegende oder zwei weniger schwerwiegende Zuwiderhandlungen begangen hat,
2. ihn schriftlich zu verwarnen und ihm nahezulegen, innerhalb von zwei Monaten an einer verkehrspsychologischen Beratung nach Absatz 7 teilzunehmen, wenn er nach

Teilnahme an einem Aufbauseminar innerhalb der Probezeit eine weitere schwerwiegende oder zwei weitere weniger schwerwiegende Zuwiderhandlungen begangen hat,

3. ihm die Fahrerlaubnis zu entziehen, wenn er nach Ablauf der in Nummer 2 genannten Frist innerhalb der Probezeit eine weitere schwerwiegende oder zwei weitere weniger schwerwiegende Zuwiderhandlungen begangen hat. ...

(2a) Die Probezeit verlängert sich um zwei Jahre, wenn die Teilnahme an einem Aufbauseminar nach Abs. 2 Satz 1 Nr. 1 angeordnet worden ist. Die Probezeit verlängert sich außerdem um zwei Jahre, wenn die Anordnung nur deshalb nicht erfolgt ist, weil die Fahrerlaubnis entzogen worden ist oder der Inhaber der Fahrerlaubnis auf sie verzichtet hat.

(3) Ist der Inhaber einer Fahrerlaubnis einer vollziehbaren Anordnung der zuständigen Behörde nach Abs. 2 Satz 1 Nr. 1 in der festgesetzten Frist nicht nachgekommen, so ist die Fahrerlaubnis zu entziehen.

(4) Die Entziehung der Fahrerlaubnis nach § 3 bleibt unberührt; die zuständige Behörde kann insbesondere auch die Beibringung eines Gutachtens einer amtlich anerkannten Begutachtungsstelle für Fahreignung anordnen, wenn der Inhaber einer Fahrerlaubnis innerhalb der Probezeit Zuwiderhandlungen begangen hat, die nach den Umständen des Einzelfalls bereits Anlass zu der Annahme geben, dass er zum Führen von Kraftfahrzeugen ungeeignet ist. Hält die Behörde auf Grund des Gutachtens seine Nichteignung nicht für erwiesen, so hat sie die Teilnahme an einem Aufbauseminar anzuordnen, wenn der Inhaber der Fahrerlaubnis an einem solchen Kurs nicht bereits teilgenommen hatte. Abs. 3 gilt entsprechend.

(5) - (7) ...

§ 3 Entziehung der Fahrerlaubnis (1) Erweist sich jemand als ungeeignet oder nicht befähigt zum Führen von Kraftfahrzeugen, so hat ihm die Fahrerlaubnisbehörde die Fahrerlaubnis zu entziehen. Bei einer ausländischen Fahrerlaubnis hat die Entziehung – auch wenn sie nach anderen Vorschriften erfolgt – die Wirkung einer Aberkennung des Rechts, von der Fahrerlaubnis im Inland Gebrauch zu machen. § 2 Abs. 7 und 8 gilt entsprechend.

(2) Mit der Entziehung erlischt die Fahrerlaubnis. Bei einer ausländischen Fahrerlaubnis erlischt das Recht zum Führen von Kraftfahrzeugen im Inland. Nach der Entziehung ist der Führerschein der Fahrerlaubnisbehörde abzuliefern oder zur Eintragung der Entscheidung vorzulegen. Die Sätze 1 bis 3 gelten auch, wenn die Fahrerlaubnisbehörde die Fahrerlaubnis auf Grund anderer Vorschriften entzieht.

(3) - (6) ...

§ 7 Haftung des Halters, Schwarzfahrt (1) Wird bei dem Betrieb eines Kraftfahrzeugs oder eines Anhängers, der dazu bestimmt ist, von einem Kraftfahrzeug mitgeführt zu werden, ein Mensch getötet, der Körper oder die Gesundheit eines Menschen verletzt oder eine Sache beschädigt, so ist der Halter verpflichtet, dem Verletzten den daraus entstehenden Schaden zu ersetzen.

(2) Die Ersatzpflicht ist ausgeschlossen, wenn der Unfall durch höhere Gewalt verursacht wird.

(3) Benutzt jemand das Fahrzeug ohne Wissen und Willen des Fahrzeughalters, so ist er anstelle des Halters zum ErSatz des Schadens verpflichtet; daneben bleibt der Halter zum ErSatz des Schadens verpflichtet, wenn die Benutzung des Fahrzeugs durch sein Verschulden ermöglicht worden ist. Satz 1 findet keine Anwendung, wenn der Benutzer vom Fahrzeughalter für den Betrieb des Kraftfahrzeugs angestellt ist oder wenn ihm das Fahrzeug vom Halter überlassen worden ist. Die Sätze 1 und 2 sind auf die Benutzung eines Anhängers entsprechend anzuwenden.

§ 9 Mitverschulden Hat bei der Entstehung des Schadens ein Verschulden des Verletzten mitgewirkt, so finden die Vorschriften des § 254 des Bürgerlichen Gesetzbuchs mit der Maßgabe Anwendung, dass im Fall der Beschädigung einer Sache das Verschulden desjenigen, welcher die tatsächliche Gewalt über die Sache ausübt, dem Verschulden des Verletzten gleichsteht.

§ 10 Umfang der Ersatzpflicht bei Tötung (1) Im Fall der Tötung ist der SchadenserSatz durch Ersatz der Kosten einer versuchten Heilung sowie des Vermögensnachteils zu leisten, den der Getötete dadurch erlitten hat, dass während der Krankheit seine Erwerbsfähigkeit aufgehoben oder gemindert oder eine Vermehrung seiner Bedürfnisse eingetreten war. Der Ersatzpflichtige hat außerdem die Kosten der Beerdigung demjenigen zu ersetzen, dem die Verpflichtung obliegt, diese Kosten zu tragen.
(2) Stand der Getötete zur Zeit der Verletzung zu einem Dritten in einem Verhältnis, vermöge dessen er diesem gegenüber kraft Gesetzes unterhaltspflichtig war oder unterhaltspflichtig werden konnte, und ist dem Dritten infolge der Tötung das Recht auf Unterhalt entzogen, so hat der Ersatzpflichtige dem Dritten insoweit SchadenserSatz zu leisten, als der Getötete während der mutmaßlichen Dauer seines Lebens zur Gewährung des Unterhalts verpflichtet gewesen sein würde. Die Ersatzpflicht tritt auch dann ein, wenn der Dritte zur Zeit der Verletzung gezeugt, aber noch nicht geboren war.
(3) Der Ersatzpflichtige hat dem Hinterbliebenen, der zur Zeit der Verletzung zu dem Getöteten in einem besonderen persönlichen Näheverhältnis stand, für das dem Hinterbliebenen zugefügte seelische Leid eine angemessene Entschädigung in Geld zu leisten. Ein besonderes persönliches Näheverhältnis wird vermutet, wenn der Hinterbliebene der Ehegatte, der Lebenspartner, ein Elternteil oder ein Kind des Getöteten war.

§ 11 Umfang der Ersatzpflicht bei Körperverletzung Im Fall der Verletzung des Körpers oder der Gesundheit ist der SchadenserSatz durch Ersatz der Kosten der Heilung sowie des Vermögensnachteils zu leisten, den der Verletzte dadurch erleidet, dass infolge der Verletzung zeitweise oder dauernd seine Erwerbsfähigkeit aufgehoben oder gemindert oder eine Vermehrung seiner Bedürfnisse eingetreten ist. Wegen des Schadens, der nicht Vermögensschaden ist, kann auch eine billige Entschädigung in Geld gefordert werden.

§ 18 Ersatzpflicht des Fahrzeugführers (1) In den Fällen des § 7 Abs. 1 ist auch der Führer des Kraftfahrzeugs oder des Anhängers zum Ersatz des Schadens nach den Vorschriften der §§ 8 bis 15 verpflichtet. Die Ersatzpflicht ist ausgeschlossen, wenn der Schaden nicht durch ein Verschulden des Führers verursacht ist.
(2) – (3) ...

§ 21 Fahren ohne Fahrerlaubnis (1) Mit Freiheitsstrafe bis zu einem Jahr oder mit Geldstrafe wird bestraft, wer
1. ein Kraftfahrzeug führt, obwohl er die dazu erforderliche Fahrerlaubnis nicht hat oder ihm das Führen des Fahrzeugs nach § 44 des Strafgesetzbuchs oder nach § 25 dieses Gesetzes verboten ist, oder
2. als Halter eines Kraftfahrzeugs anordnet oder zulässt, dass jemand das Fahrzeug führt, der die dazu erforderliche Fahrerlaubnis nicht hat oder dem das Führen des Fahrzeugs nach § 44 des Strafgesetzbuchs oder nach § 25 dieses Gesetzes verboten ist.

(2) Mit Freiheitsstrafe bis zu sechs Monaten oder mit Geldstrafe bis zu 180 Tagessätzen wird bestraft, wer
1. eine Tat nach Abs. 1 fahrlässig begeht,
2. vorsätzlich oder fahrlässig ein Kraftfahrzeug führt, obwohl der vorgeschriebene Führerschein nach § 94 der Strafprozessordnung in Verwahrung genommen, sichergestellt oder beschlagnahmt ist, oder
3. vorsätzlich oder fahrlässig als Halter eines Kraftfahrzeugs anordnet oder zulässt, dass jemand das Fahrzeug führt, obwohl der vorgeschriebene Führerschein nach § 94 der Strafprozessordnung in Verwahrung genommen, sichergestellt oder beschlagnahmt ist.

(3) In den Fällen des Absatzes 1 kann das Kraftfahrzeug, auf das sich die Tat bezieht, eingezogen werden, wenn der Täter
1. das Fahrzeug geführt hat, obwohl ihm die Fahrerlaubnis entzogen oder das Führen des Fahrzeugs nach § 44 des Strafgesetzbuchs oder nach § 25 dieses Gesetzes verboten war oder obwohl eine Sperre nach § 69a Abs. 1 Satz 3 des Strafgesetzbuchs gegen ihn angeordnet war,
2. als Halter des Fahrzeugs angeordnet oder zugelassen hat, dass jemand das Fahrzeug führte, dem die Fahrerlaubnis entzogen oder das Führen des Fahrzeugs nach § 44 des Strafgesetzbuchs oder nach § 25 dieses Gesetzes verboten war oder gegen den eine Sperre nach § 69a Abs. 1 Satz 3 des Strafgesetzbuchs angeordnet war, oder
3. in den letzten drei Jahren vor der Tat schon einmal wegen einer Tat nach Abs. 1 verurteilt worden ist.

§ 22 Kennzeichenmissbrauch (1) Wer in rechtswidriger Absicht
1. ein Kraftfahrzeug oder einen Kraftfahrzeuganhänger, für die ein amtliches Kennzeichen nicht ausgegeben oder zugelassen worden ist, mit einem Zeichen versieht, das geeignet ist, den Anschein amtlicher Kennzeichnung hervorzurufen,
2. ein Kraftfahrzeug oder einen Kraftfahrzeuganhänger mit einer anderen als der amtlich für das Fahrzeug ausgegebenen oder zugelassenen Kennzeichnung versieht,
3. das an einem Kraftfahrzeug oder einem Kraftfahrzeuganhänger angebrachte amtliche Kennzeichen verändert, beseitigt, verdeckt oder sonst in seiner Erkennbarkeit beeinträchtigt, wird, wenn die Tat nicht in anderen Vorschriften mit schwererer Strafe bedroht ist, mit Freiheitsstrafe bis zu einem Jahr oder mit Geldstrafe bestraft.

(2) Die gleiche Strafe trifft Personen, welche auf öffentlichen Wegen oder Plätzen von einem Kraftfahrzeug oder einem Kraftfahrzeuganhänger Gebrauch machen, von denen sie wissen, dass die Kennzeichnung in der in Abs. 1 Nr. 1 bis 3 bezeichneten Art gefälscht, verfälscht oder unterdrückt worden ist.

§ 24a 0,5 Promille-Grenze (1) Ordnungswidrig handelt, wer im Straßenverkehr ein Kraftfahrzeug führt, obwohl er 0,25 mg/l oder mehr Alkohol in der Atemluft oder 0,5 Promille oder mehr Alkohol im Blut oder eine Alkoholmenge im Körper hat, die zu einer solchen Atem- oder Blutalkoholkonzentration führt.

(2) Ordnungswidrig handelt, wer unter der Wirkung eines in der Anlage zu dieser Vorschrift genannten berauschenden Mittels im Straßenverkehr ein Kraftfahrzeug führt. Eine solche Wirkung liegt vor, wenn eine in dieser Anlage genannte Substanz im Blut nachgewiesen wird. Satz 1 gilt nicht, wenn die Substanz aus der bestimmungsgemäßen Einnahme eines für einen konkreten Krankheitsfall verschriebenen Arzneimittels herrührt.

(3) Ordnungswidrig handelt auch, wer die Tat fahrlässig begeht.

(4) Die Ordnungswidrigkeit kann mit einer Geldbuße bis zu dreitausend Euro geahndet werden.

(5) ...

§ 25 Fahrverbot (1) Wird gegen die betroffene Person wegen einer Ordnungswidrigkeit nach § 24 Absatz 1, die sie unter grober oder beharrlicher Verletzung der Pflichten eines Kraftfahrzeugführers begangen hat, eine Geldbuße festgesetzt, so kann ihr die Verwaltungsbehörde oder das Gericht in der Bußgeldentscheidung für die Dauer von einem Monat bis zu drei Monaten verbieten, im Straßenverkehr Kraftfahrzeuge jeder oder einer bestimmten Art zu führen. Wird gegen die betroffene Person wegen einer Ordnungswidrigkeit nach § 24a eine Geldbuße festgesetzt, so ist in der Regel auch ein Fahrverbot anzuordnen.

(2) Das Fahrverbot wird mit der Rechtskraft der Bußgeldentscheidung wirksam. Für seine Dauer werden von einer deutschen Behörde ausgestellte nationale und internationale Führerscheine amtlich verwahrt. Dies gilt auch, wenn der Führerschein von einer Behörde eines Mitgliedstaates der Europäischen Union oder eines anderen Vertragsstaates des Abkommens über den Europäischen Wirtschaftsraum ausgestellt worden ist, sofern der Inhaber seinen ordentlichen Wohnsitz im Inland hat. Wird er nicht freiwillig herausgegeben, so ist er zu beschlagnahmen.

(2a) - (8) ...

§ 28 Führung und Inhalt des Verkehrszentralregisters (1) Das Kraftfahrt-Bundesamt führt das Verkehrszentralregister nach den Vorschriften dieses Abschnitts.

(2) - (6) ...

§ 31 Registerführung und Registerbehörden (1) Die Zulassungsbehörden führen ein Register über die Fahrzeuge, für die ein Kennzeichen ihres Bezirks zugeteilt oder ausgegeben wurde (örtliches Fahrzeugregister der Zulassungsbehörden).

(2) Das Kraftfahrt-Bundesamt führt ein Register über die Fahrzeuge, für die im Geltungsbereich dieses Gesetzes ein Kennzeichen zugeteilt oder ausgegeben wurde oder die nach Maßgabe von Vorschriften auf Grund des § 6 Absatz 1 Satz 1 Nummer 6 regelmäßig untersucht oder geprüft wurden (Zentrales Fahrzeugregister des Kraftfahrt-Bundesamtes).

(3) Soweit die Dienststellen der Bundeswehr, der Polizeien des Bundes und der Länder, der Wasserstraßen- und Schifffahrtsverwaltung des Bundes eigene Register für die jeweils von ihnen zugelassenen Fahrzeuge führen, finden die Vorschriften dieses Abschnitts keine

Anwendung. Satz 1 gilt entsprechend für Fahrzeuge, die von den Nachfolgeunternehmen der Deutschen Bundespost zugelassen sind.

§ 39 Übermittlung von Fahrzeugdaten und Halterdaten zur Verfolgung von Rechtsansprüchen (1) Von den nach § 33 Abs. 1 gespeicherten Fahrzeugdaten und Halterdaten sind

1. Familienname (bei juristischen Personen, Behörden oder Vereinigungen: Name oder Bezeichnung),
2. Vornamen,
3. Ordens- und Künstlername,
4. Anschrift,
5. Art, Hersteller und Typ des Fahrzeugs,
6. Name und Anschrift des Versicherers,
7. Nummer des Versicherungsscheins, oder, falls diese noch nicht gespeichert ist, Nummer der Versicherungsbestätigung,
8. gegebenenfalls Zeitpunkt der Beendigung des Versicherungsverhältnisses,
9. gegebenenfalls Befreiung von der gesetzlichen Versicherungspflicht,
10. Zeitpunkt der Zuteilung oder Ausgabe des Kennzeichens für den Halter sowie
11. Kraftfahrzeugkennzeichen durch die Zulassungsbehörde oder durch das Kraftfahrt-Bundesamt zu übermitteln, wenn der Empfänger unter Angabe des betreffenden Kennzeichens oder der betreffenden Fahrzeug-Identifizierungs-nummer darlegt, dass er die Daten zur Geltendmachung, Sicherung oder Vollstreckung oder zur Befriedigung oder Abwehr von Rechtsansprüchen im Zusammenhang mit der Teilnahme am Straßenverkehr oder zur Erhebung einer Privatklage wegen im Straßenverkehr begangener Verstöße benötigt (einfache Registerauskunft).

(2) - (3) ...

3.28 Straßenverkehrs-Ordnung (StVO) (Auszug)

§ 1 Grundregeln (1) Die Teilnahme am Straßenverkehr erfordert ständige Vorsicht und gegenseitige Rücksicht.
(2) Wer am Verkehr teilnimmt hat sich so zu verhalten, dass kein Anderer geschädigt, gefährdet oder mehr, als nach den Umständen unvermeidbar, behindert oder belästigt wird.

§ 2 Straßenbenutzung durch Fahrzeuge (1) Fahrzeuge müssen die Fahrbahnen benutzen, von zwei Fahrbahnen die rechte. Seitenstreifen sind nicht Bestandteil der Fahrbahn.
(2) Es ist möglichst weit rechts zu fahren, nicht nur bei Gegenverkehr, beim Überholtwerden, an Kuppen, in Kurven oder bei Unübersichtlichkeit.
(3) Fahrzeuge, die in der Längsrichtung einer Schienenbahn verkehren, müssen diese, soweit möglich, durchfahren lassen.
(3a) Der Führer eines Kraftfahrzeuges darf dies bei Glatteis, Schneeglätte, Schneematsch, Eisglätte oder Reifglätte nur fahren, wenn alle Räder mit Reifen ausgerüstet sind, die unbeschadet der allgemeinen Anforderungen an die Bereifung den Anforderungen des § 36 Absatz 4 der Straßenverkehrs-Zulassungs-Ordnung genügen. Satz 1 gilt nicht für

1. Nutzfahrzeuge der Land- und Forstwirtschaft,
2. einspurige Kraftfahrzeuge,
3. Stapler im Sinne des § 2 Nummer 18 der Fahrzeug-Zulassungsverordnung,
4. motorisierte Krankenfahrstühle im Sinne des § 2 Nummer 13 der Fahrzeug-Zulassungs-Verordnung,
5. Einsatzfahrzeuge der in § 35 Absatz 1 genannten Organisationen, soweit für diese Fahrzeuge bauartbedingt keine Reifen verfügbar sind, die den Anforderungen des § 36 Absatz 4 der Straßenverkehrs-Zulassungs-Ordnung genügen und
6. Spezialfahrzeuge, für die bauartbedingt keine Reifen der Kategorien C1, C2 oder C3 verfügbar sind.

Kraftfahrzeuge der Klassen M2, M3, N2, N3 dürfen bei solchen Wetterbedingungen auch gefahren werden, wenn mindestens die Räder

1. der permanent angetriebenen Achsen und
2. der vorderen Lenkachsen

mit Reifen ausgerüstet sind, die unbeschadet der allgemeinen Anforderungen an die Bereifung den Anforderungen des § 36 Absatz 4 der Straßenverkehrs-Zulassungs-Ordnung genügen. Soweit ein Kraftfahrzeug während einer der in Satz 1 bezeichneten Witterungslagen ohne eine den Anforderungen des § 36 Absatz 4 der Straßenverkehrs-Zulassungs-Ordnung genügende Bereifung geführt werden darf, hat der Führer des Kraftfahrzeuges über seine allgemeinen Verpflichtungen hinaus

1. vor Antritt jeder Fahrt zu prüfen, ob es erforderlich ist, die Fahrt durchzuführen, da das Ziel mit anderen Verkehrsmitteln nicht erreichbar ist,
2. während der Fahrt
   a) einen Abstand in Metern zu einem vorausfahrenden Fahrzeug von mindestens der Hälfte des auf dem Geschwindigkeitsmesser in km/h angezeigten Zahlenwertes der gefahrenen Geschwindigkeit einzuhalten,
   b) nicht schneller als 50 km/h zu fahren, wenn nicht eine geringere Geschwindigkeit geboten ist.

Wer ein kennzeichnungspflichtiges Fahrzeug mit gefährlichen Gütern führt, muss bei einer Sichtweite unter 50 m, bei Schneeglätte oder Glatteis jede Gefährdung Anderer ausschließen und wenn nötig den nächsten geeigneten Platz zum Parken aufsuchen.
(4) ...
(5) Kinder bis zum vollendeten achten Lebensjahr müssen, Kinder bis zum vollendeten zehnten Lebensjahr dürfen mit Fahrrädern Gehwege benutzen. Ist ein baulich von der Fahrbahn getrennter Radweg vorhanden, so dürfen abweichend von Satz 1 Kinder bis zum vollendeten achten Lebensjahr auch diesen Radweg benutzen. Soweit ein Kind bis zum vollendeten achten Lebensjahr von einer geeigneten Aufsichtsperson begleitet wird, darf diese Aufsichtsperson für die Dauer der Begleitung den Gehweg ebenfalls mit dem Fahrrad benutzen; eine Aufsichtsperson ist insbesondere geeignet, wenn diese mindestens 16 Jahre alt ist. Auf zu Fuß Gehende ist besondere Rücksicht zu nehmen. Der Fußgängerverkehr darf weder gefährdet noch behindert werden. Soweit erforderlich, muss die Geschwindigkeit an den Fußgängerverkehr angepasst werden. Wird vor dem Überqueren einer Fahrbahn ein Gehweg benutzt, müssen die Kinder und die diese begleitende Aufsichtsperson absteigen.

§ 3 Geschwindigkeit (1) Wer ein Fahrzeug führt, darf nur so schnell fahren, dass das Fahrzeug ständig beherrscht wird. Die Geschwindigkeit ist insbesondere den Straßen-, Verkehrs-, Sicht- und Wetterverhältnissen sowie den persönlichen Fähigkeiten und den Eigenschaften von Fahrzeug und Ladung anzupassen. Beträgt die Sichtweite durch Nebel, Schneefall oder Regen weniger als 50 m, darf nicht schneller als 50 km/h gefahren werden, wenn nicht eine geringere Geschwindigkeit geboten ist. Es darf nur so schnell gefahren werden, dass innerhalb der übersehbaren Strecke gehalten werden kann. Auf Fahrbahnen, die so schmal sind, dass dort entgegenkommende Fahrzeuge gefährdet werden könnten, muss jedoch so langsam gefahren werden, dass mindestens innerhalb der Hälfte der übersehbaren Strecke gehalten werden kann.
(2) Ohne triftigen Grund dürfen Kraftfahrzeuge nicht so langsam fahren, dass sie den Verkehrsfluss behindern.
(2a) Wer ein Fahrzeug führt, muss sich gegenüber Kindern, hilfsbedürftigen und älteren Menschen, insbesondere durch Verminderung der Fahrgeschwindigkeit und durch Bremsbereitschaft, so verhalten, dass eine Gefährdung dieser Verkehrsteilnehmer ausgeschlossen ist.
(3) Die zulässige Höchstgeschwindigkeit beträgt auch unter günstigsten Umständen
1. innerhalb geschlossener Ortschaften für alle Kraftfahrzeuge 50 km/h,
2. ...

(4) Die zulässige Höchstgeschwindigkeit beträgt für Kraftfahrzeuge mit Schneeketten auch unter günstigsten Umständen 50 km/h.

§ 4 Abstand (1) Der Abstand zu einem vorausfahrenden Fahrzeug muss in der Regel so groß sein, dass auch dann hinter diesem gehalten werden kann, wenn es plötzlich gebremst wird. Wer vorausfährt, darf nicht ohne zwingenden Grund stark bremsen.
(2) – (3) ...

§ 5 Überholen (1) Es ist links zu überholen.
(2) Überholen darf nur, wer übersehen kann, dass während des ganzen Überholvorgangs jede Behinderung des Gegenverkehrs ausgeschlossen ist. Überholen darf ferner nur, wer mit wesentlich höherer Geschwindigkeit als der zu Überholende fährt.
(3) – (8) ...

§ 8 Vorfahrt (1) An Kreuzungen und Einmündungen hat die Vorfahrt, wer von rechts kommt. Das gilt nicht,

1. wenn die Vorfahrt durch Verkehrszeichen besonders geregelt ist (Zeichen 205, 206, 301, 306) oder
2. für Fahrzeuge, die aus einem Feld- oder Waldweg auf eine andere Straße kommen.

(1a) Ist an der Einmündung in einen Kreisverkehr Zeichen 215 (Kreisverkehr) unter dem Zeichen 205 (Vorfahrt gewähren) angeordnet, hat der Verkehr auf der Kreisfahrbahn Vorfahrt. Bei der Einfahrt in einen solchen Kreisverkehr ist die Benutzung des Fahrtrichtungsanzeigers unzulässig.
(2) Wer die Vorfahrt zu beachten hat, muss rechtzeitig durch sein Fahrverhalten, insbesondere durch mäßige Geschwindigkeit, erkennen lassen, dass gewartet wird. Es darf nur weitergefahren werden, wenn übersehen werden kann, dass wer die Vorfahrt hat, weder gefährdet noch wesentlich behindert wird. Kann das nicht übersehen werden, weil die Straßenstelle unübersichtlich ist, so darf sich vorsichtig in die Kreuzung oder Einmündung hineingetastet werden, bis die Übersicht gegeben ist. Wer die Vorfahrt hat, darf auch beim Abbiegen in die andere Straße nicht wesentlich durch den Wartepflichtigen behindert werden.

§ 14 Sorgfaltspflichten beim Ein- und Aussteigen (1) Wer ein- oder aussteigt, muss sich so verhalten, dass eine Gefährdung anderer am Verkehr Teilnehmenden ausgeschlossen ist.
(2) Wer ein Fahrzeug führt, muss die nötigen Maßnahmen treffen, um Unfälle oder Verkehrsstörungen zu vermeiden, wenn das Fahrzeug verlassen wird. Kraftfahrzeuge sind auch gegen unbefugte Benutzung zu sichern.

§ 15 Liegenbleiben von Fahrzeugen Bleibt ein mehrspuriges Fahrzeug an einer Stelle liegen, an der es nicht rechtzeitig als stehendes Hindernis erkannt werden kann, ist sofort Warnblinklicht einzuschalten. Danach ist mindestens ein auffällig warnendes Zeichen gut sichtbar in ausreichender Entfernung aufzustellen, und zwar bei schnellem Verkehr in etwa 100 m Entfernung; vorgeschriebene Sicherungsmittel, wie Warndreiecke, sind zu verwenden. Darüber hinaus gelten die Vorschriften über die Beleuchtung haltender Fahrzeuge.

§ 15a Abschleppen von Fahrzeugen (1) Beim Abschleppen eines auf der Autobahn liegen gebliebenen Fahrzeugs ist die Autobahn (Zeichen 330.1) bei der nächsten Ausfahrt zu verlassen.
(2) Beim Abschleppen eines außerhalb der Autobahn liegen gebliebenen Fahrzeugs darf nicht in die Autobahn (Zeichen 330.1) eingefahren werden.
(3) Während des Abschleppens haben beide Fahrzeuge Warnblinklicht einzuschalten.
(4) Krafträder dürfen nicht abgeschleppt werden.

§ 16 Warnzeichen (1) Schall- und Leuchtzeichen darf nur geben,
1. wer außerhalb geschlossener Ortschaften überholt (§5 AbSatz 5) oder
2. wer sich oder Andere gefährdet sieht.

(2) ...

(3) Schallzeichen dürfen nicht aus einer Folge verschieden hoher Töne bestehen.

(4) Keine Schallzeichen im Sinne der Absätze 1 und 3 sind akustische Fahrzeugwarnsysteme im Sinne der Artikel 3 Satz 2 Nummer 22, Artikel 8 und Anhang VIII der Verordnung (EU) Nr. 540/2014 des Europäischen Parlaments und des Rates vom 16. April 2014 über den Geräuschpegel von Kraftfahrzeugen und von Austauschschalldämpferanlagen sowie zur Änderung der Richtlinie 2007/46/EG und zur Aufhebung der Richtlinie 70/157/EWG (ABl. L 158 vom 27.5.2014, S. 131) in der jeweils geltenden Fassung.

§ 17 Beleuchtung (1) Während der Dämmerung, bei Dunkelheit oder wenn die Sichtverhältnisse es sonst erfordern, sind die vorgeschriebenen Beleuchtungseinrichtungen zu benutzen. Die Beleuchtungseinrichtungen dürfen nicht verdeckt oder verschmutzt sein.

(2) - (6) ...

§ 20 Öffentliche Verkehrsmittel und Schulbusse (1) An Omnibussen des Linienverkehrs, an Straßenbahnen und an gekennzeichneten Schulbussen, die an Haltestellen (Zeichen 224) halten, darf, auch im Gegenverkehr, nur vorsichtig vorbeigefahren werden.

(2) - (6) ...

§ 21 Personenbeförderung (1) In Kraftfahrzeugen dürfen nicht mehr Personen befördert werden, als mit Sicherheitsgurten ausgerüstete Sitzplätze vorhanden sind. Abweichend von Satz 1 dürfen in Kraftfahrzeugen, für die Sicherheitsgurte nicht für alle Sitzplätze vorgeschrieben sind, so viele Personen befördert werden, wie Sitzplätze vorhanden sind. ...

(1a) - (3) ...

§ 21a Sicherheitsgurte, Rollstuhl-Rückhaltesysteme, Rollstuhlnutzer-Rückhalte-systemem Schutzhelme (1) Vorgeschriebene Sicherheitsgurte müssen während der Fahrt angelegt sein; dies gilt ebenfalls für vorgeschriebene Rollstuhl-Rückhaltesysteme und vorgeschriebene Rollstuhlnutzer-Rückhaltesysteme. ...

(2) ...

§ 22 Ladung (1) Die Ladung einschließlich Geräte zur Ladungssicherung sowie Ladeeinrichtungen sind so zu verstauen und zu sichern, dass sie selbst bei Vollbremsung oder plötzlicher Ausweichbewegung nicht verrutschen, umfallen, hin- und herrollen, herabfallen oder vermeidbaren Lärm erzeugen können. Dabei sind die anerkannten Regeln der Technik zu beachten.

(2) - (5) ...

§ 29 Übermäßige Straßenbenutzung (1) (aufgehoben)

(2) Veranstaltungen, für die Straßen mehr als verkehrsüblich in Anspruch genommen werden, bedürfen der Erlaubnis. Das ist der Fall, wenn die Benutzung der Straße für den Verkehr wegen der Zahl oder des Verhaltens der Teilnehmenden oder der Fahrweise der

beteiligten Fahrzeuge eingeschränkt wird; Kraftfahrzeuge in geschlossenem Verband nehmen die Straße stets mehr als verkehrsüblich in Anspruch. Veranstaltende haben dafür zu sorgen, dass die Verkehrsvorschriften sowie etwaige Bedingungen und Auflagen befolgt werden.
(3) ...

§ 30 Umweltschutz, Sonn- und Feiertagsfahrverbot (1) Bei der Benutzung von Fahrzeugen sind unnötiger Lärm und vermeidbare Abgasbelästigungen verboten. Es ist insbesondere verboten, Fahrzeugmotoren unnötig laufen zu lassen und Fahrzeugtüren übermäßig laut zu schließen. Unnützes Hin- und Herfahren ist innerhalb geschlossener Ortschaften verboten, wenn Andere dadurch belästigt werden.
(2) Veranstaltungen mit Kraftfahrzeugen bedürfen der Erlaubnis, wenn sie die Nachtruhe stören können.
(3) An Sonntagen und Feiertagen dürfen in der Zeit von 0.00 bis 22.00 Uhr zur geschäftsmäßigen oder entgeltlichen Beförderung von Gütern einschließlich damit verbundener Leerfahrten Lastkraftwagen mit einer zulässigen Gesamtmasse über 7,5 t sowie Anhänger hinter Lastkraftwagen nicht geführt werden. ...
(4) ...

§ 32 Verkehrshindernisse (1) Es ist verboten, die Straße zu beschmutzen oder zu benetzen oder Gegenstände auf Straßen zu bringen oder dort liegen zu lassen, wenn dadurch der Verkehr gefährdet oder erschwert werden kann. Wer für solche verkehrswidrigen Zustände verantwortlich ist, hat diese unverzüglich zu beseitigen und diese bis dahin ausreichend kenntlich zu machen. Verkehrshindernisse sind, wenn nötig (§17 AbSatz 1), mit eigener Lichtquelle zu beleuchten oder durch andere zugelassene lichttechnische Einrichtungen kenntlich zu machen.
(2) ...

§ 34 Unfall (1) Nach einem Verkehrsunfall hat, wer daran beteiligt ist,
1. unverzüglich zu halten,
2. den Verkehr zu sichern und bei geringfügigem Schaden unverzüglich beiseite zu fahren,
3. sich über die Unfallfolgen zu vergewissern,
4. Verletzten zu helfen (§ 323c des Strafgesetzbuchs),
5. anderen am Unfallort anwesenden Beteiligten und Geschädigten
   a) anzugeben, dass man am Unfall beteiligt war und
   b) auf Verlangen den eigenen Namen und die eigene Anschrift anzugeben sowie den eigenen Führerschein und den Fahrzeugschein vorzuweisen und nach bestem Wissen Angaben über die Haftpflichtversicherung zu machen,
6. a) so lange am Unfallort zu bleiben, bis zugunsten der anderen Beteiligten und Geschädigten die Feststellung der Person, des Fahrzeugs und der Art der Beteiligung durch eigene Anwesenheit ermöglicht wurde oder
   b) eine nach den Umständen angemessene Zeit zu warten und am Unfallort den eigenen Namen und die eigene Anschrift zu hinterlassen, wenn niemand bereit war, die Feststellung zu treffen,

7. unverzüglich die Feststellungen nachträglich zu ermöglichen, wenn man sich berechtigt, entschuldigt oder nach Ablauf der Wartefrist (Nummer 6 Buchstabe b) vom Unfallort entfernt hat. Dazu ist mindestens den Berechtigten (Nummer 6 Buchstabe a) oder einer nahe gelegenen Polizeidienststelle mitzuteilen, dass man am Unfall beteiligt gewesen ist, und die eigene Anschrift, den Aufenthalt sowie das Kennzeichen und den Standort des beteiligten Fahrzeugs anzugeben und dieses zu unverzüglichen Feststellungen für eine zumutbare Zeit zur Verfügung zu halten.

(2) Beteiligt an einem Verkehrsunfall ist jede Person, deren Verhalten nach den Umständen zum Unfall beigetragen haben kann.
(3) Unfallspuren dürfen nicht beseitigt werden, bevor die notwendigen Feststellungen getroffen worden sind.

§ 35 Sonderrechte (1) Von den Vorschriften dieser Verordnung sind die Bundeswehr, die Bundespolizei, die Feuerwehr, der Katastrophenschutz, die Polizei und der Zolldienst befreit, soweit das zur Erfüllung hoheitlicher Aufgaben dringend geboten ist.
(1a) – (7) ...
(8) Die Sonderrechte dürfen nur unter gebührender Berücksichtigung der öffentlichen Sicherheit und Ordnung ausgeübt werden.
(9) ...

§ 38 Blaues Blinklicht und gelbes Blinklicht (1) Blaues Blinklicht zusammen mit dem Einsatzhorn darf nur verwendet werden, wenn höchste Eile geboten ist, um Menschenleben zu retten oder schwere gesundheitliche Schäden abzuwenden, eine Gefahr für die öffentliche Sicherheit oder Ordnung abzuwenden, flüchtige Personen zu verfolgen oder bedeutende Sachwerte zu erhalten.
Es ordnet an: „Alle übrigen Verkehrsteilnehmer haben sofort freie Bahn zu schaffen".
(2) Blaues Blinklicht allein darf nur von den damit ausgerüsteten Fahrzeugen und nur zur Warnung an Unfall- oder sonstigen Einsatzstellen, bei Einsatzfahrten oder bei der Begleitung von Fahrzeugen oder von geschlossenen Verbänden verwendet werden.
(3) Gelbes Blinklicht warnt vor Gefahren. Es kann ortsfest oder von Fahrzeugen aus verwendet werden. Die Verwendung von Fahrzeugen aus ist nur zulässig, um vor Arbeits- oder Unfallstellen, vor ungewöhnlich langsam fahrenden Fahrzeugen oder vor Fahrzeugen mit ungewöhnlicher Breite oder Länge oder mit ungewöhnlich breiter oder langer Ladung zu warnen.

§ 40 Gefahrzeichen (1) Gefahrzeichen mahnen zu erhöhter Aufmerksamkeit, insbesondere zur Verringerung der Geschwindigkeit im Hinblick auf eine Gefahrsituation ...
(2) – (7) ...

§ 41 Vorschriftzeichen (1) Wer am Verkehr teilnimmt, hat die durch Vorschriftzeichen nach Anlage 2 angeordneten Ge- oder Verbote zu befolgen.
(2) ...

§ 48 Verkehrsunterricht Wer Verkehrsvorschriften nicht beachtet, ist auf Vorladung der Straßenverkehrsbehörde oder der von ihr beauftragten Beamten verpflichtet, an einem Unterricht über das Verhalten im Straßenverkehr teilzunehmen.

§ 49 Ordnungswidrigkeiten (1) Ordnungswidrig im Sinne des § 24 Absatz 1 des Straßenverkehrsgesetzes handelt, wer vorsätzlich oder fahrlässig gegen eine Vorschrift über

1. das allgemeine Verhalten im Straßenverkehr nach § 1 Absatz 2,

2. – 28. ...

29. das Verhalten nach einem Verkehrsunfall nach § 34 Absatz 1 Nummer 1, Nummer 2, Nummer 5 oder Nummer 6 Buchstabe b – sofern in diesem letzten Fall zwar eine nach den Umständen angemessene Frist gewartet, aber nicht Name und Anschrift am Unfallort hinterlassen wird – oder nach § 34 Absatz 3,

verstößt.

(2) – (4) ...

3.29 Verordnung zur Feststellung der Behörden des Bundes mit Aufgaben von vergleichbarer Sicherheitsempfindlichkeit wie die der Nachrichtendienste des Bundes und zur Feststellung der öffentlichen Stellen des Bundes und der nicht-öffentlichen Stellen mit lebens- oder verteidigungswichtigen Einrichtungen (Sicherheitsüberprüfungsfeststellungsverordnung – SÜFV) (Auszug)

§ 1 Aufgaben mit vergleichbarer Sicherheitsempfindlichkeit Folgende Behörden des Bundes nehmen Aufgaben von vergleichbarer Sicherheitsempfindlichkeit wie die der Nachrichtendienste des Bundes wahr:

1. die Bundespolizei, soweit sie Aufgaben gemäß § 10 des Bundespolizeigesetzes vom 19. Oktober 1994 (BGBl. I S. 2978, 2979) auf dem Gebiet der Funktechnik und funkbetrieblichen Auswertung für das Bundesamt für Verfassungsschutz wahrnimmt,
2. das Bundeskriminalamt, soweit es seine polizeiliche Aufgabe der Strafverfolgung auf den Gebieten der Spionageabwehr und der Terrorismusbekämpfung sowie der Strafverfolgung solcher Erscheinungsformen der organisierten Kriminalität wahrnimmt, bei deren Aufklärung eine dauerhafte Zusammenarbeit mit den Nachrichtendiensten des Bundes erfolgt,
3. die Bundeswehr, soweit sie Aufgaben der Fernmelde- und elektronischen Aufklärung wahrnimmt und dabei eine dauerhafte Zusammenarbeit mit den Nachrichtendiensten des Bundes erfolgt,
4. das Zollkriminalamt, soweit es bei seiner Aufgabe der Verhütung und Verfolgung von Zuwiderhandlungen gegen Bestimmungen des Außenwirtschaftsgesetzes und Kriegswaffenkontrollgesetzes sowie der Strafverfolgung solcher Erscheinungsformen der organisierten Kriminalität tätig wird, bei deren Aufklärung eine dauerhafte Zusammenarbeit mit den Nachrichtendiensten des Bundes erfolgt,
5. der Generalbundesanwalt, soweit er bei Ermittlungstätigkeiten auf dem Gebiet der Spionageabwehr und der Terrorismusbekämpfung übermittelte Informationen der Nachrichtendienste des Bundes verwendet,
6. die Zentralstelle für Finanztransaktionsuntersuchungen, soweit sie bei ihrer Aufgabe der Verhinderung, Aufdeckung und Unterstützung bei der Bekämpfung von Geldwäsche und Terrorismusfinanzierung Erscheinungsformen der organisierten Kriminalität oder des Terrorismus wahrnimmt und eine dauerhafte Zusammenarbeit mit den Nachrichtendiensten des Bundes erfolgt.

3.30 Gesetz über die Voraussetzungen und das Verfahren von Sicherheitsüberprüfungen des Bundes (Sicherheitsüberprüfungsgesetz – SÜG) (Auszug)

§ 1 Zweck und Anwendungsbereich des Gesetzes (1) Dieses Gesetz regelt die Voraussetzungen und das Verfahren zur Überprüfung einer Person, die von der zuständigen Stelle mit einer sicherheitsempfindlichen Tätigkeit betraut werden soll (Sicherheitsüberprüfung) oder bereits betraut worden ist (Wiederholungsüberprüfung), sowie den Schutz von Verschlusssachen.

(2) Eine sicherheitsempfindliche Tätigkeit übt aus, wer

1. Zugang zu Verschlusssachen hat oder ihn sich verschaffen kann, die STRENG GEHEIM, GEHEIM ODER VS-VERTRAULICH eingestuft sind,
2. Zugang zu Verschlusssachen über- oder zwischenstaatlicher Einrichtungen und Stellen hat oder ihn sich verschaffen kann, wenn die Bundesrepublik Deutschland verpflichtet ist, nur sicherheitsüberprüfte Personen hierzu zuzulassen,
3. in einer Behörde oder einer sonstigen öffentlichen Stelle des Bundes oder in einem Teil von ihr tätig ist, die auf Grund des Umfanges und der Bedeutung dort anfallender Verschlusssachen von der jeweils zuständigen obersten Bundesbehörde im Einvernehmen mit dem Bundesministerium des Innern, für Bau und Heimat als Nationale Sicherheitsbehörde zum Sicherheitsbereich erklärt worden ist,
4. nach anderen Vorschriften einer Sicherheitsüberprüfung unterliegt, soweit auf dieses Gesetz verwiesen wird.

(3) ...

(4) Eine sicherheitsempfindliche Tätigkeit übt auch aus, wer an einer sicherheitsempfindlichen Stelle innerhalb einer lebens- oder verteidigungswichtigen Einrichtung oder wer innerhalb einer besonders sicherheitsempfindlichen Stelle des Geschäftsbereiches des Bundesministeriums der Verteidigung ("Militärischer Sicherheitsbereich") beschäftigt ist oder werden soll (vorbeugender personeller Sabotageschutz). Ziel des vorbeugenden personellen Sabotageschutzes ist es, potenzielle Saboteure (Innentäter) von sicherheitsempfindlichen Stellen fernzuhalten, um den Schutz der in Abs. 5 Satz 1 und 2 genannten Schutzgüter sicherzustellen.

(5) Lebenswichtig sind solche Einrichtungen,

1. deren Beeinträchtigung auf Grund der ihnen anhaftenden betrieblichen Eigengefahr die Gesundheit oder das Leben großer Teile der Bevölkerung erheblich gefährden kann oder
2. die für das Funktionieren des Gemeinwesens unverzichtbar sind und deren Beeinträchtigung erhebliche Unruhe in großen Teilen der Bevölkerung und somit Gefahren für die öffentliche Sicherheit oder Ordnung entstehen lassen würde.

Verteidigungswichtig sind außerhalb des Geschäftsbereiches des Bundesministeriums der Verteidigung solche Einrichtungen, die der Herstellung oder Erhaltung der Verteidigungsbereitschaft dienen und deren Beeinträchtigung auf Grund

1. fehlender kurzfristiger Ersetzbarkeit die Funktionsfähigkeit, insbesondere die Ausrüstung, Führung und Unterstützung der Bundeswehr und verbündeter Streitkräfte sowie der Zivilen Verteidigung, oder
2. der ihnen anhaftenden betrieblichen Eigengefahr die Gesundheit oder das Leben großer Teile der Bevölkerung

erheblich gefährden kann. Sicherheitsempfindliche Stelle ist die kleinste selbständig handelnde Organisationseinheit innerhalb einer lebens- oder verteidigungswichtigen Einrichtung, die vor unberechtigtem Zugang geschützt ist und von der im Falle der Beeinträchtigung eine erhebliche Gefahr für die in den Sätzen 1 und 2 genannten Schutzgüter ausgeht.

§ 2 Betroffener Personenkreis (1) Eine Person, die mit einer sicherheitsempfindlichen Tätigkeit betraut werden soll (betroffene Person), ist vorher einer Sicherheitsüberprüfung zu unterziehen. Die Sicherheitsüberprüfung bedarf der Zustimmung der betroffenen Person, soweit gesetzlich nichts anderes bestimmt ist. Die Zustimmung ist schriftlich oder nach Maßgabe von § 3a des Verwaltungsverfahrensgesetzes oder unter Verwendung einer fortgeschrittenen elektronischen Signatur im Sinne von Artikel 3 Nummer 11 der Verordnung (EU) Nr. 910/2014 des Europäischen Parlaments und des Rates vom 23. Juli 2014 über elektronische Identifizierung und Vertrauensdienste für elektronische Transaktionen im Binnenmarkt und zur Aufhebung der Richtlinie 1999/93/EG (ABl. L 257 vom 28.8.2014, S. 73) zu erteilen. Eine sicherheitsempfindliche Tätigkeit darf erst nach Vollendung des 16. Lebensjahres übertragen werden.

(1a) Auf eine Sicherheitsüberprüfung kann verzichtet werden, wenn

1. für die betroffene Person bereits vor weniger als fünf Jahren eine gleich- oder höherwertige Überprüfung abgeschlossen wurde, ohne dass ein Sicherheitsrisiko festgestellt worden ist, oder
2. dies im Einzelfall erforderlich ist zur Abwehr einer gegenwärtigen und erheblichen Gefahr für
   a. eine Einrichtung nach § 1 Absatz 5 Satz 1 oder Satz 2 oder
   b. eine Anlage nach § 4 Absatz 2 oder § 12 Absatz 2 des Satellitendatensicherheitsgesetzes.

Die Entscheidung nach Satz 1 Nummer 2 trifft im öffentlichen Bereich die nach § 3 Absatz 1 zuständige Stelle und im nichtöffentlichen Bereich die nach § 25 Absatz 3 zuständige Stelle. Die nach Satz 2 zuständige Stelle bestimmt die im Fall von Satz 1 Nummer 2 zum Schutz der Verschlusssachen, der sicherheitsempfindlichen Stelle oder der Anlagen nach § 4 Absatz 2 und § 12 Absatz 2 des Satellitendatensicherheitsgesetzes erforderlichen Maßnahmen.

(2) In die Sicherheitsüberprüfung nach § 9 Absatz 1 Nummer 1 oder Nummer 2 oder nach § 10 soll einbezogen werden:

1. die volljährige Ehegattin oder der volljährige Ehegatte der betroffenen Person,
2. die Lebenspartnerin oder der Lebenspartner der betroffenen Person oder
3. die volljährige Partnerin oder der volljährige Partner, mit der oder dem die betroffene Person in einer auf Dauer angelegten Gemeinschaft lebt (Lebensgefährtin oder Lebensgefährte).

Über Ausnahmen entscheidet die zuständige Stelle. Die Einbeziehung bedarf der Zustimmung dieser Person. Die Zustimmung ist schriftlich oder nach Maßgabe von § 3a des Verwaltungsverfahrensgesetzes oder unter Verwendung einer fortgeschrittenen elektronischen Signatur im Sinne von Artikel 3 Nummer 11 der Verordnung (EU) Nr. 910/2014 zu erteilen. Sofern die Person im Sinne des Satzes 1 in die Sicherheitsüberprüfung einbezogen wird, ist sie mitbetroffene Person. Geht die betroffene Person die Ehe während oder nach der Sicherheitsüberprüfung ein oder begründet sie die auf Dauer angelegte

Gemeinschaft während oder nach der Sicherheitsüberprüfung, so hat die betroffene Person die zuständige Stelle unverzüglich zu unterrichten. Das gleiche gilt, wenn die Volljährigkeit der Ehegattin, des Ehegatten, der Lebensgefährtin oder des Lebensgefährten während oder nach der Sicherheitsüberprüfung eintritt.

(3) Eine Sicherheitsüberprüfung ist nicht durchzuführen für

1. die Mitglieder der Verfassungsorgane des Bundes,

1a. die in der Bundesrepublik Deutschland gewählten Mitglieder des Europäischen Parlaments,

2. Richterinnen und Richter, soweit sie Aufgaben der Rechtsprechung wahrnehmen,

3. ausländische Staatsangehörige, die in der Bundesrepublik Deutschland im Interesse über- oder zwischenstaatlicher Einrichtungen und Stellen eine sicherheitsempfindliche Tätigkeit nach § 1 Abs. 2 Nr. 2 ausüben sollen; Regelungen über- oder zwischenstaatlicher Einrichtungen und Stellen bleiben unberührt.

Die in Satz 1 Nummer 1 bis 2 genannten Personen erhalten den Zugang zu Verschlusssachen kraft Amtes.

§ 3 Zuständigkeit (1) Zuständige Stelle für die Sicherheitsüberprüfung ist

1. die Behörde oder sonstige öffentliche Stelle des Bundes, die eine betroffene Person mit einer sicherheitsempfindlichen Tätigkeit betrauen will,
2. das Bundesministerium des Innern, für Bau und Heimat als Nationale Sicherheitsbehörde für deutsche Staatsangehörige, die mit einer sicherheitsempfindlichen Tätigkeit bei über- oder zwischenstaatlichen Einrichtungen und Stellen betraut werden sollen, soweit nichts anderes bestimmt ist,
3. die politische Partei nach Artikel 21 des Grundgesetzes, die eine betroffene Person mit einer sicherheitsempfindlichen Tätigkeit innerhalb der Partei oder ihrer Stiftung betrauen will,
4. die Behörde oder sonstige öffentliche Stelle des Bundes, die eine Verschlusssache an eine nichtöffentliche Stelle weitergeben will, für eine betroffene Person dieser nichtöffentlichen Stelle, sofern sich die Zuständigkeit nicht nach dem Fünften Abschnitt richtet,
5. bei der Durchführung von Bauangelegenheiten des Bundes im Wege der Organleihe
   a) im zivilen Bereich die Bundesanstalt für Immobilienaufgaben,
   b) im Geschäftsbereich des Bundesministeriums der Verteidigung die nutzende Verwaltung,
   für eine betroffene Person einer nichtöffentlichen Stelle, sofern sich die Zuständigkeit nicht nach dem Fünften Abschnitt richtet.

In den Fällen des Satzes 1 Nummer 1 und 4 kann die oberste Bundesbehörde für ihren jeweiligen Geschäftsbereich abweichende Regelungen treffen. Ist eine andere Bundesbehörde als die Bundesbehörde, die die Liegenschaft nutzt oder nutzen soll, nach Satz 1 Nummer 1 oder 5 zuständige Stelle, obliegt es der Bundesbehörde, die die Liegenschaft nutzt oder nutzen soll, die sicherheitsempfindliche Tätigkeit festzustellen und im Bedarfsfall die Art der Sicherheitsüberprüfung festzulegen.

(1a) Die Aufgaben der zuständigen Stelle sind von einer von der Personalverwaltung, der oder dem Beauftragten für den Datenschutz und der Ansprechperson für Korruptionsprävention getrennten Organisationseinheit wahrzunehmen.

(2) Mitwirkende Behörde bei der Sicherheitsüberprüfung ist das Bundesamt für Verfassungsschutz nach § 3 Absatz 2 Satz 1 Nummer 1, 2 und 4 des Bundesverfassungsschutzgesetzes und im Geschäftsbereich des Bundesministeriums der Verteidigung der Militärische Abschirmdienst nach § 1 Absatz 3 Satz 1 Nummer 1 Buchstabe a bis c des MAD-Gesetzes, soweit nicht in Rechtsvorschriften über- oder zwischenstaatlicher Einrichtungen oder in völkerrechtlichen Verträgen, denen die gesetzgebenden Körperschaften gemäß Artikel 59 Abs. 2 des Grundgesetzes zugestimmt haben, etwas anderes bestimmt ist.

(3) Der Bundesnachrichtendienst, das Bundesamt für Verfassungsschutz und der Militärische Abschirmdienst sind

1. für Bewerberinnen und Bewerber sowie für Mitarbeiterinnen und Mitarbeiter des eigenen Nachrichtendienstes und
2. für andere betroffene Personen, wenn diese mit einer sicherheitsempfindlichen Tätigkeit nach § 1 Absatz 2 beim jeweiligen Nachrichtendienst betraut werden sollen,

jeweils zuständige Stelle für die Sicherheitsüberprüfung und mitwirkende Behörde zugleich. Sie wenden hierbei die Vorschriften dieses Gesetzes an. Satz 1 Nummer 2 gilt nicht, sofern der Bundesnachrichtendienst, das Bundesamt für Verfassungsschutz oder der Militärische Abschirmdienst ihre jeweils alleinige Zuständigkeit nach Art oder Dauer der sicherheitsempfindlichen Tätigkeit für entbehrlich halten.

§ 4 Allgemeine Grundsätze zum Schutz von Verschlusssachen, Mitwirkung des Bundesamtes für Sicherheit in der Informationstechnik (1) Verschlusssachen sind im öffentlichen Interesse, insbesindere zum Schutz des Wohles des Bundes oder eines Landes, geheimhaltungsbedürftige Tatsachen, Gegenstände oder Erkenntnisse, unabhängig von ihrer Darstellungsform. Verschlusssachen können auch Produkte und die dazugehörenden Dokumente sowie zugehörige Schlüsselmittel zur Entschlüsselung, Verschlüsselung und Übertragung von Informationen sein (Kryptomittel). Geheimhaltungsbedürftig im öffentlichen Interesse können auch Geschäfts-, Betriebs-, Erfindungs-, Steuer- oder sonstige private Geheimnisse oder Umstände des persönlichen Lebensbereichs sein.

(1a) Von einer Verschlussache dürfen nur Personen Kenntnis erhalten, die auf Grund ihrer Aufgabenerfüllung Kenntnis haben müssen. Keine Person darf über eine Verschlusssache umfassender oder eher unterrichtet werden, als dies aus Gründen der Aufgabenerfüllung notwendig ist.

(2) Verschlusssachen werden entsprecend ihrer Schutzbedürftigkeit von einer amtlichen Stelle des Bundes oder auf deren Veranlassung in folgende Geheimhaltungsgrade eingestuft:

1. STRENG GEHEIM, wenn die Kenntnisnahme durch Unbefugte den Bestand oder lebenswichtige Interessen der Bundesrepublik Deutschland oder eines ihrer Länder gefährden kann,
2. GEHEIM, wenn die Kenntnisnahme durch Unbefugte die Sicherheit der Bundesrepublik Deutschland oder eines ihrer Länder gefährden oder ihren Interessen schweren Schaden zufügen kann,
3. VS-VERTRAULICH, wenn die Kenntnisnahme durch Unbefugte für die Interessen der Bundesrepublik Deutschland oder eines ihrer Länder schädlich sein kann,

4. VS-NUR FÜR DEN DIENSTGEBRAUCH, wenn die Kenntnisnahme durch Unbefugte für die Interessen der Bundesrepublik Deutschland oder eines ihrer Länder nachteilig sein kann.

(3) Wer auf Grund dieses Gesetzes oder sonst in berechtigter Weise Zugang zu einer Verschlusssache erlangt,

1. ist zur Verschwiegenheit über die ihm dadurch zur Kenntnis gelangten Informationen verpflichtet und
2. hat durch Einhaltung der Schutzmaßnahmen, die auf Grund dieses Gesetzes erlassen worden sind, dafür Sorge zu tragen, dass keine unbefugte Person Kenntnis von der Verschlusssache erlangt.

(4) Behörden und sonstige öffentliche Stellen des Bundes sind verpflichtet, Verschlusssachen durch Maßnahmen des materiellen Geheimschutzes nach der jeweils für sie geltenden allgemeinen Verwaltungsvorschrift, die nach § 35 zu erlassen ist, so zu schützen, dass Durchbrechungen ihrer Vertraulichkeit entgegengewirkt wird, und darauf hinzuwirken, dass solche Versuche erkannt und aufgeklärt werden können. Dies gilt auch für die Weitergabe von Verschlusssachen an nichtöffentliche Stellen. Die eine Verschlusssache herausgebende Stelle kann weitere Vorgaben zum Schutz der Verschlusssache treffen.

(5) Bei der Durchführung der nach § 35 Absatz 1 erster Halbsatz zu erlassenden allgemeinen Verwaltungsvorschrift zum materiellen Geheimschutz wirkt das Bundesamt für Sicherheit in der Informationstechnik mit. Bei der Durchführung der nach § 35 Absatz 3 zu erlassenden allgemeinen Verwaltungsvorschrift zum materiellen Geheimschutz wirkt der Militärische Abschirmdienst mit. Bei der Betreuung der nichtöffentlichen Stellen im materiellen Geheimschutz sowie bei den Nachrichtendiensten des Bundes wirkt das Bundesamt für Sicherheit in der Informationstechnik auf Ersuchen der jeweils zuständigen Behörde mit.

(6) Das Bundesamt für Verfassungsschutz, der Militärische Abschirmdienst und der Bundesnachrichtendienst teilen dem Bundesamt für Sicherheit in der Informationstechnik nichtpersonenbezogene Erkenntnisse, die für den Schutz von Verschlusssachen oder die Aufrechterhaltung des Geheimschutzes von Bedeutung sein können, unverzüglich mit. Das gilt nicht, soweit die Erkenntnisse einem Weitergabeverbot unterliegen. § 23 des Bundesverfassungsschutzgesetzes gilt entsprechend.

§ 5 Sicherheitsrisiken, sicherheitserhebliche Erkenntnisse (1) Im Sinne dieses Gesetzes liegt ein Sicherheitsrisiko vor, wenn tatsächliche Anhaltspunkte Folgendes begründen:

1. Zweifel an der Zuverlässigkeit der betroffenen Person bei der Wahrnehmung einer sicherheitsempfindlichen Tätigkeit,
2. eine besondere Gefährdung der betroffenen Person, insbesondere die Besorgnis der Erpressbarkeit, bei möglichen Anbahnungs- und Werbungsversuchen
   a) ausländischer Nachrichtendienste,
   b) von Vereinigungen im Sinne der §§ 129 bis 129b des Strafgesetzbuches oder
   c) extremistischer Organisationen, die Bestrebungen im Sinne des § 3 Absatz 1 des Bundesverfassungsschutzgesetzes verfolgen,
   oder
3. Zweifel am Bekenntnis der. Betroffenen Person zur freiheitlichen demokratischen Grundordnung im Sinne des Grundgesetzes oder am jederzeitigen Eintreten für deren Erhaltung begründen.

Ein Sicherheitsrisiko kann auch auf Grund tatsächlicher Anhaltspunkte zur Person des Ehegatten, Lebenspartners oder Lebensgefährten vorliegen.
(2) Eine Erkenntnis ist sicherheitserheblich, wenn sich aus ihr ein Anhaltspunkt für ein Sicherheitsrisiko ergibt.

§ 6 Rechte der betroffenen Person und der mitbetroffenen Person (1) Vor der Feststellung eines Sicherheitsrisikos ist der betroffenen Person Gelegenheit zu geben, sich persönlich zu den für die Entscheidung erheblichen Tatsachen zu äußern. Die betroffene Person kann im Rahmen der Anhörung eine Rechtsanwältin oder einen Rechtsanwalt beiziehen. Die Anhörung erfolgt in einer Weise, die den Quellenschutz gewährleistet und den schutzwürdigen Interessen von Personen, die im Rahmen einer Sicherheitsüberprüfung befragt wurden, Rechnung trägt. Sie unterbleibt, wenn sie einen erheblichen Nachteil für die Sicherheit des Bundes oder eines Landes zur Folge hätte, insbesondere bei Sicherheitsüberprüfungen der Bewerberinnen und Bewerber bei den Nachrichtendiensten des Bundes.
(2) Liegen im Hinblick auf die betroffene Person tatsächliche Anhaltspunkte im Sinne des § 5 Absatz 1 Satz 1 Nummer 1 bis 3 vor, ist ihr Gelegenheit zu geben, sich vor der Feststellung eines Sicherheitsrisikos persönlich zu den für die Entscheidung erheblichen Tatsachen zu äußern. Absatz 1 Satz 2 bis 4 gilt entsprechend.
(3) Die Absätze 1 und 2 sind auch im Falle der Ablehnung einer Weiterbeschäftigung in einer sicherheitsempfindlichen Tätigkeit anzuwenden.

§ 7 Arten der Sicherheitsüberprüfung (1) Entsprechend der vorgesehenen sicherheitsempfindlichen Tätigkeit wird entweder eine
1. einfache Sicherheitsüberprüfung oder
2. erweiterte Sicherheitsüberprüfung oder
3. erweiterte Sicherheitsüberprüfung mit Sicherheitsermittlungen durchgeführt.

(2) Ergeben sich bei der Sicherheitsüberprüfung sicherheitserhebliche Erkenntnisse, die nur durch Maßnahmen der nächsthöheren Art der Sicherheitsüberprüfung geklärt werden können, kann die zuständige Stelle mit Zustimmung der betroffenen Person die nächsthöhere Art der Sicherheitsüberprüfung anordnen. § 2 Absatz 2 Satz 1 bis 6 gilt entsprechend; § 12 Absatz 5 bleibt unberührt.

§ 8 Einfache Sicherheitsüberprüfung (1) Die einfache Sicherheitsüberprüfung ist für Personen durchzuführen, die
1. Zugang zu VS-VERTRAULICH eingestuften Verschlusssachen erhalten sollen oder ihn sich verschaffen können,
2. Tätigkeiten in Bereichen nach § 1 Abs. 2 Nr. 3 wahrnehmen sollen.

(2) Die zuständige Stelle kann von der Sicherheitsüberprüfung absehen, wenn
1. in den Fällen des Absatzes 1 Nummer 1
   a) die Zuverlässigkeit der betroffenen Person durch eine Überprüfung nach dem Luftsicherheitsgesetz festgestellt wurde,
   b) die Betrauung mit der sicherheitsempfindlichen Tätigkeit unaufschiebbar ist,
   c) die Einstufung der Verschlusssache voraussichtlich vor Abschluss der Sicherheitsüberprüfung wieder aufgehoben wird und
   d) das Bundesministerium des Innern, für Bau und Heimat dem zugestimmt hat,

2. in den Fällen des Absatzes 1 Nummer 2 Art oder Dauer der Tätigkeit dies zulassen.

§ 2 Absatz 1a bleibt unberührt.

§ 9 Erweiterte Sicherheitsüberprüfung (1) Eine erweiterte Sicherheitsüberprüfung ist für Personen durchzuführen, die

1. Zugang zu GEHEIM eingestuften Verschlusssachen erhalten sollen oder ihn sich verschaffen können,
2. Zugang zu einer hohen Anzahl VS-VERTRAULICH eingestuften Verschlußsachen erhalten sollen oder ihn sich verschaffen können,
3. Tätigkeiten in Bereichen nach § 1 Absatz 4 wahrnehmen sollen,

soweit nicht die zuständige Stelle im Einzelfall nach Art und Dauer der Tätigkeit eine Sicherheitsüberprüfung nach § 8 für ausreichend hält.

(2) In den Fällen von Absatz 1 Nummer 3 kann die Sicherheitsüberprüfung unterbleiben, wenn

1. eine Person mit einer unaufschiebbaren sicherheitsempfindlichen Tätigkeit betraut werden soll, für die keine überprüften Personen zur Verfügung stehen, oder
2. eine Person nur kurzzeitig, höchstens vier Wochen, eine sicherheitsempfindliche Tätigkeit ausüben soll

und die nicht überprüfte Person durch eine überprüfte Person ständig begleitet wird.

(3) Sofern eine sicherheitsempfindliche Stelle im Sinne des § 1 Absatz 5 Satz 3 neu festgestellt wird, ist die Sicherheitsüberprüfung für eine dort tätige Person nach Absatz 1 Nummer 3 unverzüglich durchzuführen.

§ 10 Erweiterte Sicherheitsüberprüfung mit Sicherheitsermittlungen Eine erweiterte Sicherheitsüberprüfung mit Sicherheitsermittlungen ist für Personen durchzuführen,

1. die Zugang zu STRENG GEHEIM eingestuften Verschlusssachen erhalten sollen oder ihn sich verschaffen können,
2. die Zugang zu einer hohen Anzahl GEHEIM eingestuften Verschlusssachen erhalten sollen oder ihn sich verschaffen können,
3. die bei einem Nachrichtendienst des Bundes oder einer Behörde oder sonstigen öffentlichen Stelle des Bundes tätig werden sollen, die nach Feststellung der Bundesregierung gemäß § 34 Aufgaben von vergleichbarer Sicherheitsempfindlichkeit wahrnimmt,

soweit nicht die zuständige Stelle im Einzelfall nach Art und Dauer der Tätigkeit eine Sicherheitsüberprüfung nach § 8 oder § 9 für ausreichend hält.

§ 13 Sicherheitserklärung (1) In der Sicherheitserklärung sind von der betroffenen Person anzugeben:

1. Namen, auch frühere, Vornamen, auch frühere,
2. Geburtsdatum-, -ort,

2a. Geschlechtseintrag,

3. Staatsangehörigkeit, auch frühere und weitere Staatsangehörigkeiten,
4. Familienstand und das Bestehen einer auf Dauer angelegten Gemeinschaft,
5. Wohnsitze und Aufenthalte von längerer Dauer als zwei Monate, und zwar im Inland in den vergangenen fünf Jahren, im Ausland grundsätzlich ab dem 18. Lebensjahr, in jedem Fall aber in den vergangenen fünf Jahren,

6. ausgeübter Beruf,
7. Arbeitgeber und dessen Anschrift,
8. telefonische und elektronische Erreichbarkeit,
9. im Haushalt lebende Personen über 18 Jahre (Namen, auch frühere, Vornamen, Geburtsdatum, Geburtsort, Staatsangehörigkeit, Geschlechtseintrag und Verhältnis zu dieser Person),
10. Eltern, Stief- oder Pflegeeltern (Namen, auch frühere, Vornamen, Geburtsdatum, Geburtsort, Staatsangehörigkeit und Wohnsitz),
11. Ausbildungs- und Beschäftigungszeiten, Wehr- oder Zivildienstzeiten mit Angabe der Ausbildungsstätten, Beschäftigungsstellen sowie deren Anschriften, für Zeiten der Nichtbeschäftigung den Aufenthaltsort, sofern der jeweilige Zeitraum ununterbrochen mehr als drei Monate umfasst,
12. Nummer des Personalausweises oder Reisepasses sowie die ausstellende Behörde und das Ausstellungsdatum,
13. laufende oder in den vergangenen fünf Jahren abgeschlossene Insolvenzverfahren, in den vergangenen fünf Jahren gegen sie durchgeführte Zwangsvollstreckungsmaßnahmen und ob zurzeit die finanziellen Verpflichtungen erfüllt werden können,
14. Kontakte zu ausländischen Nachrichtendiensten oder zu Nachrichtendiensten der Deutschen Demokratischen Republik, die auf einen Anbahnungs- und Werbungsversuch hindeuten können,
15. Beziehungen zu verfassungsfeindlichen Organisationen,
16. anhängige Strafverfahren einschließlich Ermittlungsverfahren und Disziplinarverfahren,

16a. strafrechtliche Verurteilungen im Ausland,

17. Wohnsitze, Aufenthalte, Reisen, nahe Angehörige und sonstige Beziehungen in und zu Staaten, in denen nach Feststellung des Bundesministeriums des Innern, für Bau und Heimat besondere Sicherheitsrisiken für die mit sicherheitsempfindlicher Tätigkeit befassten Personen zu besorgen sind,
18. drei Referenzpersonen (Namen, Vornamen, Geburtsdatum, Geburtsort, Geschlechtseintrag, Beruf, berufliche und private Anschrift und telefonische und elektronische Erreichbarkeit sowie zeitlicher Beginn der Bekanntschaft) nur bei einer Sicherheitsüberprüfung nach § 10,
19. frühere Sicherheitsüberprüfungen und Zuverlässigkeitsüberprüfungen,
20. die Adressen eigener Internetseiten und die Mitgliedschaften in sozialen Netzwerken im Internet nur bei einer Sicherheitsüberprüfung nach den §§ 9, 10 und bei einer Sicherheitsüberprüfung nach § 8 für Angehörige des Geschäftsbereichs des Bundesministeriums der Verteidigung.

Der Sicherheitserklärung sind zwei aktuelle Lichtbilder der betroffenen Person mit der Angabe des Jahres der Aufnahme beizufügen. Die Lichtbilder können in elektronischer Form verlangt werden. Die Lichtbilder dürfen nicht für einen automatisierten Abgleich mit Datenbanken genutzt werden.

(2) – (6) ...

§ 17 Ergänzung der Sicherheitserklärung und Wiederholungsüberprüfung (1) Die Sicherheitserklärung ist der betroffenen Person, die eine sicherheitsempfindliche Tätigkeit ausübt, in der Regel nach fünf Jahren erneut zuzuleiten und im Falle eingetretener

Veränderungen von der betroffenen Person zu aktualisieren. Die zuständige Stelle prüft die Aktualisierungen auf ihre Vollständigkeit und Richtigkeit; § 13 Absatz 6 Satz 3 gilt entsprechend. Die zuständige Stelle beauftragt die mitwirkende Behörde, die Maßnahmen nach § 12 Absatz 1 im erforderlichen Umfang für die betroffene Person und für die mitbetroffene Person erneut durchzuführen und zu bewerten.
2) Im Abstand von in der Regel zehn Jahren ist eine Wiederholungsüberprüfung einzuleiten. Im Übrigen kann die zuständige Stelle eine Wiederholungsüberprüfung einleiten, wenn sicherheitserhebliche Erkenntnisse dies nahelegen. Die Maßnahmen bei der Wiederholungsüberprüfung entsprechen denen der Erstüberprüfung; bei der Sicherheitsüberprüfung nach den §§ 9 oder 10 kann die mitwirkende Behörde von einer erneuten Identitätsprüfung absehen. Die Wiederholungsüberprüfung erfolgt nur mit Zustimmung

1. der betroffenen Person, soweit gesetzlich nichts anderes bestimmt ist, und
2. der mitbetroffenen Person.

(3) Verweigert die betroffene Person oder die mitbetroffene Person die erforderliche Mitwirkung bei den Maßnahmen nach den Absätzen 1 und 2, ist die weitere Betrauung der betroffenen Person mit einer sicherheitsempfindlichen Tätigkeit unzulässig. § 14 Absatz 5 Satz 2 gilt entsprechend.

§ 18 Sicherheitsakte und Sicherheitsüberprüfungsakte (1) Die zuständige Stelle führt über den Betroffenen eine Sicherheitsakte, in die alle die Sicherheitsüberprüfung betreffenden Informationen aufzunehmen sind.
(2) – (8) ...

§ 24 Anwendungsbereich (1) Die Sonderregelungen dieses Abschnitts gelten bei Sicherheitsüberprüfungen von betroffenen Personen, die

1. von der zuständigen Stelle zu einer sicherheitsempfindlichen Tätigkeit nach § 1 Absatz 2 Nummer 1 und 2 in einer nichtöffentlichen Stelle ermächtigt werden sollen oder
2. von einer nichtöffentlichen Stelle mit einer sicherheitsempfindlichen Tätigkeit nach § 1 Absatz 2 Nummer 4 oder Absatz 4 betraut werden sollen.

(2) Sofern sicherheitsempfindliche Tätigkeiten im Sinne von § 1 Absatz 2 Nummer 1 bis 4 durch nichtöffentliche Stellen in öffentlichen Stellen durchgeführt werden, finden diese Sonderregelungen nur mit Zustimmung des Bundesministeriums für Wirtschaft und Energie Anwendung.

§ 26 Sicherheitserklärung Abweichend von § 13 Absatz 6 Satz 1 leitet die betroffene Person ihre Sicherheitserklärung der nicht-öffentlichen Stelle zu, in der sie beschäftigt ist oder beschäftigt werden soll. Die Sicherheitserklärung kann in den Fällen des Satzes 1 mit Zustimmung der zuständigen Stelle auch der nichtöffentlichen Stelle zugeleitet werden, bei der die betroffene Person tätig werden soll. Die Zustimmung der mitbetroffenen Person ist beizufügen. Die nicht-öffentliche Stelle prüft die Vollständigkeit und Richtigkeit der Angaben und darf, soweit dies erforderlich ist, die Personalunterlagen beiziehen. Sie gibt die Sicherheitserklärung an die zuständige Stelle weiter und teilt dieser vorhandene sicherheitserhebliche Erkenntnisse mit.

§ 27 Abschluss der Sicherheitsüberprüfung, Weitergabe sicherheitserheblicher Erkenntnisse Die zuständige Stelle unterrichtet die nichtöffentliche Stelle nur darüber, dass die betroffene Person

1. nach § 1 Absatz 2 Nummer 1 bis 3 zur sicherheitsempfindlichen Tätigkeit ermächtigt oder nicht ermächtigt wird oder
2. mit der sicherheitsempfindlichen Tätigkeit nach § 1 Absatz 2 Nummer 4 oder Absatz 4 betraut oder nicht betraut werden darf.

Erkenntnisse, die die Ablehnung oder Aufhebung der Ermächtigung zur sicherheitsempfindlichen Tätigkeit oder der Betrauung mit der sicherheitsempfindlichen Tätigkeit betreffen, dürfen nicht mitgeteilt werden. ...

§ 28 Aktualisierung (1) Die nicht-öffentliche Stelle leitet der betroffenen Person, die eine sicherheitsempfindliche Tätigkeit ausübt, auf Anforderung der zuständigen Stelle die Sicherheitserklärung in der Regel nach fünf Jahren erneut zu.
2) Die betroffene Person hat die in der Sicherheitserklärung angegebenen Daten im Falle eingetretener Veränderungen zu aktualisieren. Die nichtöffentliche Stelle prüft die Vollständigkeit und Richtigkeit der Aktualisierungen und darf, sofern dies erforderlich ist, die Personalunterlagen beiziehen. Die zuständige Stelle beauftragt die mitwirkende Behörde, die Maßnahmen nach § 12 Absatz 1 im erforderlichen Umfang für die betroffene Person und für die mitbetroffene Person erneut durchzuführen und zu bewerten.

§ 29 Übermittlung von Informationen über persönliche und arbeitsrechtliche Verhältnisse
(1) Die nichtöffentliche Stelle hat der zuständigen Stelle unverzüglich mitzuteilen

1. das Ausscheiden aus oder die Nichtaufnahme der sicherheitsempfindlichen Tätigkeit,
2. Änderungen des Namens, des Vornamens, des Geschlechtseintrages, eines Wohnsitzes oder der Staatsangehörigkeit,
3. Beginn oder Ende einer Ehe, einer Lebenspartnerschaft oder einer auf Dauer angelegten Gemeinschaft und
4. auf Anfrage der zuständigen Stelle weitere bei der nichtöffentlichen Stelle vorhandene Informationen zur Aufklärung sicherheitserheblicher Erkenntnisse.

(2) § 2 Absatz 2 Satz 7 und 8, § 14 Absatz 4 Satz 1 und § 15a gelten mit der Maßgabe, dass an die Stelle der zuständigen Stelle die nichtöffentliche Stelle tritt. Für Sicherheitsüberprüfungen nach § 9 Absatz 1 Nummer 3 gilt die Unterrichtungspflicht nach § 15a nur für Veränderungen nach § 15a Satz 2 Nummer 1, 2, 4 und 6.

§ 30 Sicherheitsakte der nicht-öffentlichen Stelle Für die Sicherheitsakte in der nichtöffentlichen Stelle gelten die Vorschriften dieses Gesetzes über die Sicherheitsakte entsprechend mit der Maßgabe, dass die Sicherheitsakte der nicht-öffentlichen Stelle bei einem Wechsel des Arbeitgebers nicht abgegeben wird.

§ 32 Reisebeschränkungen (1) Personen, die eine sicherheitsempfindliche Tätigkeit ausüben, die eine Sicherheitsüberprüfung nach den § 9 Absatz 1 Nummer 1 und 2 und § 10 erfordert, können verpflichtet werden, Dienst- und Privatreisen in und durch Staaten, für die besondere Sicherheitsregelungen gelten, der zuständigen Stelle oder der nichtöffentlichen Stelle rechtzeitig vorher anzuzeigen. Die Verpflichtung kann auch für die Zeit nach dem Ausscheiden aus der sicherheitsempfindlichen Tätigkeit angeordnet werden.

(2) Die Reise kann von der zuständigen Stelle untersagt werden, wenn Anhaltspunkte zur Person oder eine besondere sicherheitsempfindliche Tätigkeit vorliegen, die eine erhebliche Gefährdung durch ausländische Nachrichtendienste erwarten lassen.
(3) Ergeben sich bei einer Reise in und durch Staaten, für die besondere Sicherheitsregelungen gelten, Anhaltspunkte, die auf einen Anbahnungs- und Werbungsversuch ausländischer Nachrichtendienste hindeuten können, so ist die zuständige Stelle nach Abschluss der Reise unverzüglich zu unterrichten.

§ 37 Strafvorschriften (1) Wer unbefugt von diesem Gesetz geschützte personenbezogene Daten, die nicht offenkundig sind,
1. speichert, verändert oder übermittelt,
2. zum Abruf mittels automatisierten Verfahrens bereithält oder
3. abruft oder sich oder einem anderen aus Dateien verschafft, wird mit Freiheitsstrafe bis zu einem Jahr oder mit Geldstrafe bestraft.

(2) Ebenso wird bestraft, wer
1. die Übermittlung von durch dieses Gesetz geschützten personenbezogenen Daten, die nicht offenkundig sind, durch unrichtige Angaben erschleicht oder
2. entgegen § 21 Abs. 1 oder § 27 Satz 3 Daten für andere Zwecke nutzt, indem er sie innerhalb der Stelle an einen anderen weitergibt.

(3) Handelt der Täter gegen Entgelt oder in der Absicht, sich oder einen anderen zu bereichern oder einen anderen zu schädigen, so ist die Strafe Freiheitsstrafe bis zu zwei Jahren oder Geldstrafe.
(4) Die Tat wird nur auf Antrag verfolgt.

3.31 Gesetz gegen den unlauteren Wettbewerb (UWG) (Auszug)

§ 1 Zweck des Gesetzes Dieses Gesetz dient dem Schutz der Mitbewerber, der Verbraucherinnen und Verbraucher sowie der sonstigen Marktteilnehmer vor unlauteren geschäftlichen Handlungen. Es schützt zugleich das Interesse der Allgemeinheit an einem unverfälschten Wettbewerb.

§ 3 Verbot unlauterer geschäftlicher Handlungen (1) Unlautere geschäftliche Handlungen sind unzulässig.
(2) Geschäftliche Handlungen, die sich an Verbraucher richten oder diese erreichen, sind unlauter, wenn sie nicht der unternehmerischen Sorgfalt entsprechen und dazu geeignet sind, das wirtschaftliche Verhalten des Verbrauchers wesentlich zu beeinflussen.
(3) ...
(4) ...

§ 4 Mitbewerberschutz Unlauter handelt, wer
1. die Kennzeichen, Waren, Dienstleistungen, Tätigkeiten oder persönlichen oder geschäftlichen Verhältnisse eines Mitbewerbers herabsetzt oder verunglimpft;
2. über die Waren, Dienstleistungen oder das Unternehmen eines Mitbewerbers oder über den Unternehmer oder ein Mitglied der Unternehmensleitung Tatsachen behauptet oder verbreitet, die geeignet sind, den Betrieb des Unternehmens oder den Kredit des Unternehmers zu schädigen, sofern die Tatsachen nicht erweislich wahr sind; handelt es sich um vertrauliche Mitteilungen und hat der Mitteilende oder der Empfänger der Mitteilung an ihr ein berechtigtes Interesse, so ist die Handlung nur dann unlauter, wenn die Tatsachen der Wahrheit zuwider behauptet oder verbreitet wurden;
3. Waren oder Dienstleistungen anbietet, die eine Nachahmung der Waren oder Dienstleistungen eines Mitbewerbers sind, wenn er
   a) eine vermeidbare Täuschung der Abnehmer über die betriebliche Herkunft herbeiführt,
   b) die Wertschätzung der nachgeahmten Ware oder Dienstleistung unangemessen ausnutzt oder beeinträchtigt oder
   c) die für die Nachahmung erforderlichen Kenntnisse oder Unterlagen unredlich erlangt hat;
4. Mitbewerber gezielt behindert.

§ 6 Vergleichende Werbung (1) Vergleichende Werbung ist jede Werbung, die unmittelbar oder mittelbar einen Mitbewerber oder die von einem Mitbewerber angebotenen Waren oder Dienstleistungen erkennbar macht.
(2) Unlauter handelt, wer vergleichend wirbt, wenn der Vergleich
1. sich nicht auf Waren oder Dienstleistungen für den gleichen Bedarf oder dieselbe Zweckbestimmung bezieht,
2. nicht objektiv auf eine oder mehrere wesentliche, relevante, nachprüfbare und typische Eigenschaften oder den Preis dieser Waren oder Dienstleistungen bezogen ist,

3. im geschäftlichen Verkehr zu einer Gefahr von Verwechslungen zwischen dem Werbenden und einem Mitbewerber oder zwischen den von diesen angebotenen Waren oder Dienstleistungen oder den von ihnen verwendeten Kennzeichen führt,
4. den Ruf des von einem Mitbewerber verwendeten Kennzeichens in unlauterer Weise ausnutzt oder beeinträchtigt,
5. die Waren, Dienstleistungen, Tätigkeiten oder persönlichen oder geschäftlichen Verhältnisse eines Mitbewerbers herabsetzt oder verunglimpft oder
6. eine Ware oder Dienstleistung als Imitation oder Nachahmung einer unter einem geschützten Kennzeichen vertriebenen Ware oder Dienstleistung darstellt.

(3) (aufgehoben)

§ 16 Strafbare Werbung (1) Wer in der Absicht, den Anschein eines besonders günstigen Angebots hervorzurufen, in öffentlichen Bekanntmachungen oder in Mitteilungen, die für einen größeren Kreis von Personen bestimmt sind, durch unwahre Angaben irreführend wirbt, wird mit Freiheitsstrafe bis zu zwei Jahren oder mit Geldstrafe bestraft.
(2) Wer es im geschäftlichen Verkehr unternimmt, Verbraucher zur Abnahme von Waren, Dienstleistungen oder Rechten durch das Versprechen zu veranlassen, sie würden entweder vom Veranstalter selbst oder von einem Dritten besondere Vorteile erlangen, wenn sie andere zum Abschluss gleichartiger Geschäfte veranlassen, die ihrerseits nach der Art dieser Werbung derartige Vorteile für eine entsprechende Werbung weiterer Abnehmer erlangen sollen, wird mit Freiheitsstrafe bis zu zwei Jahren oder mit Geldstrafe bestraft.

§ 17 (aufgehoben)

§ 18 (aufgehoben)

§ 19 (aufgehoben)

3.32 Gesetz über die Anwendung unmittelbaren Zwanges und die Ausübung besonderer Befugnisse durch Soldaten der Bundeswehr und verbündeter Streitkräfte sowie zivile Wachpersonen (UZwGBw)

§ 1 Berechtigte Personen (1) Soldaten der Bundeswehr, denen militärische Wach- oder Sicherheitsaufgaben übertragen sind, sind befugt, in rechtmäßiger Erfüllung dieser Aufgaben nach den Vorschriften dieses Gesetzes Personen anzuhalten, zu überprüfen, vorläufig festzunehmen und zu durchsuchen, Sachen sicherzustellen und zu beschlagnahmen und unmittelbaren Zwang gegen Personen und Sachen anzuwenden.
(2) Soldaten verbündeter Streitkräfte, die im Einzelfall mit der Wahrnehmung militärischer Wach- oder Sicherheitsaufgaben betraut werden können, unterstehen vom Bundesminister der Verteidigung bestimmten und diesem für die Wahrnehmung des Wach- oder Sicherheitsdienstes verantwortlichen Vorgesetzten; sie können dann die Befugnisse nach diesem Gesetz ausüben.
(3) Wer, ohne Soldat zu sein, mit militärischen Wachaufgaben der Bundeswehr beauftragt ist (zivile Wachperson), hat in rechtmäßiger Erfüllung dieser Aufgaben die Befugnisse nach diesem Gesetz, soweit sie ihm durch das Bundesministerium der Verteidigung oder eine von diesem bestimmte Stelle übertragen werden. Zivile Wachpersonen, denen Befugnisse nach diesem Gesetz übertragen werden, müssen daraufhin überprüft werden, ob sie persönlich zuverlässig, körperlich geeignet und im Wachdienst ausreichend vorgebildet sind sowie gute Kenntnisse der Befugnisse nach diesem Gesetz besitzen. Sie sollen das 20. Lebensjahr vollendet und das 65. Lebensjahr nicht überschritten haben.

§ 2 Militärische Bereiche und Sicherheitsbereiche (1) Militärische Bereiche im Sinne dieses Gesetzes sind Anlagen, Einrichtungen und Schiffe der Bundeswehr und der verbündeten Streitkräfte in der Bundesrepublik.
(2) Militärische Sicherheitsbereiche im Sinne dieses Gesetzes sind militärische Bereiche (Abs. 1), deren Betreten durch die zuständigen Dienststellen verboten worden ist, und sonstige Örtlichkeiten, die das Bundesministerium der Verteidigung oder eine von ihm bestimmte Stelle vorübergehend gesperrt hat. Sonstige Örtlichkeiten dürfen vorübergehend gesperrt werden, wenn dies aus Gründen der militärischen Sicherheit zur Erfüllung dienstlicher Aufgaben der Bundeswehr unerlässlich ist; die nächst erreichbare Polizeidienststelle ist hiervon unverzüglich zu unterrichten. Militärische Sicherheitsbereiche müssen entsprechend gekennzeichnet werden.
(3) Die zuständigen Dienststellen der Bundeswehr können zur Wahrung der Sicherheit oder Ordnung in militärischen Sicherheitsbereichen für das Verhalten von Personen allgemeine Anordnungen erlassen und die nach diesem Gesetz befugten Personen ermächtigen, Einzelweisungen zu erteilen.

§ 3 Straftaten gegen die Bundeswehr (1) Straftaten gegen die Bundeswehr im Sinne dieses Gesetzes sind Straftaten gegen

1. Angehörige der Bundeswehr, zivile Wachpersonen oder Angehörige der verbündeten Streitkräfte

a) während der rechtmäßigen Ausübung ihres Dienstes, wenn die Handlungen die Ausübung des Dienstes stören oder tätliche Angriffe sind,

b) während ihres Aufenthalts in militärischen Bereichen oder Sicherheitsbereichen (§ 2), wenn die Handlungen tätliche Angriffe sind,

2. militärische Bereiche oder Gegenstände der Bundeswehr oder der verbündeten Streitkräfte in der Bundesrepublik,
3. die militärische Geheimhaltung in der Bundeswehr oder in den verbündeten Streitkräften.

(2) Angehörige der verbündeten Streitkräfte im Sinne des Absatzes 1 sind Soldaten sowie Beamte und mit militärischen Aufgaben, insbesondere mit Wach- oder Sicherheitsaufgaben beauftragte sonstige Zivilbedienstete der verbündeten Streitkräfte in der Bundesrepublik.

§ 4 Anhalten und Personenüberprüfung (1) Zur Feststellung seiner Person und seiner Berechtigung zum Aufenthalt in einem militärischen Sicherheitsbereich (§ 2 Abs. 2) kann angehalten und überprüft werden, wer

1. sich in einem solchen Bereich aufhält,
2. einen solchen Bereich betreten oder verlassen will.

(2) Angehalten und überprüft werden kann auch, wer unmittelbar nach dem Verlassen des militärischen Sicherheitsbereichs oder dem Versuch, ihn zu betreten, verfolgt wird, wenn den Umständen nach anzunehmen ist, dass er nicht berechtigt ist, sich in diesem Bereich aufzuhalten.

§ 5 Weitere Personenüberprüfung (1) Wer nach § 4 der Personenüberprüfung unterliegt, kann zum Wachvorgesetzten oder zur nächsten Dienststelle der Bundeswehr gebracht werden, wenn

1. seine Person oder Aufenthaltsberechtigung nicht sofort festgestellt werden kann oder
2. er einer Straftat gegen die Bundeswehr dringend verdächtigt ist und Gefahr im Verzug ist.

(2) Wer nach Abs. 1 zum Wachvorgesetzten oder zu einer Dienststelle der Bundeswehr gebracht worden ist, ist sofort zu überprüfen. Er darf nur weiter festgehalten werden, wenn die Voraussetzungen der vorläufigen Festnahme vorliegen und die Festnahme erklärt wird; andernfalls ist er sofort freizulassen.

§ 6 Vorläufige Festnahme (1) Wer nach § 5 zum Wachvorgesetzten oder zu einer Dienststelle der Bundeswehr gebracht worden ist und einer Straftat gegen die Bundeswehr dringend verdächtigt ist, kann bei Gefahr im Verzug vom Wachvorgesetzten oder vom Leiter der Dienststelle oder dessen Beauftragten vorläufig festgenommen werden, wenn die Voraussetzungen eines Haftbefehls oder eines Unterbringungsbefehls nach der Strafprozessordnung vorliegen.

(2) Der Festgenommene ist, sofern er nicht wieder in Freiheit gesetzt wird, unverzüglich der Polizei zu überstellen. Er kann unmittelbar dem Amtsrichter des Bezirks, in dem er festgenommen worden ist, vorgeführt werden, wenn die Frist nach § 128 Abs. 1 Strafprozessordnung abzulaufen droht oder wenn dies aus Gründen besonderer militärischer Geheimhaltung geboten ist.

§ 7 Durchsuchung und Beschlagnahme bei Personenüberprüfung (1) Wer nach § 4 der Personenüberprüfung unterliegt, kann bei Gefahr im Verzug durchsucht werden, wenn gegen ihn der Verdacht einer Straftat gegen die Bundeswehr besteht und zu vermuten ist, dass die Durchsuchung zur Auffindung von Beweismitteln führen werde. Die von einer solchen Person mitgeführten Gegenstände können gleichfalls durchsucht werden.
(2) Im Gewahrsam einer durchsuchten Person stehende Gegenstände können sichergestellt oder vorläufig beschlagnahmt werden, wenn sie durch eine vorsätzliche Straftat gegen die Bundeswehr hervorgebracht oder zur Begehung einer solchen Straftat geeignet sind oder als Beweismittel für die Untersuchung von Bedeutung sein können. Die Vorschriften der §§ 96, 97 und 110 Abs. 1 und 2 der Strafprozessordnung sind anzuwenden.
(3) Sichergestellte oder beschlagnahmte Gegenstände sind unverzüglich, spätestens binnen drei Tagen, der Polizei oder der Staatsanwaltschaft zu übergeben. Die Pflicht zur Weitergabe dieser Gegenstände entfällt, wenn sie der überprüften Person vor Ablauf der Frist zurückgegeben oder zur Verfügung gestellt werden. Gleiches gilt, wenn über diese Gegenstände der Bund oder die verbündeten Streitkräfte in der Bundesrepublik zu verfügen haben. In diesem Fall ist der Polizei oder der Staatsanwaltschaft ein Verzeichnis dieser Gegenstände zu übersenden.

§ 8 Allgemeine Anordnung von Durchsuchungen (1) Wenn es aus Gründen militärischer Sicherheit unerlässlich ist, kann das Bundesministerium der Verteidigung oder die von ihm bestimmte Stelle allgemein anordnen, dass Personen, die bestimmte militärische Sicherheitsbereiche (§ 2 Abs. 2) betreten oder verlassen, und die von ihnen mitgeführten Gegenstände durchsucht werden.
(2) Eine Anordnung nach Abs. 1 darf nur zur Feststellung von Gegenständen getroffen werden, die durch ein vorsätzliches Verbrechen oder Vergehen gegen die Bundeswehr hervorgebracht oder zur Begehung einer solchen Straftat geeignet sind oder als Beweismittel für die Untersuchung von Bedeutung sein können.
(3) § 7 Abs. 2 und 3 gilt entsprechend.

§ 9 Voraussetzungen des unmittelbaren Zwanges Unmittelbarer Zwang darf nach Maßgabe der Vorschriften des 3. Abschnitts nur angewandt werden, wenn dies den Umständen nach erforderlich ist und geschieht,

1. um die unmittelbar bevorstehende Ausführung oder die Fortsetzung einer Straftat gegen die Bundeswehr zu verhindern,
2. um sonstige rechtswidrige Störungen der dienstlichen Tätigkeit der Bundeswehr zu beseitigen, wenn sie die Einsatzbereitschaft, Schlagkraft oder Sicherheit der Truppe gefährden,
3. um eine nach diesem Gesetz zulässige Maßnahme oder eine vorläufige Festnahme nach § 127 Abs. 1 der Strafprozessordnung wegen einer Straftat gegen die Bundeswehr zu erzwingen.

§ 10 Einzelmaßnahmen des unmittelbaren Zwanges (1) Unmittelbarer Zwang ist die Einwirkung auf Personen oder Sachen durch körperliche Gewalt, ihre Hilfsmittel und durch Waffen.
(2) Körperliche Gewalt ist jede unmittelbare körperliche Einwirkung auf Personen oder Sachen.

(3) Hilfsmittel der körperlichen Gewalt sind insbesondere Fesseln, technische Sperren und Dienstfahrzeuge.
(4) Waffen sind die dienstlich zugelassenen Hieb- und Schusswaffen, Reizstoffe und Explosivmittel.

§ 11 Androhung der Maßnahmen des unmittelbaren Zwanges Die Anwendung einer Maßnahme des unmittelbaren Zwanges ist anzudrohen, außer wenn es die Lage nicht zulässt.

§ 12 GrundSatz der Verhältnismäßigkeit (1) Bei der Anwendung unmittelbaren Zwanges ist von mehreren möglichen und geeigneten Maßnahmen diejenige zu treffen, die den einzelnen und die Allgemeinheit am wenigsten beeinträchtigt.
(2) Eine Maßnahme des unmittelbaren Zwanges darf nicht durchgeführt werden, wenn der durch sie zu erwartende Schaden erkennbar außer Verhältnis zu dem beabsichtigten Erfolg steht. Die Maßnahme darf nur so lange und so weit durchgeführt werden, wie ihr Zweck es erfordert.

§ 13 Hilfeleistung für Verletzte Wird unmittelbarer Zwang angewandt, ist Verletzten, soweit es nötig ist und die Lage es zulässt, beizustehen und ärztliche Hilfe zu verschaffen.

§ 14 Fesselung von Personen Wer der weiteren Überprüfung nach § 5 Abs. 1 unterliegt oder vorläufig festgenommen worden ist, darf gefesselt werden, wenn

1. die Gefahr besteht, dass er Personen angreift, oder wenn er Widerstand leistet,
2. er zu fliehen versucht, oder wenn bei Würdigung aller Tatsachen, besonders der persönlichen Verhältnisse, die einer Flucht entgegenstehen, zu befürchten ist, dass er sich aus dem Gewahrsam befreien wird,
3. Selbstmordgefahr besteht.

§ 15 Schusswaffengebrauch gegen Personen (1) Schusswaffen dürfen gegen einzelne Personen nur gebraucht werden, wenn dies den Umständen nach erforderlich ist und geschieht,

1. um die unmittelbar bevorstehende Ausführung oder die Fortsetzung einer Straftat gegen die Bundeswehr zu verhindern, die sich darstellt als
   a) Verbrechen,
   b) Vergehen, das unter Anwendung oder Mitführung von Schusswaffen oder Explosivmitteln begangen werden soll oder ausgeführt wird,
   c) tätlicher Angriff gegen Leib oder Leben von Angehörigen der Bundeswehr, zivilen Wachpersonen oder Angehörigen der verbündeten Streitkräfte während der rechtmäßigen Ausübung ihres Dienstes oder ihres Aufenthalts in militärischen Bereichen oder Sicherheitsbereichen (§ 2),
   d) vorsätzliche unbefugte Zerstörung, Beschädigung, Veränderung, Unbrauchbarmachung oder Beseitigung eines Wehrmittels oder einer Anlage, einer Einrichtung oder eines Schiffes der Bundeswehr oder der verbündeten Streitkräfte, wenn dadurch die Sicherheit der Bundesrepublik Deutschland oder eines Entsendestaats einer verbündeten Streitkraft oder die Schlagkraft der deutschen oder der verbündeten Truppe oder Menschenleben gefährdet werden;

2. um eine Person anzuhalten, die sich der Personenüberprüfung nach diesem Gesetz trotz wiederholter Weisung, zu halten oder diese Überprüfung zu dulden, durch Flucht zu entziehen sucht;
3. um eine Person anzuhalten, die sich der vorläufigen Festnahme durch Flucht zu entziehen sucht, wenn sie bei einer Straftat im Sinne der Nummer 1 auf frischer Tat getroffen oder verfolgt wird;
4. um eine Person an der Flucht zu hindern oder sofort wiederzuergreifen, die sich zur Personenüberprüfung nach § 5 oder wegen dringenden Verdachts einer Straftat im Sinne der Nummer 1 im Gewahrsam der Bundeswehr befindet oder befand.

(2) Schusswaffen dürfen gegen eine Menschenmenge nur gebraucht werden, wenn von ihr oder aus ihr heraus Straftaten gegen die Bundeswehr unter Gewaltanwendung begangen werden oder solche Straftaten unmittelbar bevorstehen und Zwangsmaßnahmen gegen einzelne nicht zum Ziele führen oder offensichtlich keinen Erfolg versprechen.

§ 16 Besondere Vorschriften für den Schusswaffengebrauch (1) Schusswaffen dürfen nur gebraucht werden, wenn andere Maßnahmen des unmittelbaren Zwanges erfolglos angewandt sind oder offensichtlich keinen Erfolg versprechen. Gegen Personen ist ihr Gebrauch nur zulässig, wenn der Zweck nicht durch Waffenwirkung gegen Sachen erreicht wird oder offensichtlich keinen Erfolg verspricht.

(2) Zweck des Schusswaffengebrauchs darf nur sein, angriffs- oder fluchtunfähig zu machen. Es ist verboten, zu schießen, wenn durch den Schusswaffengebrauch für den Handelnden erkennbar Unbeteiligte mit hoher Wahrscheinlichkeit gefährdet werden, außer wenn es sich beim Einschreiten gegen eine Menschenmenge (§ 15 Abs. 2) nicht vermeiden lässt.

(3) Gegen Personen, die sich dem äußeren Eindruck nach im Kindesalter befinden, dürfen Schusswaffen nicht gebraucht werden.

§ 17 Androhung des Schusswaffengebrauchs (1) Der Gebrauch von Schusswaffen ist anzudrohen. Als Androhung gilt auch die Abgabe eines Warnschusses. Einer Menschenmenge gegenüber ist die Androhung zu wiederholen.

(2) Schusswaffen dürfen ohne Androhung nur in den Fällen des § 15 Abs. 1 Nr. 1 Buchstaben a bis c und nur dann gebraucht werden, wenn der sofortige Gebrauch ohne Androhung das einzige Mittel ist, um eine Gefahr für Leib oder Leben eines Menschen oder die Gefahr eines besonders schweren Nachteils für Anlagen, Einrichtungen, Schiffe oder Wehrmittel der Bundeswehr oder der verbündeten Streitkräfte von bedeutendem Wert oder für die Sicherheit der Bundesrepublik Deutschland abzuwenden.

§ 18 Explosivmittel Die Vorschriften der §§ 15 bis 17 gelten entsprechend für den Gebrauch von Explosivmitteln.

§ 19 Einschränkung von Grundrechten Die in Artikel 2 Abs. 2 Satz 1 und 2 des Grundgesetzes für die Bundesrepublik Deutschland geschützten Grundrechte auf Leben, körperliche Unversehrtheit und Freiheit der Person werden nach Maßgabe dieses Gesetzes eingeschränkt.

§ 20 Entschädigung bei Sperrung sonstiger Örtlichkeiten (1) Wird durch die vorübergehende Sperrung einer sonstigen Örtlichkeit nach § 2 Abs. 2 Satz 2 die gewöhnliche Nutzung des betroffenen Grundstücks derart beeinträchtigt, dass dadurch eine Ertragsminderung oder ein sonstiger Nutzungsausfall verursacht wird, so ist eine Entschädigung in Geld zu gewähren, die diesen Nachteil angemessen ausgleicht.
(2) Für die Entschädigung nach Abs. 1 gelten die Vorschriften des § 23 Abs. 4, des § 29, des § 32 Abs. 2 und der §§ 34, 49, 58, 61, 62, 64 und 65 des Bundesleistungsgesetzes in der im Bundesgesetzblatt Teil III, Gliederungsnummer 54-1, veröffentlichten bereinigten Fassung, zuletzt geändert durch Artikel 12 Abs. 33 des Postneuordnungsgesetzes vom 14. September 1994 (BGBl. I S 2325), entsprechend mit der Maßgabe, dass an die Stelle der Anforderungsbehörde die Wehrbereichsverwaltung tritt, in deren Wehrbereich das Grundstück belegen ist. § 58 Abs. 2 gilt mit der Maßgabe, dass das Landgericht, in dessen Bezirk das Grundstück belegen ist, örtlich ausschließlich zuständig ist.

§ 21 Inkrafttreten Dieses Gesetz tritt drei Monate nach seiner Verkündung in Kraft.

3.33 Gesetz über Versammlungen und Aufzüge (VersammlG)

§ 1 (1) Jedermann hat das Recht, öffentliche Versammlungen und Aufzüge zu veranstalten und an solchen Veranstaltungen teilzunehmen.

(2) Dieses Recht hat nicht,

1. wer das Grundrecht der Versammlungsfreiheit gemäß Artikel 18 des Grundgesetzes verwirkt hat,
2. wer mit der Durchführung oder Teilnahme an einer solchen Veranstaltung die Ziele einer nach Artikel 21 Abs. 2 des Grundgesetzes durch das Bundesverfassungsgericht für verfassungswidrig erklärten Partei oder Teil oder Ersatzorganisation einer Partei fördern will,
3. eine Partei, die nach Artikel 21 Abs. 2 des Grundgesetzes durch das Bundesverfassungsgericht für verfassungswidrig erklärt worden ist, oder
4. eine Vereinigung, die nach Artikel 9 Abs. 2 des Grundgesetzes verboten ist.

§ 2 (1) Wer zu einer öffentlichen Versammlung oder zu einem Aufzug öffentlich einlädt, muss als Veranstalter in der Einladung seinen Namen angeben.

(2) Bei öffentlichen Versammlungen und Aufzügen hat jedermann Störungen zu unterlassen, die bezwecken, die ordnungsgemäße Durchführung zu verhindern.

(3) Niemand darf bei öffentlichen Versammlungen oder Aufzügen Waffen oder sonstige Gegenstände, die ihrer Art nach zur Verletzung von Personen oder zur Beschädigung von Sachen geeignet und bestimmt sind, mit sich führen, ohne dazu behördlich ermächtigt zu sein. Ebenso ist es verboten, ohne behördliche Ermächtigung Waffen oder die in Satz 1 genannten Gegenstände auf dem Weg zu öffentlichen Versammlungen oder Aufzügen mit sich zu führen, zu derartigen Veranstaltungen hinzuschaffen oder sie zur Verwendung bei derartigen Veranstaltungen bereitzuhalten oder zu verteilen.

§ 3 (1) Es ist verboten, öffentlich oder in einer Versammlung Uniformen, Uniformteile oder gleichartige Kleidungsstücke als Ausdruck einer gemeinsamen politischen Gesinnung zu tragen.

(2) Jugendverbänden, die sich vorwiegend der Jugendpflege widmen, ist auf Antrag für ihre Mitglieder eine Ausnahmegenehmigung von dem Verbot des Absatzes 1 zu erteilen. Zuständig ist bei Jugendverbänden, deren erkennbare Organisation oder Tätigkeit sich über das Gebiet eines Landes hinaus erstreckt, das Bundesministerium des Innern, für Bau und Heimat, sonst die oberste Landesbehörde. Die Entscheidung des Bundesministeriums des Innern , für Bau und Heimat ist im Bundesanzeiger und im Gemeinsamen Ministerialblatt, die der obersten Landesbehörden in ihren amtlichen Mitteilungsblättern bekanntzumachen.

§ 4 (weggefallen)

§ 5 Die Abhaltung einer Versammlung kann nur im Einzelfall und nur dann verboten werden, wenn

1. der Veranstalter unter die Vorschriften des § 1 Abs. 2 Nr. 1 bis 4 fällt, und im Falle der Nummer 4 das Verbot durch die zuständige Verwaltungsbehörde festgestellt worden ist,

2. der Veranstalter oder Leiter der Versammlung Teilnehmern Zutritt gewährt, die Waffen oder sonstige Gegenstände im Sinne von § 2 Abs. 3 mit sich führen,
3. Tatsachen festgestellt sind, aus denen sich ergibt, dass der Veranstalter oder sein Anhang einen gewalttätigen oder aufrührerischen Verlauf der Versammlung anstreben,
4. Tatsachen festgestellt sind, aus denen sich ergibt, dass der Veranstalter oder sein Anhang Ansichten vertreten oder Äußerungen dulden werden, die ein Verbrechen oder ein von Amts wegen zu verfolgendes Vergehen zum Gegenstand haben.

§ 6 (1) Bestimmte Personen oder Personenkreise können in der Einladung von der Teilnahme an einer Versammlung ausgeschlossen werden.
(2) Pressevertreter können nicht ausgeschlossen werden; sie haben sich dem Leiter der Versammlung gegenüber durch ihren Presseausweis ordnungsgemäß auszuweisen.

§ 7 (1) Jede öffentliche Versammlung muss einen Leiter haben.
(2) Leiter der Versammlung ist der Veranstalter. Wird die Versammlung von einer Vereinigung veranstaltet, so ist ihr Vorsitzender der Leiter.
(3) Der Veranstalter kann die Leitung einer anderen Person übertragen.
(4) Der Leiter übt das Hausrecht aus.

§ 8 Der Leiter bestimmt den Ablauf der Versammlung. Er hat während der Versammlung für Ordnung zu sorgen. Er kann die Versammlung jederzeit unterbrechen oder schließen. Er bestimmt, wann eine unterbrochene Versammlung fortgesetzt wird.

§ 9 (1) Der Leiter kann sich bei der Durchführung seiner Rechte aus § 8 der Hilfe einer angemessenen Zahl ehrenamtlicher Ordner bedienen. Diese dürfen keine Waffen oder sonstigen Gegenstände im Sinne vom § 2 Abs. 3 mit sich führen, müssen volljährig und ausschließlich durch weiße Armbinden, die nur die Bezeichnung "Ordner" tragen dürfen, kenntlich sein.
(2) Der Leiter ist verpflichtet, die Zahl der von ihm bestellten Ordner der Polizei auf Anfordern mitzuteilen. Die Polizei kann die Zahl der Ordner angemessen beschränken.

§ 10 Alle Versammlungsteilnehmer sind verpflichtet, die zur Aufrechterhaltung der Ordnung getroffenen Anweisungen des Leiters oder der von ihm bestellten Ordner zu befolgen.

§ 11 (1) Der Leiter kann Teilnehmer, welche die Ordnung gröblich stören, von der Versammlung ausschließen.
(2) Wer aus der Versammlung ausgeschlossen wird, hat sie sofort zu verlassen.

§ 12 Werden Polizeibeamte in eine öffentliche Versammlung entsandt, so haben sie sich dem Leiter zu erkennen zu geben. Es muss ihnen ein angemessener Platz eingeräumt werden.

§ 12a (1) Die Polizei darf Bild- und Tonaufnahmen von Teilnehmern bei oder im Zusammenhang mit öffentlichen Versammlungen nur anfertigen, wenn tatsächliche Anhaltspunkte die Annahme rechtfertigen, dass von ihnen erhebliche Gefahren für die

öffentliche Sicherheit oder Ordnung ausgehen. Die Maßnahmen dürfen auch durchgeführt werden, wenn Dritte unvermeidbar betroffen werden.
(2) Die Unterlagen sind nach Beendigung der öffentlichen Versammlung oder zeitlich und sachlich damit unmittelbar im Zusammenhang stehender Ereignisse unverzüglich zu vernichten, soweit sie nicht benötigt werden
1. für die Verfolgung von Straftaten von Teilnehmern oder
2. im Einzelfall zur Gefahrenabwehr, weil die betroffene Person verdächtigt ist, Straftaten bei oder im Zusammenhang mit der öffentlichen Versammlung vorbereitet oder begangen zu haben, und deshalb zu besorgen ist, dass von ihr erhebliche Gefahren für künftige öffentliche Versammlungen oder Aufzüge ausgehen.

Unterlagen, die aus den in Satz 1 Nr. 2 aufgeführten Gründen nicht vernichtet wurden, sind in jedem Fall spätestens nach Ablauf von drei Jahren seit ihrer Entstehung zu vernichten, es sei denn, sie würden inzwischen zu dem in Satz 1 Nr. 1 aufgeführten Zweck benötigt.
(3) Die Befugnisse zur Erhebung personenbezogener Informationen nach Maßgabe der Strafprozessordnung und des Gesetzes über Ordnungswidrigkeiten bleiben unberührt.

§ 13 (1) Die Polizei (§ 12) kann die Versammlung nur dann und unter Angabe des Grundes auflösen, wenn
1. der Veranstalter unter die Vorschriften des § 1 Abs. 2 Nr. 1 bis 4 fällt, und im Falle der Nummer 4 das Verbot durch die zuständige Verwaltungsbehörde festgestellt worden ist,
2. die Versammlung einen gewalttätigen oder aufrührerischen Verlauf nimmt oder unmittelbare Gefahr für Leben und Gesundheit der Teilnehmer besteht,
3. der Leiter Personen, die Waffen oder sonstige Gegenstände im Sinne von § 2 Abs. 3 mit sich führen, nicht sofort ausschließt und für die Durchführung des Ausschlusses sorgt,
4. durch den Verlauf der Versammlung gegen Strafgesetze verstoßen wird, die ein Verbrechen oder von Amts wegen zu verfolgendes Vergehen zum Gegenstand haben, oder wenn in der Versammlung zu solchen Straftaten aufgefordert oder angereizt wird und der Leiter dies nicht unverzüglich unterbindet. In den Fällen der Nummern 2 bis 4 ist die Auflösung nur zulässig, wenn andere polizeiliche Maßnahmen, insbesondere eine Unterbrechung, nicht ausreichen.

(2) Sobald eine Versammlung für aufgelöst erklärt ist, haben alle Teilnehmer sich sofort zu entfernen.

§ 14 (1) Wer die Absicht hat, eine öffentliche Versammlung unter freiem Himmel oder einen Aufzug zu veranstalten, hat dies spätestens 48 Stunden vor der Bekanntgabe der zuständigen Behörde unter Angabe des Gegenstandes der Versammlung oder des Aufzuges anzumelden.
(2) In der Anmeldung ist anzugeben, welche Person für die Leitung der Versammlung oder des Aufzuges verantwortlich sein soll.

§ 15 (1) Die zuständige Behörde kann die Versammlung oder den Aufzug verbieten oder von bestimmten Auflagen abhängig machen, wenn nach den zur Zeit des Erlasses der Verfügung erkennbaren Umständen die öffentliche Sicherheit oder Ordnung bei Durchführung der Versammlung oder des Aufzuges unmittelbar gefährdet ist.

(2) Eine Versammlung oder ein Aufzug kann insbesondere verboten oder von bestimmten Auflagen abhängig gemacht werden, wenn

1. die Versammlung oder der Aufzug an einem Ort stattfindet, der als Gedenkstätte von historisch herausragender, überregionaler Bedeutung an die Opfer der menschenunwürdigen Behandlung unter der nationalsozialistischen Gewalt- und Willkürherrschaft erinnert, und
2. nach den zur Zeit des Erlasses der Verfügung konkret feststellbaren Umständen zu besorgen ist, dass durch die Versammlung oder den Aufzug die Würde der Opfer beeinträchtigt wird.

Das Denkmal für die ermordeten Juden Europas in Berlin ist ein Ort nach Satz 1 Nr. 1. Seine Abgrenzung ergibt sich aus der Anlage zu diesem Gesetz. Andere Orte nach Satz 1 Nr. 1 und deren Abgrenzung werden durch Landesgesetz bestimmt.

(3) Sie kann eine Versammlung oder einen Aufzug auflösen, wenn sie nicht angemeldet sind, wenn von den Angaben der Anmeldung abgewichen oder den Auflagen zuwidergehandelt wird oder wenn die Voraussetzungen zu einem Verbot nach Abs. 1 oder 2 gegeben sind.

(4) Eine verbotene Veranstaltung ist aufzulösen.

§ 16 (1) Öffentliche Versammlungen unter freiem Himmel und Aufzüge sind innerhalb des befriedeten Bannkreises der Gesetzgebungsorgane der Länder verboten. Ebenso ist es verboten, zu öffentlichen Versammlungen unter freiem Himmel oder Aufzügen nach Satz 1 aufzufordern.

(2) Die befriedeten Bannkreise für die Gesetzgebungsorgane der Länder werden durch Landesgesetze bestimmt.

(3) Das Weitere regeln die Bannmeilengesetze der Länder.

§ 17 Die §§ 14 bis 16 gelten nicht für Gottesdienste unter freiem Himmel, kirchliche Prozessionen, Bittgänge und Wallfahrten, gewöhnliche Leichenbegängnisse, Züge von Hochzeitsgesellschaften und hergebrachte Volksfeste.

§ 17a (1) Es ist verboten, bei öffentlichen Versammlungen unter freiem Himmel, Aufzügen oder sonstigen öffentlichen Veranstaltungen unter freiem Himmel oder auf dem Weg dorthin Schutzwaffen oder Gegenstände, die als Schutzwaffen geeignet und den Umständen nach dazu bestimmt sind, Vollstreckungsmaßnahmen eines Trägers von Hoheitsbefugnissen abzuwehren, mit sich zu führen.

(2) Es ist auch verboten,

1. an derartigen Veranstaltungen in einer Aufmachung, die geeignet und den Umständen nach darauf gerichtet ist, die Feststellung der Identität zu verhindern, teilzunehmen oder den Weg zu derartigen Veranstaltungen in einer solchen Aufmachung zurückzulegen.
2. bei derartigen Veranstaltungen oder auf dem Weg dorthin Gegenstände mit sich zu führen, die geeignet und den Umständen nach dazu bestimmt sind, die Feststellung der Identität zu verhindern.

(3) Absätze 1 und 2 gelten nicht, wenn es sich um Veranstaltungen im Sinne des § 17 handelt. Die zuständige Behörde kann weitere Ausnahmen von den Verboten der Absätze 1 und 2 zulassen, wenn eine Gefährdung der öffentlichen Sicherheit oder Ordnung nicht zu besorgen ist.

(4) Die zuständige Behörde kann zur Durchsetzung der Verbote der Absätze 1 und 2 Anordnungen treffen. Sie kann insbesondere Personen, die diesen Verboten zuwiderhandeln, von der Veranstaltung ausschließen.

§ 18 (1) Für Versammlungen unter freiem Himmel sind § 7 Abs. 1, §§ 8, 9 Abs. 1, §§ 10, 11 Abs. 2, §§ 12 und 13 Abs. 2 entsprechend anzuwenden.
(2) Die Verwendung von Ordnern bedarf polizeilicher Genehmigung. Sie ist bei der Anmeldung zu beantragen.
(3) Die Polizei kann Teilnehmer, welche die Ordnung gröblich stören, von der Versammlung ausschließen.

§ 19 (1) Der Leiter des Aufzuges hat für den ordnungsmäßigen Ablauf zu sorgen. Er kann sich der Hilfe ehrenamtlicher Ordner bedienen, für welche § 9 Abs. 1 und § 18 gelten.
(2) Die Teilnehmer sind verpflichtet, die zur Aufrechterhaltung der Ordnung getroffenen Anordnungen des Leiters oder der von ihm bestellten Ordner zu befolgen.
(3) Vermag der Leiter sich nicht durchzusetzen, so ist er verpflichtet, den Aufzug für beendet zu erklären.
(4) Die Polizei kann Teilnehmer, welche die Ordnung gröblich stören, von dem Aufzug ausschließen.

§ 19a Für Bild- und Tonaufnahmen durch die Polizei bei Versammlungen unter freiem Himmel und Aufzügen gilt § 12a.

§ 20 Das Grundrecht des Artikels 8 des Grundgesetzes wird durch die Bestimmungen dieses Abschnitts eingeschränkt.

§ 21 Wer in der Absicht, nicht verbotene Versammlungen oder Aufzüge zu verhindern oder zu sprengen oder sonst ihre Durchführung zu vereiteln, Gewalttätigkeiten vornimmt oder androht oder grobe Störungen verursacht, wird mit Freiheitsstrafe bis zu drei Jahren oder mit Geldstrafe bestraft.

§ 22 Wer bei einer öffentlichen Versammlung oder einem Aufzug dem Leiter oder einem Ordner in der rechtmäßigen Ausübung seiner Ordnungsbefugnisse mit Gewalt oder Drohung mit Gewalt Widerstand leistet oder ihn während der rechtmäßigen Ausübung seiner Ordnungsbefugnisse tätlich angreift, wird mit Freiheitsstrafe bis zu einem Jahr oder mit Geldstrafe bestraft.

§ 23 Wer öffentlich, in einer Versammlung oder durch Verbreiten eines Inhalts (§ 11 Abs. 3 des Strafgesetzbuches) zur Teilnahme an einer öffentlichen Versammlung oder einem Aufzug auffordert, nachdem die Durchführung durch ein vollziehbares Verbot untersagt oder die Auflösung angeordnet worden ist, wird mit Freiheitsstrafe bis zu einem Jahr oder mit Geldstrafe bestraft.

§ 24 Wer als Leiter einer öffentlichen Versammlung oder eines Aufzuges Ordner verwendet, die Waffen oder sonstige Gegenstände, die ihrer Art nach zur Verletzung von Personen oder Beschädigung von Sachen geeignet und bestimmt sind, mit sich führen, wird mit Freiheitsstrafe bis zu einem Jahr oder mit Geldstrafe bestraft.

§ 25 Wer als Leiter einer öffentlichen Versammlung unter freiem Himmel oder eines Aufzuges

1. die Versammlung oder den Aufzug wesentlich anders durchführt, als die Veranstalter bei der Anmeldung angegeben haben, oder
2. Auflagen nach § 15 Abs. 1 oder 2 nicht nachkommt, wird mit Freiheitsstrafe bis zu sechs Monaten oder mit Geldstrafe bis zu einhundertachtzig Tagessätzen bestraft.

§ 26 Wer als Veranstalter oder Leiter

1. eine öffentliche Versammlung oder einen Aufzug trotz vollziehbaren Verbots durchführt oder trotz Auflösung oder Unterbrechung durch die Polizei fortsetzt oder
2. eine öffentliche Versammlung unter freiem Himmel oder einen Aufzug ohne Anmeldung (§ 14) durchführt, wird mit Freiheitsstrafe bis zu einem Jahr oder mit Geldstrafe bestraft.

§ 27 (1) Wer bei öffentlichen Versammlungen oder Aufzügen Waffen oder sonstige Gegenstände, die ihrer Art nach zur Verletzung von Personen oder Beschädigung von Sachen geeignet und bestimmt sind, mit sich führt, ohne dazu behördlich ermächtigt zu sein, wird mit Freiheitsstrafe bis zu einem Jahr oder mit Geldstrafe bestraft. Ebenso wird bestraft, wer ohne behördliche Ermächtigung Waffen oder sonstige Gegenstände im Sinne des Satzes 1 auf dem Weg zu öffentlichen Versammlungen oder Aufzügen mit sich führt, zu derartigen Veranstaltungen hinschafft oder sie zur Verwendung bei derartigen Veranstaltungen bereithält oder verteilt.

(2) Wer

1. entgegen § 17a Abs. 1 bei öffentlichen Versammlungen unter freiem Himmel, Aufzügen oder sonstigen öffentlichen Veranstaltungen unter freiem Himmel oder auf dem Weg dorthin Schutzwaffen oder Gegenstände, die als Schutzwaffen geeignet und den Umständen nach dazu bestimmt sind, Vollstreckungsmaßnahmen eines Trägers von Hoheitsbefugnissen abzuwehren, mit sich führt,
2. entgegen § 17a Abs. 2 Nr. 1 an derartigen Veranstaltungen in einer Aufmachung, die geeignet und den Umständen nach darauf gerichtet ist, die Feststellung der Identität zu verhindern, teilnimmt oder den Weg zu derartigen Veranstaltungen in einer solchen Aufmachung zurücklegt oder
3. sich im Anschluss an oder sonst im Zusammenhang mit derartigen Veranstaltungen mit anderen zusammenrottet und dabei
   a) Waffen oder sonstige Gegenstände, die ihrer Art nach zur Verletzung von Personen oder Beschädigung von Sachen geeignet und bestimmt sind, mit sich führt,
   b) Schutzwaffen oder sonstige in Nummer 1 bezeichnete Gegenstände mit sich führt oder
   c) in der in Nummer 2 bezeichneten Weise aufgemacht ist, wird mit Freiheitsstrafe bis zu einem Jahr oder mit Geldstrafe bestraft.

§ 28 Wer der Vorschrift des § 3 zuwiderhandelt, wird mit Freiheitsstrafe bis zu zwei Jahren oder mit Geldstrafe bestraft.

§ 29 (1) Ordnungswidrig handelt, wer

1. an einer öffentlichen Versammlung oder einem Aufzug teilnimmt, deren Durchführung durch vollziehbares Verbot untersagt ist,

1a. entgegen § 17a Abs. 2 Nr. 2 bei einer öffentlichen Versammlung unter freiem Himmel, einem Aufzug oder einer sonstigen öffentlichen Veranstaltung unter freiem Himmel oder auf dem Weg dorthin Gegenstände, die geeignet und den Umständen nach dazu bestimmt sind, die Feststellung der Identität zu verhindern, mit sich führt.
2. sich trotz Auflösung einer öffentlichen Versammlung oder eines Aufzuges durch die zuständige Behörde nicht unverzüglich entfernt,
3. als Teilnehmer einer öffentlichen Versammlung unter freiem Himmel oder eines Aufzuges einer vollziehbaren Auflage nach § 15 Abs. 1 oder 2 nicht nachkommt,
4. trotz wiederholter Zurechtweisung durch den Leiter oder einen Ordner fortfährt, den Ablauf einer öffentlichen Versammlung oder eines Aufzuges zu stören,
5. sich nicht unverzüglich nach seiner Ausschließung aus einer öffentlichen Versammlung oder einem Aufzug entfernt,
6. der Aufforderung der Polizei, die Zahl der von ihm bestellten Ordner mitzuteilen, nicht nachkommt oder eine unrichtige Zahl mitteilt (§ 9 Abs. 2),
7. als Leiter oder Veranstalter einer öffentlichen Versammlung oder eines Aufzuges eine größere Zahl von Ordnern verwendet, als die Polizei zugelassen oder genehmigt hat (§ 9 Abs. 2, § 18 Abs. 2), oder Ordner verwendet, die anders gekennzeichnet sind, als es nach § 9 Abs. 1 zulässig ist, oder
8. als Leiter den in eine öffentliche Versammlung entsandten Polizeibeamten die Anwesenheit verweigert oder ihnen keinen angemessenen Platz einräumt.

(2) Die Ordnungswidrigkeit kann in den Fällen des Absatzes 1 Nr. 1 bis 5 mit einer Geldbuße bis tausend Deutsche Mark und in den Fällen des Absatzes 1 Nr. 6 bis 8 mit einer Geldbuße bis zu fünftausend Deutsche Mark geahndet werden.

§ 29a (1) Ordnungswidrig handelt, wer entgegen § 16 Abs. 1 an einer öffentlichen Versammlung unter freiem Himmel oder an einem Aufzug teilnimmt oder zu einer öffentlichen Versammlung unter freiem Himmel oder zu einem Aufzug auffordert.
(2) Die Ordnungswidrigkeit kann mit einer Geldbuße bis zu dreißigtausend Deutsche Mark geahndet werden.

§ 30 Gegenstände, auf die sich eine Straftat nach § 27 oder § 28 oder eine Ordnungswidrigkeit nach § 29 Abs. 1 Nr. 1a oder 3 bezieht, können eingezogen werden. § 74a des Strafgesetzbuches und § 23 des Gesetzes über Ordnungswidrigkeiten sind anzuwenden.

§ 31 (Aufhebungsvorschriften)

§ 32 Dieses Gesetz gilt nach Maßgabe des § 13 Abs. 1 des Dritten Überleitungsgesetzes auch im Land Berlin. Rechtsverordnungen, die auf Grund der in diesem Gesetz enthaltenen Ermächtigung erlassen werden, gelten im Land Berlin nach § 14 des Dritten Überleitungsgesetzes.

§ 33 (Inkrafttreten)

Anlage (zu § 15 Abs. 2) Die Abgrenzung des Ortes nach § 15 Abs. 2 Satz 2 (Denkmal für die ermordeten Juden Europas) umfasst das Gebiet der Bundeshauptstadt Berlin, das umgrenzt wird durch die Ebertstraße, zwischen der Straße In den Ministergärten bzw. Lennestraße und der Umfahrung Platz des 18. März, einschließlich des unbefestigten Grünflächenbereichs Ebertpromenade und des Bereichs der unbefestigten Grünfläche im Bereich des J.-W.-von-Goethe-Denkmals, die Behrenstraße, zwischen Ebertstraße und Wilhelmstraße, die Cora-Berliner-Straße, die Gertrud-Kolmar-Straße, nördlich der Einmündung der Straße In den Ministergärten, die Hannah-Arendt-Straße, einschließlich der Ver-längerung zur Wilhelmstraße. Die genannten Umgrenzungslinien sind einschließlich der Fahrbahnen, Gehwege und aller sonstigen zum Betreten oder Befahren bestimmten öffentlichen Flächen Bestandteil des Gebiets.

3.34 Verwaltungsgerichtsordnung (VwGO) (Auszug)

§ 1 Die Verwaltungsgerichtsbarkeit wird durch unabhängige, von den Verwaltungsbehörden getrennte Gerichte ausgeübt.

§ 2 Gerichte der Verwaltungsgerichtsbarkeit sind in den Ländern die Verwaltungsgerichte und je ein Oberverwaltungsgericht, im Bund das Bundesverwaltungsgericht mit Sitz in Leipzig.

§ 5 (1) Das Verwaltungsgericht besteht aus dem Präsidenten und aus den Vorsitzenden Richtern und weiteren Richtern in erforderlicher Anzahl.
(2) Bei dem Verwaltungsgericht werden Kammern gebildet.
(3) Die Kammer des Verwaltungsgerichts entscheidet in der Besetzung von drei Richtern und zwei ehrenamtlichen Richtern, soweit nicht ein Einzelrichter entscheidet. ...

§ 9 (1) Das Oberverwaltungsgericht besteht aus dem Präsidenten und aus den Vorsitzenden Richtern und weiteren Richtern in erforderlicher Anzahl.
(2) Bei dem Oberverwaltungsgericht werden Senate gebildet.
(3) Die Senate des Oberverwaltungsgerichts entscheiden in der Besetzung von drei Richtern; die Landesgesetzgebung kann vorsehen, dass die Senate in der Besetzung von fünf Richtern entscheiden, von denen zwei auch ehrenamtliche Richter sein können. Für die Fälle des § 48 Abs. 1 kann auch vorgesehen werden, dass die Senate in der Besetzung von fünf Richtern und zwei ehrenamtlichen Richtern entscheiden. Satz 1 HalbSatz 2 und Satz 2 gelten nicht für die Fälle des § 99 Abs. 2.
(4) ...

§ 10 (1) Das Bundesverwaltungsgericht besteht aus dem Präsidenten und aus den Vorsitzenden Richtern und weiteren Richtern in erforderlicher Anzahl.
(2) Bei dem Bundesverwaltungsgericht werden Senate gebildet.
(3) Die Senate des Bundesverwaltungsgerichts entscheiden in der Besetzung von fünf Richtern, bei Beschlüssen außerhalb der mündlichen Verhandlung in der Besetzung von drei Richtern.

§ 11 (1) Bei dem Bundesverwaltungsgericht wird ein Großer Senat gebildet.
(2) Der Große Senat entscheidet, wenn ein Senat in einer Rechtsfrage von der Entscheidung eines anderen Senats oder des Großen Senats abweichen will.
(3) - (7) ...

§ 40 (1) Der Verwaltungsrechtsweg ist in allen öffentlich-rechtlichen Streitigkeiten nichtverfassungsrechtlicher Art gegeben, soweit die Streitigkeiten nicht durch Bundesgesetz einem anderen Gericht ausdrücklich zugewiesen sind. Öffentlich-rechtliche Streitigkeiten auf dem Gebiet des Landesrechts können einem anderen Gericht auch durch Landesgesetz zugewiesen werden.
(2) ...

§ 42 (1) Durch Klage kann die Aufhebung eines Verwaltungsakts (Anfechtungsklage) sowie die Verurteilung zum Erlasseines abgelehnten oder unterlassenen Verwaltungsakts (Verpflichtungsklage) begehrt werden.
(2) Soweit gesetzlich nichts anderes bestimmt ist, ist die Klage nur zulässig, wenn der Kläger geltend macht, durch den Verwaltungsakt oder seine Ablehnung oder Unterlassung in seinen Rechten verletzt zu sein.

§ 43 (1) Durch Klage kann die Feststellung des Bestehens oder Nichtbestehens eines Rechtsverhältnisses oder der Nichtigkeit eines Verwaltungsakts begehrt werden, wenn der Kläger ein berechtigtes Interesse an der baldigen Feststellung hat (Feststellungsklage).
(2) Die Feststellung kann nicht begehrt werden, soweit der Kläger seine Rechte durch Gestaltungs- oder Leistungsklage verfolgen kann oder hätte verfolgen können. Dies gilt nicht, wenn die Feststellung der Nichtigkeit eines Verwaltungsakts begehrt wird.

§ 44 Mehrere Klagebegehren können vom Kläger in einer Klage zusammen verfolgt werden, wenn sie sich gegen denselben Beklagten richten, im Zusammenhang stehen und dasselbe Gericht zuständig ist.

§ 45 Das Verwaltungsgericht entscheidet im ersten Rechtszug über alle Streitigkeiten, für die der Verwaltungsrechtsweg offensteht.

§ 46 Das Oberverwaltungsgericht entscheidet über das Rechtsmittel
1. der Berufung gegen Urteile des Verwaltungsgerichts und
2. der Beschwerde gegen andere Entscheidungen des Verwaltungsgerichts.

§ 49 Das Bundesverwaltungsgericht entscheidet über das Rechtsmittel
1. der Revision gegen Urteile des Oberverwaltungsgerichts nach § 132,
2. der Revision gegen Urteile des Verwaltungsgerichts nach §§ 134 und 135,
3. der Beschwerde nach § 99 Abs. 2 und § 133 Abs. 1 dieses Gesetzes sowie nach § 17a Abs. 4 Satz 4 des Gerichtsverfassungsgesetzes.

§ 63 Beteiligte am Verfahren sind
1. der Kläger,
2. der Beklagte,
3. der Beigeladene (§ 65),
4. der Vertreter des Bundesinteresses beim Bundesverwaltungsgericht oder der Vertreter des öffentlichen Interesses, falls er von seiner Beteiligungsbefugnis Gebrauch macht.

§ 65 (1) Das Gericht kann, solange das Verfahren noch nicht rechtskräftig abgeschlossen oder in höherer Instanz anhängig ist, von Amts wegen oder auf Antrag andere, deren rechtliche Interessen durch die Entscheidung berührt werden, beiladen.
(2) Sind an dem streitigen Rechtsverhältnis Dritte derart beteiligt, daß die Entscheidung auch ihnen gegenüber nur einheitlich ergehen kann, so sind sie beizuladen (notwendige Beiladung).
(3) – (4) ...

§ 80 (1) Widerspruch und Anfechtungsklage haben aufschiebende Wirkung. Das gilt auch bei rechtsgestaltenden und feststellenden Verwaltungsakten sowie bei Verwaltungsakten mit Doppelwirkung (§ 80a).
(2) Die aufschiebende Wirkung entfällt nur
1. bei der Anforderung von öffentlichen Abgaben und Kosten,
2. bei unaufschiebbaren Anordnungen und Maßnahmen von Polizeivollzugsbeamten,
3. in anderen durch Bundesgesetz oder für Landesrecht durch Landesgesetz vorgeschriebenen Fällen, insbesondere für Widersprüche und Klagen Dritter gegen Verwaltungsakte, die Investitionen oder die Schaffung von Arbeitsplätzen betreffen,
3a. für Widersprüche und Klagen Dritter gegen Verwaltungsakte, die die Zulassung von Vorhaben betreffend Bundesverkehrswege und Mobilfunknetze zum Gegenstand haben und die nicht unter Nummer 3 fallen,
4. in den Fällen, in denen die sofortige Vollziehung im öffentlichen Interesse oder im überwiegenden Interesse eines Beteiligten von der Behörde, die den Verwaltungsakt erlassen oder über den Widerspruch zu entscheiden hat, besonders angeordnet wird.

...
(3) – (8) ...

§ 80a (1) Legt ein Dritter einen Rechtsbehelf gegen den an einen anderen gerichteten, diesen begünstigenden Verwaltungsakt ein, kann die Behörde
1. auf Antrag des Begünstigten nach § 80 Absatz 2 Satz 1 Nummer 4 die sofortige Vollziehung anordnen,
2. auf Antrag des Dritten nach § 80 Abs. 4 die Vollziehung aussetzen und einstweilige Maßnahmen zur Sicherung der Rechte des Dritten treffen.

(2) Legt ein Betroffener gegen einen an ihn gerichteten belastenden Verwaltungsakt, der einen Dritten begünstigt, einen Rechtsbehelf ein, kann die Behörde auf Antrag des Dritten nach § 80 Absatz 2 Satz 1 Nummer 4 die sofortige Vollziehung anordnen.
(3) Das Gericht kann auf Antrag Maßnahmen nach den Absätzen 1 und 2 ändern oder aufheben oder solche Maßnahmen treffen. § 80 Abs. 5 bis 8 gilt entsprechend.

§ 81 (1) Die Klage ist bei dem Gericht schriftlich zu erheben. Bei dem Verwaltungsgericht kann sie auch zu Protokoll des Urkundsbeamten der Geschäftsstelle erhoben werden.
(2) Der Klage und allen Schriftsätzen sollen vorbehaltlich des § 55a Absatz 5 Satz 3 Abschriften für die übrigen Beteiligten beigefügt werden.

§ 82 (1) Die Klage muss den Kläger, den Beklagten und den Gegenstand des Klagebegehrens bezeichnen. Sie soll einen bestimmten Antrag enthalten. Die zur Begründung dienenden Tatsachen und Beweismittel sollen angegeben, die angefochtene Verfügung und der Widerspruchsbescheid sollen in Abschrift beigefügt werden.
(2) ...

§ 86 (1) Das Gericht erforscht den Sachverhalt von Amts wegen; die Beteiligten sind dabei heranzuziehen. Es ist an das Vorbringen und an die Beweisanträge der Beteiligten nicht gebunden.
(2) – (5) ...

§ 98 Soweit dieses Gesetz nicht abweichende Vorschriften enthält, sind auf die Beweisaufnahme §§ 358 bis 444 und 450 bis 494 der Zivilprozeßordnung entsprechend anzuwenden

§ 107 Über die Klage wird, soweit nichts anderes bestimmt ist, durch Urteil entschieden.

§ 108 (1) Das Gericht entscheidet nach seiner freien, aus dem Gesamtergebnis des Verfahrens gewonnenen Überzeugung. In dem Urteil sind die Gründe anzugeben, die für die richterliche Überzeugung leitend gewesen sind.
(2) Das Urteil darf nur auf Tatsachen und Beweisergebnisse gestützt werden, zu denen die Beteiligten sich äußern konnten.

§ 113 (1) Soweit der Verwaltungsakt rechtswidrig und der Kläger dadurch in seinen Rechten verletzt ist, hebt das Gericht den Verwaltungsakt und den etwaigen Widerspruchsbescheid auf. Ist der Verwaltungsakt schon vollzogen, so kann das Gericht auf Antrag auch aussprechen, dass und wie die Verwaltungsbehörde die Vollziehung rückgängig zu machen hat. Dieser Ausspruch ist nur zulässig, wenn die Behörde dazu in der Lage und diese Frage spruchreif ist. Hat sich der Verwaltungsakt vorher durch Zurücknahme oder anders erledigt, so spricht das Gericht auf Antrag durch Urteil aus, dass der Verwaltungsakt rechtswidrig gewesen ist, wenn der Kläger ein berechtigtes Interesse an dieser Feststellung hat.
(2) Begehrt der Kläger die Änderung eines Verwaltungsakts, der einen Geldbetrag festsetzt oder eine darauf bezogene Feststellung trifft, kann das Gericht den Betrag in anderer Höhe festsetzen oder die Feststellung durch eine andere ersetzen. ...
(3) – (5) ...

§ 124 (1) Gegen Endurteile einschließlich der Teilurteile nach § 110 und gegen Zwischenurteile nach den §§ 109 und 111 steht den Beteiligten die Berufung zu, wenn sie von dem Verwaltungsgericht oder dem Oberverwaltungsgericht zugelassen wird.
(2) Die Berufung ist nur zuzulassen,
1. wenn ernstliche Zweifel an der Richtigkeit des Urteils bestehen,
2. wenn die Rechtssache besondere tatsächliche oder rechtliche Schwierigkeiten aufweist,
3. wenn die Rechtssache grundsätzliche Bedeutung hat,
4. wenn das Urteil von einer Entscheidung des Oberverwaltungsgerichts, des Bundesverwaltungsgerichts, des Gemeinsamen Senats der obersten Gerichtshöfe des Bundes oder des Bundesverfassungsgerichts abweicht und auf dieser Abweichung beruht oder
1. wenn ein der Beurteilung des Berufungsgerichts unterliegender Verfahrensmangel geltend gemacht wird und vorliegt, auf dem die Entscheidung beruhen kann.

§ 128 Das Oberverwaltungsgericht prüft den Streitfall innerhalb des Berufungsantrags im gleichen Umfang wie das Verwaltungsgericht. Es berücksichtigt auch neu vorgebrachte Tatsachen und Beweismittel.

§ 132 (1) Gegen das Urteil des Oberverwaltungsgerichts (§ 49 Nr. 1) und gegen Beschlüsse nach § 47 Abs. 5 Satz 1 steht den Beteiligten die Revision an das Bundesverwal-

tungsgericht zu, wenn das Oberverwaltungsgericht oder auf Beschwerde gegen die Nichtzulassung das Bundesverwaltungsgericht sie zugelassen hat.
(2) Die Revision ist nur zuzulassen, wenn
1. die Rechtssache grundsätzliche Bedeutung hat,
2. das Urteil von einer Entscheidung des Bundesverwaltungsgerichts, des Gemeinsamen Senats der obersten Gerichtshöfe des Bundes oder des Bundesverfassungsgerichts abweicht und auf dieser Abweichung beruht oder
3. ein Verfahrensmangel geltend gemacht wird und vorliegt, auf dem die Entscheidung beruhen kann.

(3) Das Bundesverwaltungsgericht ist an die Zulassung gebunden.

§ 134 (1) Gegen das Urteil eines Verwaltungsgerichts (§ 49 Nr. 2) steht den Beteiligten die Revision unter Übergehung der Berufungsinstanz zu, wenn der Kläger und der Beklagte der Einlegung der Sprungrevision schriftlich zustimmen und wenn sie von dem Verwaltungsgericht im Urteil oder auf Antrag durch Beschluss zugelassen wird. Der Antrag ist innerhalb eines Monats nach Zustellung des vollständigen Urteils schriftlich zu stellen. Die Zustimmung zu der Einlegung der Sprungrevision ist dem Antrag oder, wenn die Revision im Urteil zugelassen ist, der Revisionsschrift beizufügen.
(2) Die Revision ist nur zuzulassen, wenn die Voraussetzungen des § 132 Abs. 2 Nr. 1 oder 2 vorliegen. Das Bundesverwaltungsgericht ist an die Zulassung gebunden. Die Ablehnung der Zulassung ist unanfechtbar.
(3) – (5) ...

§ 137 (1) Die Revision kann nur darauf gestützt werden, dass das angefochtene Urteil auf der Verletzung
1. von Bundesrecht oder
2. einer Vorschrift des Verwaltungsverfahrensgesetzes eines Landes, die ihrem Wortlaut nach mit dem Verwaltungsverfahrensgesetz des Bundes übereinstimmt, beruht.

(2) – (3) ...

§ 139 (1) Die Revision ist bei dem Gericht, dessen Urteil angefochten wird, innerhalb eines Monats nach Zustellung des vollständigen Urteils oder des Beschlusses über die Zulassung der Revision nach § 134 Abs. 3 Satz 2 schriftlich einzulegen. Die Revisionsfrist ist auch gewahrt, wenn die Revision innerhalb der Frist bei dem Bundesverwaltungsgericht eingelegt wird. Die Revision muss das angefochtene Urteil bezeichnen.
(2) – (3) ...

§ 154 (1) Der unterliegende Teil trägt die Kosten des Verfahrens.
(2) Die Kosten eines ohne Erfolg eingelegten Rechtsmittels fallen demjenigen zur Last, der das Rechtsmittel eingelegt hat.
(3) Dem Beigeladenen können Kosten nur auferlegt werden, wenn er Anträge gestellt oder Rechtsmittel eingelegt hat; § 155 Abs. 4 bleibt unberührt.
(4) Die Kosten des erfolgreichen Wiederaufnahmeverfahrens können der Staatskasse auferlegt werden, soweit sie nicht durch das Verschulden eines Beteiligten entstanden sind.

§ 155 (1) Wenn ein Beteiligter teils obsiegt, teils unterliegt, so sind die Kosten gegeneinander aufzuheben oder verhältnismäßig zu teilen. Sind die Kosten gegeneinander aufgehoben, so fallen die Gerichtskosten jedem Teil zur Hälfte zur Last. Einem Beteiligten können die Kosten ganz auferlegt werden, wenn der andere nur zu einem geringen Teil unterlegen ist.

(2) Wer einen Antrag, eine Klage, ein Rechtsmittel oder einen anderen Rechtsbehelf zurücknimmt, hat die Kosten zu tragen.

(3) Kosten, die durch einen Antrag auf Wiedereinsetzung in den vorigen Stand entstehen, fallen dem Antragsteller zur Last.

(4) Kosten, die durch Verschulden eines Beteiligten entstanden sind, können diesem auferlegt werden.

3.35 Verwaltungsverfahrensgesetz (VwVfG) (Auszug)

§ 9 Begriff des Verwaltungsverfahrens Das Verwaltungsverfahren im Sinne dieses Gesetzes ist die nach außen wirkende Tätigkeit der Behörden, die auf die Prüfung der Voraussetzungen, die Vorbereitung und den Erlass eines Verwaltungsaktes oder auf den Abschluss eines öffentlich-rechtlichen Vertrags gerichtet ist; es schließt den Erlass des Verwaltungsaktes oder den Abschluss des öffentlich-rechtlichen Vertrags ein.

§ 13 Beteiligte (1) Beteiligte sind

1. Antragsteller und Antragsgegner,
2. diejenigen, an die die Behörde den Verwaltungsakt richten will oder gerichtet hat,
3. diejenigen, mit denen die Behörde einen öffentlich-rechtlichen Vertrag schließen will oder geschlossen hat,
4. diejenigen, die nach Abs. 2 von der Behörde zu dem Verfahren hinzugezogen worden sind.

(2) - (3) ...

§ 35 Begriff des Verwaltungsaktes Verwaltungsakt ist jede Verfügung, Entscheidung oder andere hoheitliche Maßnahme, die eine Behörde zur Regelung eines Einzelfalls auf dem Gebiet des öffentlichen Rechts trifft und die auf unmittelbare Rechtswirkung nach außen gerichtet ist. Allgemeinverfügung ist ein Verwaltungsakt, der sich an einen nach allgemeinen Merkmalen bestimmten oder bestimmbaren Personenkreis richtet oder die öffentlich-rechtliche Eigenschaft einer Sache oder ihre Benutzung durch die Allgemeinheit betrifft.

§ 40 Ermessen Ist die Behörde ermächtigt, nach ihrem Ermessen zu handeln, hat sie ihr Ermessen entsprechend dem Zweck der Ermächtigung auszuüben und die gesetzlichen Grenzen des Ermessens einzuhalten.

3.36 Waffengesetz (WaffG) (Auszug)

§ 1 Gegenstand und Zweck des Gesetzes, Begriffsbestimmungen (1) Dieses Gesetz regelt den Umgang mit Waffen oder Munition unter Berücksichtigung der Belange der öffentlichen Sicherheit und Ordnung.

(2) Waffen sind

1. Schusswaffen oder ihnen gleichgestellte Gegenstände und
2. tragbare Gegenstände,
   a) die ihrem Wesen nach dazu bestimmt sind, die Angriffs- oder Abwehrfähigkeit von Menschen zu beseitigen oder herabzusetzen, insbesondere Hieb- und Stoßwaffen;
   b) die, ohne dazu bestimmt zu sein, insbesondere wegen ihrer Beschaffenheit, Handhabung oder Wirkungsweise geeignet sind, die Angriffs- oder Abwehrfähigkeit von Menschen zu beseitigen oder herabzusetzen, und die in diesem Gesetz genannt sind.

(3) Umgang mit einer Waffe oder Munition hat, wer diese erwirbt, besitzt, überlässt, führt, verbringt, mitnimmt, damit schießt, herstellt, bearbeitet, instand setzt oder damit Handel treibt. Umgang mit einer Schusswaffe hat auch, wer diese unbrauchbar macht.

(4) Die Begriffe der Waffen und Munition sowie die Einstufung von Gegenständen nach Absatz 2 Nr. 2 Buchstabe b als Waffen, die Begriffe der Arten des Umgangs und sonstige waffenrechtliche Begriffe sind in der Anlage 1 (Begriffsbestimmungen) zu diesem Gesetz näher geregelt.

§ 2 Grundsätze des Umgangs mit Waffen oder Munition, Waffenliste (1) Der Umgang mit Waffen oder Munition ist nur Personen gestattet, die das 18. Lebensjahr vollendet haben.

(2) Der Umgang mit Waffen oder Munition, die in der Anlage 2 (Waffenliste) Abschnitt 2 zu diesem Gesetz genannt sind, bedarf der Erlaubnis.

(3) Der Umgang mit Waffen oder Munition, die in der Anlage 2 Abschnitt 1 zu diesem Gesetz genannt sind, ist verboten.

(4) Waffen oder Munition, mit denen der Umgang ganz oder teilweise von der Erlaubnispflicht oder von einem Verbot ausgenommen ist, sind in der Anlage 2 Abschnitt 1 und 2 genannt. Ferner sind in der Anlage 2 Abschnitt 3 die Waffen und Munition genannt, auf die dieses Gesetz ganz oder teilweise nicht anzuwenden ist.

(5) Bestehen Zweifel darüber, ob ein Gegenstand von diesem Gesetz erfasst wird oder wie er nach Maßgabe der Begriffsbestimmungen in Anlage 1 Abschnitt 1 und 3 und der Anlage 2 einzustufen ist, so entscheidet auf Antrag die zuständige Behörde. Antragsberechtigt sind

1. Hersteller, Importeure, Erwerber oder Besitzer des Gegenstandes, soweit sie ein berechtigtes Interesse an der Entscheidung nach Satz 1 glaubhaft machen können,
2. die zuständigen Behörden des Bundes und der Länder.

Die nach Landesrecht zuständigen Behörden sind vor der Entscheidung zu hören. Die Entscheidung ist für den Geltungsbereich dieses Gesetzes allgemein verbindlich. Sie ist im Bundesanzeiger bekannt zu machen.

§ 3 Umgang mit Waffen oder Munition durch Kinder und Jugendliche

(1) Jugendliche dürfen im Rahmen eines Ausbildungs- oder Arbeitsverhältnisses abweichend von § 2 Abs. 1 unter Aufsicht eines weisungsbefugten Waffenberechtigten mit Waffen oder Munition umgehen.

(2) Jugendliche dürfen abweichend von § 2 Abs. 1 Umgang mit geprüften Reizstoffsprühgeräten haben.
(3) Die zuständige Behörde kann für Kinder und Jugendliche allgemein oder für den Einzelfall Ausnahmen von Alterserfordernissen zulassen, wenn besondere Gründe vorliegen und öffentliche Interessen nicht entgegenstehen.

§ 4 Voraussetzungen für eine Erlaubnis (1) Eine Erlaubnis setzt voraus, dass der Antragsteller
1. das 18. Lebensjahr vollendet hat (§ 2 Abs. 1),
2. die erforderliche Zuverlässigkeit (§ 5) und persönliche Eignung (§ 6) besitzt,
3. die erforderliche Sachkunde nachgewiesen hat (§ 7),
4. ein Bedürfnis nachgewiesen hat (§ 8) und
5. bei der Beantragung eines Waffenscheins oder einer Schießerlaubnis eine Versicherung gegen Haftpflicht in Höhe von 1 Million Euro – pauschal für Personen- und Sachschäden – nachweist.

(2) Die Erlaubnis zum Erwerb, Besitz, Führen oder Schießen kann versagt werden, wenn der Antragsteller seinen gewöhnlichen Aufenthalt nicht seit mindestens fünf Jahren im Geltungsbereich dieses Gesetzes hat.
(3) Die zuständige Behörde hat die Inhaber von waffenrechtlichen Erlaubnissen in regelmäßigen Abständen, mindestens jedoch nach Ablauf von drei Jahren, erneut auf ihre Zuverlässigkeit und ihre persönliche Eignung zu prüfen sowie in den Fällen des Absatzes 1 Nr. 5 sich das Vorliegen einer Versicherung gegen Haftpflicht nachweisen zu lassen.
(4) Die zuständige Behörde hat das Fortbestehen des Bedürfnisses bei Inhabern einer waffenrechtlichen Erlaubnis alle fünf Jahre erneut zu überprüfen.
(5) Zur Erforschung des Sachverhalts kann die zuständige Behörde in begründeten Einzelfällen das persönliche Erscheinen des Antragstellers oder des Erlaubnisinhabers verlangen.

§ 5 Zuverlässigkeit (1) Die erforderliche Zuverlässigkeit besitzen Personen nicht,
1. die rechtskräftig verurteilt worden sind
   a) wegen eines Verbrechens oder
   b) wegen sonstiger vorsätzlicher Straftaten zu einer Freiheitsstrafe von mindestens einem Jahr,
   wenn seit dem Eintritt der Rechtskraft der letzten Verurteilung zehn Jahre noch nicht verstrichen sind,
2. bei denen Tatsachen die Annahme rechtfertigen, dass sie
   a) Waffen oder Munition missbräuchlich oder leichtfertig verwenden werden,
   b) mit Waffen oder Munition nicht vorsichtig oder sachgemäß umgehen oder diese Gegenstände nicht sorgfältig verwahren werden,
   c) Waffen oder Munition Personen überlassen werden, die zur Ausübung der tatsächlichen Gewalt über diese Gegenstände nicht berechtigt sind.

(2) Die erforderliche Zuverlässigkeit besitzen in der Regel Personen nicht,
1. a) die wegen einer vorsätzlichen Straftat,
   b) die wegen einer fahrlässigen Straftat im Zusammenhang mit dem Umgang mit Waffen, Munition oder explosionsgefährlichen Stoffen oder wegen einer fahrlässigen gemeingefährlichen Straftat,

c) die wegen einer Straftat nach dem Waffengesetz, dem Gesetz über die Kontrolle von Kriegswaffen, dem Sprengstoffgesetz oder dem Bundesjagdgesetz
zu einer Freiheitsstrafe, Jugendstrafe, Geldstrafe von mindestens 60 Tagessätzen oder mindestens zweimal zu einer geringeren Geldstrafe rechtskräftig verurteilt worden sind oder bei denen die Verhängung von Jugendstrafe ausgesetzt worden ist, wenn seit dem Eintritt der Rechtskraft der letzten Verurteilung fünf Jahre noch nicht verstrichen sind,

2. die Mitglied
   a) in einem Verein, der nach dem Vereinsgesetz als Organisation unanfechtbar verboten wurde oder der einem unanfechtbaren Betätigungsverbot nach dem Vereinsgesetz unterliegt, oder
   b) in einer Partei, deren Verfassungswidrigkeit das Bundesverfassungsgericht nach § 46 des Bundesverfassungsgerichtsgesetzes festgestellt hat,
   waren, wenn seit der Beendigung der Mitgliedschaft zehn Jahre noch nicht verstrichen sind,
3. Bei denen Tatsachen die Annahme rechtfertigen, dass sie in den letzten fünf Jahren
   a) Bestrebungen einzeln verfolgt haben, die
      aa) gegen die verfassungsmäßige Ordnung gerichtet sind,
      bb) gegen den Gedanken der Völkerverständigung, insbesondere gegen das friedliche Zusammenleben der Völker, gerichtet sind, oder
      cc) durch Anwendung von Gewalt oder darauf gerichtete Vorbereitungshandlungen auswärtige Belange der Bundesrepublik Deutschland gefährden,
   b) Mitglied in einer Vereinigung waren, die solche Bestrebungen verfolgt oder verfolgt hat, oder
   c) eine solche Vereinigung unterstützt haben,
4. die innerhalb der letzten fünf Jahre mehr als einmal wegen Gewalttätigkeit mit richterlicher Genehmigung in polizeilichem Präventivgewahrsam waren,
5. die wiederholt oder gröblich gegen die Vorschriften eines der in Nummer 1 Buchstabe c genannten Gesetze verstoßen haben.

(3) In die Frist nach Absatz 1 Nr. 1 oder Absatz 2 Nr. 1 nicht eingerechnet wird die Zeit, in welcher die betroffene Person auf behördliche oder richterliche Anordnung in einer Anstalt verwahrt worden ist.

(4) Ist ein Verfahren wegen Straftaten im Sinne des Absatzes 1 Nr. 1 oder des Absatzes 2 Nr. 1 noch nicht abgeschlossen, so kann die zuständige Behörde die Entscheidung über den Antrag auf Erteilung einer waffenrechtlichen Erlaubnis bis zum rechtskräftigen Abschluss des Verfahrens aussetzen.

(5) Die zuständige Behörde hat im Rahmen der Zuverlässigkeitsprüfung folgende Erkundigungen einzuholen:

1. die unbeschränkte Auskunft aus dem Bundeszentralregister;
2. die Auskunft aus dem zentralen staatsanwaltschaftlichen Verfahrensregister hinsichtlich der in Absatz 2 Nummer 1 genannten Straftaten;
3. die Stellungnahme der örtlichen Polizeidienststelle, ob Tatsachen bekannt sind, die Bedenken gegen die Zuverlässigkeit begründen; die örtliche Polizeidienststelle schließt in ihre Stellungnahme das Ergebnis der von ihr vorzunehmenden Prüfung nach Absatz 2 Nummer 4 ein;

4. die Auskunft der für den Wohnsitz der betroffenen Person zuständigen Verfassungsschutzbehörde, ob Tatsachen bekannt sind, die Bedenken gegen die Zuverlässigkeit nach Absatz 2 Nummer 2 und 3 begründen; liegt der Wohnsitz der betroffenen Person außerhalb des Geltungsbereichs dieses Gesetzes, ist das Bundesamt für Verfassungsschutz für die Erteilung der Auskunft zuständig.

Die nach Satz 1 Nummer 2 erhobenen personenbezogenen Daten dürfen nur für den Zweck der waffenrechtlichen Zuverlässigkeitsprüfung verwendet werden. Erlangt die für die Auskunft nach Satz 1 Nummer 4 zuständige Verfassungsschutzbehörde im Nachhinein für die Beurteilung der Zuverlässigkeit nach Absatz 2 Nummer 2 und 3 bedeutsame Erkenntnisse, teilt sie dies der zuständigen Behörde unverzüglich mit (Nachbericht). Zu diesem Zweck speichert sie Name, Vorname, Geburtsdatum, Geburtsname, Geburtsort, Wohnort und Staatsangehörigkeit der betroffenen Person sowie Aktenfundstelle in den gemeinsamen Dateien nach § 6 des Bundesverfassungsschutzgesetzes. Lehnt die zuständige Behörde einen Antrag ab oder nimmt sie eine erteilte Erlaubnis zurück oder widerruft diese, so hat sie die zum Nachbericht verpflichtete Verfassungsschutzbehörde hiervon unverzüglich in Kenntnis zu setzen. Die zum Nachbericht verpflichtete Verfassungsschutzbehörde hat in den Fällen des Satzes 5 die nach Satz 4 gespeicherten Daten unverzüglich zu löschen.

§ 6 Persönliche Eignung (1) Die erforderliche persönliche Eignung besitzen Personen nicht, wenn Tatsachen die Annahme rechtfertigen, dass sie

1. geschäftsunfähig sind,
2. abhängig von Alkohol oder anderen berauschenden Mitteln, psychisch krank oder debil sind oder
3. auf Grund in der Person liegender Umstände mit Waffen oder Munition nicht vorsichtig oder sachgemäß umgehen oder diese Gegenstände nicht sorgfältig verwahren können oder dass die konkrete Gefahr einer Fremd- oder Selbstgefährdung besteht.

Die erforderliche persönliche Eignung besitzen in der Regel Personen nicht, wenn Tatsachen die Annahme rechtfertigen, dass sie in ihrer Geschäftsfähigkeit beschränkt sind. Die zuständige Behörde soll die Stellungnahme der örtlichen Polizeidienststelle einholen. Der persönlichen Eignung können auch im Erziehungsregister eingetragene Entscheidungen oder Anordnungen nach § 60 Abs. 1 Nr. 1 bis 7 des Bundeszentralregistergesetzes entgegenstehen.

(2) Sind Tatsachen bekannt, die Bedenken gegen die persönliche Eignung nach Absatz 1 begründen, oder bestehen begründete Zweifel an vom Antragsteller beigebrachten Bescheinigungen, so hat die zuständige Behörde der betroffenen Person auf Kosten der betroffenen Person die Vorlage eines amts- oder fachärztlichen oder fachpsychologischen Zeugnisses über die geistige oder körperliche Eignung aufzugeben.

(3) Personen, die noch nicht das 25. Lebensjahr vollendet haben, haben für die erstmalige Erteilung einer Erlaubnis zum Erwerb und Besitz einer Schusswaffe auf eigene Kosten ein amts- oder fachärztliches oder fachpsychologisches Zeugnis über die geistige Eignung vorzulegen. Satz 1 gilt nicht für den Erwerb und Besitz von Schusswaffen im Sinne von § 14 Abs. 1 Satz 2.

(4) Das Bundesministerium des Innern, für Bau und Heimat wird ermächtigt, durch Rechtsverordnung mit Zustimmung des Bundesrates Vorschriften über das Verfahren zur

Erstellung, über die Vorlage und die Anerkennung der in den Absätzen 2 und 3 genannten Gutachten bei den zuständigen Behörden zu erlassen.

§ 7 Sachkunde (1) Den Nachweis der Sachkunde hat erbracht, wer eine Prüfung vor der dafür bestimmten Stelle bestanden hat oder seine Sachkunde durch eine Tätigkeit oder Ausbildung nachweist.
(2) Das Bundesministerium des Innern, für Bau und Heimat wird ermächtigt, durch Rechtsverordnung mit Zustimmung des Bundesrates Vorschriften über die Anforderungen an die waffentechnischen und waffenrechtlichen Kenntnisse, über die Prüfung und das Prüfungsverfahren einschließlich der Errichtung von Prüfungsausschüssen sowie über den anderweitigen Nachweis der Sachkunde zu erlassen.

§ 8 Bedürfnis, allgemeine Grundsätze Der Nachweis eines Bedürfnisses ist erbracht, wenn gegenüber den Belangen der öffentlichen Sicherheit oder Ordnung

1. besonders anzuerkennende persönliche oder wirtschaftliche Interessen, vor allem als Jäger, Sportschütze, Brauchtumsschütze, Waffen- oder Munitionssammler, Waffen- oder Munitionssachverständiger, gefährdete Person, als Waffenhersteller oder -händler oder als Bewachungsunternehmer, und
2. die Geeignetheit und Erforderlichkeit der Waffen oder Munition für den beantragten Zweck

glaubhaft gemacht sind.

§ 9 Inhaltliche Beschränkungen, Nebenbestimmungen und Anordnungen (1) Eine Erlaubnis nach diesem Gesetz kann zur Abwehr von Gefahren für die öffentliche Sicherheit oder Ordnung inhaltlich beschränkt werden, insbesondere um Leben und Gesundheit von Menschen gegen die aus dem Umgang mit Schusswaffen oder Munition entstehenden Gefahren und erheblichen Nachteile zu schützen.
(2) Zu den in Absatz 1 genannten Zwecken können Erlaubnisse befristet oder mit Auflagen verbunden werden. Auflagen können nachträglich aufgenommen, geändert und ergänzt werden.
(3) Gegenüber Personen, die die Waffenherstellung oder den Waffenhandel nach Anlage 2 Abschnitt 2 Unterabschnitt 2 Nr. 4 bis 6 oder eine Schießstätte nach § 27 Abs. 2 ohne Erlaubnis betreiben dürfen, können Anordnungen zu den in Absatz 1 genannten Zwecken getroffen werden.

§ 10 Erteilung von Erlaubnissen zum Erwerb, Besitz, Führen und Schießen (1) Die Erlaubnis zum Erwerb und Besitz von Waffen wird durch eine Waffenbesitzkarte oder durch Eintragung in eine bereits vorhandene Waffenbesitzkarte erteilt. Für die Erteilung einer Erlaubnis für Schusswaffen sind Art, Anzahl und Kaliber der Schusswaffen anzugeben. Die Erlaubnis zum Erwerb einer Waffe gilt für die Dauer eines Jahres, die Erlaubnis zum Besitz wird in der Regel unbefristet erteilt.
(2) Eine Waffenbesitzkarte über Schusswaffen, die mehrere Personen besitzen, kann auf diese Personen ausgestellt werden. Eine Waffenbesitzkarte kann auch einem schießsportlichen Verein oder einer jagdlichen Vereinigung als juristischer Person erteilt werden. Sie ist mit der Auflage zu verbinden, dass der Verein der Behörde vor Inbesitznahme von Vereinswaffen unbeschadet des Vorliegens der Voraussetzung des § 4

Abs. 1 Nr. 5 eine verantwortliche Person zu benennen hat, für die die Voraussetzungen nach § 4 Abs. 1 Nr. 1 bis 3 nachgewiesen sind; diese benannte Person muss nicht vertretungsberechtigtes Organ des Vereins sein. Scheidet die benannte verantwortliche Person aus dem Verein aus oder liegen in ihrer Person nicht mehr alle Voraussetzungen nach § 4 Abs. 1 Nr. 1 bis 3 vor, so ist der Verein verpflichtet, dies unverzüglich der zuständigen Behörde mitzuteilen. Benennt der Verein nicht innerhalb von zwei Wochen eine neue verantwortliche Person, für die die Voraussetzungen nach § 4 Abs. 1 Nr. 1 bis 3 nachgewiesen werden, so ist die dem Verein erteilte Waffenbesitzerlaubnis zu widerrufen und die Waffenbesitzkarte zurückzugeben.

(3) Die Erlaubnis zum Erwerb und Besitz von Munition wird durch Eintragung in eine Waffenbesitzkarte für die darin eingetragenen Schusswaffen erteilt. In den übrigen Fällen wird die Erlaubnis durch einen Munitionserwerbsschein für eine bestimmte Munitionsart erteilt; sie ist für den Erwerb der Munition auf die Dauer von sechs Jahren zu befristen und gilt für den Besitz der Munition unbefristet. Die Erlaubnis zum nicht gewerblichen Laden von Munition im Sinne des Sprengstoffgesetzes gilt auch als Erlaubnis zum Erwerb und Besitz dieser Munition. Nach Ablauf der Gültigkeit des Erlaubnisdokuments gilt die Erlaubnis für den Besitz dieser Munition für die Dauer von sechs Monaten fort.

(4) Die Erlaubnis zum Führen einer Waffe wird durch einen Waffenschein erteilt. Eine Erlaubnis nach Satz 1 zum Führen von Schusswaffen wird für bestimmte Schusswaffen auf höchstens drei Jahre erteilt; die Geltungsdauer kann zweimal um höchstens je drei Jahre verlängert werden, sie ist kürzer zu bemessen, wenn nur ein vorübergehendes Bedürfnis nachgewiesen wird. Der Geltungsbereich des Waffenscheins ist auf bestimmte Anlässe oder Gebiete zu beschränken, wenn ein darüber hinausgehendes Bedürfnis nicht nachgewiesen wird. Die Voraussetzungen für die Erteilung einer Erlaubnis zum Führen von Schreckschuss-, Reizstoff- und Signalwaffen sind in der Anlage 2 Abschnitt 2 Unterabschnitt 3 Nr. 2 und 2.1 genannt (Kleiner Waffenschein).

(5) Die Erlaubnis zum Schießen mit einer Schusswaffe wird durch einen Erlaubnisschein erteilt.

§ 11 Erwerb und Besitz von Schusswaffen oder Munition mit Bezug zu einem anderen Mitgliedstaat (1) Eine Erlaubnis zum Erwerb und Besitz einer Schusswaffe nach Anlage 1 Abschnitt 3 Nr. 1 bis 3 (Kategorien A bis C) oder von Munition für eine solche darf einer Person, die ihren gewöhnlichen Aufenthalt in einem anderen Mitgliedstaat hat, nur erteilt werden, wenn sie

1. die Schusswaffen oder die Munition in den Mitgliedstaat im Wege der Selbstvornahme verbringen wird oder
2. eine schriftliche oder elektronische Erklärung vorlegt, dass und aus welchen Gründen sie die Schusswaffen oder die Munition nur im Geltungsbereich dieses Gesetzes zu besitzen beabsichtigt.

Die Erlaubnis zum Erwerb oder Besitz einer Schusswaffe nach Anlage 1 Abschnitt 3 Nr. 2 (Kategorie B) oder Munition für eine solche darf nur erteilt werden, wenn über die Voraussetzungen des Satzes 1 hinaus eine vorherige Zustimmung dieses Mitgliedstaates hierzu vorgelegt wird.

(2) Für eine Person mit gewöhnlichem Aufenthalt im Geltungsbereich dieses Gesetzes, die eine Schusswaffe nach Anlage 1 Abschnitt 3 Nr. 2 (Kategorie B) oder Munition für eine

solche in einem anderen Mitgliedstaat mit einer Erlaubnis dieses Staates erwerben will, wird eine Erlaubnis erteilt, wenn die Voraussetzungen nach § 4 Abs. 1 Nr. 2 vorliegen.

§ 12 Ausnahmen von den Erlaubnispflichten (1) Einer Erlaubnis zum Erwerb und Besitz einer Waffe bedarf nicht, wer diese

1. als Inhaber einer Waffenbesitzkarte von einem Berechtigten
   a) lediglich vorübergehend, höchstens aber für einen Monat für einen von seinem Bedürfnis umfassten Zweck oder im Zusammenhang damit, oder
   b) vorübergehend zum Zweck der sicheren Verwahrung oder der Beförderung
2. vorübergehend von einem Berechtigten zur gewerbsmäßigen Beförderung, zur gewerbsmäßigen Lagerung oder zur gewerbsmäßigen Ausführung von Verschönerungen oder ähnlicher Arbeiten an der Waffe erwirbt;
3. von einem oder für einen Berechtigten erwirbt, wenn und solange er
   a) auf Grund eines Arbeits- oder Ausbildungsverhältnisses,
   b) als Beauftragter oder Mitglied einer jagdlichen oder schießsportlichen Vereinigung, einer anderen sportlichen Vereinigung zur Abgabe von Startschüssen oder einer zur Brauchtumspflege Waffen tragenden Vereinigung,
   c) als Beauftragter einer in § 55 Abs. 1 Satz 1 bezeichneten Stelle,
   d) als Charterer von seegehenden Schiffen zur Abgabe von Seenotsignalen
   den Besitz über die Waffe nur nach den Weisungen des Berechtigten ausüben darf;
4. von einem anderen,
   a) dem er die Waffe vorübergehend überlassen hat, ohne dass es hierfür der Eintragung in die Erlaubnisurkunde bedurfte, oder
   b) nach dem Abhandenkommen
   wieder erwirbt;
5. auf einer Schießstätte (§ 27) lediglich vorübergehend zum Schießen auf dieser Schießstätte erwirbt;
6. auf einer Reise in den oder durch den Geltungsbereich des Gesetzes nach § 32 berechtigt mitnimmt.

(2) Einer Erlaubnis zum Erwerb und Besitz von Munition bedarf nicht, wer diese

1. unter den Voraussetzungen des Absatzes 1 Nr. 1 bis 4 erwirbt;
2. unter den Voraussetzungen des Absatzes 1 Nr. 5 zum sofortigen Verbrauch lediglich auf dieser Schießstätte (§ 27) erwirbt;
3. auf einer Reise in den oder durch den Geltungsbereich des Gesetzes nach § 32 berechtigt mitnimmt.

(3) Einer Erlaubnis zum Führen von Waffen bedarf nicht, wer

1. diese mit Zustimmung eines anderen in dessen Wohnung, Geschäftsräumen oder befriedetem Besitztum oder dessen Schießstätte zu einem von seinem Bedürfnis umfassten Zweck oder im Zusammenhang damit führt;
2. diese nicht schussbereit und nicht zugriffsbereit von einem Ort zu einem anderen Ort befördert, sofern der Transport der Waffe zu einem von seinem Bedürfnis umfassten Zweck oder im Zusammenhang damit erfolgt;
3. eine Langwaffe nicht schussbereit den Regeln entsprechend als Teilnehmer an genehmigten Sportwettkämpfen auf festgelegten Wegstrecken führt;
4. eine Signalwaffe beim Bergsteigen, als verantwortlicher Führer eines Wasserfahrzeugs auf diesem Fahrzeug oder bei Not- und Rettungsübungen führt;

5. eine Schreckschuss- oder eine Signalwaffe zur Abgabe von Start- oder Beendigungszeichen bei Sportveranstaltungen führt, wenn optische oder akustische Signalgebung erforderlich ist;
6. in Fällen der vorübergehenden Aufbewahrung von Waffen außerhalb der Wohnung diesen ein wesentliches Teil entnimmt und mit sich führt; mehrere mitgeführte wesentliche Teile dürfen nicht zu einer schussfähigen Waffe zusammengefügt werden können.

(4) Einer Erlaubnis zum Schießen mit einer Schusswaffe bedarf nicht, wer auf einer Schießstätte (§ 27) schießt. Das Schießen außerhalb von Schießstätten ist darüber hinaus ohne Schießerlaubnis nur zulässig

1. durch den Inhaber des Hausrechts oder mit dessen Zustimmung im befriedeten Besitztum
   a) mit Schusswaffen, deren Geschossen eine Bewegungsenergie von nicht mehr als 7,5 Joule (J) erteilt wird oder deren Bauart nach § 7 des Beschussgesetzes zugelassen ist, sofern die Geschosse das Besitztum nicht verlassen können,
   b) mit Schusswaffen, aus denen nur Kartuschenmunition verschossen werden kann,
2. durch Personen, die den Regeln entsprechend als Teilnehmer an genehmigten Sportwettkämpfen nach Absatz 3 Nr. 3 mit einer Langwaffe an Schießständen schießen,
3. mit Schusswaffen, aus denen nur Kartuschenmunition verschossen werden kann,
   a) durch Mitwirkende an Theateraufführungen und diesen gleich zu achtenden Vorführungen,
   b) zum Vertreiben von Vögeln in landwirtschaftlichen Betrieben,
4. mit Signalwaffen bei Not- und Rettungsübungen,
5. mit Schreckschuss- oder mit Signalwaffen zur Abgabe von Start- oder Beendigungszeichen im Auftrag der Veranstalter bei Sportveranstaltungen, wenn optische oder akustische Signalgebung erforderlich ist.

(5) Die zuständige Behörde kann im Einzelfall weitere Ausnahmen von den Erlaubnispflichten zulassen, wenn besondere Gründe vorliegen und Belange der öffentlichen Sicherheit und Ordnung nicht entgegenstehen.

§ 13 Erwerb und Besitz von Schusswaffen und Munition durch Jäger, Führen und Schießen zu Jagdzwecken (1) Ein Bedürfnis für den Erwerb und Besitz von Schusswaffen und der dafür bestimmten Munition wird bei Personen anerkannt, die Inhaber eines gültigen Jagdscheines im Sinne von § 15 Abs. 1 Satz 1 des Bundesjagdgesetzes sind (Jäger), wenn

1. glaubhaft gemacht wird, dass sie die Schusswaffen und die Munition zur Jagdausübung oder zum Training im jagdlichen Schießen einschließlich jagdlicher Schießwettkämpfe benötigen, und
2. die zu erwerbende Schusswaffe und Munition nach dem Bundesjagdgesetz in der zum Zeitpunkt des Erwerbs geltenden Fassung nicht verboten ist (Jagdwaffen und -munition).

(2) Für Jäger gilt § 6 Abs. 3 Satz 1 nicht. Bei Jägern, die Inhaber eines Jahresjagdscheines im Sinne von § 15 Abs. 2 in Verbindung mit Abs. 1 Satz 1 des Bundesjagdgesetzes sind, erfolgt keine Prüfung der Voraussetzungen des Absatzes 1 Nr. 1 sowie des § 4 Abs. 1 Nr. 4 für den Erwerb und Besitz von Langwaffen und zwei Kurzwaffen, sofern die Voraussetzungen des Absatzes 1 Nr. 2 vorliegen.

(3) Inhaber eines gültigen Jahresjagdscheines im Sinne des § 15 Abs. 2 in Verbindung mit Abs. 1 Satz 1 des Bundesjagdgesetzes bedürfen zum Erwerb von Langwaffen nach Absatz 1 Nr. 2 keiner Erlaubnis. Der Jagdscheininhaber nach Satz 1 hat binnen zwei Wochen nach Erwerb einer Langwaffe bei der zuständigen Behörde die Ausstellung einer Waffenbesitzkarte zu beantragen.
(4) Für den Erwerb und vorübergehenden Besitz gemäß § 12 Abs. 1 Nr. 1 von Langwaffen nach Absatz 1 Nr. 2 steht ein Jagdschein im Sinne von § 15 Abs. 1 Satz 1 des Bundesjagdgesetzes einer Waffenbesitzkarte gleich.
(5) Jäger bedürfen für den Erwerb und Besitz von Munition für Langwaffen nach Absatz 1 Nr. 2 keiner Erlaubnis, sofern sie nicht nach dem Bundesjagdgesetz in der jeweiligen Fassung verboten ist.
(6) Ein Jäger darf Jagdwaffen zur befugten Jagdausübung einschließlich des Ein- und Anschießens im Revier,
zur Ausbildung von Jagdhunden im Revier, zum Jagdschutz oder zum Forstschutz ohne Erlaubnis führen und mit ihnen schießen; er darf auch im Zusammenhang mit diesen Tätigkeiten die Jagdwaffen nicht schussbereit ohne Erlaubnis führen. Der befugten Jagdausübung gleichgestellt ist der Abschuss von Tieren, die dem Naturschutzrecht unterliegen, wenn die naturschutzrechtliche Ausnahme oder Befreiung die Tötung durch einen Jagdscheininhaber vorsieht.
(7) Inhabern eines Jugendjagdscheines im Sinne von § 16 des Bundesjagdgesetzes wird eine Erlaubnis zum Erwerb und Besitz von Schusswaffen und der dafür bestimmten Munition nicht erteilt. Sie dürfen Schusswaffen und die dafür bestimmte Munition nur für die Dauer der Ausübung der Jagd oder des Trainings im jagdlichen Schießen einschließlich jagdlicher Schießwettkämpfe ohne Erlaubnis erwerben, besitzen, die Schusswaffen führen und damit schießen; sie dürfen auch im Zusammenhang mit diesen Tätigkeiten die Jagdwaffen nicht schussbereit ohne Erlaubnis führen.
(8) Personen in der Ausbildung zum Jäger dürfen nicht schussbereite Jagdwaffen in der Ausbildung ohne Erlaubnis unter Aufsicht eines Ausbilders erwerben, besitzen und führen, wenn sie das 14. Lebensjahr vollendet haben und der Sorgeberechtigte und der Ausbildungsleiter ihr Einverständnis in einer schriftlichen oder elektronischen Berechtigungsbescheinigung erklärt haben. Die Person hat in der Ausbildung die Berechtigungsbescheinigung mit sich zu führen.
(9) Auf Schalldämpfer finden die Absätze 1 bis 4 und 6 bis 8 entsprechende Anwendung. Die Schalldämpfer gemäß Satz 1 dürfen ausschließlich mit für die Jagd zugelassenen Langwaffen für Munition mit Zentralfeuerzündung im Rahmen der Jagd und des jagdlichen Übungsschießens verwendet werden.

§ 14 Erwerb und Besitz von Schusswaffen und Munition durch Sportschützen

(1) Die Erlaubnis zum Erwerb und Besitz von Schusswaffen und Munition zum Zweck des sportlichen Schießens wird abweichend von § 4 Abs. 1 Nr. 1 nur erteilt, wenn der Antragsteller das 21. Lebensjahr vollendet hat. Satz 1 gilt nicht für den Erwerb und Besitz von Schusswaffen bis zu einem Kaliber von 5,6 mm lfB (.22 l.r.) für Munition mit Randfeuerzündung, wenn die Mündungsenergie der Geschosse höchstens 200 Joule (J) beträgt, und Einzellader-Langwaffen mit glatten Läufen mit Kaliber 12 oder kleiner, sofern das sportliche Schießen mit solchen Waffen durch die genehmigte Sportordnung eines Schießsportverbandes zugelassen ist.

(2) Ein Bedürfnis für den Erwerb und Besitz von Schusswaffen und der dafür bestimmten Munition wird bei Mitgliedern eines Schießsportvereins anerkannt, der einem nach § 15 Abs. 1 anerkannten Schießsportverband angehört.

(3) Für das Bedürfnis zum Erwerb von Schusswaffen und der dafür bestimmten Munition ist durch eine Bescheinigung des Schießsportverbandes oder eines ihm angegliederten Teilverbandes glaubhaft zu machen, dass

1. das Mitglied seit mindestens zwölf Monaten den Schießsport in einem Verein mit erlaubnispflichtigen Schusswaffen betreibt,
2. das Mitglied den Schießsport in einem Verein innerhalb der vergangenen zwölf Monate mindestens

a) einmal in jedem ganzen Monat dieses Zeitraums ausgeübt hat, oder

b) 18 Mal insgesamt innerhalb dieses Zeitraums ausgeübt hat,

und

3. die zu erwerbende Waffe für eine Sportdisziplin nach der Sportordnung des Schießsportverbandes zugelassen und erforderlich ist.

Innerhalb von sechs Monaten duÃàrfen in der Regel nicht mehr als zwei Schusswaffen erworben werden.

(4) Für das Bedürfnis zum Besitz von Schusswaffen und der dafür bestimmten Munition ist durch eine Bescheinigung des Schießsportverbandes oder eines ihm angegliederten Teilverbandes glaubhaft zu machen, dass das Mitglied in den letzten 24 Monaten vor Prüfung des Bedürfnisses den Schießsport in einem Verein mit einer eigenen erlaubnispflichtigen Waffe

1. mindestens einmal alle drei Monate in diesem Zeitraum betrieben hat oder
2. mindestens sechsmal innerhalb eines abgeschlossenen Zeitraums von jeweils zwölf Monaten betrieben hat.

Besitzt das Mitglied sowohl Lang- als auch Kurzwaffen, so ist der Nachweis nach Satz 1 für Waffen beider Kategorien zu erbringen. Sind seit der ersten Eintragung einer Schusswaffe in die Waffenbesitzkarte oder der erstmaligen Ausstellung einer Munitionserwerbserlaubnis zehn Jahre vergangen, genügt für das Fortbestehen des Bedürfnisses des Sportschützen die Mitgliedschaft in einem Schießsportverein nach Absatz 2; die Mitgliedschaft ist im Rahmen der Folgeprüfungen nach § 4 Absatz 4 durch eine Bescheinigung des Schießsportvereins nachzuweisen.

(5) Ein Bedürfnis von Sportschützen nach Absatz 2 für den Erwerb und Besitz von mehr als drei halbautomatischen Langwaffen und mehr als zwei mehrschüssigen Kurzwaffen für Patronenmunition sowie der hierfür erforderlichen Munition wird unter Beachtung des Absatzes 2 durch Vorlage einer Bescheinigung des Schießsportverbandes des Antragstellers glaubhaft gemacht, wonach die weitere Waffe

von ihm zur Ausübung weiterer Sportdisziplinen benötigt wird oder

zur Ausübung des Wettkampfsports erforderlich ist

und der Antragsteller regelmäßig an Schießsportwettkämpfen teilgenommen hat.

(6) Sportschützen, die dem Schießsport in einem Schießsportverband nach § 15 Absatz 1 als gemeldetes Mitglied nachgehen, wird abweichend von § 10 Absatz 1 Satz 3 unter Beachtung des Absatzes 3 Satz 1 Nummer 1 und 2 und Satz 2 eine unbefristete Erlaubnis erteilt, die zum Erwerb von insgesamt bis zu zehn Einzellader-Langwaffen mit glatten und gezogenen Läufen, Repetier-Langwaffen mit gezogenen Läufen sowie einläufigen

Einzellader-Kurzwaffen für Patronenmunition und mehrschüssigen Kurz- und Langwaffen mit Zündhütchenzündung (Perkussionswaffen) berechtigt.

§ 16 Erwerb und Besitz von Schusswaffen und Munition durch Brauchtumsschützen, Führen von Waffen und Schießen zur Brauchtumspflege (1) Ein Bedürfnis für den Erwerb und Besitz von Einzellader-Langwaffen und bis zu drei Repetier-Langwaffen sowie der dafür bestimmten Munition wird bei Mitgliedern einer zur Brauchtumspflege Waffen tragenden Vereinigung (Brauchtumsschützen) anerkannt, wenn sie durch eine Bescheinigung der Brauchtumsschützenvereinigung glaubhaft machen, dass sie diese Waffen zur Pflege des Brauchtums benötigen.
(2) Für Veranstaltungen, bei denen es Brauch ist, aus besonderem Anlass Waffen zu tragen, kann für die Dauer von fünf Jahren die Ausnahmebewilligung zum Führen von in Absatz 1 Satz 1 genannten Schusswaffen sowie von sonstigen zur Brauchtumspflege benötigten Waffen im Sinne des § 1 Abs. 2 Nr. 2 einem verantwortlichen Leiter der Brauchtumsschützenvereinigung unter den Voraussetzungen des § 42 Abs. 2 erteilt werden, wenn gewährleistet ist, dass die erforderliche Sorgfalt beachtet wird.
(3) Die Erlaubnis zum Schießen mit den in Absatz 1 Satz 1 genannten Schusswaffen außerhalb von Schießstätten mit Kartuschenmunition bei Veranstaltungen nach Absatz 2 kann für die Dauer von fünf Jahren einem verantwortlichen Leiter der Brauchtumsschützenvereinigung erteilt werden. Sie ist zu versagen, wenn

1. in dessen Person eine Voraussetzung nach § 4 Abs. 1 Nr. 1 bis 4 nicht vorliegt,
2. die Beachtung der erforderlichen Sorgfalt nicht gewährleistet ist,
3. Gefahren oder erhebliche Nachteile für Einzelne oder die Allgemeinheit zu befürchten sind und nicht durch Auflagen verhindert werden können oder
4. kein Haftpflichtversicherungsschutz gemäß § 4 Abs. 1 Nr. 5 nachgewiesen ist.

Die Erlaubnis nach Satz 1 kann mit der Ausnahmebewilligung nach Absatz 2 verbunden werden.
(4) Brauchtumsschützen dürfen in den Fällen der Absätze 2 und 3 oder bei Vorliegen einer Ausnahmebewilligung nach § 42 Abs. 2 die Schusswaffen ohne Erlaubnis führen und damit schießen. Sie dürfen die zur Pflege des Brauchtums benötigten Schusswaffen auch im Zusammenhang mit Veranstaltungen, bei denen es Brauch ist, aus besonderem Anlass Waffen zu tragen, für die eine Erlaubnis nach Absatz 2 oder nach § 42 Abs. 2 erteilt wurde, ohne Erlaubnis führen.

§ 17 Erwerb und Besitz von Schusswaffen oder Munition durch Waffen- oder Munitionssammler (1) Ein Bedürfnis zum Erwerb und Besitz von Schusswaffen oder Munition wird bei Personen anerkannt, die glaubhaft machen, dass sie Schusswaffen oder Munition für eine kulturhistorisch bedeutsame Sammlung (Waffensammler, Munitionssammler) benötigen; kulturhistorisch bedeutsam ist auch eine wissenschaftlich-technische Sammlung.
(2) Die Erlaubnis zum Erwerb von Schusswaffen oder Munition wird in der Regel unbefristet erteilt. Sie kann mit der Auflage verbunden werden, der Behörde in bestimmten Zeitabständen eine Aufstellung über den Bestand an Schusswaffen vorzulegen.
(3) Die Erlaubnis zum Erwerb und Besitz von Schusswaffen oder Munition wird auch einem Erben, Vermächtnisnehmer oder durch Auflage Begünstigten (Erwerber infolge eines Erbfalls) erteilt, der eine vorhandene Sammlung des Erblassers im Sinne des Absatzes 1 fortführt.

§ 18 Erwerb und Besitz von Schusswaffen oder Munition durch Waffen- oder Munitionssachverständige (1) Ein Bedürfnis zum Erwerb und Besitz von Schusswaffen oder Munition wird bei Personen anerkannt, die glaubhaft machen, dass sie Schusswaffen oder Munition für wissenschaftliche oder technische Zwecke, zur Erprobung, Begutachtung, Untersuchung oder zu einem ähnlichen Zweck (Waffen-, Munitionssachverständige) benötigen.
(2) Die Erlaubnis zum Erwerb von Schusswaffen oder Munition wird in der Regel
1. für Schusswaffen oder Munition jeder Art und
2. unbefristet

erteilt. Sie kann mit der Auflage verbunden werden, der Behörde in bestimmten Zeitabständen eine Aufstellung über den Bestand an Schusswaffen vorzulegen.

§ 19 Erwerb und Besitz von Schusswaffen und Munition, Führen von Schusswaffen durch gefährdete Personen (1) Ein Bedürfnis zum Erwerb und Besitz einer Schusswaffe und der dafür bestimmten Munition wird bei einer Person anerkannt, die glaubhaft macht,
1. wesentlich mehr als die Allgemeinheit durch Angriffe auf Leib oder Leben gefährdet zu sein und
2. dass der Erwerb der Schusswaffe und der Munition geeignet und erforderlich ist, diese Gefährdung zu mindern.

(2) Ein Bedürfnis zum Führen einer Schusswaffe wird anerkannt, wenn glaubhaft gemacht ist, dass die Voraussetzungen nach Absatz 1 auch außerhalb der eigenen Wohnung, Geschäftsräume oder des eigenen befriedeten Besitztums vorliegen.

§ 28 Erwerb, Besitz und Führen von Schusswaffen und Munition durch Bewachungsunternehmer und ihr Bewachungspersonal (1) Ein Bedürfnis zum Erwerb, Besitz und Führen von Schusswaffen wird bei einem Bewachungsunternehmer (§ 34a der Gewerbeordnung) anerkannt, wenn er glaubhaft macht, dass Bewachungsaufträge wahrgenommen werden oder werden sollen, die aus Gründen der Sicherung einer gefährdeten Person im Sinne des § 19 oder eines gefährdeten Objektes Schusswaffen erfordern. Satz 1 gilt entsprechend für Wachdienste als Teil wirtschaftlicher Unternehmungen. Ein nach den Sätzen 1 und 2 glaubhaft gemachtes Bedürfnis umfasst auch den Erwerb und Besitz der für die dort genannten Schusswaffen bestimmten Munition.
(2) Die Schusswaffe darf nur bei der tatsächlichen Durchführung eines konkreten Auftrages nach Absatz 1 geführt werden. Der Unternehmer hat dies auch bei seinem Bewachungspersonal in geeigneter Weise sicherzustellen.
(3) Wachpersonen, die auf Grund eines Arbeitsverhältnisses Schusswaffen des Erlaubnisinhabers nach dessen Weisung besitzen oder führen sollen, sind der zuständigen Behörde zur Prüfung zu benennen; der Unternehmer soll die betreffende Wachperson in geeigneter Weise vorher über die Benennung unter Hinweis auf die Erforderlichkeit der Speicherung und Verarbeitung personenbezogener Daten bei der Behörde unterrichten. Die Überlassung von Schusswaffen oder Munition darf erst erfolgen, wenn die zuständige Behörde zugestimmt hat. Die Zustimmung ist zu versagen, wenn die Wachperson nicht die Voraussetzungen des § 4 Abs. 1 Nr. 1 bis 3 erfüllt oder die Haftpflichtversicherung des Bewachungsunternehmers das Risiko des Umgangs mit Schusswaffen durch die Wachpersonen nicht umfasst.

(4) In einen Waffenschein nach § 10 Abs. 4 kann auch der Zusatz aufgenommen werden, dass die in Absatz 3 bezeichneten Personen die ihnen überlassenen Waffen nach Weisung des Erlaubnisinhabers führen dürfen.

§ 29 Verbringen von Waffen oder Munition in den, durch den oder aus dem Geltungsbereich dieses Gesetzes (1) Eine Erlaubnis zum Verbringen von Waffen oder Munition in den, durch den oder aus dem Geltungsbereich dieses Gesetzes kann erteilt werden, wenn der Antragsteller den sicheren Transport durch einen zum Erwerb oder Besitz dieser Waffen oder Munition Berechtigten gewährleistet. Für eine Erlaubnis zum Verbringen von Waffen oder Munition in den Geltungsbereich dieses Gesetzes ist zusätzlich erforderlich, dass der Empfänger zum Erwerb und Besitz dieser Waffen oder Munition berechtigt ist.
(2) Sollen Waffen oder Munition nach Anlage 1 Abschnitt 3 (Kategorien A 1.2 bis C) aus dem Geltungsbereich dieses Gesetzes in einen anderen Mitgliedstaat verbracht werden, wird die Erlaubnis nur erteilt, wenn der andere Mitgliedstaat das Verbringen erlaubt hat oder der Antragsteller glaubhaft gemacht hat, dass nach dem Recht des anderen Mitgliedstaates keine solche Erlaubnis erforderlich ist. Satz 1 gilt entsprechend für das Verbringen aus einem Drittstaat durch den Geltungsbereich dieses Gesetzes in einen anderen Mitgliedstaat.

§ 30 Allgemeine Erlaubnis zum Verbringen von Waffen oder Munition aus dem Geltungsbereich dieses Gesetzes in andere Mitgliedstaaten Gewerbsmäßigen Waffenherstellern oder Waffenhändlern nach § 21 kann abweichend von § 29 allgemein die Erlaubnis zum Verbringen von Waffen oder Munition nach Anlage 1 Abschnitt 3 (Kategorien A 1.2 bis C) aus dem Geltungsbereich dieses Gesetzes zu Waffenhändlern in anderen Mitgliedstaaten für die Dauer von bis zu drei Jahren erteilt werden. Die Erlaubnis kann auf bestimmte Arten von Waffen oder Munition und auf bestimmte Mitgliedstaaten beschränkt werden. Der Inhaber einer Erlaubnis nach Satz 1 hat ein Verbringen auf Grund dieser Erlaubnis dem Bundesverwaltungsamt vorher schriftlich oder elektronisch anzuzeigen.

§ 31 (aufgehoben)

§ 32 Mitnahme von Waffen oder Munition in den, durch den oder aus dem Geltungsbereich des Gesetzes, Europäischer Feuerwaffenpass (1) Die Erlaubnis zur Mitnahme von Waffen oder Munition in den oder durch den Geltungsbereich des Gesetzes kann erteilt werden, wenn die Voraussetzungen des § 4 Abs. 1 Nr. 1 bis 4 vorliegen. Die Erlaubnis kann für die Dauer von bis zu einem Jahr für einen oder für mehrere Mitnahmevorgänge erteilt werden und kann mehrfach um jeweils ein Jahr verlängert werden. Für Personen aus einem Drittstaat wird die Erlaubnis zur Mitnahme von Schusswaffen oder Munition nach Anlage 1 Abschnitt 3 (Kategorien A 1.2 bis C) durch den Geltungsbereich des Gesetzes in einen anderen Mitgliedstaat nur erteilt, wenn der andere Mitgliedstaat die Mitnahme erlaubt hat.
(1a) Die Erlaubnis zur Mitnahme von Waffen oder Munition in einen anderen Mitgliedstaat kann erteilt werden, wenn der Antragstellerzum Erwerb und Besitz der Waffen nach Maßgabe dieses Gesetzes berechtigt ist,

1. die nach dem Recht des anderen Mitgliedstaates erforderliche vorherige Zustimmung vorliegt und
2. der sichere Transport durch den Antragsteller gewährleistet ist.

Absatz 1 Satz 2 gilt entsprechend.

(2) Eine Erlaubnis nach Absatz 1 darf Personen, die ihren gewöhnlichen Aufenthalt in einem anderen Mitgliedstaat haben und Schusswaffen nach Anlage 1 Abschnitt 3 (Kategorien A 1.2 bis C) und die dafür bestimmte Munition nach Absatz 1 mitnehmen wollen, nur erteilt werden, wenn sie Inhaber eines durch diesen Mitgliedstaat ausgestellten Europäischen Feuerwaffenpasses sind und die Waffen in den Europäischen Feuerwaffenpass eingetragen sind.

(3) Sofern sie den Grund der Mitnahme nachweisen können, Inhaber eines Europäischen Feuerwaffenpasses sind und die Waffen in den Europäischen Feuerwaffenpass eingetragen sind, bedarf es einer Erlaubnis nach Absatz 1 oder Absatz 1a nicht für

1. Jäger, die bis zu drei Langwaffen nach Anlage 1 Abschnitt 3 der Kategorie C und die dafür bestimmte Munition im Sinne des § 13 Absatz 1 Nummer 2, Absatz 5 zum Zweck der Jagd mitnehmen,
2. Sportschützen, die bis zu sechs Schusswaffen nach Anlage 1 Abschnitt 3 der Kategorien B oder C und die dafür bestimmte Munition zum Zweck des Schießsports mitnehmen,
3. Brauchtumsschützen, die bis zu drei Einzellader- oder Repetier-Langwaffen nach Anlage 1 Abschnitt 3 der Kategorie C und die dafür bestimmte Munition zur Teilnahme an einer Brauchtumsveranstaltung mitnehmen.

(4) Zu den in Absatz 3 Nr. 1 bis 3 beschriebenen Zwecken kann für die dort jeweils genannten Waffen und Munition Personen, die ihren gewöhnlichen Aufenthalt in einem Drittstaat haben, abweichend von Absatz 1 eine Erlaubnis erteilt werden, es sei denn, dass Tatsachen die Annahme rechtfertigen, dass die Voraussetzungen des § 4 Abs. 1 Nr. 2 nicht vorliegen.

(5) Einer Erlaubnis zur Mitnahme von Waffen oder Munition in den oder durch den Geltungsbereich des Gesetzes bedarf es nicht

1. für Waffen oder Munition, die durch Inhaber einer Erlaubnis zum Erwerb oder Besitz für diese Waffen oder Munition mitgenommen werden,
2. für Signalwaffen und die dafür bestimmte Munition, die aus Gründen der Sicherheit an Bord von Schiffen mitgeführt werden, oder
3. für Waffen und Munition, die an Bord von Schiffen oder Luftfahrzeugen mitgeführt, während des Aufenthalts im Geltungsbereich dieses Gesetzes unter Verschluss gehalten, der zuständigen Überwachungsbehörde unter Angabe des Hersteller- oder Warenzeichens, der Modellbezeichnung und, wenn die Waffen eine Herstellungsnummer haben, auch dieser, unverzüglich gemeldet und spätestens innerhalb eines Monats wieder aus dem Geltungsbereich des Gesetzes befördert werden.

Ein Jagdschein im Sinne von § 15 Absatz 1 Satz 1 des Bundesjagdgesetzes stellt keine Erlaubnis im Sinne des Satzes 1 Nummer 1 dar.

(6) Personen, die nach diesem Gesetz zum Besitz von Schusswaffen oder Munition nach Anlage 1 Abschnitt 3 (Kategorien A 1.2 bis C) berechtigt sind und diese Schusswaffen oder diese Munition in einen anderen Mitgliedstaat mitnehmen wollen, wird auf Antrag ein Europäischer Feuerwaffenpass ausgestellt.

§ 33 Anmelde- und Nachweispflichten, Befugnisse der Überwachungsbehörden beim Verbringen oder der Mitnahme von Waffen oder Munition in den, durch den oder aus dem Geltungsbereich dieses Gesetzes (1) Wer beabsichtigt, Waffen oder Munition, deren Verbringen oder Mitnahme einer Erlaubnis bedarf, aus einem Drittstaat in den oder durch den Geltungsbereich dieses Gesetzes zu verbringen oder mitzunehmen, ist verpflichtet,

1. diese Waffen oder diese Munition bei der nach Absatz 3 zuständigen Überwachungsbehörde beim Verbringen oder bei der Mitnahme anzumelden,
2. auf Verlangen der nach Absatz 3 zuständigen Überwachungsbehörde ihr diese Waffen oder diese Munition vorzuführen und
3. die Berechtigung zum Verbringen oder zur Mitnahme nachzuweisen.

Auf Verlangen sind diese Nachweise den Überwachungsbehörden zur Prüfung auszuhändigen.

(2) Die nach Absatz 3 zuständigen Überwachungsbehörden können Beförderungsmittel und -behälter sowie deren Lade- und Verpackungsmittel anhalten, um zu prüfen, ob die für das Verbringen oder die Mitnahme in den, durch den oder aus dem Geltungsbereich dieses Gesetzes geltenden Bestimmungen eingehalten sind. Werden Verstöße gegen die in Satz 1 genannten Bestimmungen festgestellt, so können die zuständigen Überwachungsbehörden, soweit erforderlich, Vor-, Familien- und gegebenenfalls Geburtsname, Geburtsdatum und -ort, Wohnort und Staatsangehörigkeit der betroffenen Personen erheben und diese Daten sowie Feststellungen zum Sachverhalt den zuständigen Behörden zum Zweck der Ahndung übermitteln. Für Postsendungen gilt dies nur, wenn zureichende tatsächliche Anhaltspunkte für eine Straftat vorliegen. Das Brief- und Postgeheimnis nach Artikel 10 des Grundgesetzes wird nach Maßgabe der Sätze 2 und 3 eingeschränkt.

(3) Das Bundesministerium der Finanzen bestimmt die Zolldienststellen, das Bundesministerium des Innern, für Bau und Heimat bestimmt die Behörden der Bundespolizei, die bei der Überwachung des Verbringens und der Mitnahme von Waffen oder Munition mitwirken. Soweit der grenzpolizeiliche Einzeldienst von Kräften der Länder wahrgenommen wird (§ 2 Abs. 1 und 3 des Bundespolizeigesetzes), wirken diese bei der Überwachung mit.

§ 34 Überlassen von Waffen oder Munition, Prüfung der Erwerbsberechtigung, Anzeigepflicht (1) Waffen oder Munition dürfen nur berechtigten Personen überlassen werden. Die Berechtigung muss offensichtlich sein oder nachgewiesen werden. Der Inhaber einer Erlaubnis nach § 21 Absatz 1 Satz 1 kann vor einer Überlassung zum Zweck der Prüfung der Erwerbsberechtigung des Erwerbers die Absicht zur Überlassung der zuständigen Behörde elektronisch anzeigen. Die zuständige Behörde prüft die Gültigkeit des Erlaubnisdokuments und teilt dem Anzeigenden nach Satz 3 elektronisch mit, wenn das Erlaubnisdokument im Nationalen Waffenregister nicht oder als nicht gültig registriert ist; Satz 2 bleibt unberührt. Für die Sätze 3 und 4 gilt § 9 des Waffenregistergesetzes.

(2) – (6) ...

§ 36 Aufbewahrung von Waffen oder Munition (1) Wer Waffen oder Munition besitzt, hat die erforderlichen Vorkehrungen zu treffen, um zu verhindern, dass diese Gegenstände abhanden kommen oder Dritte sie unbefugt an sich nehmen.

(2) – (6) ...

§ 37b Anzeige der Vernichtung, der Unbrauchbarmachung und des Abhandenkommens
(1) Der Besitzer einer Schusswaffe, deren Erwerb oder Besitz einer Erlaubnis bedarf, hat der zuständigen Behörde nach Satz 2 oder Satz 3 anzuzeigen, wenn die Schusswaffe vernichtet wird. Inhaber einer Erlaubnis nach § 21 Absatz 1 Satz 1 haben die Anzeige unverzüglich vorzunehmen. Im Übrigen hat die Anzeige innerhalb von zwei Wochen zu erfolgen. Die zuständige Behörde kann einen Nachweis darüber verlangen, dass die Schusswaffe vernichtet wurde.
(2) Der Besitzer einer Schusswaffe, deren Erwerb oder Besitz einer Erlaubnis bedarf, hat der zuständigen Behörde nach Satz 2 oder Satz 3 anzuzeigen, wenn die Schusswaffe unbrauchbar gemacht wird. Inhaber einer Erlaubnis nach § 21 Absatz 1 Satz 1 haben die Anzeige unverzüglich vorzunehmen. Im Übrigen hat die Anzeige innerhalb von zwei Wochen zu erfolgen. Die zuständige Behörde kann einen Nachweis darüber verlangen, dass die Schusswaffe unbrauchbar gemacht wurde.
(3) Sind einer Person Waffen oder Munition, deren Erwerb oder Besitz der Erlaubnis bedarf, oder Erlaubnisurkunden abhandengekommen, so hat sie dies der zuständigen Behörde unverzüglich nach Feststellung des Abhandenkommens anzuzeigen.
(4) Hat der Besitzer einer Schusswaffe keine Waffenherstellungserlaubnis oder Waffenhandelserlaubnis nach § 21 Absatz 1 Satz 1, so hat die Anzeige nach den Absätzen 1 und 2 schriftlich oder elektronisch zu erfolgen. Hat der Besitzer eine Waffenherstellungserlaubnis oder Waffenhandelserlaubnis nach § 21 Absatz 1 Satz 1, so hat die Anzeige nach den Absätzen 1 bis 3 elektronisch zu erfolgen und es gilt hierfür § 9 des Waffenregistergesetzes.
(5) Ist bei der zuständigen Behörde eine Anzeige zum Abhandenkommen von Schusswaffen, von Munition oder Erlaubnisurkunden eingegangen, so unterrichtet sie die örtliche Polizeidienststelle über das Abhandenkommen.

§ 37c Anzeigepflichten bei Inbesitznahme (1) Wer Waffen oder Munition, deren Erwerb der Erlaubnis bedarf, in Besitz nimmt
1. beim Tod eines Waffenbesitzers, als Finder oder in ähnlicher Weise,
2. als Insolvenzverwalter, Zwangsverwalter, Gerichtsvollzieher oder in ähnlicher Weise,

hat dies der zuständigen Behörde unverzüglich anzuzeigen.
(2) Die zuständige Behörde kann
1. die Waffen oder Munition sicherstellen oder
2. anordnen, dass die Waffen oder Munition innerhalb angemessener Frist
   a) unbrauchbar gemacht werden oder
   b) einem Berechtigten überlassen werden,
   c) und dies der zuständigen Behörde nachgewiesen wird.

(3) Nach fruchtlosem Ablauf der Frist kann die zuständige Behörde die Waffen oder Munition einziehen. Ein Erlös aus der Verwertung steht dem nach bürgerlichem Recht bisher Berechtigten zu.

§ 37d Anzeige von unbrauchbar gemachten Schusswaffen (1) Wer eine nach Anlage 1 Abschnitt 1 Unterabschnitt 1 Nummer 1.4 unbrauchbar gemachte Schusswaffe
1. überlässt,
2. erwirbt oder
3. vernichtet,

hat dies der zuständigen Behörde anzuzeigen.
(2) Der Besitzer einer unbrauchbar gemachten Schusswaffe hat der zuständigen Behörde unverzüglich nach Feststellung des Abhandenkommens anzuzeigen, wenn die Waffe abhandengekommen ist.
(3) Hat der Besitzer der unbrauchbar gemachten Schusswaffe keine Waffenherstellungserlaubnis oder Waffenhandelserlaubnis nach § 21 Absatz 1 Satz 1, hat die Anzeige nach Absatz 1 binnen zwei Wochen schriftlich oder elektronisch zu erfolgen. Hat der Besitzer eine Waffenherstellungserlaubnis oder Waffenhandelserlaubnis nach § 21 Absatz 1 Satz 1, so hat die Anzeige nach Absatz 1 unverzüglich elektronisch zu erfolgen und es gilt hierfür § 9 des Waffenregistergesetzes.
(4) Hat der Besitzer eine Waffenherstellungserlaubnis oder Waffenhandelserlaubnis nach § 21 Absatz 1 Satz 1, so hat die Anzeige nach Absatz 2 elektronisch zu erfolgen und es gilt hierfür § 9 des Waffenregistergesetzes.
(5) Ist bei der zuständigen Behörde eine Anzeige zum Abhandenkommen von unbrauchbar gemachten Schusswaffen eingegangen, so unterrichtet sie die örtliche Polizeidienststelle über das Abhandenkommen.

§ 37e Ausnahmen von der Anzeigepflicht (1) Die Pflicht zur Anzeige einer Überlassung oder eines Erwerbs nach § 37 Absatz 1 Satz 1 Nummer 2 und 3 besteht nicht bei
1. Überlassung einzelner wesentlicher Teile zum Zweck der gewerbsmäßigen Ausführung von Verschönerungen oder ähnlichen Arbeiten an der Waffe, sofern eine Rücküberlassung an den Überlassenden erfolgen soll,
2. Überlassung im Rahmen eines Arbeits- oder Ausbildungsverhältnisses nach § 12 Absatz 1 Nummer 3 Buchstabe a,
3. vorübergehendem Überlassen zum Schießen auf einer Schießstätte nach § 12 Absatz 1 Nummer 5.

Satz 1 gilt im Fall der Überlassung und des Erwerbs einer unbrauchbar gemachten Schusswaffe im Sinne von § 37d Absatz 1 Satz 1 Nummer 1 und 2 durch den Inhaber einer Erlaubnis nach § 21 Absatz 1 Satz 1 entsprechend.
(2) Der Inhaber der Erlaubnis nach § 21 Absatz 1 Satz 1 kann von einer Anzeige des Erwerbs nach § 37 Absatz 1 Satz 1 Nummer 3 oder § 37d Absatz 1 Nummer 2 und bei der anschließenden Rücküberlassung an den Überlassenden von der Anzeige der Überlassung nach § 37 Absatz 1 Satz 1 Nummer 2 oder § 37d Absatz 1 Nummer 1 absehen, wenn der Inhaber der Erlaubnis nach § 21 Absatz 1 Satz 1 von einem Überlassenden erwirbt, der nicht Inhaber einer Erlaubnis nach § 21 Absatz 1 Satz 1 ist, und die Rücküberlassung innerhalb eines Monats nach dem Erwerb erfolgt. Erfolgt die Rücküberlassung im Fall des Satzes 1 nicht innerhalb eines Monats nach dem Erwerb, hat der Inhaber der Erlaubnis nach § 21 Absatz 1 Satz 1 die Anzeige des Erwerbs gemäß § 37 Absatz 1 Satz 1 Nummer 3 oder § 37d Absatz 1 Nummer 2 unverzüglich nachzuholen sowie die Rücküberlassung gemäß § 37 Absatz 1 Satz 1 Nummer 2 oder § 37d Absatz 1 Nummer 1 unverzüglich anzuzeigen. Im Fall des Satzes 1 sind Erwerb und Überlassung durch den Inhaber der Erlaubnis nach § 21 Absatz 1 Satz 1 schriftlich oder elektronisch zu dokumentieren (Ersatzdokumentation).
(2a) Von der Anzeige einer Überlassung oder eines Erwerbs nach § 37 Absatz 1 Satz 1 Nummer 2 und 3 kann abgesehen werden, wenn
1. sowohl der Überlassende als auch der Erwerbende Inhaber der Erlaubnis nach § 21 Absatz 1 Satz 1 ist, und

2. die Rücküberlassung und der Rückerwerb zwischen diesen beiden innerhalb von 14 Tagen nach dem Erwerb erfolgt.

Erfolgt die Rücküberlassung im Fall des Satzes 1 nicht innerhalb von 14 Tagen nach dem Erwerb, hat

1. der Erwerbende
   a) die Anzeige des Erwerbs gemäß § 37 Absatz 1 Satz 1 Nummer 3 und
   b) die Anzeige der Rücküberlassung gemäß § 37 Absatz 1 Satz 1 Nummer 2
   sowie
2. der Überlassende
   a) die Anzeige der Überlassung gemäß § 37 Absatz 1 Satz 1 Nummer 2 und
   b) die Anzeige des Rückerwerbs gemäß § 37 Absatz 1 Satz 1 Nummer 3

jeweils unverzüglich nachzuholen. Im Fall des Satzes 1 sind Erwerb und Überlassung durch die Inhaber der Erlaubnis nach § 21 Absatz 1 Satz 1 in der Ersatzdokumentation festzuhalten. Über die Nutzung der Ersatzdokumentation muss zwischen überlassendem und erwerbendem Inhaber der Erlaubnis nach § 21 Absatz 1 Satz 1 im Vorwege Einigung erzielt werden.

(3) Die Pflicht zur Anzeige einer Überlassung gemäß § 37a Satz 1 Nummer 1 besteht nicht in den Fällen des § 12 Absatz 1 sowie beim Überlassen an einen Erlaubnisinhaber nach § 21 Absatz 1 Satz 1 zum Zweck

1. der Verwahrung,
2. der Instandsetzung oder Vornahme geringfügiger Änderungen oder
3. des Kommissionsverkaufs.

(4) Die Pflicht zur Anzeige eines Erwerbs gemäß § 37a Satz 1 Nummer 2 besteht nicht

1. in den Fällen des § 12 Absatz 1 Nummer 1 bis 3, 4 Buchstabe a oder Nummer 5, außer es handelt sich um den Wiedererwerb nach einer Instandsetzung, die zum Umbau oder Austausch eines wesentlichen Teils geführt hat, oder
2. für einen Waffensachverständigen, der die Waffe auf Grund eines Bedürfnisses nach § 18 Absatz 1 erwirbt und sie höchstens drei Monate lang besitzt.

(5) Die Absätze 3 und 4 gelten im Fall der Überlassung und des Erwerbs einer unbrauchbar gemachten Schusswaffe im Sinne von § 37d Absatz 1 Satz 1 Nummer 1 und 2 durch Personen, die nicht Inhaber einer Erlaubnis nach § 21 Absatz 1 Satz 1 sind, entsprechend.

§ 37g Eintragungen in die Waffenbesitzkarte (1) Der Inhaber einer Erlaubnis zum Erwerb und Besitz von Waffen nach § 10 Absatz 1 Satz 1 oder einer gleichgestellten anderen Erlaubnis zum Erwerb und Besitz hat gleichzeitig mit der Anzeige nach § 37a oder § 37b Absatz 1 die Waffenbesitzkarte und, sofern die betreffende Waffe in den Europäischen Feuerwaffenpass des Erlaubnisinhabers eingetragen ist, auch diesen zur Eintragung oder Berichtigung bei der zuständigen Behörde vorzulegen.

(2) Bei Austausch eines wesentlichen Teils entfällt die Vorlagepflicht nach Absatz 1.

(3) Die zuständige Behörde trägt Anlass und Inhalt der Anzeige in die Waffenbesitzkarte oder den Europäischen Feuerwaffenpass ein.

§ 37h Ausstellung einer Anzeigebescheinigung (1) Über die Anzeige

1. der Unbrauchbarmachung nach § 37b Absatz 2 Satz 1,
2. des Umgangs mit einer unbrauchbar gemachten Schusswaffe nach § 37d Absatz 1 Nummer 1 und 2 sowie

3. des Besitzes eines Magazins oder Magazingehäuses nach § 58 Absatz 17 Satz 1

hat die zuständige Behörde dem Anzeigenden eine Anzeigebescheinigung auszustellen. Satz 1 gilt nicht, wenn der Anzeigende Inhaber einer Erlaubnis nach § 21 Absatz 1 Satz 1 ist.

(2) Die Anzeigebescheinigung enthält

1. vom Anzeigenden die Daten nach § 37f Absatz 1 Nummer 3,
2. den Anlass der Anzeige nach § 37b Absatz 2 Satz 1, § 37d Absatz 1 Nummer 1 oder 2 oder § 58 Absatz 17 Satz 1,
3. den Zeitpunkt, an dem der zuständigen Behörde die Anzeige zugegangen ist, sowie
4. die Angaben nach § 37f Absatz 1 Nummer 5 und 6.

§ 38 Ausweispflichten (1) Wer eine Waffe führt, muss folgende Dokumente mit sich führen:

1. seinen Personalausweis oder Pass und
   a) wenn es einer Erlaubnis zum Erwerb bedarf, die Waffenbesitzkarte oder, wenn es einer Erlaubnis zum Führen bedarf, den Waffenschein,
   b) im Fall des Verbringens einer Waffe oder von Munition gemäß § 29 den Erlaubnisschein,
   c) im Fall des Verbringens einer Waffe oder von Munition aus dem Geltungsbereich des Gesetzes gemäß § 30 den Erlaubnisschein oder eine Ablichtung hiervon sowie zusätzlich zum Erlaubnisschein oder der Ablichtung hiervon die Bestätigung der Anzeige durch das Bundesverwaltungsamt, bei elektronischer Anzeigebestätigung einen Ausdruck der Bestätigung des Bundesverwaltungsamts,
   d) im Fall der Mitnahme einer Waffe oder von Munition aus einem Drittstaat gemäß § 32 Absatz 1 den Erlaubnisschein, im Fall der Mitnahme auf Grund einer Erlaubnis nach § 32 Absatz 4 auch den Beleg für den Grund der Mitnahme,
   e) im Fall der Mitnahme einer Schusswaffe oder von Munition nach Anlage 1 Abschnitt 3 (Kategorien A 1.2 bis C)
      aa) aus einem anderen Mitgliedstaat gemäß § 32 Absatz 1 und 2 den Erlaubnisschein und den Europäischen Feuerwaffenpass,
      bb) aus dem Geltungsbereich dieses Gesetzes gemäß § 32 Absatz 1a den Erlaubnisschein,
      cc) aus einem anderen Mitgliedstaat oder aus dem Geltungsbereich dieses Gesetzes gemäß § 32 Absatz 3 den Europäischen Feuerwaffenpass und einen Beleg für den Grund der Mitnahme,
   f) im Fall der vorübergehenden Berechtigung zum Erwerb oder zum Führen auf Grund des § 12 Absatz 1 Nummer 1 und 2 oder § 28 Absatz 4 einen Beleg, aus dem der Name des Überlassers und des Besitzberechtigten sowie das Datum der Überlassung hervorgeht, oder
   g) im Fall des Schießens mit einer Schießerlaubnis nach § 10 Absatz 5 diese und
2. in den Fällen des § 13 Absatz 6 den Jagdschein.

In den Fällen des § 13 Absatz 3 sowie im Fall des Führens einer Waffe, die auf Grund einer unbefristeten Erlaubnis gemäß § 14 Absatz 6 erworben wurde, genügt an Stelle der Waffenbesitzkarte ein schriftlicher Nachweis darüber, dass die Antragsfrist noch nicht verstrichen oder ein Antrag gestellt worden ist. Satz 1 gilt nicht in Fällen des § 12 Absatz 3 Nummer 1.3 Nummer 1.

(2) Die nach Absatz 1 Satz 1 und 2 mitzuführenden Dokumente sind Polizeibeamten oder sonst zur Personenkontrolle Befugten auf Verlangen zur Prüfung auszuhändigen.

§ 39 Auskunfts- und Vorzeigepflicht, Nachschau (1) Wer Waffenherstellung, Waffenhandel oder eine Schießstätte betreibt, eine Schießstätte benutzt oder in ihr die Aufsicht führt, ein Bewachungsunternehmen betreibt, Veranstaltungen zur Ausbildung im Verteidigungsschießen durchführt oder sonst den Besitz über Waffen oder Munition ausübt, hat der zuständigen Behörde auf Verlangen oder, sofern dieses Gesetz einen Zeitpunkt vorschreibt, zu diesem Zeitpunkt die für die Durchführung dieses Gesetzes erforderlichen Auskünfte zu erteilen; eine entsprechende Pflicht gilt ferner für Personen, gegenüber denen ein Verbot nach § 41 Abs. 1 oder 2 ausgesprochen wurde. Sie können die Auskunft auf solche Fragen verweigern, deren Beantwortung sie selbst oder einen der in § 383 Abs. 1 Nr. 1 bis 3 der Zivilprozessordnung bezeichneten Angehörigen der Gefahr strafrechtlicher Verfolgung oder eines Verfahrens nach dem Gesetz über Ordnungswidrigkeiten aussetzen würde. Darüber hinaus hat der Inhaber der Erlaubnis die Einhaltung von Auflagen nachzuweisen.

(2) Betreibt der Auskunftspflichtige Waffenherstellung, Waffenhandel, eine Schießstätte oder ein Bewachungsunternehmen, so sind die von der zuständigen Behörde mit der Überwachung des Betriebs beauftragten Personen berechtigt, Betriebsgrundstücke und Geschäftsräume während der Betriebs- und Arbeitszeit zu betreten, um dort Prüfungen und Besichtigungen vorzunehmen, Proben zu entnehmen und Einsicht in die geschäftlichen Unterlagen zu nehmen; zur Abwehr dringender Gefahren für die öffentliche Sicherheit oder Ordnung dürfen diese Arbeitsstätten auch außerhalb dieser Zeit sowie die Wohnräume des Auskunftspflichtigen gegen dessen Willen besichtigt werden. Das Grundrecht der Unverletzlichkeit der Wohnung (Artikel 13 des Grundgesetzes) wird insoweit eingeschränkt.

(3) Aus begründetem Anlass kann die zuständige Behörde anordnen, dass der Besitzer von

1. Waffen oder Munition, deren Erwerb der Erlaubnis bedarf, oder
2. in Anlage 2 Abschnitt 1 bezeichneten verbotenen Waffen

ihr diese sowie Erlaubnisscheine oder Ausnahmebescheinigungen binnen angemessener, von ihr zu bestimmender Frist zur Prüfung vorlegt.

§ 40 Verbotene Waffen (1) Das Verbot des Umgangs umfasst auch das Verbot, zur Herstellung der in Anlage 2 Abschnitt 1 Nr. 1.3.4 bezeichneten Gegenstände anzuleiten oder aufzufordern.

(2) Das Verbot des Umgangs mit Waffen oder Munition ist nicht anzuwenden, soweit jemand auf Grund eines gerichtlichen oder behördlichen Auftrags tätig wird.

(3) Inhaber einer jagdrechtlichen Erlaubnis und Angehörige von Leder oder Pelz verarbeitenden Berufen dürfen abweichend von § 2 Abs. 3 Umgang mit Faustmessern nach Anlage 2 Abschnitt 1 Nr. 1.4.2 haben, sofern sie diese Messer zur Ausübung ihrer Tätigkeit benötigen. Inhaber sprengstoffrechtlicher Erlaubnisse (§§ 7 und 27 des Sprengstoffgesetzes) und Befähigungsscheine (§ 20 des Sprengstoffgesetzes) sowie Teilnehmer staatlicher oder staatlich anerkannter Lehrgänge dürfen abweichend von § 2 Absatz 3 Umgang mit explosionsgefährlichen Stoffen oder Gegenständen nach Anlage 2 Abschnitt 1 Nummer 1.3.4 haben, soweit die durch die Erlaubnis oder den Befähigungsschein gestattete Tätigkeit oder die Ausbildung hierfür dies erfordern. Dies gilt insbesondere für Sprengarbeiten sowie Tätigkeiten im Katastrophenschutz oder im Rahmen von Theatern, vergleichbaren Einrichtungen, Film- und Fernsehproduktionsstätten sowie die Ausbildung für derartige Tätigkeiten. Inhaber eines gültigen

Jagdscheins im Sinne von § 15 Absatz 2 Satz 1 des Bundesjagdgesetzes dürfen abweichend von § 2 Absatz 3 für jagdliche Zwecke Umgang mit Nachtsichtvorsätzen und Nachtsichtaufsätzen nach Anlage 2 Abschnitt 1 Nummer 1.2.4.2 haben. Jagdrechtliche Verbote oder Beschränkungen der Nutzung von Nachtsichtvorsatzgeräten und Nachtsichtaufsätzen bleiben unberührt. Satz 4 gilt entsprechend für Inhaber einer gültigen Erlaubnis nach § 21 Absatz 1 und 2.

(4) Das Bundeskriminalamt kann auf Antrag von den Verboten der Anlage 2 Abschnitt 1 allgemein oder für den Einzelfall Ausnahmen zulassen, wenn die Interessen des Antragstellers auf Grund besonderer Umstände das öffentliche Interesse an der Durchsetzung des Verbots überwiegen. Dies kann insbesondere angenommen werden, wenn die in der Anlage 2 Abschnitt 1 bezeichneten Waffen oder Munition zum Verbringen aus dem Geltungsbereich dieses Gesetzes, für wissenschaftliche oder Forschungszwecke oder zur Erweiterung einer kulturhistorisch bedeutsamen Sammlung bestimmt sind und eine erhebliche Gefahr für die öffentliche Sicherheit nicht zu befürchten ist.

(5) Wer eine in Anlage 2 Abschnitt 1 bezeichnete Waffe als Erbe, Finder oder in ähnlicher Weise in Besitz nimmt, hat dies der zuständigen Behörde unverzüglich anzuzeigen. Die zuständige Behörde kann die Waffen oder Munition sicherstellen oder anordnen, dass innerhalb einer angemessenen Frist die Waffen oder Munition unbrauchbar gemacht, von Verbotsmerkmalen befreit oder einem nach diesem Gesetz Berechtigten überlassen werden, oder dass der Erwerber einen Antrag nach Absatz 4 stellt. Das Verbot des Umgangs mit Waffen oder Munition wird nicht wirksam, solange die Frist läuft oder eine ablehnende Entscheidung nach Absatz 4 dem Antragsteller noch nicht bekannt gegeben worden ist.

§ 41 Waffenverbote für den Einzelfall (1) Die zuständige Behörde kann jemandem den Besitz von Waffen oder Munition, deren Erwerb nicht der Erlaubnis bedarf, und den Erwerb solcher Waffen oder Munition untersagen,

1. soweit es zur Verhütung von Gefahren für die Sicherheit oder zur Kontrolle des Umgangs mit diesen Gegenständen geboten ist oder
2. wenn Tatsachen bekannt werden, die die Annahme rechtfertigen, dass der rechtmäßige Besitzer oder Erwerbswillige abhängig von Alkohol oder anderen berauschenden Mitteln, psychisch krank oder debil ist oder sonst die erforderliche persönliche Eignung nicht besitzt oder ihm die für den Erwerb oder Besitz solcher Waffen oder Munition erforderliche Zuverlässigkeit fehlt.

Im Fall des Satzes 1 Nr. 2 ist die betroffene Person darauf hinzuweisen, dass sie die Annahme mangelnder persönlicher Eignung im Wege der Beibringung eines amts- oder fachärztlichen oder fachpsychologischen Zeugnisses über die geistige oder körperliche Eignung ausräumen kann; § 6 Abs. 2 findet entsprechende Anwendung.

(2) Die zuständige Behörde kann jemandem den Besitz von Waffen oder Munition, deren Erwerb der Erlaubnis bedarf, untersagen, soweit es zur Verhütung von Gefahren für die Sicherheit oder Kontrolle des Umgangs mit diesen Gegenständen geboten ist.

(3) Die zuständige Behörde unterrichtet die örtliche Polizeidienststelle über den Erlass eines Waffenbesitzverbotes.

§ 42 Verbot des Führens von Waffen bei öffentlichen Veranstaltungen; Verordnungsermächtigungen für Verbotszonen (1) Wer an öffentlichen Vergnügungen, Volksfesten, Sportveranstaltungen, Messen, Ausstellungen, Märkten oder ähnlichen öffentlichen Veranstaltungen teilnimmt, darf keine Waffen im Sinne des § 1 Abs. 2 führen. Dies gilt auch, wenn für die Teilnahme ein Eintrittsgeld zu entrichten ist, sowie für Theater-, Kino-, und Diskothekenbesuche und für Tanzveranstaltungen.

(2) Die zuständige Behörde kann allgemein oder für den Einzelfall Ausnahmen von Absatz 1 zulassen, wenn

1. der Antragsteller die erforderliche Zuverlässigkeit (§ 5) und persönliche Eignung (§ 6) besitzt,
2. der Antragsteller nachgewiesen hat, dass er auf Waffen bei der öffentlichen Veranstaltung nicht verzichten kann, und
3. eine Gefahr für die öffentliche Sicherheit oder Ordnung nicht zu besorgen ist.

(3) Unbeschadet des § 38 muss der nach Absatz 2 Berechtigte auch den Ausnahmebescheid mit sich führen und auf Verlangen zur Prüfung aushändigen.

(4) Die Absätze 1 bis 3 sind nicht anzuwenden

1. auf die Mitwirkenden an Theateraufführungen und diesen gleich zu achtenden Vorführungen, wenn zu diesem Zweck ungeladene oder mit Kartuschenmunition geladene Schusswaffen oder Waffen im Sinne des § 1 Abs. 2 Nr. 2 geführt werden,
2. auf das Schießen in Schießstätten (§ 27),
3. soweit eine Schießerlaubnis nach § 10 Abs. 5 vorliegt,
4. auf das gewerbliche Ausstellen der in Absatz 1 genannten Waffen auf Messen und Ausstellungen.

(5) Die Landesregierungen werden ermächtigt, durch Rechtsverordnung vorzusehen, dass das Führen von Waffen im Sinne des § 1 Abs. 2 auf bestimmten öffentlichen Straßen, Wegen oder Plätzen allgemein oder im Einzelfall verboten oder beschränkt werden kann, soweit an dem jeweiligen Ort wiederholt

1. Straftaten unter Einsatz von Waffen oder
2. Raubdelikte, Körperverletzungsdelikte, Bedrohungen, Nötigungen, Sexualdelikte, Freiheitsberaubungen oder Straftaten gegen das Leben

begangen worden sind und Tatsachen die Annahme rechtfertigen, dass auch künftig mit der Begehung solcher Straftaten zu rechnen ist. In der Rechtsverordnung nach Satz 1 soll bestimmt werden, dass die zuständige Behörde allgemein oder für den Einzelfall Ausnahmen insbesondere für Inhaber waffenrechtlicher Erlaubnisse, Anwohner und Gewerbetreibende zulassen kann, soweit eine Gefährdung der öffentlichen Sicherheit nicht zu besorgen ist. Im Falle des Satzes 2 gilt Absatz 3 entsprechend. Die Landesregierungen können ihre Befugnis nach Satz 1 in Verbindung mit Satz 2 durch Rechtsverordnung auf die zuständige oberste Landesbehörde übertragen; diese kann die Befugnis durch Rechtsverordnung weiter übertragen.

(6) Die Landesregierungen werden ermächtigt, durch Rechtsverordnung vorzusehen, dass das Führen von Waffen im Sinne des § 1 Absatz 2 oder von Messern mit feststehender oder feststellbarer Klinge mit einer Klingenlänge über vier Zentimeter an folgenden Orten verboten oder beschränkt werden kann, wenn Tatsachen die Annahme rechtfertigen, dass das Verbot oder die Beschränkung zur Abwehr von Gefahren für die öffentliche Sicherheit erforderlich ist:

1. auf bestimmten öffentlichen Straßen, Wegen oder Plätzen, auf denen Menschenansammlungen auftreten können,
2. in oder auf bestimmten Gebäuden oder Flächen mit öffentlichem Verkehr, in oder auf denen Menschenansammlungen auftreten können, und die einem Hausrecht

unterliegen, insbesondere in Einrichtungen des öffentlichen Personenverkehrs, in Einkaufszentren sowie in Veranstaltungsorten,
3. in bestimmten Jugend- und Bildungseinrichtungen sowie
4. auf bestimmten öffentlichen Straßen, Wegen oder Plätzen, die an die in den Nummern 2 und 3 genannten Orte oder Einrichtungen angrenzen.

In der Rechtsverordnung nach Satz 1 ist eine Ausnahme vom Verbot oder von der Beschränkung für Fälle vorzusehen, in denen für das Führen der Waffe oder des Messers ein berechtigtes Interesse vorliegt. Ein berechtigtes Interesse liegt insbesondere vor bei
1. Inhabern waffenrechtlicher Erlaubnisse,
2. Anwohnern, Anliegern und dem Anlieferverkehr,
3. Gewerbetreibenden und bei ihren Beschäftigten oder bei von den Gewerbetreibenden Beauftragten, die Messer im Zusammenhang mit ihrer Berufsausübung führen,
4. Personen, die Messer im Zusammenhang mit der Brauchtumspflege oder der Ausübung des Sports führen,
5. Personen, die eine Waffe oder ein Messer nicht zugriffsbereit von einem Ort zum anderen befördern, und
6. Personen, die eine Waffe oder ein Messer mit Zustimmung eines anderen in dessen Hausrechtsbereich nach Satz 1 Nummer 2 führen, wenn das Führen dem Zweck des Aufenthalts in dem Hausrechtsbereich dient oder im Zusammenhang damit steht.

Die Landesregierungen können ihre Befugnis nach Satz 1 in Verbindung mit Satz 2 durch Rechtsverordnung auf die zuständige oberste Landesbehörde übertragen; diese kann die Befugnis durch Rechtsverordnung weiter übertragen.

§ 42a Verbot des Führens von Anscheinswaffen und bestimmten tragbaren Gegenständen

(1) Es ist verboten
1. Anscheinswaffen,
2. Hieb- und Stoßwaffen nach Anlage 1 Abschnitt 1 Unterabschnitt 2 Nr. 1.1 oder
3. Messer mit einhändig feststellbarer Klinge (Einhandmesser) oder feststehende Messer mit einer Klingenlänge über 12 cm

zu führen.

(2) Absatz 1 gilt nicht
1. für die Verwendung bei Foto-, Film- oder Fernsehaufnahmen oder Theateraufführungen,
2. für den Transport in einem verschlossenen Behältnis,
3. für das Führen der Gegenstände nach Absatz 1 Nr. 2 und 3, sofern ein berechtigtes Interesse vorliegt.

Weitergehende Regelungen bleiben unberührt.

(3) Ein berechtigtes Interesse nach Absatz 2 Satz 1 Nr. 3 liegt insbesondere vor, wenn das Führen der Gegenstände im Zusammenhang mit der Berufsausübung erfolgt, der Brauchtumspflege, dem Sport oder einem allgemein anerkannten Zweck dient.

§ 43 Erhebung und Übermittlung personenbezogener Daten (1) Die für die Ausführung dieses Gesetzes zuständigen Behörden dürfen personenbezogene Daten auch ohne Mitwirkung der betroffenen Person in den Fällen des § 5 Abs. 5 und des § 6 Abs. 1 Satz 3 und 4 erheben. Sonstige Rechtsvorschriften des Bundes- oder Landesrechts, die eine

Erhebung ohne Mitwirkung der betroffenen Person vorsehen oder zwingend voraussetzen, bleiben unberührt.
(2) Öffentliche Stellen im Geltungsbereich dieses Gesetzes sind auf Ersuchen der zuständigen Behörde verpflichtet, dieser im Rahmen datenschutzrechtlicher Übermittlungsbefugnisse personenbezogene Daten zu übermitteln, soweit die Daten nicht wegen überwiegender öffentlicher Interessen geheim gehalten werden müssen.

§ 43a (aufgehoben)

§ 44 Übermittlung an und von Meldebehörden (1) Die zuständige Behörde teilt der Meldebehörde mit:
1. die erstmalige Erteilung einer waffenrechtlichen Erlaubnis,
2. den Verlust aller waffenrechtlichen Erlaubnisse einer Person,
3. den Erlass und den Wegfall eines Waffenbesitzverbotes.

(2) Die Meldebehörden teilen den Waffenerlaubnisbehörden Namensänderungen, Zuzug, Änderungen der derzeitigen Anschrift im Zuständigkeitsbereich der Meldebehörde, Wegzug und Tod des Einwohners mit, für den das Vorliegen einer waffenrechtlichen Erlaubnis oder eines Waffenbesitzverbotes gespeichert ist.

§ 45 Rücknahme und Widerruf (1) Eine Erlaubnis nach diesem Gesetz ist zurückzunehmen, wenn nachträglich bekannt wird, dass die Erlaubnis hätte versagt werden müssen.
(2) Eine Erlaubnis nach diesem Gesetz ist zu widerrufen, wenn nachträglich Tatsachen eintreten, die zur Versagung hätten führen müssen. Eine Erlaubnis nach diesem Gesetz kann auch widerrufen werden, wenn inhaltliche Beschränkungen nicht beachtet werden.
(3) Bei einer Erlaubnis kann abweichend von Absatz 2 Satz 1 im Fall eines vorübergehenden Wegfalls des Bedürfnisses, aus besonderen Gründen auch in Fällen des endgültigen Wegfalls des Bedürfnisses, von einem Widerruf abgesehen werden. Satz 1 gilt nicht, sofern es sich um eine Erlaubnis zum Führen einer Waffe handelt.
(4) Verweigert eine betroffene Person im Fall der Überprüfung des weiteren Vorliegens von in diesem Gesetz oder in einer auf Grund dieses Gesetzes erlassenen Rechtsverordnung vorgeschriebenen Tatbestandsvoraussetzungen, bei deren Wegfall ein Grund zur Rücknahme oder zum Widerruf einer Erlaubnis oder Ausnahmebewilligung gegeben wäre, ihre Mitwirkung, so kann die Behörde deren Wegfall vermuten. Die betroffene Person ist hierauf hinzuweisen.
(5) Widerspruch und Anfechtungsklage gegen Maßnahmen nach Absatz 1 und Absatz 2 Satz 1 haben keine aufschiebende Wirkung, sofern die Erlaubnis wegen des Nichtvorliegens oder Entfallens der Voraussetzungen nach § 4 Abs. 1 Nr. 2 zurückgenommen oder widerrufen wird.

§ 46 Weitere Maßnahmen (1) Werden Erlaubnisse nach diesem Gesetz zurückgenommen oder widerrufen, so hat der Inhaber alle Ausfertigungen der Erlaubnisurkunde der zuständigen Behörde unverzüglich zurückzugeben. Das Gleiche gilt, wenn die Erlaubnis erloschen ist.
(2) Hat jemand auf Grund einer Erlaubnis, die zurückgenommen, widerrufen oder erloschen ist, Waffen oder Munition erworben oder befugt besessen, und besitzt er sie noch, so kann die zuständige Behörde anordnen, dass er binnen angemessener Frist die Waffen oder

Munition dauerhaft unbrauchbar macht oder einem Berechtigten überlässt und den Nachweis darüber gegenüber der Behörde führt. Nach fruchtlosem Ablauf der Frist kann die zuständige Behörde die Waffen oder Munition sicherstellen.

(3) Besitzt jemand ohne die erforderliche Erlaubnis oder entgegen einem vollziehbaren Verbot nach § 41 Abs. 1 oder 2 eine Waffe oder Munition, so kann die zuständige Behörde anordnen, dass er binnen angemessener Frist

1. die Waffe oder Munition dauerhaft unbrauchbar macht oder einem Berechtigten überlässt oder
2. im Fall einer verbotenen Waffe oder Munition die Verbotsmerkmale beseitigt und
3. den Nachweis darüber gegenüber der Behörde führt.

Nach fruchtlosem Ablauf der Frist kann die zuständige Behörde die Waffe oder Munition sicherstellen.

(4) Die zuständige Behörde kann Erlaubnisurkunden sowie die in den Absätzen 2 und 3 bezeichneten Waffen oder Munition sofort sicherstellen

1. in Fällen eines vollziehbaren Verbots nach § 41 Abs. 1 oder 2 oder
2. soweit Tatsachen die Annahme rechtfertigen, dass die Waffen oder Munition missbräuchlich verwendet oder von einem Nichtberechtigten erworben werden sollen.

Zu diesem Zweck sind die Beauftragten der zuständigen Behörde berechtigt, die Wohnung der betroffenen Person zu betreten und diese Wohnung nach Urkunden, Waffen oder Munition zu durchsuchen; Durchsuchungen dürfen nur durch den Richter, bei Gefahr im Verzug auch durch die zuständige Behörde angeordnet werden; das Grundrecht der Unverletzlichkeit der Wohnung (Artikel 13 des Grundgesetzes) wird insoweit eingeschränkt. Widerspruch und Anfechtungsklage haben keine aufschiebende Wirkung.

(5) Sofern der bisherige Inhaber nicht innerhalb eines Monats nach Sicherstellung einen empfangsbereiten Berechtigten benennt oder im Fall der Sicherstellung verbotener Waffen oder Munition nicht in dieser Frist eine Ausnahmezulassung nach § 40 Abs. 4 beantragt, kann die zuständige Behörde die sichergestellten Waffen oder Munition einziehen und verwerten oder vernichten. Dieselben Befugnisse besitzt die zuständige Behörde im Fall der unanfechtbaren Versagung einer für verbotene Waffen oder Munition vor oder rechtzeitig nach der Sicherstellung beantragten Ausnahmezulassung nach § 40 Abs. 4. Der Erlös aus einer Verwertung der Waffen oder Munition steht nach Abzug der Kosten der Sicherstellung, Verwahrung und Verwertung dem nach bürgerlichem Recht bisher Berechtigten zu.

§ 48 Sachliche Zuständigkeit (1) Die Landesregierungen oder die von ihnen durch Rechtsverordnung bestimmten Stellen können durch Rechtsverordnung die für die Ausführung dieses Gesetzes zuständigen Behörden bestimmen, soweit nicht Bundesbehörden zuständig sind. Abweichend von Satz 1 ist für die Erteilung von Erlaubnissen an Bewachungsunternehmen für Bewachungsaufgaben nach § 28a Absatz 1 Satz 1 die für das Gebiet der Freien und Hansestadt Hamburg bestimmte Waffenbehörde zuständig.

(1a) Die Landesregierungen oder die von ihnen durch Rechtsverordnung bestimmten Stellen bestimmen durch Rechtsverordnung die nach Artikel 6 Absatz 5 Satz 2 der Verordnung (EU) Nr. 1214/2011 des Europäischen Parlaments und des Rates vom 16. November 2011 über den gewerbsmäßigen grenzüberschreitenden Straßentransport von

Euro-Bargeld zwischen den Mitgliedstaaten des Euroraums (ABl. L 316 vom 29.11.2011, S. 1) zuständige Kontaktstelle.
(2) - (4) ...

§ 49 Örtliche Zuständigkeit (1) Die Vorschriften der Verwaltungsverfahrensgesetze über die örtliche Zuständigkeit gelten mit der Maßgabe, dass örtlich zuständig ist

1. für einen Antragsteller oder Erlaubnisinhaber, der keinen gewöhnlichen Aufenthalt im Geltungsbereich dieses Gesetzes hat,
   a) die Behörde, in deren Bezirk er sich aufhält oder aufhalten will, oder,
   b) soweit sich ein solcher Aufenthaltswille nicht ermitteln lässt, die Behörde, in deren Bezirk der Grenzübertritt erfolgt,
2. für Antragsteller oder Inhaber einer Erlaubnis nach § 21 Abs. 1 sowie Bewachungsunternehmer die Behörde, in deren Bezirk sich die gewerbliche Hauptniederlassung befindet oder errichtet werden soll.

(2) ...

§ 50 (aufgehoben)

§ 51 Strafvorschriften (1) Mit Freiheitsstrafe von einem Jahr bis zu fünf Jahren wird bestraft, wer entgegen § 2 Abs. 1 oder 3, jeweils in Verbindung mit Anlage 2 Abschnitt 1 Nr. 1.2.1, eine dort genannte Schusswaffe zum Verschießen von Patronenmunition nach Anlage 1 Abschnitt 1 Unterabschnitt 3 Nr. 1.1 erwirbt, besitzt, überlässt, führt, verbringt, mitnimmt, herstellt, bearbeitet, instand setzt oder damit Handel treibt.
(2) In besonders schweren Fällen ist die Strafe Freiheitsstrafe von einem Jahr bis zu zehn Jahren. Ein besonders schwerer Fall liegt in der Regel vor, wenn der Täter gewerbsmäßig oder als Mitglied einer Bande, die sich zur fortgesetzten Begehung solcher Straftaten verbunden hat, unter Mitwirkung eines anderen Bandenmitgliedes handelt.
(3) In minder schweren Fällen ist die Strafe Freiheitsstrafe bis zu drei Jahren oder Geldstrafe.
(4) Handelt der Täter fahrlässig, so ist die Strafe Freiheitsstrafe bis zu zwei Jahren oder Geldstrafe.

§ 52 Strafvorschriften (1) Mit Freiheitsstrafe von sechs Monaten bis zu fünf Jahren wird bestraft, wer

1. entgegen § 2 Absatz 3, jeweils in Verbindung mit Anlage 2 Abschnitt 1 Nr. 1.1 oder 1.3.4 eine dort genannte Schusswaffe oder einen dort genannten Gegenstand erwirbt, besitzt, überlässt, führt, verbringt, mitnimmt, herstellt, bearbeitet, instand setzt oder damit Handel treibt,
2. ohne Erlaubnis nach
   a) § 2 Abs. 2 in Verbindung mit Anlage 2 Abschnitt 2 Unterabschnitt 1 Satz 1, eine Schusswaffe oder Munition erwirbt, um sie entgegen § 34 Abs. 1 Satz 1 einem Nichtberechtigten zu überlassen,
   b) § 2 Abs. 2 in Verbindung mit Anlage 2 Abschnitt 2 Unterabschnitt 1 Satz 1, eine halbautomatische Kurzwaffe zum Verschießen von Patronenmunition nach Anlage 1 Abschnitt 1 Unterabschnitt 3 Nr. 1.1 erwirbt, besitzt oder führt,

c) § 2 Abs. 2 in Verbindung mit Anlage 2 Abschnitt 2 Unterabschnitt 1 Satz 1 in Verbindung mit § 21 Abs. 1 Satz 1 oder § 21a eine Schusswaffe oder Munition herstellt, bearbeitet, instand setzt oder damit Handel treibt,

d) § 2 Abs. 2 in Verbindung mit Anlage 2 Abschnitt 2 Unterabschnitt 1 Satz 1 in Verbindung mit § 29 Absatz 1 Satz 1 oder § 32 Abs. 1 Satz 1 eine Schusswaffe oder Munition in den oder durch den Geltungsbereich dieses Gesetzes verbringt oder mitnimmt,

3. entgegen § 35 Abs. 3 Satz 1 eine Schusswaffe, Munition oder eine Hieb- oder Stoßwaffe im Reisegewerbe oder auf einer dort genannten Veranstaltung vertreibt oder anderen überlässt oder
4. entgegen § 40 Abs. 1 zur Herstellung eines dort genannten Gegenstandes anleitet oder auffordert.

(2) Der Versuch ist strafbar.

(3) Mit Freiheitsstrafe bis zu drei Jahren oder mit Geldstrafe wird bestraft, wer

1. entgegen § 2 Absatz 3, jeweils in Verbindung mit Anlage 2 Abschnitt 1 Nummer 1.2.2 bis 1.2.4.2, 1.3.1 bis 1.3.3, 1.3.5 bis 1.3.8, 1.4.1 Satz 1, Nr. 1.4.2 bis 1.4.4 oder 1.5.3 bis 1.5.7 einen dort genannten Gegenstand erwirbt, besitzt, überlässt, führt, verbringt, mitnimmt, herstellt, bearbeitet, instand setzt oder damit Handel treibt,
2. ohne Erlaubnis nach § 2 Abs. 2 in Verbindung mit Anlage 2 Abschnitt 2 Unterabschnitt 1 Satz 1

   a) eine Schusswaffe erwirbt, besitzt, führt oder

   b) Munition erwirbt oder besitzt,

   wenn die Tat nicht in Absatz 1 Nr. 2 Buchstabe a oder b mit Strafe bedroht ist,
3. ohne Erlaubnis nach § 2 Abs. 2 in Verbindung mit Anlage 2 Abschnitt 2 Unterabschnitt 1 Satz 1 in Verbindung mit § 26 Abs. 1 Satz 1 eine Schusswaffe herstellt, bearbeitet oder instand setzt,
4. ohne Erlaubnis nach § 2 Absatz 2 in Verbindung mit Anlage 2 Abschnitt 2 Unterabschnitt 1 Satz 1 in Verbindung mit

   a) § 29 Absatz 1 Satz 1 eine dort genannte Schusswaffe oder Munition aus dem Geltungsbereich dieses Gesetzes in einen anderen Mitgliedstaat verbringt oder

   b) § 32 Absatz 1a Satz 1 eine dort genannte Schusswaffe oder Munition in einen anderen Mitgliedstaat mitnimmt,
5. entgegen § 28 Abs. 2 Satz 1 eine Schusswaffe führt,
6. entgegen § 28 Abs. 3 Satz 2 eine Schusswaffe oder Munition überlässt,
7. entgegen § 34 Abs. 1 Satz 1 eine erlaubnispflichtige Schusswaffe oder erlaubnispflichtige Munition einem Nichtberechtigten überlässt,

7a. entgegen § 36 Absatz 1 Satz 1 in Verbindung mit einer Rechtsverordnung nach § 36 Absatz 5 Satz 1 eine dort genannte Vorkehrung für eine Schusswaffe nicht, nicht richtig oder nicht rechtzeitig trifft und dadurch die Gefahr verursacht, dass eine Schusswaffe oder Munition abhandenkommt oder darauf unbefugt zugegriffen wird,

8. einer vollziehbaren Anordnung nach § 41 Abs. 1 Satz 1 oder Abs. 2 zuwiderhandelt,
9. entgegen § 42 Abs. 1 eine Waffe führt oder
10. entgegen § 57 Abs. 5 Satz 1 den Besitz über eine Schusswaffe oder Munition ausübt.

(4) Handelt der Täter in den Fällen des Absatzes 1 Nr. 1, 2 Buchstabe b, c oder d oder Nr. 3 oder des Absatzes 3 Nummer 1 bis 7, 8, 9 oder 10 fahrlässig, so ist die Strafe bei den

bezeichneten Taten nach Absatz 1 Freiheitsstrafe bis zu zwei Jahren oder Geldstrafe, bei Taten nach Absatz 3 Freiheitsstrafe bis zu einem Jahr oder Geldstrafe.
(5) In besonders schweren Fällen des Absatzes 1 Nr. 1 ist die Strafe Freiheitsstrafe von einem Jahr bis zu zehn Jahren. Ein besonders schwerer Fall liegt in der Regel vor, wenn der Täter gewerbsmäßig oder als Mitglied einer Bande, die sich zur fortgesetzten Begehung solcher Straftaten verbunden hat, unter Mitwirkung eines anderen Bandenmitgliedes handelt.
(6) In minder schweren Fällen des Absatzes 1 ist die Strafe Freiheitsstrafe bis zu drei Jahren oder Geldstrafe.

§ 52a (weggefallen)

§ 53 Bußgeldvorschriften (1) Ordnungswidrig handelt, wer vorsätzlich oder fahrlässig
1. entgegen § 2 Abs. 1 eine nicht erlaubnispflichtige Waffe oder nicht erlaubnispflichtige Munition erwirbt oder besitzt,
2. (weggefallen)
3. ohne Erlaubnis nach § 2 Abs. 2 in Verbindung mit Abs. 4, dieser in Verbindung mit Anlage 2 Abschnitt 2 Unterabschnitt 1 Satz 1, mit einer Schusswaffe schießt,
4. einer vollziehbaren Auflage nach § 9 Abs. 2 Satz 1, § 10 Abs. 2 Satz 3, § 17 Abs. 2 Satz 2, § 18 Absatz 2 Satz 2 oder § 28a Absatz 1 Satz 3 oder einer vollziehbaren Anordnung nach § 9 Abs. 3, § 36 Abs. 3 Satz 1 oder Abs. 6, § 37c Absatz 2 Nummer 2, § 39 Abs. 3, § 40 Abs. 5 Satz 2 oder § 46 Abs. 2 Satz 1 oder Abs. 3 Satz 1 zuwiderhandelt,
5. (aufgehoben)
6. entgegen § 10 Absatz 2 Satz 4 oder § 37i Absatz 4 eine Mitteilung nicht, nicht richtig, nicht vollständig oder nicht rechtzeitig macht,
7. entgegen § 13 Absatz 3 Satz 2, § 14 Abs. 4 Satz 2 oder § 20 Absatz 1 die Ausstellung einer Waffenbesitzkarte oder die Eintragung in eine Waffenbesitzkarte nicht oder nicht rechtzeitig beantragt,
8. entgegen § 21 Absatz 6, § 24 Absatz 6, § 27 Absatz 1 Satz 6 oder Absatz 2 Satz 2, § 30 Satz 3, § 34 Absatz 4 oder 5 Satz 1, § 37 Absatz 1 Satz 1, auch in Verbindung mit Satz 2, entgegen § 37a Satz 1, auch in Verbindung mit Satz 3, entgegen § 37a Satz 2, § 37b Absatz 1 Satz 1, Absatz 2 Satz 1 oder Absatz 3, § 37c Absatz 1, § 37d Absatz 1 oder 2, § 40 Absatz 5 Satz 1 oder § 58 Absatz 19 Satz 1 eine Anzeige nicht, nicht richtig, nicht vollständig, nicht in der vorgeschriebenen Weise oder nicht rechtzeitig erstattet,
9. entgegen § 24 Abs. 1, auch in Verbindung mit einer Rechtsverordnung nach § 25 Nummer 1 oder Nr. 2 Buchstabe a, oder § 24 Absatz 4 Satz 1 und 2, auch in Verbindung mit einer Rechtsverordnung nach § 25 Nummer 1 Buchstabe c, eine Angabe, ein Zeichen oder die Bezeichnung der Munition auf der Schusswaffe nicht, nicht richtig, nicht vollständig, nicht in der vorgeschriebenen Weise oder nicht rechtzeitig anbringt oder Munition nicht, nicht richtig, nicht vollständig, nicht in der vorgeschriebenen Weise oder nicht rechtzeitig mit einem besonderen Kennzeichen versieht,
10. entgegen § 24 Absatz 5 eine Schusswaffe oder Munition anderen gewerbsmäßig überlässt,
11. ohne Erlaubnis nach § 27 Abs. 1 Satz 1 eine Schießstätte betreibt oder ihre Beschaffenheit oder die Art ihrer Benutzung wesentlich ändert,

12. entgegen § 27 Abs. 3 Satz 1 Nr. 1 und 2 einem Kind oder Jugendlichen das Schießen gestattet oder entgegen § 27 Abs. 6 Satz 2 nicht sicherstellt, dass die Aufsichtsperson nur einen Schützen bedient,
13. entgegen § 27 Abs. 3 Satz 2 Unterlagen nicht aufbewahrt oder entgegen § 27 Abs. 3 Satz 3 diese nicht herausgibt,
14. entgegen § 27 Abs. 5 Satz 2 eine Bescheinigung nicht mitführt,
15. entgegen § 33 Abs. 1 Satz 1 eine Schusswaffe oder Munition nicht anmeldet oder nicht oder nicht rechtzeitig vorführt,
16. entgegen § 34 Abs. 1 Satz 1 eine nicht erlaubnispflichtige Waffe oder nicht erlaubnispflichtige Munition einem Nichtberechtigten überlässt,
17. entgegen § 35 Abs. 1 Satz 4 die Urkunden nicht aufbewahrt oder nicht, nicht vollständig oder nicht rechtzeitig Einsicht gewährt,
18. entgegen § 35 Abs. 2 einen Hinweis nicht, nicht richtig, nicht vollständig oder nicht rechtzeitig gibt oder die Erfüllung einer dort genannten Pflicht nicht, nicht richtig, nicht vollständig oder nicht rechtzeitig protokolliert,
19. entgegen § 37 g Absatz 1 ein dort genanntes Dokument nicht oder nicht rechtzeitig vorlegt,
20. entgegen § 38 Absatz 1 Satz 1 oder Absatz 2 ein dort genanntes Dokument nicht mit sich führt oder nicht oder nicht rechtzeitig aushändigt,
21. entgegen § 39 Abs. 1 Satz 1 eine Auskunft nicht, nicht richtig, nicht vollständig oder nicht rechtzeitig erteilt,

21a. entgegen § 42a Abs. 1 eine Anscheinswaffe, eine dort genannte Hieb- oder Stoßwaffe oder ein dort genanntes Messer führt,

22. entgegen § 46 Abs. 1 Satz 1, auch in Verbindung mit Satz 2, eine Ausfertigung der Erlaubnisurkunde nicht oder nicht rechtzeitig zurückgibt oder
23. einer Rechtsverordnung nach § 15a Absatz 4, § 25 Abs. 1 Nr. 1 Buchstabe b, § 27 Absatz 7 Satz 2, § 36 Absatz 5, den §§ 39a, 39c Absatz 1 oder 2 Satz 1, § 42 Absatz 5 Satz 1 oder Absatz 6 Satz 1, auch in Verbindung mit Satz 2, oder § 47 oder einer vollziehbaren Anordnung auf Grund einer solchen Rechtsverordnung zuwiderhandelt, soweit die Rechtsverordnung für einen bestimmten Tatbestand auf diese Bußgeldvorschrift verweist.

(1a) Ordnungswidrig handelt, wer vorsätzlich oder fahrlässig ohne Genehmigung nach Artikel 4 Absatz 1 Satz 1 der Verordnung (EU) Nr. 258/2012 des Europäischen Parlaments und des Rates vom 14. März 2012 zur Umsetzung des Artikels 10 des Protokolls der Vereinten Nationen gegen die unerlaubte Herstellung von Schusswaffen, dazugehörigen Teilen und Komponenten und Munition und gegen den unerlaubten Handel damit, in Ergänzung des Übereinkommens der Vereinten Nationen gegen die grenzüberschreitende organisierte Kriminalität (VN-Feuerwaffenprotokoll) und zur Einführung von Ausfuhrgenehmigungen für Feuerwaffen, deren Teile, Komponenten und Munition sowie von Maßnahmen betreffend deren Einfuhr und Durchfuhr (ABl. L 94 vom 30.3.2012, S. 1) einen dort genannten Gegenstand ausführt.

(2) Die Ordnungswidrigkeit kann mit einer Geldbuße bis zu zehntausend Euro geahndet werden.

(3) Verwaltungsbehörden im Sinne des § 36 Absatz 1 Nummer 1 des Gesetzes über Ordnungswidrigkeiten sind

1. in den Fällen des Absatzes 1, soweit dieses Gesetz von der Physikalisch-Technischen Bundesanstalt, dem Bundesverwaltungsamt oder dem Bundeskriminalamt ausgeführt wird, die für die Erteilung von Erlaubnissen nach § 21 Absatz 1 zuständigen Behörden,
2. in den Fällen des Absatzes 1a die Hauptzollämter.

§ 54 Einziehung (1) Ist eine Straftat nach den §§ 51, 52 Abs. 1, 2 oder 3 Nr. 1, 2 oder 3 oder Abs. 5 begangen worden, so werden Gegenstände,
1. auf die sich diese Straftat bezieht oder
2. die durch sie hervorgebracht oder zu ihrer Begehung oder Vorbereitung gebraucht worden oder bestimmt gewesen sind,

eingezogen.
(2) Ist eine sonstige Straftat nach § 52 oder eine Ordnungswidrigkeit nach § 53 begangen worden, so können in Absatz 1 bezeichnete Gegenstände eingezogen werden.
(3) § 74a des Strafgesetzbuches und § 23 des Gesetzes über Ordnungswidrigkeiten sind anzuwenden.
(4) Als Maßnahme im Sinne des § 74f Absatz 1 Satz 3 des Strafgesetzbuches kommt auch die Anweisung in Betracht, binnen einer angemessenen Frist eine Entscheidung der zuständigen Behörde über die Erteilung einer Erlaubnis nach § 10 vorzulegen oder die Gegenstände einem Berechtigten zu überlassen.

§ 55 Ausnahmen für oberste Bundes- und Landesbehörden, Bundeswehr, Polizei und Zollverwaltung, erheblich gefährdete Hoheitsträger sowie Bedienstete anderer Staaten (1) Dieses Gesetz ist, wenn es nicht ausdrücklich etwas anderes bestimmt, nicht anzuwenden auf
1. die obersten Bundes- und Landesbehörden und die Deutsche Bundesbank,
2. die Bundeswehr und die in der Bundesrepublik Deutschland stationierten ausländischen Streitkräfte,
3. die Polizeien des Bundes und der Länder,
4. die Zollverwaltung

und deren Bedienstete, soweit sie dienstlich tätig werden. Bei Polizeibediensteten und bei Bediensteten der Zollverwaltung mit Vollzugsaufgaben gilt dies, soweit sie durch Dienstvorschriften hierzu ermächtigt sind, auch für den Besitz über dienstlich zugelassene Waffen oder Munition und für das Führen dieser Waffen außerhalb des Dienstes.
(2) – (6) ...

§ 57 Kriegswaffen (1) Dieses Gesetz gilt nicht für Kriegswaffen im Sinne des Gesetzes über die Kontrolle von Kriegswaffen. ...

3.37 Gesetz über das Nationale Waffenregister (Waffenregistergesetz – WaffRG)

§ 1 Zweck des Waffenregisters

(1) Das Nationale Waffenregister dient insbesondere dem Schutz der öffentlichen Sicherheit und Ordnung. Den Waffenbehörden und den um Datenübermittlung ersuchenden öffentlichen Stellen ermöglicht es

1. Waffen und wesentliche Teile zurückzuverfolgen sowie
2. sich untereinander über die verarbeiteten Daten auszutauschen.

(2) Die Daten zu Personen, waffenrechtlichen Erlaubnissen sowie Waffen und waffenrechtlichen Erlaubnissen werden wie folgt einander zugeordnet:

1. Waffen und wesentliche Teile den waffenrechtlichen Erlaubnissen und
2. waffenrechtliche Erlaubnisse den Personen.

§ 2 Begriffsbestimmungen

(1) Waffenregister im Sinne dieses Gesetzes ist das Nationale Waffenregister.

(2) Waffenbehörden im Sinne dieses Gesetzes sind die nach § 40 Absatz 4, den §§ 48, 49 und 57 Absatz 1 Satz 4 des Waffengesetzes zuständigen Behörden.

(3) Waffen im Sinne dieses Gesetzes sind:

1. Waffen und wesentliche Teile, die nach den §§ 37 bis 37d des Waffengesetzes einer Anzeigepflicht unterfallen sowie
2. Waffen, für die eine Ausnahmegenehmigung nach § 40 Absatz 4 des Waffengesetzes erteilt wird.

(4) Waffenrechtliche Erlaubnisse im Sinne dieses Gesetzes sind:

1. Erlaubnisse, die zum Erwerb und Besitz von Waffen berechtigen, nach:
   a. § 10 Absatz 1 Satz 1 des Waffengesetzes,
   b. § 10 Absatz 2 Satz 1 des Waffengesetzes,
   c. § 10 Absatz 2 Satz 2 des Waffengesetzes,
   d. § 21 Absatz 1 Satz 1 des Waffengesetzes,
   e. § 26 Absatz 1 des Waffengesetzes,
   f. § 27 Absatz 1 Satz 3 des Waffengesetzes,
   g. § 32 Absatz 6 des Waffengesetzes sowie
   h. § 40 Absatz 4 Satz 1 des Waffengesetzes,
2. sonstige waffenrechtliche Erlaubnisse nach:
   a. § 10 Absatz 3 des Waffengesetzes,
   b. § 10 Absatz 4 Satz 1 des Waffengesetzes,
   c. § 10 Absatz 4 Satz 4 des Waffengesetzes,
   d. § 10 Absatz 5 oder § 16 Absatz 3 des Waffengesetzes,
   e. § 11 Absatz 1 des Waffengesetzes,
   f. § 21a des Waffengesetzes,
   g. § 27 Absatz 1 Satz 1 Nummer 1 des Waffengesetzes,
   h. § 29 Absatz 1 und 2 des Waffengesetzes,
   i. § 30 des Waffengesetzes,
   j. § 32 Absatz 1 des Waffengesetzes,
   k. § 42 Absatz 2 des Waffengesetzes sowie
3. die Anerkennung nach § 3 Absatz 2 der Allgemeinen Waffengesetz-Verordnung,

4. die Zustimmung nach § 28 Absatz 3 Satz 2 des Waffengesetzes und
5. die Benennung nach § 28a Absatz 1 Satz 3 Nummer 2 des Waffengesetzes.

(5) Anträge im Sinne dieses Gesetzes sind

1. Anträge auf erstmalige Erteilung einer waffenrechtlichen Erlaubnis im örtlichen Zuständigkeitsbereich einer Waffenbehörde und
2. Benennungen nach § 28 Absatz 3 Satz 1 des Waffengesetzes.

§ 3 Registerbehörde

(1) Das Waffenregister wird von der Registerbehörde geführt.

(2) Registerbehörde ist das Bundesverwaltungsamt.

(3) Die Registerbehörde verarbeitet die ihr nach diesem Gesetz übermittelten Daten nur nach Maßgabe dieses Gesetzes.

3.38 Zivilprozessordnung (ZPO) (Auszug)

§ 1 Sachliche Zuständigkeit Die sachliche Zuständigkeit der Gerichte wird durch das Gesetz über die Gerichtsverfassung bestimmt.

§ 2 Bedeutung des Wertes Kommt es nach den Vorschriften dieses Gesetzes oder des Gerichtsverfassungsgesetzes auf den Wert des Streitgegenstandes, des Beschwerdegegenstandes, der Beschwer oder der Verurteilung an, so gelten die nachfolgenden Vorschriften.

§ 12 Allgemeiner Gerichtsstand; Begriff Das Gericht, bei dem eine Person ihren allgemeinen Gerichtsstand hat, ist für alle gegen sie zu erhebenden Klagen zuständig, sofern nicht für eine Klage ein ausschließlicher Gerichtsstand begründet ist.

§ 13 Allgemeiner Gerichtsstand des Wohnsitzes Der allgemeine Gerichtsstand einer Person wird durch den Wohnsitz bestimmt.

§ 17 Allgemeiner Gerichtsstand juristischer Personen (1) Der allgemeine Gerichtsstand der Gemeinden, der Korporationen sowie derjenigen Gesellschaften, Genossenschaften oder anderen Vereine und derjenigen Stiftungen, Anstalten und Vermögensmassen, die als solche verklagt werden können, wird durch ihren Sitz bestimmt. Als Sitz gilt, wenn sich nichts anderes ergibt, der Ort, wo die Verwaltung geführt wird.
(2) – (3) ...

§ 32 Besonderer Gerichtsstand der unerlaubten Handlung Für Klagen aus unerlaubten Handlungen ist das Gericht zuständig, in dessen Bezirk die Handlung begangen ist.

§ 50 Parteifähigkeit (1) Parteifähig ist, wer rechtsfähig ist.
(2) Ein Verein, der nicht rechtsfähig ist, kann klagen und verklagt werden; in dem Rechtsstreit hat der Verein die Stellung eines rechtsfähigen Vereins.

§ 51 Prozessfähigkeit; gesetzliche Vertretung; Prozessführung (1) Die Fähigkeit einer Partei, vor Gericht zu stehen, die Vertretung nicht prozessfähiger Parteien durch andere Personen (gesetzliche Vertreter) und die Notwendigkeit einer besonderen Ermächtigung zur Prozessführung bestimmt sich nach den Vorschriften des bürgerlichen Rechts, soweit nicht die nachfolgenden Paragraphen abweichende Vorschriften enthalten.
(2) Das Verschulden eines gesetzlichen Vertreters steht dem Verschulden der Partei gleich.
(3) Hat eine nicht prozessfähige Partei, die eine volljährige natürliche Person ist, wirksam eine andere natürliche Person schriftlich mit ihrer gerichtlichen Vertretung bevollmächtigt, so steht diese Person einem gesetzlichen Vertreter gleich, wenn die Bevollmächtigung geeignet ist, gemäß § 1896 Abs. 2 Satz 2 des Bürgerlichen Gesetzbuchs die Erforderlichkeit einer Betreuung entfallen zu lassen.

§ 78 Anwaltsprozess (1) Vor den Landgerichten und Oberlandesgerichten müssen sich die Parteien durch einen Rechtsanwalt vertreten lassen. Ist in einem Land auf Grund des § 8 des Einführungsgesetzes zum Gerichtsverfassungsgesetz ein oberstes Landesgericht

errichtet, so müssen sich die Parteien vor diesem ebenfalls durch einen Rechtsanwalt vertreten lassen. Vor dem Bundesgerichtshof müssen sich die Parteien durch einen bei dem Bundesgerichtshof zugelassenen Rechtsanwalt vertreten lassen.
(2) – (4) ...

§ 91 Grundsatz und Umfang der Kostenpflicht (1) Die unterliegende Partei hat die Kosten des Rechtsstreits zu tragen, insbesondere die dem Gegner erwachsenen Kosten zu erstatten, soweit sie zur zweckentsprechenden Rechtsverfolgung oder Rechtsverteidigung notwendig waren. Die Kostenerstattung umfasst auch die Entschädigung des Gegners für die durch notwendige Reisen oder durch die notwendige Wahrnehmung von Terminen entstandene Zeitversäumnis; die für die Entschädigung von Zeugen geltenden Vorschriften sind entsprechend anzuwenden.
(2) Die gesetzlichen Gebühren und Auslagen des Rechtsanwalts der obsiegenden Partei sind in allen Prozessen zu erstatten, ...
(3) – (5) ...

§ 92 Kosten bei teilweisem Obsiegen (1) Wenn jede Partei teils obsiegt, teils unterliegt, so sind die Kosten gegeneinander aufzuheben oder verhältnismäßig zu teilen. Sind die Kosten gegeneinander aufgehoben, so fallen die Gerichtskosten jeder Partei zur Hälfte zur Last.
(2) ...

§ 128 Grundsatz der Mündlichkeit; schriftliches Verfahren (1) Die Parteien verhandeln über den Rechtsstreit vor dem erkennenden Gericht mündlich.
(2) Mit Zustimmung der Parteien, die nur bei einer wesentlichen Änderung der Prozesslage widerruflich ist, kann das Gericht eine Entscheidung ohne mündliche Verhandlung treffen. Es bestimmt alsbald den Zeitpunkt, bis zu dem Schriftsätze eingereicht werden können, und den Termin zur Verkündung der Entscheidung. Eine Entscheidung ohne mündliche Verhandlung ist unzulässig, wenn seit der Zustimmung der Parteien mehr als drei Monate verstrichen sind.
(3) Ist nur noch über die Kosten oder Nebenforderungen zu entscheiden, kann die Entscheidung ohne mündliche Verhandlung ergehen.
(4) Entscheidungen des Gerichts, die nicht Urteile sind, können ohne mündliche Verhandlung ergehen, soweit nichts anderes bestimmt ist.

§ 129 Vorbereitende Schriftsätze (1) In Anwaltsprozessen wird die mündliche Verhandlung durch Schriftsätze vorbereitet.
(2) In anderen Prozessen kann den Parteien durch richterliche Anordnung aufgegeben werden, die mündliche Verhandlung durch Schriftsätze oder zu Protokoll der Geschäftsstelle abzugebende Erklärungen vorzubereiten.

§ 253 Klageschrift (1) Die Erhebung der Klage erfolgt durch Zustellung eines Schriftsatzes (Klageschrift).
(2) Die Klageschrift muss enthalten:
1. die Bezeichnung der Parteien und des Gerichts;
2. die bestimmte Angabe des Gegenstandes und des Grundes des erhobenen Anspruchs, sowie einen bestimmten Antrag.

(3) Die Klageschrift soll ferner enthalten:
1. die Angabe, ob der Klageerhebung der Versuch einer Mediation oder eines anderen Verfahrens der außergerichtlichen Konfliktbeilegung vorausgegangen ist, sowie eine Äußerung dazu, ob einem solchen Verfahren Gründe entgegenstehen;
2. die Angabe des Wertes des Streitgegenstandes, wenn hiervon die Zuständigkeit des Gerichts abhängt und der Streitgegenstand nicht in einer bestimmten Geldsumme besteht;
3. eine Äußerung dazu, ob einer Entscheidung der Sache durch den Einzelrichter Gründe entgegenstehen.

(4) Außerdem sind die allgemeinen Vorschriften über die vorbereitenden Schriftsätze auch auf die Klageschrift anzuwenden.
(5) Die Klageschrift sowie sonstige Anträge und Erklärungen einer Partei, die zugestellt werden sollen, sind bei dem Gericht schriftlich unter Beifügung der für ihre Zustellung oder Mitteilung erforderlichen Zahl von Abschriften einzureichen. Einer Beifügung von Abschriften bedarf es nicht, soweit die Klageschrift elektronisch eingereicht wird.

§ 272 Bestimmung der Verfahrensweise (1) Der Rechtsstreit ist in der Regel in einem umfassend vorbereiteten Termin zur mündlichen Verhandlung (Haupttermin) zu erledigen.
(2) Der Vorsitzende bestimmt entweder einen frühen ersten Termin zur mündlichen Verhandlung (§ 275) oder veranlasst ein schriftliches Vorverfahren (§ 276).
(3) Die Güteverhandlung und die mündliche Verhandlung sollen so früh wie möglich stattfinden.
(4) Räumungssachen sind vorrangig und beschleunigt durchzuführen.

§ 274 Ladung der Parteien; Einlassungsfrist (1) Nach der Bestimmung des Termins zur mündlichen Verhandlung ist die Ladung der Parteien durch die Geschäftsstelle zu veranlassen.
(2) Die Ladung ist dem Beklagten mit der Klageschrift zuzustellen, wenn das Gericht einen frühen ersten Verhandlungstermin bestimmt.
(3) Zwischen der Zustellung der Klageschrift und dem Termin zur mündlichen Verhandlung muss ein Zeitraum von mindestens zwei Wochen liegen (Einlassungsfrist). ...

§ 275 Früher erster Termin (1) Zur Vorbereitung des frühen ersten Termins zur mündlichen Verhandlung kann der Vorsitzende oder ein von ihm bestimmtes Mitglied des Prozessgerichts dem Beklagten eine Frist zur schriftlichen Klageerwiderung setzen. Andernfalls ist der Beklagte aufzufordern, etwa vorzubringende Verteidigungsmittel unverzüglich durch den zu bestellenden Rechtsanwalt in einem SchriftSatz dem Gericht mitzuteilen; § 277 Abs. 1 Satz 2 gilt entsprechend.
(2) Wird das Verfahren in dem frühen ersten Termin zur mündlichen Verhandlung nicht abgeschlossen, so trifft das Gericht alle Anordnungen, die zur Vorbereitung des Haupttermins noch erforderlich sind.
(3) Das Gericht setzt in dem Termin eine Frist zur schriftlichen Klageerwiderung, wenn der Beklagte noch nicht oder nicht ausreichend auf die Klage erwidert hat und ihm noch keine Frist nach Abs. 1 Satz 1 gesetzt war.

(4) Das Gericht kann dem Kläger in dem Termin oder nach Eingang der Klageerwiderung eine Frist zur schriftlichen Stellungnahme auf die Klageerwiderung setzen. Außerhalb der mündlichen Verhandlung kann der Vorsitzende die Frist setzen.

§ 276 Schriftliches Vorverfahren (1) Bestimmt der Vorsitzende keinen frühen ersten Termin zur mündlichen Verhandlung, so fordert er den Beklagten mit der Zustellung der Klage auf, wenn er sich gegen die Klage verteidigen wolle, dies binnen einer Notfrist von zwei Wochen nach Zustellung der Klageschrift dem Gericht schriftlich anzuzeigen; der Kläger ist von der Aufforderung zu unterrichten. Zugleich ist dem Beklagten eine Frist von mindestens zwei weiteren Wochen zur schriftlichen Klageerwiderung zu setzen. Ist die Zustellung der Klage im Ausland vorzunehmen, so beträgt die Frist nach Satz 1 einen Monat. 4 Der Vorsitzende kann in diesem Fall auch eine längere Frist bestimmen.
(2) Mit der Aufforderung ist der Beklagte über die Folgen einer Versäumung der ihm nach Abs. 1 Satz 1 gesetzten Frist sowie darüber zu belehren, dass er die Erklärung, der Klage entgegentreten zu wollen, nur durch den zu bestellenden Rechtsanwalt abgeben kann. Die Belehrung über die Möglichkeit des Erlasses eines Versäumnisurteils nach § 331 Abs. 3 hat die Rechtsfolgen aus den §§ 91 und 708 Nr. 2 zu umfassen.
(3) Der Vorsitzende kann dem Kläger eine Frist zur schriftlichen Stellungnahme auf die Klageerwiderung setzen.

§ 277 Klageerwiderung; Replik (1) In der Klageerwiderung hat der Beklagte seine Verteidigungsmittel vorzubringen, soweit es nach der Prozesslage einer sorgfältigen und auf Förderung des Verfahrens bedachten Prozessführung entspricht. Die Klageerwiderung soll ferner eine Äußerung dazu enthalten, ob einer Entscheidung der Sache durch den Einzelrichter Gründe entgegenstehen.
(2) Der Beklagte ist darüber, dass die Klageerwiderung durch den zu bestellenden Rechtsanwalt bei Gericht einzureichen ist, und über die Folgen einer Fristversäumung zu belehren.
(3) Die Frist zur schriftlichen Klageerwiderung nach § 275 Abs. 1 Satz 1, Abs. 3 beträgt mindestens zwei Wochen.
(4) Für die schriftliche Stellungnahme auf die Klageerwiderung gelten Abs. 1 Satz 1 und Absätze 2 und 3 entsprechend.

§ 278 Gütliche Streitbeilegung, Güteverhandlung, Vergleich (1) Das Gericht soll in jeder Lage des Verfahrens auf eine gütliche Beilegung des Rechtsstreits oder einzelner Streitpunkte bedacht sein.
(2) Der mündlichen Verhandlung geht zum Zwecke der gütlichen Beilegung des Rechtsstreits eine Güteverhandlung voraus, es sei denn, es hat bereits ein Einigungsversuch vor einer außergerichtlichen Gütestelle stattgefunden oder die Güteverhandlung erscheint erkennbar aussichtslos. Das Gericht hat in der Güteverhandlung den Sach- und Streitstand mit den Parteien unter freier Würdigung aller Umstände zu erörtern und, soweit erforderlich, Fragen zu stellen. Die erschienenen Parteien sollen hierzu persönlich gehört werden. § 128a Absatz 1 und 3 gilt entsprechend.
(3) Für die Güteverhandlung sowie für weitere Güteversuche soll das persönliche Erscheinen der Parteien angeordnet werden. § 141 Abs. 1 Satz 2, Abs. 2 und 3 gilt entsprechend.

(4) Erscheinen beide Parteien in der Güteverhandlung nicht, ist das Ruhen des Verfahrens anzuordnen.
(5) Das Gericht kann die Parteien für die Güteverhandlung sowie für weitere Güteversuche vor einen hierfür bestimmten und nicht entscheidungsbefugten Richter (Güterichter) verweisen. Der Güterichter kann alle Methoden der Konfliktbeilegung einschließlich der Mediation einsetzen.
(6) Ein gerichtlicher Vergleich kann auch dadurch geschlossen werden, dass die Parteien dem Gericht einen schriftlichen Vergleichsvorschlag unterbreiten oder einen schriftlichen oder zu Protokoll der mündlichen Verhandlung erklärten Vergleichsvorschlag des Gerichts durch Schriftsatz oder durch Erklärung zu Protokoll der mündlichen Verhandlung gegenüber dem Gericht annehmen. Das Gericht stellt das Zustandekommen und den Inhalt eines nach Satz 1 geschlossenen Vergleichs durch Beschluss fest. § 164 gilt entsprechend.

§ 279 Mündliche Verhandlung (1) Erscheint eine Partei in der Güteverhandlung nicht oder ist die Güteverhandlung erfolglos, soll sich die mündliche Verhandlung (früher erster Termin oder Haupttermin) unmittelbar anschließen. Andernfalls ist unverzüglich Termin zur mündlichen Ver-handlung zu bestimmen.
(2) Im Haupttermin soll der streitigen Verhandlung die Beweisaufnahme unmittelbar folgen.
(3) Im Anschluss an die Beweisaufnahme hat das Gericht erneut den Sach- und Streitstand und, soweit bereits
möglich, das Ergebnis der Beweisaufnahme mit den Parteien zu erörtern.

§ 284 Beweisaufnahme Die Beweisaufnahme und die Anordnung eines besonderen Beweisaufnahmeverfahrens durch Beweisbeschluss wird durch die Vorschriften des fünften bis elften Titels bestimmt. Mit Einverständnis der Parteien kann das Gericht die Beweise in der ihm geeignet erscheinenden Art aufnehmen. Das Einverständnis kann auf einzelne Beweiserhebungen beschränkt werden. Es kann nur bei einer wesentlichen Änderung der Prozesslage vor Beginn der Beweiserhebung, auf die es sich bezieht, widerrufen werden.

§ 285 Verhandlung nach Beweisaufnahme (1) Über das Ergebnis der Beweisaufnahme haben die Parteien unter Darlegung des Streitverhältnisses zu verhandeln.
(2) Ist die Beweisaufnahme nicht vor dem Prozessgericht erfolgt, so haben die Parteien ihr Ergebnis auf Grund der Beweisverhandlungen vorzutragen.

§ 286 Freie Beweiswürdigung (1) Das Gericht hat unter Berücksichtigung des gesamten Inhalts der Verhandlungen und des Ergebnisses einer etwaigen Beweisaufnahme nach freier Überzeugung zu entscheiden, ob eine tatsächliche Behauptung für wahr oder für nicht wahr zu erachten sei. In dem Urteil sind die Gründe anzugeben, die für die richterliche Überzeugung leitend gewesen sind.
(2) An gesetzliche Beweisregeln ist das Gericht nur in den durch dieses Gesetz bezeichneten Fällen gebunden.

§ 291 Offenkundige Tatsachen Tatsachen, die bei dem Gericht offenkundig sind, bedürfen keines Beweises.

§ 292 Gesetzliche Vermutungen Stellt das Gesetz für das Vorhandensein einer Tatsache eine Vermutung auf, so ist der Beweis des Gegenteils zulässig, sofern nicht das Gesetz ein anderes vorschreibt. Dieser Beweis kann auch durch den Antrag auf Parteivernehmung nach § 445 geführt werden.

§ 293 Fremdes Recht; Gewohnheitsrecht; Statuten Das in einem anderen Staat geltende Recht, die Gewohnheitsrechte und Statuten bedürfen des Beweises nur insofern, als sie dem Gericht unbekannt sind. Bei Ermittlung dieser Rechtsnormen ist das Gericht auf die von den Parteien beigebrachten Nachweise nicht beschränkt; es ist befugt, auch andere Erkenntnisquellen zu benutzen und zum Zwecke einer solchen Benutzung das Erforderliche anzuordnen.

§ 294 Glaubhaftmachung (1) Wer eine tatsächliche Behauptung glaubhaft zu machen hat, kann sich aller Beweismittel bedienen, auch zur Versicherung an Eides statt zugelassen werden.
(2) Eine Beweisaufnahme, die nicht sofort erfolgen kann, ist unstatthaft.

§ 300 Endurteil (1) Ist der Rechtsstreit zur Endentscheidung reif, so hat das Gericht sie durch Endurteil zu erlassen.
(2) ...

§ 307 Anerkenntnis Erkennt eine Partei den gegen sie geltend gemachten Anspruch ganz oder zum Teil an, so ist sie dem Anerkenntnis gemäß zu verurteilen. Einer mündlichen Verhandlung bedarf es insoweit nicht.

§ 311 Form der Urteilsverkündung
(1) Das Urteil ergeht im Namen des Volkes.
(2) Das Urteil wird durch Vorlesung der Urteilsformel verkündet. ...
(3) – (4) ...

§ 313 Form und Inhalt des Urteils (1) Das Urteil enthält:
1. die Bezeichnung der Parteien, ihrer gesetzlichen Vertreter und der Prozessbevollmächtigten;
2. die Bezeichnung des Gerichts und die Namen der Richter, die bei der Entscheidung mitgewirkt haben;
3. den Tag, an dem die mündliche Verhandlung geschlossen worden ist;
4. die Urteilsformel;
5. den Tatbestand;
6. die Entscheidungsgründe.

(2) Im Tatbestand sollen die erhobenen Ansprüche und die dazu vorgebrachten Angriffs- und Verteidigungsmittel unter Hervorhebung der gestellten Anträge nur ihrem wesentlichen Inhalt nach knapp dargestellt werden. Wegen der Einzelheiten des Sach- und Streitstandes soll auf Schriftsätze, Protokolle und andere Unterlagen verwiesen

werden.
(3) Die Entscheidungsgründe enthalten eine kurze Zusammenfassung der Erwägngen, auf denen die Entscheidung in tatsächlicher und rechtlicher Hinsicht beruht.

§ 355 Unmittelbarkeit der Beweisaufnahme (1) Die Beweisaufnahme erfolgt vor dem Prozessgericht. Sie ist nur in den durch dieses Gesetz bestimmten Fällen einem Mitglied des Prozessgerichts oder einem anderen Gericht zu übertragen.
(2) ...

§ 371 Beweis durch Augenschein (1) Der Beweis durch Augenschein wird durch Bezeichnung des Gegenstandes des Augenscheins und durch die Angabe der zu beweisenden Tatsachen angetreten. Ist ein elektronisches Dokument Gegenstand des Beweises, wird der Beweis durch Vorlegung oder Übermittlung der Datei angetreten.
(2) Befindet sich der Gegenstand nach der Behauptung des Beweisführers nicht in seinem Besitz, so wird der Beweis außerdem durch den Antrag angetreten, zur Herbeischaffung des Gegenstandes eine Frist zu setzen oder eine Anordnung nach § 144 zu erlassen. Die §§ 422 bis 432 gelten entsprechend.
(3) Vereitelt eine Partei die ihr zumutbare Einnahme des Augenscheins, so können die Behauptungen des Gegners über die Beschaffenheit des Gegenstandes als bewiesen angesehen werden.
§ 373 Beweisantritt Der Zeugenbeweis wird durch die Benennung der Zeugen und die Bezeichnung der Tatsachen, über welche die Vernehmung der Zeugen stattfinden soll, angetreten.

§ 401 Zeugenentschädigung Der Zeuge wird nach dem Justizvergütungs- und entschädigungsgesetz entschädigt.

§ 402 Anwendbarkeit der Vorschriften für Zeugen Für den Beweis durch Sachverständige gelten die Vorschriften über den Beweis durch Zeugen entsprechend, insoweit nicht in den nachfolgenden Paragraphen abweichende Vorschriften enthalten sind.

§ 403 Beweisantritt Der Beweis wird durch die Bezeichnung der zu begutachtenden Punkte angetreten.

§ 415 Beweiskraft öffentlicher Urkunden über Erklärungen (1) Urkunden, die von einer öffentlichen Behörde innerhalb der Grenzen ihrer Amtsbefugnisse oder von einer mit öffentlichem Glauben versehenen Person innerhalb des ihr zugewiesenen Geschäftskreises in der vorgeschriebenen Form aufgenommen sind (öffentliche Urkunden), begründen, wenn sie über eine vor der Behörde oder der Urkundsperson abgegebene Erklärung errichtet sind, vollen Beweis des durch die Behörde oder die Urkundsperson beurkundeten Vorganges.
(2) Der Beweis, dass der Vorgang unrichtig beurkundet sei, ist zulässig.

§ 416 Beweiskraft von Privaturkunden Privaturkunden begründen, sofern sie von den Ausstellern unterschrieben oder mittels notariell beglaubigten Handzeichens unterzeichnet sind, vollen Beweis dafür, dass die in ihnen enthaltenen Erklärungen von den Ausstellern abgegeben sind.

§ 445 Vernehmung des Gegners; Beweisantritt (1) Eine Partei, die den ihr obliegenden Beweis mit anderen Beweismitteln nicht vollständig geführt oder andere Beweismittel nicht vorgebracht hat, kann den Beweis dadurch antreten, dass sie beantragt, den Gegner über die zu beweisenden Tatsachen zu vernehmen.
(2) Der Antrag ist nicht zu berücksichtigen, wenn er Tatsachen betrifft, deren Gegenteil das Gericht für erwiesen erachtet.

§ 495 Anzuwendende Vorschriften (1) Für das Verfahren vor den Amtsgerichten gelten die Vorschriften über das Verfahren vor den Landgerichten, soweit nicht aus den allgemeinen Vorschriften des Buches 1, aus den nachfolgenden besonderen Bestimmungen und aus der Verfassung der Amtsgerichte sich Abweichungen ergeben.

§ 511 Statthaftigkeit der Berufung (1) Die Berufung findet gegen die im ersten Rechtszug erlassenen Endurteile statt.
(2) Die Berufung ist nur zulässig, wenn
1. der Wert des Beschwerdegegenstandes 600 Euro übersteigt oder
2. das Gericht des ersten Rechtszuges die Berufung im Urteil zugelassen hat.

(3) Der Berufungskläger hat den Wert nach Abs. 2 Nr. 1 glaubhaft zu machen; zur Versicherung an Eides statt darf er nicht zugelassen werden.
(4) Das Gericht des ersten Rechtszuges lässt die Berufung zu, wenn
1. die Rechtssache grundsätzliche Bedeutung hat oder die Fortbildung des Rechts oder die Sicherung einer einheitlichen Rechtsprechung eine Entscheidung des Berufungsgerichts erfordert und
2. die Partei durch das Urteil mit nicht mehr als 600 Euro beschwert ist.

Das Berufungsgericht ist an die Zulassung gebunden.

§ 542 Statthaftigkeit der Revision (1) Die Revision findet gegen die in der Berufungsinstanz erlassenen Endurteile nach Maßgabe der folgenden Vorschriften statt.
(2) ...

§ 543 Zulassungsrevision (1) Die Revision findet nur statt, wenn sie
1. das Berufungsgericht in dem Urteil oder
2. das Revisionsgericht auf Beschwerde gegen die Nichtzulassung

zugelassen hat.
(2) Die Revision ist zuzulassen, wenn
1. die Rechtssache grundsätzliche Bedeutung hat oder
2. die Fortbildung des Rechts oder die Sicherung einer einheitlichen Rechtsprechung eine Entscheidung des Revisionsgerichts erfordert.

Das Revisionsgericht ist an die Zulassung durch das Berufungsgericht gebunden.

4. Stichwortverzeichnis

Stichwortverzeichnis

Lehrbuch

Meister für Schutz und Sicherheit
Handlungsspezifische Qualifikation
Band 1 Schutz- und Sicherheitstechnik

Taschenbuch, 258 Seiten

Lehrbuch

Meister für Schutz und Sicherheit
Handlungsspezifische Qualifikation
Band 2 Organisation

Taschenbuch 322 Seiten

Lehrbuch

Meister für Schutz und Sicherheit
Handlungsspezifische Qualifikation
Band 3 Führung und Personal

Taschenbuch 132 Seiten